# "满的世界"经济学

## 赫尔曼·戴利的生平和思想

Herman Daly's Economics
for a Full World

His Life and Ideas

Peter A. Victor

〔加〕彼得·维克托 著

张帅 诸大建 译

中国出版集团
中译出版社

Herman Daly's Economics for a Full World: His Life and Ideas, 1st Edition / by Peter A. Victor / ISBN: 9780367556952
©2022 Peter A. Victor
Authorized translation from the English language edition published by Routledge, a member of Taylor & Francis Group LLC. All Rights Reserved.
本书原版由 Taylor & Francis 出版集团旗下 Routledge 出版公司出版，并经其授权翻译出版。版权所有，侵权必究。
著作权合同登记号：图字 01-2022-1050 号

Chinese Translation and Publishing House is authorized to publish and distribute exclusively the Chinese (Simplified Characters) language edition. This edition is authorized for sale throughout Mainland of China. No part of the publication may be reproduced or distributed by any means, or stored in a database or retrieval system, without the prior written permission of the publisher.
本书中文简体翻译版授权由中译出版社独家出版并仅限在中国大陆地区销售。未经出版者书面许可，不得以任何方式复制或发行本书的任何部分。

Copies of this book sold without a Taylor & Francis sticker on the cover are unauthorized and illegal.
本书封面贴有 Taylor & Francis 公司防伪标签，无标签者不得销售。

## 图书在版编目（CIP）数据

"满的世界"经济学：赫尔曼·戴利的生平与思想 /
(加) 彼得·维克多著；张帅，诸大建译 . -- 北京：中
译出版社，2025.1
书名原文：HERMAN DALY'S ECONOMICS FOR A FULL WORLD
ISBN 978-7-5001-7491-2

Ⅰ.①满… Ⅱ.①彼… ②张… ③诸… Ⅲ.①赫尔曼·戴利—传记 Ⅳ.① K837.125.31

中国国家版本馆 CIP 数据核字 (2023) 第 161082 号

**"满的世界"经济学：赫尔曼·戴利的生平与思想**
"MAN DE SHIJIE" JINGJIXUE: HE'ERMAN · DAILI DE SHENGPING YU SIXIANG

出版发行：中译出版社
地　　址：北京市西城区新街口外大街 28 号普天德胜大厦主楼 4 层
电　　话：010-68002876
邮　　编：100088

策划编辑：张　旭
特约策划：王　静
责任编辑：张　旭
特约编辑：谢雅婷
封面设计：周伟伟
排　　版：冯　兴

印　　刷：山东新华印务有限公司
规　　格：710 毫米 ×1000 毫米　1/16
印　　张：27.5
字　　数：360 千字
版　　次：2025 年 1 月第 1 版
印　　次：2025 年 1 月第 1 次印刷

ISBN 978-7-5001-7491-2　定价：128.00 元
版权所有　侵权必究
中 译 出 版 社

2014年，76岁的赫尔曼·戴利被授予"蓝色星球奖"（Blue Planet Prize）。这个奖是授予个人或者组织的，以表彰其"在科学研究及其应用方面实现的卓越成就，并且据此推动了全球环境问题的解决"。该奖项的遴选委员会认为：通过将环境、本地社区、生活质量、道德等因素融入经济学理论，赫尔曼·戴利教授应用可持续的概念重新界定了"稳态经济学"，为生态经济学奠定了坚实的基础。戴利教授不断质疑经济增长是否会给人类带来幸福，并一直向过度强调经济增长的社会发出警告。基于此，戴利教授具有重大的国际影响力。

1938年赫尔曼出生时，美国男性的预期寿命只有65岁多一点。他现在已经82岁了（2020年），身体依然健康，尽管儿时得过严重的小儿麻痹症，导致他整个成年生活中都没有左胳膊。（编者注：赫尔曼·戴利于2022年10月28日去世。原书出版于2022年初，当时戴利尚在。）除了健康的体格，赫尔曼还有非凡的智力、深厚的道德感和坚定的宗教信仰以及对任何乐于倾听的人真诚分享的意愿。从赫尔曼出生到他逝世的前一年，美国的人口规模从1.3亿增加到3.3亿。与此同时，全球人口几乎翻了两番，这在人类历史上是绝无仅有的。除非科幻作家的设想被证实，人类能够居住在太阳系或者更加遥远的星系，否则这样的人口增长趋势很有可能会继续下去。

仅仅是人口数量的增加，就给地球和生活在地球上的无数其他物种带来了巨大的影响。作为全球食物链的顶端捕食者，人口增加给人类本身造成的影响同样严峻。但是，人口数量仅仅是这个故事的一部分。这个故事的另一部分是人类生产、消费、废弃物大规模且极不均等的增长，正如赫尔曼所说，有限的"低熵"能量和物质源大量且不均等的增加。正是由于更多的人口正在消耗更多资源、产生更多废弃物并毁坏了其他物种的自然栖息地，让戴利得出结论，这个世界已经从"空"变为"满"。

为了应对变化的环境，戴利提出的方案首先就是区分质的发展和量的增长。所有国家都应该寻求发展，但是只有较为贫穷的国家才应继续追求增长，因为在这些贫穷国家增长的收益是最为明显的。戴利强调，即使较为贫穷的国家应该追求增长，其增长也只能是暂时的，不能超过地球资源和生态系统的承载能力。如果发达国家能够践行物质和能源的减增长，并且整体上减少对生物圈的需求，那么较为贫穷国家的经济增长时间还能适度延长。

戴利关于经济增长的观点引出了经济最优规模的问题。根据戴利的观点，经济的最优规模应该"根据生态可持续界定，而不是效率"。按照他的观点，可持续发展的首要任务就是实现生态可持续式的发展。这并不是说戴利不关心其他人所强调的可持续发展的经济和社会维度，而是说如果我们不想把生命存活的自然条件置于危险境地的话，那么生态可持续对于可持续发展来讲就是最根本的。

对其学术成果的大量引用、不计其数的推荐信、获得的诸多奖项等，都表明戴利的影响广泛而又深远，当代很少有经济学家能够与其比肩。但是，赫尔曼·戴利究竟是谁？随着世界的改变，戴利的哪些思想变得越来越有价值？戴利是如何得出这些观点的？更为传统的经济学家又是如何看待这些思想和戴利本人的呢？戴利有着怎样的人生经历？哪些事情和人影响了他的想法？最为重要的是，我们能从戴利及其思想中学习到什么，从而让我们更好地应对21世纪的威胁和机遇？这本传记旨在回答上述问题，并且希望后来者能够站在戴利的肩膀上，进一步开拓可以支撑"满的世界"的经济学。

# 推荐语

如今"满的世界"经济学应该包含什么,人类和自然的其他部分如何转型到可持续福利的稳定状态,在这两方面没有人比赫尔曼·戴利所做的贡献更大。彼得·维克托所著的戴利传记引人入胜、鼓舞人心。

——罗伯特·科斯坦萨(Robert Costanza)
伦敦大学学院(UCL)全球繁荣研究所(IGP)生态经济学教授
斯德哥尔摩复原力中心(SRC)高级研究员

彼得·维克托所著的这本精美的传记生动、及时、通俗易懂,记录了一个真正的先驱者的生活和工作。戴利的稳态经济学在经济思想上是一个转折点,具有革命性的影响。从小儿麻痹症的幸存者到世界银行的资深经济学家,维克托为这位拥有非凡思想的卓越之人创作了一幅富有人情味且姗姗来迟的肖像。

——蒂姆·杰克逊(Tim Jackson)
英国萨里大学可持续繁荣理解中心主任
著有《无增长的繁荣》等

一位极富开创性的生态经济学家的传记是由另外一名生态经济学领域的开路先锋完成的,这是多么美妙的安排!彼得·维克托非常清晰地解释了赫尔曼·戴利的贡献,展示了戴利的见解是多么富有创新性和前瞻性。这本书以个人故事为基础,提供了一个切入点,驱使我们思考这个时代最有挑战性的问题。

——帕特里夏·埃莉·珀金斯(Patricia Ellie Perkins)
加拿大约克大学环境和城市学院教授

这本书对赫尔曼·戴利的生平和思想进行了深刻和引人入胜的描述，赫尔曼·戴利是生态经济学的奠基人之一。对于戴利来讲，经济是生物圈的子系统，经济效率从属于生态的可持续性，增长从属于发展，而规模和熵增定律是最重要的。

——阿蒂夫·库布里（Atif Kubursi）

加拿大麦克马斯特大学经济学名誉教授

赫尔曼·戴利应该被授予诺贝尔经济学奖，我认为这个说法并不过分。他所做的工作意义重大且至关重要。

——伊丽莎白·特劳特（Elizabeth S.Troutt）

加拿大曼尼托巴大学经济系教授

在我接触和认识的人中，赫尔曼·戴利是一位思路最为清晰，表达言简意赅的思想家和作家，他能将非常复杂的问题用高超的技巧表达出来，他有化繁为简的魔法。

——彼得·梅（Peter May）

巴西里约热内卢联邦大学经济研究所教授

赫尔曼·戴利在塑造我对现在从事的所有工作的看法方面有重大影响……他是一位善良、温和、拥有极大勇气和智慧的人。我很崇敬他，也非常珍惜跟他相处的美好时光。他应该被授予诺贝尔经济学奖，当然，他也配得上更大的认可。

——陆维生（L. Hunter Lovins）

"自然资本主义解决方案"创始人兼总裁，可持续发展专家，绿色生态经济学家

在寻找自然资源经济学的替代方法时，我在赫尔曼·戴利的著作中发现了一丝曙光。

——亚历杭德罗·萨拉维亚（Alejandra Saravia）

玻利维亚圣西蒙大学研究员兼助理教授

赫尔曼·戴利值得拥有一本传记，因为他激励和鼓舞了很多质疑无限经济增

长的人!

海顿·华盛顿（Haydn Washington）<br>
环境科学家，作家，澳大利亚新南威尔士大学兼职讲师

赫尔曼·戴利理应被公认为我们这个时代最伟大的经济学家之一。

——安德斯·海登（Anders Hayden）<br>
加拿大达尔豪斯大学政治学系副教授

在一个侏儒时代，赫尔曼·戴利是一个巨人。他是南部绅士中的佼佼者。在一个人类被自己的傲慢蒙蔽双眼、醉心于肤浅的进步观念的时代，戴利是一个有远见卓识的人。我们都应该感谢上帝把戴利送到人间。

——彼得·布朗（Peter Brown）<br>
加拿大麦吉尔大学地理系教授

作为一个"傲慢"的物理科学家，我曾认为经济学是肤浅的。戴利让我开始意识到这门学科有多深奥。

——罗伯特·海伦丁（Robert Herendeen）<br>
美国佛蒙特大学鲁本斯坦环境和自然资源学院副教授，冈德环境研究所成员

我认为赫尔曼·戴利是一个有远见卓识的天才。而且，他也是我所认识的最善良、最谦逊的老师。戴利总是非常巧妙地应用隐喻来解释晦涩的概念。在众多的经济学家中，戴利的清晰思维是少见的。

——乔舒亚·法利（Joshua Farley）<br>
美国佛蒙特大学鲁本斯坦环境和自然资源学院教授，著有《超越不经济增长》等

当我有机会见到赫尔曼·戴利的时候，我很高兴地发现他是一个亲切、热情、聪明、谦逊的人，果然是文如其人。

——理查德·海因伯格（Richard Heinberg）<br>
能源学家，著有《当增长停止：直面新的经济现实》等

文明若要实现转变，需要思想的先行驱动。戴利帮助人们在经济学领域奠定了思想转变的基础。工业文明之下畅行的主流经济学，已经无法解决人类发展面临的困境。戴利对此进行了批判，并倡导提出了生态经济学，率先将人类和生态系统联系起来，并将其视为一个密切关联的整体，自此开启了可持续发展理论。这是一个很重要的意识形态的新认知，推动了人们思想的转变，也是符合生态文明发展新阶段需求的。

——周晋峰

世界可持续发展科学院院长，世界艺术与科学院（WAAS）院士

赫尔曼·戴利是生态经济学的奠基人、富有卓越洞见的思想家。他构建的超越传统认知的生态经济理论体系，将随着时间的推移日益凸显其深刻的革命性意义。彼得·维克托所著的这本传记生动有趣、引人入胜。它记述了戴利曲折的人生历程，阐释了戴利深邃的生态经济思想。它是两个生态经济学家超越时空的思想对话，是一本融思想于叙事的别开生面的厚重书作。

——陈幸良

中国林科院副院长、研究员

# 中文版序

近闻中文版《"满的世界"经济学：赫尔曼·戴利的生平和思想》即将出版，我感到非常荣幸。当我为这本书采访戴利教授的时候，他告诉我，他曾与好几位中国学者通过邮件讨论过他的学术作品。这几位中国学者对他的学术思想很感兴趣，这让戴利教授很高兴。就像戴利教授在邮件中给其中一位中国学者所写的那样，"看到大家对稳态经济的思想越来越感兴趣，同时稳态经济的思想也不断发展壮大，我感到非常欣慰"。

当戴利教授在20世纪60年代开始他的学术生涯时，他自认为是一个增长经济学家。增长经济学家普遍相信经济增长对于解决主要社会问题是十分必要的，同时经济能够没有限制地增长。到了20世纪60年代末，戴利教授就已经认识到，经济体是被包含在生物地球圈中的，经济体完全依赖生物地球圈获取所有的物质和能源来作为投入，同时完全依赖生物地球圈吸收转化经济体不可避免产生的所有废弃物。戴利教授意识到，在一个并不扩张的生态环境中，经济体不可能持续扩张，随着全球经济的扩张，经济体最终将采纳生态环境的行为方式，毕竟经济体位于生态系统之中并且依赖生态系统。按照戴利教授的观点，这势必要求经济体对生态环境的开采率等于生态环境的再生率，同时，经济体的废弃物排放率等于吸纳废弃物的生态环境的自然吸收转化能力。

土地、水、大气等自然系统的持续恶化清楚地表明上述两个条件并没有得到满足。因此，戴利教授主张，相对于其他经济形式，稳态经济为修正我们的政策提供了一个更好的经济范式。戴利教授将稳态经济定义为"通过低水平的物质和能源消耗，人口规模和人工制品存量能够保持恒定并且维持在理想的充足水平的经济体。也就是说，稳态经济体从生产的第一阶段（消耗来自环境的低熵物质和能源）到消费的最后一个阶段（用高熵的废弃物和外来物质污染环境），所涉及的物质和能源消耗都较少。我们应该不断地记住，稳态经济是一个物理概念。如果某个事物是非物理的，那么也许它可以一直增长"。

在戴利教授的一生中，稳态经济一直是他学术研究的主题。稳态经济引领他进入很多研究领域。例如，戴利教授向我们展示了物理学的基本定律，例如热力学第一定律和第二定律，对于经济学的重要性。他曾经掷地有声地发问："经济是为了什么？"戴利教授通过将经济学置于一个道德伦理框架之中来回答这个问题，该框架将健康、教育、交通等"中间目的"跟一个"最终目的"联系起来。在个人层面，戴利教授旨在从宗教中追寻"最终目的"的真谛，但是他也意识到"最终目的"可能存在着其他含义。主流的新古典经济学将人视为永不满足的、理性的，只受自我利益驱动，戴利教授对此持批判态度。相反，跟他的同事约翰·柯布（John Cobb）一起，戴利教授认为我们应该在人出生和生活的社区的情境中理解人，社区整体的福祉对于生活在其中的人的福祉是至关重要的。正是他对于社区的关注影响了他对于自由贸易及其理论基础比较优势的批评。比较优势理论起源于19世纪早期，认为相对于另一个国家，即使一个国家能够更加便宜地生产所有产品，贸易也能够使这两个国家都受益。就像比较优势原则的提出者大卫·李嘉图在戴利之前所认为的那样，戴利教授也观察到贸易让两个国家都受益是建立在国家间的资本不流动的基础上的。这个假设在两个世纪之前也许是合理的，但是在今天已经不合理了。戴利教授认为，资本会流向能获得最大收益的地方，因此国际贸易是由绝对优势而非比较优势支配的，在国际贸易中存在着失败者。

戴利教授所感兴趣的与稳态经济相关的上述问题和其他问题对公共政策产生了深入影响。作为生态经济学的创始人之一，戴利教授的贡献之一就是对于公共政策的三重分类，三类政策各自旨在实现一个单独并且相关的政策目标，即可持续规模（用物理量衡量）、财富和收入的公平分配和可以满足多种用途的资源的有效配置。对于公平分配来讲，戴利教授主张设置最高收入和最低收入。对于资源的有效配置来讲，戴利认为在两个条件满足的前提下，竞争性的市场可以发挥一定的作用。第一个条件是商品和服务应该是"竞争的"，指的是一个人对商品的使用会剥夺另一个人对该商品的使用，例如食物和饮料。街道照明和信息是非竞争的，很多人都可以使用它们，因此即使有人没有能力付钱也不会被这样的商品和服务排除在外。第二个条件是商品和服务应该是"排他的"，指的是技术和法律手段能够将不付钱的人排除在外。在竞争或者排他缺失的情况下，戴利教授认为我们需要非市场性的基于社区或者政府引领的机制安排来进行资源的有效配置。

戴利教授的影响力，尤其是在主流经济学边界之外的影响力，一直在不断增大。他的学术思想促成了国际生态经济学会和稳态经济促进中心的创立，也促成了期刊《生态经济学》的创刊。生态足迹、经济体的物质和能源"吞吐量"等指标如今都被用来衡量经济体的物质规模。在戴利教授学术思想的影响下，减增长、再生经济学、福利经济学、循环经济、甜甜圈经济学、生态社会主义等促使我们对经济学进行再思考和对经济体进行再构想。

戴利教授在 2022 年去世。他广受喜爱和尊重，不仅因为他的学术作品，而且因为他的人品。即使那些不认同他学术观点的人也会觉得他和蔼可亲和善解人意。我完全相信，戴利教授跟我一样会为他传记的中文版的出版而感到非常开心。代表他也代表我自己，我要对为此书中文版的出版所付出努力的译者、编辑和出版商表达深深的谢意。

彼得·维克托
2024 年 7 月

# 译序一

2022年年初，在和诸大建教授的一次聊天中，我得知国外出版了赫尔曼·戴利的学术传记。我听后喜出望外，询问哪里可以找到这部最新出版的传记。诸老师微微一笑，随即将此书的英文电子版发给了我。我如获至宝，赶紧打印出来，开始沉浸式阅读。阅读完之后，我和诸老师商量是否可以将戴利学术传记的英文版翻译成中文，介绍给国内的读者。诸老师欣然同意，并且推荐我联系北京中译出版社的张旭编辑。张旭编辑对出版此书的中译本很感兴趣，在她高效的推动下，中译出版社很快就买下了此书的版权，于是就有了这部中文版本的戴利学术传记。

戴利是生态经济学的奠基人和旗帜性人物之一，他的作品为经济学研究带来了范式变革。正是在这个意义上讲，生态经济学的学者都希望戴利能够被授予诺贝尔经济学奖，遗憾的是，终未如愿。本书对戴利的开创性学术贡献做了全面而细致的总结和提炼，读者可以好好享受这顿饕餮盛宴。参考文献中列出的戴利的著作和论文，也可以佐证戴利确实可以称得上是著作等身。在戴利众多的学术贡献中，本人认为戴利在以下三方面贡献最为突出。

第一，戴利提出并回答了"经济增长会一直持续吗？或者说无限经济增长是可能的吗？"这个问题。传统经济学讨论经济增长时，常常讨论其抽象的货币价值，而忽略其具体的生物物理属性。经济增长是否不断需要物质和能量的输入，或者说经济系统能否"无中生有"？经济增长产生的废弃物是否需要生态系统来吸收转化或者说废弃物会不会"凭空消失"？经济系统当然不能"无中生有"，废弃物也不会"凭空消失"，热力学第一定律（物质和能量守恒定律）已经告诉了我们答案。循环经济不是可以帮我们大忙吗？只要物质和能量能够无限和百分百循环，那么无限经济增长就会成为现实。这听起来很美好，但实际上是不可能的，热力学第二定律（熵增定律）已经告诉了我们答案。循环经济只是物质的部分循环，不包含能量循环，并且部分物质循环也不可能持续到永远。单向和不可逆转的熵增使物质和能量的有用性不断降低，极大地限制了其循环可能性。即使如此，生态系统是"无边无际"并且能给予我们想要的一切吗？当然也不是。"行星边界"、生态足迹、物质流、碳排放等量化研究已经证明生态系统是有边界的，地球的"源"和"汇"能力都是有限的。综上可以得出结论，无限经济增长是不可能的。

第二，戴利提出并且回答了"无限经济增长是必要的吗？或者说经济增长一直是'经济'的吗？"这个问题。为了回答这个问题，戴利首先应用"目的—手段"光谱，指出经济增长只是中间目的，经济增长是为满足最终目的服务的。如果经济增长一直伴随着民众效用的满足、福利水平的提升或者说更加幸福快乐的生活（最终目的的不同表达），那么经济增长自然是"经济的"，也是我们想要的。可事实上，经济增长不一定一直是"经济的"。当经济增长的环境和社会成本大于其经济收益时，经济增长就成为"非经济"了。有关"福利门槛"和"伊斯特林悖论"的理论和实证研究，证明"非经济"的增长已经在很多发达国家和部分发展中国家出现。"非经济"的增长又有什么意义呢？当传统经济学仍然在一味讨论经济增长时，戴利提出的"非经济增长"概念可谓石破天惊，直接将经济增长的必要性讨论提升到新的层面。

第三，戴利为增长经济找到了全新的替代性经济形式，即稳态经济。稳态经济不是发展的终结，反而是"不依赖增长的发展"的开始。在稳态经济中，我们要思考如何在减少资源消耗和废弃物排放的基础上，提升民众的福利水平，也就是要同时减少自然消耗和提升自然消耗转化为福利水平的效率。为此，我们要探索更加人性化的政策和居民福祉改善的非经济手段，如财富和收入的再分配和"共同富裕"；我们要探索新的经济模式和商业模式，如共享经济和不卖产品卖服务的产品服务体系；我们要探索技术进步的新方向，如增强商品耐用性的技术，而不是让商品频繁更新换代的技术。戴利还明确指出，发达国家应该尽快向稳态经济过渡，而发展中国家则可以等到物质财富积累到一定程度后，再逐步向稳态经济过渡。

我开展可持续发展的理论、指标和政策研究，主要依据的就是戴利的可持续发展思想或者说他的"满的世界"经济学。所以，戴利的学术传记对于我来讲就是一本随时可以翻阅的工具书。我刚开始攻读博士学位的时候，就深入学习了戴利的代表性论文——《作为生命科学的经济学》（On Economics as a Life Science）和《经济增长的世界动态：稳态经济学》（The World Dynamics of Economic Growth: The Economics of the Steady State）。这两篇论文分别在1968年和1974年发表，虽然时间久远，可还是常读常新。我和诸老师共同发表的第一篇英文论文（Linking Daly's Proposition to Policymaking for Sustainable Development），就是专门研究戴利的稳态经济思想。在这篇论文中我们提出了"戴利命题"，即在"满的世界"，提升生态福利绩效是人类在生态环境的承载能力以内实现较高福利水平的必要条件。

本书的作者彼得·维克托对于我国的读者来讲并不陌生，他的《不依赖增长的治理》（Managing Without Growth, 2008）已经在我国的学术界和公共部门引起一定反响。维克托首先以极其细腻和专业的方式，梳理和总结了戴利的重要经济学思想和代表性论著。难能可贵的是，维克托在整理和讨论戴利与其他著名经济学家的争论中，进一步重申、强调和解读了戴利的可持续发展思想，与戴利争论的经济学家有我们耳熟能详的罗伯特·索洛（Robert Solow）、约瑟夫·斯蒂格利茨（Joseph Stiglitz）、肯尼斯·阿罗（Kenneth Arrow）等。另外，维克托给我们讲述了戴利坎坷的成长经历（尤其是小儿麻痹症带来的痛苦）、恋爱与婚姻（与其夫人的奇妙相遇和重逢）、与其博士生导师尼古拉斯·乔治斯库-罗金（Nicolas

Georgescu-Roegen）的复杂感情、因其开创性的学术思想而受到的不公正对待等，都增强了本书的传记色彩，也可以让我们更加完整和全面地认识戴利。

在翻译此书的过程中，我和诸老师就英文版本中提到的英文名字、关键学术术语、不同人士的观点陈述等，进行了反复的斟酌和讨论，并查阅相关的文献，力求原汁原味和准确地呈现戴利的"满的世界"经济学，同时也要确保译文符合中国人的表达习惯。我们在所有的国外作者、英文论文和英文专著第一次出现的时候，都在中文译文后附上了英文原文，希望能够方便读者继续查阅和学习译著中提到的文献。但是，我们也清醒地认识到，全文篇幅较长，专业性和思辨性也较强，翻译过程中难免有疏忽和不尽如人意之处，还望读者见谅和批评指正。

能够参与翻译此书，是我的荣幸，希望这部译著对国内读者认识戴利和思考可持续发展起到积极的推动作用。

张帅

2022 年 10 月 8 日

同济大学四平路校区

# 译序二

所谓吃了鸡蛋想知道蛋是怎么生下来的，读学者的传记是想了解其思想背后的故事。最初读了戴利的稳态经济学，我就觉得进一步读读戴利这样离经叛道的思想者的学术传记会特别有意思。现在读到可持续发展研究的资深学者维克托写的戴利学术传记，果然过瘾。借本书中文版出版的机会，写下研读戴利思想和生平的一些感受、感悟和感慨，谨作译序之一。

我开始从事可持续发展研究，有过一段参与研制 21 世纪议程地方行动计划的经历，知道了"怎么做"（know how）的套路之后，希望进一步解答"为什么"（know why）这个问题，于是开始寻找可以在学理上提供深入解释和讨论的文章和著作。1999 年，我在学校的中美图书转运站转悠，在书堆中翻到戴利的原版二手书《超越增长》（*Beyond Growth*, 1996），这正是我寻求的书！不期而遇，10 元钱买下，如获至宝。2001 年，上海译文出版社邀请我主持翻译"绿色前沿译丛"，我选择了一批 20 世纪 90 年代以来在绿色发展前沿有新思想的书，其中戴利的《超越增长》是最核心的一本。

20 世纪 90 年代以来，国际上把可持续发展的学理研究分为强与弱两种范式。弱可持续性主要与新古典经济学有关，而戴利被认为是强可持续性观点最权威的思想者和发言人。他的稳态经济学被认为是强可持续性的一种理论形态。自那时候起，我几乎读遍了戴利出的所有书，从早期的《为了共同的福祉》（*For the Common Good*, 1989）和《珍惜地球》（*Valuing the Earth*, 1993），到后来的《生态经济学原理与方法》（*Ecological*

*Economics: Principles And Applications*, 2005）和《稳态经济新论》（*From Uneconomic Growth to a Steady-State Economy*, 2014），以及对他思想的评论作品《超越不经济增长》（*Beyond Uneconomic Growth*, 2016）和《强与弱》（*Weak Versus Strong Sustainability*, 1999）。

平时一直在搜集戴利的学术生平资料，现在读到维克托的这本书是大大超出我的期望的。读传记总会发现传主的标牌故事，研读这本戴利传记的最基本收获是知道了戴利提出"满的世界"经济学源于两段重要的生活经历：一个是他 8 岁时不幸得了小儿麻痹症，在再三努力无法治愈的情况下，他决定把已经不能动的左臂截掉。他的感悟是——遇到不可能的事情时，我们最好承认它的不可能性，要把精力转移到仍然可能的事情上。这种思维方式在很多年后成为戴利思考经济增长问题的基本点。他认为无限的经济增长是不可能的，而稳态的经济增长才是可行的。另一个是他大学读书时到企业做实习会计，曾问企业会计每年按照上年情况做预算，计划每年都要增长 3% 会不会有问题，企业会计回答说有的时候遇到外部运输能力问题，就无法实现预算。这促使他开始思考主流经济学有关经济无止境增长的生态物理限制问题。

戴利研究稳态经济学几十年，与主流的新古典经济学有过多次思想交锋。我以前花精力研究过两个大的科学思想革命，即地球科学中从魏格纳（Alfred Lothar Wegener）开始的大陆漂移革命和科学哲学中的库恩（Thomas S. Kuhn）提出的科学范式革命，两者最终都从科学的边缘走向了中心。戴利的理论虽然至今没有进入经济学思考的核心，但是在新古典经济学之外的学术圈和决策层，已经有越来越多的人认识到戴利的理论是符合 20 世纪以来人类社会发展现实和联合国推进的可持续发展目标的。维克托在书中说，多年后，当初的反对者中也有人改变了说法，尽管他们没有把思想和观点的改变归功于戴利。

2022 年是罗马俱乐部的《增长的极限》（*Limits of Growth*, Meadows et al. 1972）一书出版 50 周年。2022 年初的时候，我看到了以前受过新古典经济学训练、现在倡导可持续发展的哥伦比亚教授杰弗里·萨克斯（Jeffrey Sachs）写的一篇文章。他坦承地提到当年主流经济学对《增长的极限》一书有严重的不公平评价和偏见，呼吁当下的经济学需要以可持续发展为导向进行思想变革。我想，也许未来有关可持续发展的学术研究，没有必要再与新古典经济学进行无用的战斗，而是要独立自主地发展具有更大包容性的可持续性科学，而戴利的思想可以在学术思想的新的综合集成中起到基础性作用。基于此，我觉得翻译出版这本戴利的学术传记具有独特的价值。

诸大建
2022 年 10 月 8 日
同济大学四平路校区

# 原版序

对于任何一个长期以来试图理解和解释某些重要的、费解的但非常不受欢迎的思想的人来讲，当他发现另外一个人不但理解了同样的思想，而且还应用该思想，并使之更加清晰易懂，这是一件多么令人快乐的事情。当我第一次阅读彼得·维克托的经典著作《不依赖增长的治理》的时候，我就体会到了这种快乐。现在，我阅读到他写的这本关于我的庞大传记，这种快乐更是扑面而来。我必须要强调，这是一本传记，但不是一本自传。阅读这本传记也让我更加了解我自己。这本传记的组织筹备、主题选择和写作都是由彼得完成的。这本传记并不是主要记录我的个人生活，更多地是讲述了一个有关经济转型思想的故事，即人类从一个相对"空的世界"过渡到一个过于"满的世界"的经济转型思想的故事，这里的"空"和"满"是世界相对于人类及其物质来讲的。然而，为了更好地解释这种思想产生的背景、合作伙伴、面临的冲突、灵感来源以及相关影响，这本传记也加入了我个人的成长和发展经历。尽管我为彼得提供了他所需要的和我能回忆起的所有信息，但是我必须承认，我尽可能少地分享了如今回想起来似乎有些愚蠢和丢脸的事情。从这个意义上说，我可能在无意中让彼得的叙述有利于我。无论如何，"说出所有真话的忏悔"式的传记最好还是留给著名的电影明星和政治家，而不是经济学教授。然而，思想和政策的学术界也从来不缺乏戏剧性事件、观点争执和阴谋诡计。

对于几乎所有的经济学家、政治家和政府来讲，经济增长都是首要目标。因为现在经济增长的环境和社会成本已经大于其带来的生产收益，所以所谓的"经济"增长已经变为"非经济"。基于上述理由来反对"经济增长首要论",就像是用一根短棍捅了一个大马蜂窝。"非经济"增长的提出"粗鲁"地搅乱了一个普遍接受并且令人满意的共识。没有经济增长,我们应该如何减少贫困?我的答案是通过再分配和共享。没有经济增长以及随之而来的人口自动转型,哪些因素又能够限制人口扩张呢?我的答案是理性制定人口政策。没有经济增长,我们如何支付修复环境产生的巨额累积成本呢?我的答案是减少现在的资源耗竭,从而让生态系统慢慢恢复,同时停止开采和燃烧破坏气候的碳基燃料。再分配、人口政策和减少资源消耗,三者当中的任何一个在政治上都被视为异类,避之唯恐不及。毫无疑问,如果三者一起发难,增长主义者肯定会火冒三丈。增长主义者的防守方式就是对 GDP 增长双倍下注,他们没有意识到在目前的增长幅度下,GDP 增长已经不再使我们更加富有。在这个有限的和熵增的世界中,如今,经济增长带来的坏处比增加的财富还要多,这最终是让我们更穷,而不是更富。这样的经济学是多么糟糕啊!

我被生气的马蜂蜇过多少次?哪些老师曾经启发和鼓舞过我?谁曾经是我的合作伙伴?我现在又与谁合作?我曾经逃避过吗?谁曾经帮助过我?我又曾经帮助过谁?虽然我从来没有打过仗、没有入过狱、也没有当选过某一公职,但是我的一生从来不乏味无聊,反倒异彩纷呈。

由于这本书的其余部分都是关于我和我的过往,我在序言部分就不再赘述。相反,我想对未来进行一番推测。设想一下,在一个学期末,我的学生们在听完我为稳态经济的辩护后,经常会直言不讳地说:"是的,戴利教授,您的前提似乎是对的,我们也找不出来您的逻辑有任何缺陷。但是,我们都知道,其实您也清楚,国会永远不会为符合稳态经济要求的机构和政策投赞成票。原因很简单,即使在很小的可能性下,国会议员个人偏爱稳态经济并且愿意投赞成票,普通选民却会投票让他们下台。因此,我们是不是应该学习点其他的东西?您确定您不是在浪费我们的时间吗?"

这是一个充满挑战性的问题。怎么回答呢?两个答复浮上心头,虽然我也不确定这两个答复算不算是答案。

第一,当现在的系统在失败中崩溃后,重建一个更加可持续和公平的系统就不仅仅是兴趣了，更多的是一种迫切需要。如果稳态经济或者生态经济的基本理念已经被概述出来，并且有相关出版物发行，那么这将为重建提供很大的帮助。大的改变通常要求一个大的危机，这样才能使大的改变在政治上可行。事实上，一个足够大的危机发生的可能性与日俱增，就像我们在电视和报纸上看到的那样。所以说，我们要做好准备。

　　第二，不大可能的事件和预料不到的新奇事件时有发生，例如帝国的消亡、奴隶制的废除等社会大事件。但是，个人的思想也会经历革命。以我个人为例，我以前是一个新古典增长主义经济学家。那个时候我希望自己对这个世界的贡献就是提升 GDP 的增长率，特别是拉丁美洲的落后地区，当然在富裕的国家也是如此。但是，经历、争论和证据改变了我的思想，我现在已经成为一个提倡稳态经济的生态经济学家。稳态经济强调再分配和质的提升，而不是持续增长。我所经历的会不会发生在其他经济学家身上？事实上，尽管很缓慢，但是这不就是正在发生的事情吗？为什么说服我和其他人的证据和逻辑不能最终说服更多的人呢？难道我们生态经济学家是稀有物种吗？当然不是。这本传记中记录和叙述的事情就是证据，证明了思想、证据和论证确实可以改变至少一个普通增长主义经济学家的思想。如果可以改变一个，为什么不能改变两个呢？如果可以改变两个，为什么不能改变更多呢？是的，我知道经济增长中有巨大的经济和学术上的既得利益。因此，抗争仍将继续。但是，每一天我都会遇到很好的人，我能看出他们比我聪明。如果给他们时间，让他们多多接触事实和论据，也许他们将会改变自己的想法，并且将会进一步阐明和更新古典经济学家对稳态经济的早期设想——稳态经济就是超越增长不断变得更好的经济。希望这本传记能够帮助他们加快脚步，因为时不我待，问题已经越来越严峻了。

赫尔曼·戴利
2021 年 2 月
美国弗吉尼亚州中洛锡安市

# 前　言

　　1979年，一个阳光明媚的下午，我位于多伦多的"维克托和伯勒尔"办公室（Victor & Burrell）——我前不久刚成立的咨询公司——里的电话突然响了。电话那头，一个低沉的南方口音缓缓地说道："我是赫尔曼·戴利。我想请问是否可以将您的论文《经济学和环境问题的挑战》（Economics and the Challenge of Environmental Issues）收录进我的《迈向稳态经济》（Toward A Steady-State Economy）第二版？"我之前读过戴利1973年出版的第一版《迈向稳态经济》，而且还浏览过他1977年出版的《稳态经济学》（Steady-State Economics）。我还在我的博士学位论文中加入了对戴利1968年发表的论文《作为生命科学的经济学》（On Economics as a Life Science）的评述。因此，我对戴利的科研成果非常熟悉。他的邀请电话令我很吃惊，也令我深感荣幸。我毫不犹豫地答应了他的请求。

　　在之后的很多年里，虽然我拜读了许多戴利的论著，但是直到我亲自见到戴利，我才真真切切地感受到了他的热情、智慧和谦虚。我们约好在华盛顿特区的水门饭店与他在世界银行的领导罗伯特·古德兰（Robert Goodland）共进午餐。其间他们试探性地问我是否愿意加入世界银行。跟他们在一起工作是非常有吸引力的，但是，离开加拿大、离开我的太太和两个年幼的女儿就不那么有吸引力了。因此，我礼貌地拒绝了他们。之后，我又和戴利在几次会议上碰过面。但是，目前为止最难忘的会面是在20世纪90年代的后期。当时作为约克大学环境研究学院的院长，我邀请戴利到多伦多去做一场公开讲座，并且会见了学校里的老师和学生。一切都安排妥当，但是，就在戴利到达之前，学校的教工工会发起了罢工，并且封锁了校园。戴利的访问照常进行，但是出于对罢工警戒线的尊重，公开讲座的地点换到了学校附近的加拿大环境部的地区办公室，他的讲座受到了热烈的欢迎。让我印象深刻的是，两天时间里，戴利在加拿大环境部为他提供的会议室内，热情接待了所有来访者。他不知疲倦地、耐心地、极其诚恳地回答了来访者向他提出的所有问题，这让每位来访者都心满意足。

大约是2016年，我开始考虑应该有人站出来为戴利写一部传记。然而，我四处寻找，并没有发现合适的作者。这个时候，我的太太玛丽亚（Maria）看着我说："你应该做这件事情。"当时我已经退休了，并且刚刚完成了《不依赖增长的治理》的第二版。我也做好了尝试新事物的准备。我把写传记的想法跟戴利进行了交流，得到了他的同意和祝福。于是，我到弗吉尼亚州的中洛锡安市与他见面，在那里我用了好几天的时间，就他的生平和思想进行了访谈。之后，我便埋头阅读他的论著以及他的批评者的论著，又与曾经跟他共过事的人进行谈话，最后我还在网络上发起了问卷调查。问卷调查得到了很多反馈，其中一些反馈被我引用在了书中，从中你可以看出戴利的思想影响广泛且深远。此外，你还可以看到赫尔曼本人的引语，毕竟这是他的故事。

大部分经济学家的研究成果，或者更宽泛地说，大部分社会思想家的研究成果会随时间的流逝变得越来越不重要。客观环境不断发生变化，解读客观环境的方式也会发生变化。但是对于少数人来讲，情况恰恰相反。他们的研究成果会越发显得及时，在世界上的其他人都还未意识到这些问题的重要性之前，他们就为他们提出的问题提供了答案。赫尔曼·戴利就属于这少数人中的一员。

彼得·维克托

# 目 录

第一章　来自得克萨斯州 / 1

第二章　经济学家赫尔曼 / 31

第三章　哲学、伦理道德和宗教 / 66

第四章　作为生命科学的经济学 / 92

第五章　规模、分配和配置 / 136

第六章　衡量经济 / 163

第七章　经济增长有什么问题？/ 195

第八章　稳态经济学 / 235

第九章　为稳态经济辩护 / 272

第十章　针对稳态经济的非传统批评 / 300

第十一章　人口、移民和外来移民 / 315

第十二章　货币和银行 / 344

第十三章　全球化、国际化和自由贸易 / 361

结　语 / 384

致　谢 / 389

参考文献 / 392

汉英人名对照表 / 405

作者简介 / 409

译者简介 / 410

# 第一章　来自得克萨斯州[1]

## 年少岁月

> 对于我所"选择"的父母，我感到非常幸运。
> ——赫尔曼·戴利

试想一下，对于一个不到八岁的小孩子，在一个阳光明媚的早上醒来，发着高烧，全身僵硬，左臂不能动弹，那将是一种什么样的情景。这个小孩以为他快要死了。那天晚上睡觉之前，他感觉脖子有点痉挛，手臂也有一点疼痛，但对于一个恨不得一整天都在外面玩耍、经常磕磕碰碰的孩子来讲，这再正常不过了。早晨醒来，他知道非常糟糕的事情发生了，这不仅是从他的感觉判断出来的，而且也能从他父母担心的眼神中看出来。他的父母惊慌地说道："我的天呐，这是怎么了？"他们最害怕他患上脊髓灰质炎，因为小孩子更加容易得这个病，所以它有另一个更加揭露真相和令人不安的名字——小儿麻痹症。

上文中的小孩就是本书的主人公——赫尔曼·爱德华·戴利（Herman Edward Daly）。他当时正与他的父母，埃德（Ed）和米尔德丽德（Mildred），从位于博蒙特的家里前往休斯顿。他们想要去拜访他的祖母和堂亲，共度一段欢乐的家庭时光。谁曾想，这次意外事件改变了他们的计划。夫妇俩开车将他们年幼的孩子送往位于加尔维斯顿县的约翰·西利（John Sealy）医院。途中，他们不得不在一个叫作玻利瓦尔角（Point Bolivar）的地方乘坐摆渡船。赫尔曼躺在汽车的后座，迷迷糊糊，他听到了他的爸爸对一位警察说："我的孩子生病了。我必须排到队伍的前面去，你能带我们过去吗？"到了医院后，赫尔曼做了脊椎穿刺，确诊了小儿麻痹症。在接下来的六周里，赫尔曼得到了精心的照顾和治疗，但是最后发现这些治疗收效甚微。在赫尔曼后来的生活中，他的左臂再也不能使用了，右肩膀的活动能力也受到了限制。在20世纪40年代，小儿麻痹症的病因尚不清楚，治疗方案也是看起来似乎有效但是又缺乏科学依据。一位名为肯妮修女（Sister Kenny）的澳大利亚护士声称对患肢进行热敷的方法效果很好，于是医护人员把赫尔曼不能移动的手臂包裹在一个非常热并且很难闻的袋子里。治疗专家会时不时伸展一下他的手臂，防止它僵硬。

在这段不那么令人愉快的住院时间里，赫尔曼的父母和祖母会在周末看望他，而其余五天只有一个收音机陪伴他。赫尔曼最喜欢的广播节目就是喜剧演员杰克·本尼（Jack Benny）和弗雷德·艾伦（Fred Allen）的节目。赫尔曼会记住他们讲的笑话，并且再把这些笑话讲给护士和治疗专家听，大家都夸他是一个有趣的孩子。这些较为轻松的时刻帮助赫尔曼减轻了被一个"铁肺"包围的恐惧。"铁肺"就是一个像棺材一样的金属包壳，能够帮助小儿麻痹症患者进行呼吸。如果被"铁肺"包围的话，患者只有头部是露在外面的，只能面对天花板，通过摆放在他们眼睛上方的一个角镜来观察世界。约翰·西利医院的"铁肺"太多了，其中一些只能摆放在赫尔曼房间外面的走廊上。无论是白天还是晚上，赫尔曼都能听到嗖嗖的"机械呼吸声"。幸运的是，他最终没有用上这个"铁肺"。

在医院住了大约六周之后，医院已经对赫尔曼的病情无能为力，于是赫尔曼被送回了家，希望家庭的温暖能够尽可能地帮助他减少病痛。多年以来，赫尔曼的妈妈尝试了她所能想到的所有治疗方法，她希望这些方法能够刺激赫尔曼萎缩的手臂上的肌肉，但都没有成功。赫尔曼父亲的一位朋友 I. J. 阿尔伯曼（I. J. Ableman）是一个马鞍制造商，他为赫尔曼特制了一个腰带，可以防止赫尔曼瘫痪的手臂乱动，这让赫尔曼基本过上了正常的生活。

在患上小儿麻痹症这个影响他一生的病症之前，赫尔曼是一个在美国南部的得克萨斯州长大的典型男孩。赫尔曼于 1938 年 7 月 21 日出生在得克萨斯州休斯顿北大街上的赖特（Wright）诊所。他是埃德·戴利（Ed Daly）和米尔德丽德·茱莉亚·海尔曼（Mildred Julia Herrmann）的第一个孩子，因为孩子的爱尔兰—德国血统，他们为儿子取名为赫尔曼·戴利。埃德和米尔德丽德是经过共同朋友介绍认识并且恋爱的，他们于 1934 年 5 月在米尔德丽德的妈妈位于休斯顿的房子里结了婚，当时正处于大萧条的中期。埃德来自爱尔兰的一个天主教家庭，而米尔德丽德来自一个德国的新教家庭。因此，他们两人的婚姻是跨越宗教信仰的婚姻，这对于信仰新教的米尔德丽德来讲不算什么问题，但对于天主教出身的埃德来讲阻碍更大一些。因为和非天主教教徒结婚，埃德基本上与他的家庭断绝了关系。家庭的分裂让赫尔曼很苦恼，也让他对天主教会感到很不满意。

20 世纪 40 年代，戴利一家在得克萨斯州博蒙特的生活状况不是很好。赫尔曼的父亲埃德在博蒙特经营一家百路驰轮胎服务站。博蒙特是一个距离戴利一家居住的休斯顿大约 130 公里的富饶城镇。后来，第二次世界大战爆发时，埃德开了他自己的商店，并且非常骄傲地将商店命名为"戴利家用电器和汽修店"。由于埃德在一次摩托车事故中受了重伤，因此被免除了服兵役，可以安心地打理商店。随着第二次世界大战的到来，美国的经济在经历了令人绝望的 20 世纪 30 年代以后，再次被注入了活力，埃德的商店也兴旺起来。埃德将商店经营得很好，这让他和米尔德丽德有足够的资金在麦克法丁（McFaddin）大街购买他们自己的房子。就这样，赫尔曼与他的父母还有小他五岁的妹妹丹妮·林恩·戴利（Deni Lynn

Daly）一起搬进了新家。

有一天，埃德意外地收到了一位富有的博蒙特族长的收购意愿，族长想为他的儿子买下这个商店。考虑到这么高的报价实属难得，埃德就同意出售商店，并且利用这笔钱重新在博蒙特开了一家轮胎店。不走运的是，轮胎生意并不景气，于是埃德转型成了一个旅行推销员，为一家批发公司推销电器和五金制品。这也意味着，埃德经常不在家，养育赫尔曼和妹妹丹妮的主要职责就留给了他们的妈妈米尔德丽德。

高中毕业之后，米尔德丽德一直快乐地从事秘书工作。嫁给埃德之后，便辞去了工作。穷极一生，米尔德丽德都想拥有一份有报酬的工作，而不仅仅是当一位家庭主妇。但是在那个时代，社会并不鼓励女性外出工作，因此米尔德丽德一直没能如愿。就像很多同时代的女性一样，被剥夺了同男性一样拥有平等工作机会的米尔德丽德，只能在养育孩子和经营家庭生活的沉重责任中寻求安慰和满足。

1944年，也就是丹妮出生后的那年，赫尔曼在阿弗里尔（Averill）小学升入了一年级。他长成了一个健壮的男孩，留着金色的头发，脸上总是带着微笑。在只有六岁的年纪里，他每天骑车两英里到学校，自行车的车把手上永远挂着一个篮子，里面放着他的午餐盒。去学校的路上，赫尔曼会经过一片林地，有时候还会看到有蛇在他面前爬行着穿过马路。长大后的赫尔曼再遇到这种情况也许会绕道而行，可当时他只是一个小孩子，正值调皮贪玩的年纪。所以事实恰恰相反，赫尔曼会把他的双脚放在自行车的把手上，然后让自行车依靠惯性从蛇的身上轧过，他会感到一阵小颠簸，还会因为伤害了一个他认为非常危险和邪恶的动物，自己能够"逍遥法外"而产生一种强烈的满足感。"即使是乖小孩也会有坏的一面。"多年后他回忆起这段童年记忆时感慨道。

那一年，美国已经打了三年仗。在日本轰炸了位于夏威夷珍珠港的美国海军基地后，美国就对日本、德国和意大利宣战了。和美国其他的孩子一样，赫尔曼也拿着十分的硬币去学校购买储蓄邮票，以资助战争。赫尔曼也会帮助他的妈妈买东西。战争期间,有些食物是定量供应的,赫尔曼的妈妈会给他钱和配给票去购买牛奶和奶油。和交战国的国民经常做的事一样,米尔德丽德种植了一个"胜利菜园",为士兵提供免费的食物。赫尔曼也想为战争出力,他用一个小推车收集废纸和锡罐,赤脚拉着小推车在炙热的大街上行走,途中不错过路边的每一片草地,好让他烫坏的双脚能够凉快一下。

孩子们对与众不同的人会非常刻薄。在学校的时候,赫尔曼有时候会因为他的名字而被讥讽。他会被叫作"德国人赫尔曼",这本可以让他很沮丧,但是赫尔曼并不是太在意。孩子们都会讨论战争,尤其是那些爸爸在外打仗的孩子。赫尔曼在部队中最近的亲戚是祖母家的舅舅,他在海军服役,这让赫尔曼很是骄傲。就像镇里绝大多数的白人小孩一样,在没有电视的时代,赫尔曼会定期去电影院,观看一些关于战争的新闻短片。新闻短片中的故事都旨在提振士气,孩子们也很愿意看。但是,孩子们真正想看的是吉恩·奥特里(Gene Autry)、罗伊·罗杰斯(Roy Rogers)等明星参演的西部片,这些明星也被称为歌唱的牛仔。

受从墨西哥湾流向内陆的湿气影响,博蒙特的夏天炎热且潮湿。小男孩都只穿短裤,不穿鞋也不穿衬衫。除了电影院,其他地方都没有空调,因此小孩子们经常起痱子,通常的治疗方法就是用粉色炉甘石液和电风扇。与今天相比,那个时候的孩子受父母约束较少,可以自由自在地玩耍,赫尔曼也不例外。当时没有手机或其他任何电子设备可以让家长与他们的孩子随时保持联系。那时赫尔曼生长在一个美国人所歌颂的自由时代,而现在有这种自由体验的孩子越来越少了。当然,这样的自由也伴随着危险,孩子们也会承受这种自由带来的后果,通常来讲就是一些小的磕磕碰碰,虽然也不是经常发生。赫尔曼后来回忆起他的童年时,他就认为自己经常独处,总是形单影只,甚至到了"很多次我差点儿就死掉了"的程度。

赫尔曼早年深受宗教影响,他的宗教信仰在其一生中都是很坚定的。

赫尔曼的妈妈负责他的宗教教育，因此他被培养成了一个新教徒，定期陪同妈妈参加福音和归正教会（Evangelical and Reformed Church）的礼拜[2]。这个教派的一个重要成员是雷茵霍尔德·尼布尔（Reinhold Niebuhr），他是 20 世纪最有影响力的基督教神学家之一。尼布尔的政治和宗教哲学在他所写的宁静祷文中有很精辟的概括："上帝啊，请赐予我勇气让我去改变必须改变的事物，赐予我淡然让我能从容地接受无能为力的事情，并且赐予我区分这两者的洞察力。"在赫尔曼的整个职业生涯中，在挑战经济学的主流思考方式时，他很好地秉持了这种生活方式和哲学，坚信通过合理的论证和说服，经济学的思考方式会发生改变。

看到他的爸爸因为和非天主教教徒结婚而遭受的一切，赫尔曼对天主教也产生了厌恶。这种厌恶随着他跟父亲的五个姐妹中最小的一位（也就是他最小的姑姑）建立的亲密关系而得到缓和。她是一个修女，在一所天主教女子学校担任教师。在之后的生活中，赫尔曼这位最小的姑姑帮助他和丹妮照顾他们年迈的母亲，这进一步加深了赫尔曼对她的尊敬。成年后的赫尔曼认为各种新教教会之间并没有很大的差别，并且声称自己是一个"通用新教徒"。

赫尔曼不仅从父母那里获得了宗教知识，而且他还在自己的事务中学到了谨慎行事的重要性。"不要浪费你的钱，要努力工作，要多多考虑未来。没有人会给你任何东西，你必须要自己努力去争取。"对于赫尔曼来讲，这些个人行为准则都是他从父母在经济大萧条时期的生活经验中学习到的，尤其是父亲教会了他很多。尽管这些准则与他在教堂中学到的更加普世、包容和仁爱的观点相冲突。赫尔曼虽不是唯一一个寻求基督教宣扬的善意教义与个人主义和个人责任的伦理道德相和谐一致的美国人，但这两点在他的大部分作品中都有体现（参见 Daly and Cobb 1989, 1994）。

1947 年，赫尔曼九岁时，他们全家从博蒙特搬到靠近墨西哥湾岸区的得克萨斯州的拉波特，就住在他深爱的外祖母克拉拉（Clara）家的街对面。赫尔曼的祖父母中，米尔德丽德的妈妈（赫尔曼的外祖母）对他的影响最大。克拉拉·科尔豪夫·埃尔曼（Clara Kohlhauff Herrman）是个充满爱心、心地善良，并且坦率真诚的人。她会给来到她门前的流浪汉食物，并且让他们做一些简单工作作为交换，从而保护他们的自尊心。这给赫尔曼留下了很深的印象，这让他明白做慈善是重要的，而做慈善的方式也同样重要。外祖母克拉拉还从孤儿院领养了两个兄弟，她像对待自己的孩子一样把他们养育成人。在赫尔曼眼里，他们就是自己的亲舅舅，赫尔曼很喜欢他们。

同一年，得克萨斯城发生了巨大的爆炸，并引起了大火。得克萨斯城是一个炼油港口城镇，距离赫尔曼的家大约20英里。这是历史上最大的非核爆炸之一。赫尔曼看到天空变成了烟熏火燎的橙色。作为一个充满好奇心的九岁孩子，赫尔曼想知道是什么引起了爆炸。这段记忆在赫尔曼的一生中都记忆犹新。爆炸的起因是一艘在法国注册的装载硝酸铵货物的船在港口首先着火，继而发生了爆炸[3]。火势继续蔓延到其他船和附近的储油罐，引起了更多的爆炸。数百人在爆炸和大火中丧生，得克萨斯城消防部门的人员中只有一位幸存者，其他的人员全都牺牲了。

住在拉波特让戴利一家离父亲埃德的工作地点更近了，这减少了埃德外出奔波的时间。在当时，大家都认为水和游泳能够帮助小儿麻痹症患者恢复，这大概是因为当时的总统罗斯福在佐治亚州的温泉疗养院游泳的影片启发了大家。罗斯福总统也是一位小儿麻痹症的患者。赫尔曼的绝大部分时间都在阅读、赶海，他还从图书馆借了一本书，自学游泳。在风平浪静的日子里，赫尔曼就会练习游泳。每天，都是他独自一人在海湾里，他会在没人看管时漫步到远一点的地方，"在偌大的整个海湾里，只有我孤身一人。"晚上的时候，赫尔曼经常独自坐在社区码头的尽头，享受着属于自己的孤独，思考着自己的未来。有时候，赫尔曼会在一个军队遗留的丛林吊床上睡一晚。吊床有塑料屋顶和蚊帐，在吊床上睡觉让人感觉非常舒适，即使是下雨天也不会淋湿。尽管只有11岁，但是赫尔曼有一把22毫米口径的来复枪，他被允许到附近的树林打猎。这就是一个小男孩在 20 世纪 40 年代的得克萨斯州的全部生活，但是赫尔曼并不是一个愚蠢的小孩。他知道枪是危险的，它可能会伤到自己或者其他人。赫尔曼对此有些害怕，意识到他不适合玩枪，他便决定不再射击了。

拉波特的教育系统不是很好。虽然赫尔曼是一个非常热爱学习的学生，但是他并没有从课堂上学到多少东西，因此他自己读了很多书。尽管在上四、五年级时，赫尔曼的阅读考试成绩就已经达到了高中的水平，但是他的数学考试成绩却只是中等水平。在拉波特小学学习两年之后，赫尔曼随全家搬到了休斯顿，他对此并没有任何失望和沮丧之情。赫尔曼的父亲在休斯顿的南大街又开了一家名为"美国五金有限公司"的小商店。休斯顿的教学质量更好一些，而且在他们的新家附近有一个带有网球场和游泳池的公园，赫尔曼很是喜欢。赫尔曼成为了一个技术相当娴熟的网球运动员，尽管他只有一只手臂可以灵活使用，赫尔曼依然进入了学校的网球队。不幸的是，尽管休斯顿的学校体系相对于拉波特已经好了很多，但是赫尔曼在潘兴（Pershing）初中的经历还是不太好。他拉丁语学得很好，但是其他学科，除了他自学的部分，几乎没学到什么。后来，赫尔曼意识到他本可以学到更多的数学知识，但是数学老师水平有限，他对此很介意。

赫尔曼从 11 岁开始，直到上大学，都在他父亲的商店里打工。刚开始打工的时候，他每天的薪酬是 6.5 美元。在商店里赫尔曼学会了为顾客服务和在收银机上结账。在他 14 岁的时候，赫尔曼的工作是单手驾驶一辆皮卡走遍了休斯顿，从批发商那里获取订单，并且给工业客户送货。他经常去的一站是一个小化工公司，在那里赫尔曼遇到了一位墨西哥雇员拉里（Larry）。拉里的工作强度很大，整日围着化学试剂罐呼吸着有毒的蒸气。拉里的眼睛总是充满了血丝，也总是咳嗽，看起来很疲惫。若干年之后，当赫尔曼读到卡尔·马克思关于剥削劳动力的论述时，拉里的形象历历在目。

在赫尔曼早年的生活中，得克萨斯州仍然是一个实行种族隔离政策的州。在公共场所和设施（包括中小学和大学）以及私人的商业机构（如饭店和理发店），非裔美国人和受歧视程度相对较轻的墨西哥裔美国人要与得克萨斯州的白人分开社交。这就意味着，赫尔曼和白色人种以外的人很少有接触。一个对他有重大影响的例外是在他父亲的五金店里，这里的消费者来自各种各样的种族和背景。赫尔曼很崇拜他的父亲。赫尔曼认为他的父亲充满智慧、体贴周到，并且思维敏捷。他也深受父亲的影响，尤其在与人打交道方面。父亲埃德·戴利在上完八年级后就辍学了，他对三教九流的人都能接受。埃德的为人之道就是对每个人都很客气，尤其是对光顾他商店的客人。埃德经常会说，"他们有色人种的钱和其他任何人的钱一样都是绿的。"这在今天也许听起来有些愚蠢，但在当时种族隔离和种族主义弥漫的得克萨斯州，这种想法已经很进步了。父亲也为赫尔曼树立了一个榜样，就是对待他人要持有包容的态度，这也进一步强化了赫尔曼五岁时在主日学校学到的东西。当赫尔曼唱到"上帝爱小孩子，无论他的皮肤是红色、黄色、黑色或者白色。在上帝眼里，孩子都是无比珍贵的"时，他明白这些歌词对他来讲是有意义的。然而，赫尔曼也明白，这并不是这个世界运转的方式，最起码在得克萨斯州不是。赫尔曼只是不明白，为什么他不能和黑色皮肤的孩子一起玩耍。这给赫尔曼上了人生一课，即事情不一定必然地按照其应有的方式运行，这是学校没有教给他的东西。

赫尔曼的父亲埃德·戴利并没有接受好的教育，或许正是因为这个原因，埃德十分鼓励他的孩子好好学习。但是，与此同时，埃德·戴利对受过教育的人也持一种批判性的观点。埃德喜欢讲述关于乔（Joe）的故事。乔是一位博士研究生，他曾经在埃德的五金店打过一个暑假的工。埃德是这样讲述的："有一天，我告诉乔，'天看起来要下雨了，我想让你去楼上的储物间，把窗户关上。'"乔上楼去了，但不一会儿就下来了。过了一会，埃德·戴利去楼上的储物间查看。当时仍在下雨，储物间有一扇窗还开着，雨正是从那扇窗吹进来的。埃德·戴利下楼说道："乔，我已经告诉你关窗了。为什么你没有关呢？""我关窗了啊。""我刚才上去了，雨正在往里飘呢。""好吧。但是，你只是告诉我关窗。储物间里面有两扇窗是开着的，我关了其中一扇窗。"赫尔曼的父亲回复道："乔，你怎么知道我说的是哪一扇窗呢？"埃德喜欢讲这个故事，他想要说明高等教育并不意味着一切。

在赫尔曼八岁以后，他的童年生活就一直在和那条不能动的手臂抗争着。他的妈妈总是想治愈这条手臂。她尝试了所能尝试的方法，如脊椎按摩疗法、热水浴和刺激肌肉的电击疗法，但是都无济于事。处于青春期的赫尔曼认为治疗花费了太多的时间和精力，他开始抗拒治疗。他在很小的年纪就意识到，有些事情真的是不可能的，如果硬要把不可能的事情说成可能，那不仅是错误的，甚至是危险的。他的疾病实在无法治愈。这些被高度吹嘘的民间疗法并没有让他萎缩的手臂好转起来，他从传统医学那里接受了最好的治疗。赫尔曼从治疗手臂的事情中领悟到了一个道理，当你遇到一件不可能的事情时，我们最好是勇于面对和承认它的不可能性，这个时候要把精力转移到仍然可能的好事上。这种思维方式也许在很多年后对他思考经济增长的方式时产生了积极影响。他意识到，在一个有限的地球上，没有限制的经济增长是不可能的；稳态经济不仅仅是可行的，而且在正确的条件下，稳态经济是非常有益的。

在1953年的夏天，也就是在他步入中学之前，赫尔曼跟他的父亲谈到了截肢的问题。对于赫尔曼来讲，他的左臂已经是一个累赘，他想要摆脱这条没用的手臂。他的父亲非常理解赫尔曼的想法，但是他认为这件事不宜仓促决定。父亲对赫尔曼说："你好好考虑两个月，之后我们再谈这件事。如果两个月之后你还是想要截肢，那么我们就去找医生谈谈。"两个月很快过去了，赫尔曼对于摆脱这条没用的手臂的想法变得更加坚定了。赫尔曼的父亲也兑现了诺言，带他去看医生。医生说："的确，这条手臂不可能再恢复正常了……它已经萎缩至皮肤和骨头了，运动神经也已坏死。我们可以有多种方式处理它。"于是，在没有任何今天也许需要的道德伦理审查的情况下，赫尔曼的手臂被截掉了。后来回忆起这件事情，赫尔曼说当时人们喜欢自己做决定。

赫尔曼在他外祖母小小的"海湾房子"中休养，在那里，他可以用他在父亲商店打工挣钱买的新望远镜观察加尔维斯顿湾的油轮和货船。赫尔曼还在为上中学做准备，对即将到来的中学生活感到很激动。他还是一如既往地坚信上帝，坚信上帝仍然爱着自己，同时也让他的自我价值感越发强烈。

赫尔曼恢复以后，他就和小儿麻痹症达成了为期60年的"休战"。截肢手术后，赫尔曼感到前所未有的轻松和自由，直到退休后，他并没有因为得过这个病而受到明显的限制。小儿麻痹症确实不会再复发了，但是留下了小儿麻痹症综合征（现在医生们将之优雅地称为"晚期后遗症"）的症状，包括疲劳、虚弱和一些肌肉功能的渐渐丧失。但是，60年已是一个很慷慨的休战期了。20世纪80年代才被官方认证的小儿麻痹症的"晚期后遗症"，直到逝世还在不断地侵扰赫尔曼的生活。

# 高中岁月

1953年，赫尔曼进入了休斯顿的拉马尔高中。这个学校是以米拉波·波拿巴·拉马尔（Mirabeau Buonaparte Lamar）的名字命名的。他是得克萨斯革命的领袖，也是得克萨斯共和国的第二任总统，得克萨斯共和国直到1846年才加入美国，成为美国的第28个州。赫尔曼非常享受在拉马尔高中的三年美好时光。赫尔曼在生理上和情感上都成熟了许多，截肢之后，他对自己的境况有了更加清晰的认识。他感觉自己成为了一个更好的人，也准备更好地享受生活，包括学校的生活。在学校里，他的英语和自然科学学得很好，但是数学却不怎么好，数学是他最有挑战性的一个科目。赫尔曼还是一如既往地广泛阅读，逐渐开始成长为一个好的作家，以至于有一段时间，他认为自己也许可以靠写小说来谋生。

拉马尔高中的社交氛围也非常适合赫尔曼。他喜欢他的老师和同学，也渴望结交朋友。他对慈爱的上帝的信仰还是很坚定，学习也充满乐趣，女孩子们也喜欢他。对于青少年时期的赫尔曼来讲，幸福的公式就是健康的身体、开明的父母和好的中学。

如今，深深困扰很多年轻人的生存危机是气候危机。在20世纪五六十年代，困扰年轻人的危机是"冷战"，因为这很有可能随时演变为一场会造成大规模毁灭的核武器热战。那是一段地缘政治异常紧张的时期，苏联领导的东方阵营和美国领导的西方阵营剑拔弩张。1991年，随着苏联的解体，冷战结束了，或者说可能是进入了一段政权空白期。在美国，无论是真实存在的，还是想象出来的，共产主义的威胁引起了人们的极大担忧。从初中开始一直到高中，孩子们都要看一些宣传类的影片，影片里面有一个红色的章鱼，它包裹住这个世界，并且扼杀了一切。即使在那个时候，赫尔曼也认为这有点夸张和过分。影片里面的内容也许会发生，也许不会发生，但是当他看到这类影片时，他能够辨别出这是宣传类影片。对于赫尔曼来讲，比这些电影更严重、更令人不安的是核攻击演习。在美国的学校里，孩子们必须要练习躲到桌子下面，并且保护好脖子的后面，好像这样会有什么用似的。就像所有孩子一样，赫尔曼认为这很愚蠢。他已经在新闻短片中看到了日本的广岛和长崎在遭受核袭击后发生了什么。演习尽管没什么用，但还是要进行。幸运的是，这些演习最终没有得到检验的机会。

为了放松，赫尔曼花了很多时间来收听广播。在那个时候，赫尔曼使用的收音机还不是那种小的便携式的晶体管收音机。这种收音机是20世纪50年代发明，并在20世纪60年代开始流行起来。赫尔曼使用的收音机被当作一件大家具，有能力购买的家庭会把它摆放在客厅的显眼位置，一家人聚在一起围着收音机收听。相对于当时仍处于发展初期的电视机，收音机更能激发一个人的想象力。听收音机时，听众必须要自行想象跟收听到的内容相一致的视觉画面。赫尔曼年幼时最喜欢收听的节目是《独行侠》。他经常一边吃晚餐，一边收听《独行侠》。广播中戴着面具的牛仔骑着骏马西尔弗（Silver），跟他信任的朋友汤托（Tonto）一起，开启了一个又一个惊险之旅。赫尔曼喜欢收听有点吓人的神秘故事，这让他在晚上常常睡不着觉。到了青少年时期，赫尔曼用这个收音机来收听各种类型的音乐。他刚开始喜欢乡村音乐，乡村音乐在 20 世纪 50 年代的得克萨斯州非常受欢迎。随着年龄的增长，赫尔曼逐渐喜欢上了古典音乐，并且特别喜欢贝多芬、莫扎特和舒伯特的音乐。他也喜欢卡津音乐，一种未来流行的音乐，由此他也开始特别喜欢巴西音乐的美妙旋律。

在整个高中和大学阶段，赫尔曼一直在他父亲的五金商店工作。他用从五金店赚的钱买了一辆旧的福特汽车，然后用这辆车接送朋友上下学，每人每周五美元。赫尔曼也成了一个很棒的勤杂工。在五金商店后面有一个小的简易厂房，赫尔曼在那里组装管道和管道配件，同时学习其他技能。但是，让赫尔曼印象最为深刻的是来店里的形形色色的人。其中有一个维修工是来自贝斯以色列教堂的波兰犹太人，赫尔曼喜欢跟他聊天。还有一个来自休斯顿艺术博物馆的维修工也很有趣。赫尔曼还和好几位来自墨西哥和中美洲的顾客成了朋友。所有这些人都帮助少年赫尔曼塑造了他的世界观，他所认识的世界已经超越了得克萨斯州的疆界和得克萨斯州人的价值观。

## 墨西哥的生活

高中毕业的那个夏天，赫尔曼 18 岁，他和最好的朋友博比·伯恩（Bobby Byrne）开着他父亲的皮卡，从休斯顿出发，穿过群山，最终到达墨西哥的阿卡普尔科，这段旅程大约两千公里。沿途他们住在小型宾馆或者汽车旅馆里。在阿卡普尔科，赫尔曼实现了曾被父亲拒绝的儿时梦想——去深海捕鱼。在墨西哥船长的大力帮助之下，赫尔曼抓住了一条大旗鱼，并且还和这条鱼合影留念。这段经历并没有让赫尔曼满意，他也不想再重复这段经历。他父亲是对的。旗鱼太漂亮了，根本不忍心杀掉。

对于两个涉世未深的18岁青年来讲，墨西哥之旅无疑是一次巨大的冒险。这是他们第一次独自远离家乡，进入一个语言不通的国度。然而，赫尔曼也不是完全没有准备就出发了。当赫尔曼想要了解什么东西时，他总是会找一本相关的书来看，这是他的典型风格。所有智慧的源泉就是将自己沉浸在一本书中，深入阅读这本书——这就是赫尔曼的观点。为了准备墨西哥之旅，他找到了一本西班牙语法书。暑假在父亲的商店打工的期间，他都会利用每天的午餐时间，坐在停车场的卡车里，努力地学习此书。为了学习西班牙语的发音，他就依靠"活语言"记录，慢慢地也能用西班牙语说一些简单的词汇。

赫尔曼在父亲商店结交的其中一个朋友就是墨西哥人阿诺尔多（Arnoldo）。阿诺尔多是家里的败家子，他几乎不会说英语，因此他和赫尔曼经常聚在一起，互相帮助对方学习语言。当赫尔曼告诉阿诺尔多他们要去墨西哥时，阿诺尔多对赫尔曼说："这里有一封信，把它交给我的妈妈，她居住在坦皮科。"赫尔曼发现，这个在美国当维修工勉强糊口的阿诺尔多实际上来自一个经济条件很好的家庭，他们家在坦皮科拥有一家福特汽车经销公司，这让赫尔曼大吃一惊。赫尔曼深知阿诺尔多在休斯顿的困难处境，尤其是在他的墨西哥妻子离开他之后，阿诺尔多的境况就更加糟糕了。阿诺尔多的妻子只是想从这段婚姻中获得一张绿卡，得逞后便离开了他。

阿卡普尔科之旅让赫尔曼看到了更广阔的世界，只有旅行才能有这个作用。从得克萨斯州，赫尔曼看到了美国和墨西哥接壤的地区。这个边境地区似乎结合了两种文化中最为糟粕的东西。"但是，当我走进墨西哥和墨西哥城时，我大吃一惊。哇噢，这是一个完全不同的文明与文化，它值得我们的尊重，并且对它的尊重应该多于它当时在得克萨斯州内得到的尊重。"赫尔曼非常喜欢墨西哥城，觉得它是个大型的现代化都市，而且城市体系似乎也运行得很好。对于赫尔曼来讲，这都是十分意外的发现。让赫尔曼印象更加深刻的是位于特奥蒂瓦坎的前哥伦比亚时代的遗址，遗址有金字塔和宽阔大道。特奥蒂瓦坎过去曾经是中美洲最大的、人口最多的城市中心，比阿兹特克几乎早一千年。

如果是现在，两个刚满 18 岁的年轻人驾驶一辆卡车从美国的得克萨斯州到墨西哥的阿卡普尔科，然后再折回，要比赫尔曼那个时候危险得多，甚至是不可能的。对赫尔曼来讲，这是一段改变一生的经历。首先，这段经历激起了他学习西班牙语的兴趣，因此在返回得克萨斯州后，他就参加了一些正式的西班牙语课程，也变得更加精通西班牙语了。几年之后，当他遇见一位来自巴西的年轻漂亮的女士玛西娅并且和她结婚时，赫尔曼的西班牙语学习可以说得到了丰厚的回报。在巴西，人们都说葡萄牙语，不说西班牙语，但是这两个语种非常接近，因此赫尔曼在学习葡萄牙语并且在和玛西娅沟通方面就有了先发优势。

# 大学生活

当赫尔曼高中毕业的时候，他意识到他不可能靠当木匠或者水电工来谋生，也不可能成为一个职业拳击手或者其他类型的体育英雄。他还是应该做一些对知识和智力要求更高的工作。赫尔曼对他遇到的医生印象深刻，他认为自己能够成为一名医生。赫尔曼喜欢做些事情来帮助其他人。而且他还很喜欢科学，因此他认为学医看起来是个不错的选择。当赫尔曼在 1956 年出发去莱斯文学、科学和艺术促进学院（简称莱斯学院）开启大学生活时，他就怀揣着这种想法。

莱斯学院始建于 1912 年，1960 年升级为莱斯大学。莱斯大学起源于一个犯罪故事。威廉·马歇尔·莱斯（William Marsh Rice）是来自马萨诸塞州的一个成功商人，他在得克萨斯州的房地产、铁路和棉花贸易的生意中发了财。他决定将他大部分财富留给他去世后在休斯顿设立的一所新的教育机构。这个教育机构要以他的名字命名，不收取学费，要成为一个"有竞争力的高等教育机构"，并且只招收白人学生。

1900 年 9 月 23 日的早上，莱斯的仆人查尔斯·琼斯（Charles Jones）发现他去世了。莱斯已经是 84 岁的高龄了，因此推测他是在睡梦中去世的。莱斯去世后不久，一位机警的银行出纳员发现在支付给莱斯在纽约的律师阿尔伯特·帕特里克（Albert Patrick）的大额支票上有一处拼写错误。帕特里克宣称，莱斯已经更改了遗嘱，决定将绝大部分的财产留给他，而不是留给一个新的教育机构。纽约地方检察官调查发现，琼斯在莱斯睡觉时让他服用了三氯甲烷，那个修改后的遗嘱也是假的。律师帕特里克和仆人琼斯都被逮捕了。琼斯因为积极配合纽约地方检察官的调查，并且愿意指认律师帕特里克图谋盗窃莱斯的财富和进行谋杀，所以被免于起诉。最后真相大白于天下，正如威廉·莱斯生前所愿，他的大量财富被用来建设莱斯学院。

60 年之后，当赫尔曼进入莱斯学院时，学校还是不收学费，也没有黑人学生。几年之后，莱斯遗嘱和莱斯大学章程中不收学费和只招收白种人的规定被废止了。赫尔曼反对的种族隔离制度现在已经成为非法的了。由于学校需要更多的资金，学生也需要缴纳学费了。赫尔曼在莱斯大学读书的时候，学校对女性也不是很欢迎。在他大学一年级的化学课上，赫尔曼与一名女生一起合作做实验。她非常擅长化学，这是她热爱的科目。赫尔曼问她："你为什么不主修化学呢？"她回复道："学校不允许我这样做。"莱斯大学激进地阻止女性学习自然科学，理由是学校认为由于生理原因，女性很难成为一个科学家。在那个年代，尤其是在美国南部，如果女性想外出工作，除了当老师或者护士，别无选择。

由于赫尔曼在莱斯学院的入学考试中取得了高分，他获准参加了一个高级学术课程，他也因此免修了大学一年级的英语。他利用这个机会选修了大学一年级的哲学、科学和数学课程。当时美国很少有大学提供课外辅导，但赫尔曼很幸运。他每周都会接受一次康纳（Connor）英语教授的课外辅导，这位教授会布置供大家讨论的作业。在此期间，赫尔曼第一次读到了约瑟夫·康拉德（Joseph Conrad）等作家的作品。按照这种长期在英国的牛津大学和剑桥大学得到实践的教学方式，康纳教授会提出一些哲学问题。他期待赫尔曼来回应这些问题，并为他自己的答案辩解，或者有时候被迫放弃一个站不住脚的立场。这是一种跟上课完全不同的教育经历，是上网也学不来的。

大一结束后的暑假，赫尔曼又有了一次去国外旅行的机会。这次是去欧洲参加在意大利北部举办的世界教会理事会青年工作夏令营。在那里，赫尔曼和来自很多国家的基督教学生一起建设了一个社区中心。暑假里有段时间赫尔曼是和同样在莱斯大学读书的朋友约翰（John）一起度过的，他们一起乘坐火车或者搭乘顺风车在欧洲旅行。对于他们两人来讲，这是一段对他们产生重要影响的经历。他们看到了第二次世界大战遗留下来的爆炸地点。尽管第二次世界大战期间美德相互为敌的日子才过去了12年，但德国年轻人的友善给他们留下了深刻印象。

在莱斯学院的第二年，赫尔曼上了第一门经济学课程。莱斯学院聘任了普林斯顿大学的埃德加·爱德华兹（Edgar Edwards）担任经济系主任，跟随他而来的还有普林斯顿大学的其他两位经济学家——德怀特·布拉泽斯（Dwight Brothers）和加斯顿·林格（Gaston Rimlinger）。布拉泽斯的课程通过对经济思想史的概述，将赫尔曼带进了经济学的世界。除了阅读分配的学习资料外，赫尔曼还主动地阅读罗伯特·海尔布隆纳（Robert Heilbroner）写的通俗易懂的《俗世哲学家》(*The Worldly Philosophers*, 1953)，这是有史以来第二畅销的经济学教科书。赫尔曼还阅读了其他著名经济学家的专著。这些经济学家对赫尔曼产生了重要影响，他们的作品非常值得一读，不亚于海尔布隆纳，如约翰·肯尼思·加尔布雷思（John Kenneth Galbraith）和卡尔·波兰尼（Karl Polanyi）。在加尔布雷思的《富裕社会》（*The Affluent Society*, 1958）一书中，加尔布雷思将美国的少数私人财富和多数公众贫困进行了对比，赫尔曼对此大为震惊。加尔布雷思还创造了一个新词"传统智慧"（conventional wisdom），用来描述大家普遍持有的、经常无人质疑的观点，而喜欢质疑经济学正统学说的赫尔曼在自己的工作中并不会为这类内容感到愧疚。在卡尔·波兰尼研究资本主义发展的影响深远的巨著《大转型》（*The Great Transformation*, 1944）中，作者解释了在资本主义的经济体中，土地和劳动力是如何被商业化的，也就是说它们像其他任何东西一样被买卖。通过这种方式，资本主义经济改变了人与人之间的关系，经常给身处其中的人带来伤害。相较于赫尔曼接触到的当时主流的经济学教科书，如保罗·萨缪尔森（Paul Samuelson）的《经济学》（*Economics*）、肯尼思·博尔丁（Kenneth Boulding）的《经济分析》（*Economic Analysis*）和查尔斯·金德尔伯格（Charles Kindleberger）的《国际经济学》（*International Economics*），上述经济学家为他提供了一个不同的、更具批判性的经济学视角。

如今，绝大多数学生依靠网络来搜索文献，他们也通常只是阅读在网络上所能找到的资料，而在赫尔曼读大学的时代，学生和教授必须去大学图书馆，在图书馆的书架上（也被称为"书库"）搜索他们感兴趣的文献。当赫尔曼在莱斯大学的"书库"中寻找《大转型》的复印本时，他阴错阳差地看到了另一本书，书籍上赫然写着波兰尼的名字。这本书的书名为《个人知识》（*Personal Knowledge*），是一本关于科学和哲学的书，作者是卡尔·波兰尼的弟弟迈克尔·波兰尼（Michael Polanyi）。赫尔曼就把波兰尼兄弟的这两本书都借了。在《个人知识》中，有一章是研究"熵"的。在后来的许多年里，赫尔曼还将继续了解和写作有关"熵"的内容。

赫尔曼在莱斯大学读到和学到的东西激发了他对哲学的兴趣，于是他加入了一个名为"阿哥拉"（Agora）的非正式讨论小组。该小组的成员经常在莱斯大学图书馆的地下室举行活动。在活动中，通常会有一位教职工或者研究生来展示和讲解一篇论文，然后大家会就此展开讨论。轮到赫尔曼时，他分享了对鲍里斯·帕斯捷尔纳克（Boris Pasternak）的《日瓦戈医生》（*Dr Zhivago*）的书评。在他的评论以及随后的讨论中，赫尔曼都是支持帕斯捷尔纳克的，他认为这本书极具批判性、闪耀着真理的光芒，这和讨论小组中持同情观点的其他成员形成鲜明对比。

大学第三年要选专业的时候，赫尔曼仍然在考虑把医学作为职业追求。赫尔曼的生物学课程学得很好，这门课的任课教师是戴维斯博士（Dr Davies），他曾经是朱利安·赫胥黎（Julian Huxley）的学生。赫尔曼意识到他没法做外科手术，但他仍然能够成为一名内科医生。赫尔曼也知道，即使内科医生也必须要学习外科手术，因此他想知道他能否通过医学院的考核。为了寻求答案，赫尔曼去了莱斯大学附近的贝勒医学院，见了院长。院长问赫尔曼："你在莱斯大学学了生物学。那你有没有上过实验课呢？""是的，我上过。""那你通过实验课的考核了吗？""是的，我通过了。""那你就没什么问题。"赫尔曼还是不相信，因为他担心自己的数学不够好，不能学好自然科学。而且，赫尔曼还喜欢人文科学，他不想放弃自然科学或人文科学中的任何一个。至少从经济思想史的角度来看，经济学看起来像是有机会能把自然科学和人文科学结合在一起的一门学科。而且经济学也能给从业者带来体面的生活。赫尔曼认为，学习经济学可以让他同时踏进人文科学和自然科学的领域。不过赫尔曼后来发现，事实并非如此。赫尔曼在其整个职业生涯中都一直认为，经济学，尤其是占主导地位的新古典经济学，把两只脚都放在了空气里：既与地球脱节，也与道德伦理脱节。

赫尔曼在大二时错误地认为经济学深植于自然科学和人文科学，这反而给他确立了一个人生使命：要同时用自然科学和人文科学支撑经济学。他曾在经济思想史上瞥见过一点星星之火，但不知何故，这种趋势在现代经济学中消失了。这真的是可悲，因为就像赫尔曼后来所说的那样，这使得新古典经济学在寻找经济和环境的共通之处，以及回答社会和环境的公平正义问题两方面都存在严重的不足。21世纪的前十年，人类疲于应付气候变化、生物多样性减少、能源供给、财富的分配和使用、大规模移民、社会与环境的不公平等问题，这些问题都表明经济学存在着严重的缺陷。就像赫尔曼后来所主张的那样，我们的经济学思想是在世界基本上还是"空"的时候形成的，那个时候人类还不是推动全球变革的重要力量。现在世界上到处都是人和人工制品，人工制品的分配当然也是不公平的，因此，想要转变我们的思想和生活方式以适应急剧变化的环境变得更加困难了。幸运的是，在他的"满的世界"经济学中，赫尔曼为我们提供了很多想法和见解。当我们在21世纪越走越远时，赫尔曼的这些想法和见解能够帮助我们实现对人类至关重要的思维和行动上的转变。

**注释**

1. 本书关于赫尔曼生活的第一章和第二章，主要来自我在2018年10月13日至15日对赫尔曼的采访、赫尔曼自己在2019年8月完成但是尚未发表的回忆录、赫尔曼与本杰明·昆克尔（Benjamin Kunkel）的一次访谈（2018）以及各种各样的邮件和Zoom视频通话。文中的大部分内容都是根据这些材料编辑的，很多都是赫尔曼的原话。
2. 1957年，福音和归正教会与基督教公理会总理事会（General Council of the Congregational Christian Churches）合并成为联合基督教会（United Church of Christ）。
3. 2020年，同样的化学制品在黎巴嫩首都贝鲁特引生了爆炸，毁坏了贝鲁特的大部分地区。

图 1　1943 年在休斯顿，5 岁的小赫尔曼·戴利头戴大帽子

图 2　1944 年在博蒙特，6 岁的赫尔曼·戴利是无忧无虑的调皮鬼

图 3　1956 年在墨西哥阿卡普尔科，18 岁的赫尔曼·戴利和好朋友博比·伯恩在船长的帮助下抓到了大旗鱼

图 4　1962 年在范德堡大学，经济学系毕业班照片
（最后一排，右起第二个为 24 岁的赫尔曼·戴利）

图 5　1963 年在蒙得维的亚，25 岁的赫尔曼·戴利在圣公会教堂举行婚礼后于出租车内与妻子的合影

图 6　1974 年在巴顿鲁治，36 岁的赫尔曼·戴利与父亲的合照

图 7　1980 年在巴西里约热内卢，42 岁的赫尔曼·戴利在休假期间拍摄的（由左往右依次为凯伦、特丽、玛丽亚、赫尔曼·戴利）

图 8　1981 年在巴顿鲁治，43 岁的赫尔曼·戴利在采访中沉思的样子

图9　1983年在巴西，45岁的赫尔曼·戴利作为富布莱特客座教授正在授课

图10　1990年在怀伊岛的一次研讨会。赫尔曼·戴利（第二排左起第二个），加勒特·哈丁（第二排左起第三个），肯尼斯·博尔丁（第二排左起第五个），理查德·诺加德（最后一排右起第一个），琼（第二排右起第一个），鲍伯（第一排右起第三个），完整名单详见ISEE网站。

图11　1993年在斯德哥尔摩，55岁的赫尔曼·戴利获得"正确生活方式奖"

图12　1993年在波托马克河，55岁的赫尔曼·戴利和罗伯特·古德兰及其夫人约米尼·古德兰的合影

图 13　1997 年在彭萨科拉，59 岁的赫尔曼·戴利与母亲一起分享回忆

图 14　1997 年在里士满，60 岁的赫尔曼·戴利开心地参加
女儿凯丽与克里斯的婚礼

图 15　1999 年在马里兰州,61 岁的赫尔曼·戴利出席马里兰大学的毕业礼

图 16　2010 年在马里兰大学,72 岁的赫尔曼·戴利

图 17　2011 年在亚特兰大，73 岁的赫尔曼·戴利与特丽一家共度感恩节

图 18　2014 年在东京，76 岁的赫尔曼·戴利荣获"蓝色星球奖"

图 19　2018 年在中洛锡安市，80 岁的赫尔曼·戴利与玛丽雅的合影

图 20　2018 年在中洛锡安市，80 岁的赫尔曼·戴利与经济学领域的好友彼得的合影

# 第二章　经济学家赫尔曼

　　回顾过去，我意识到我大二时的"错误"已经成为我一生的专业研究课题，也就是在物理科学和伦理学两个层面重新建立经济学的基础。但是，这个目标应该是循序渐进的。我当前的目标是在拉丁美洲的经济发展领域开展研究工作。

——赫尔曼·戴利

　　不同于律师、会计师、医生、工程师等专业人员，社会上并没有官方机构对经济学家进行认证，称某人为经济学家时，也没有具体和正式的要求。在20世纪60年代，经济学教授只拥有硕士学位是很常见的事情，甚至有些经济学家只有一个本科学位。如今一切都变了，现在对于新聘用的经济学助理教授的学历要求至少都是博士学位，甚至可能还要求有几年的博士后研究经历。从学术界之外聘用的经济学家可能也达到了这么高的教育背景，但是这并不常见。赫尔曼成长为经济学家的路径如今看起来是常规的路径，即通过繁重的研究生学习获得博士学位。但是，赫尔曼一路上也有磕磕绊绊，这也许意味着后文将会有什么不一样的故事发生。

# 在莱斯大学和范德堡大学的研究生学习

当赫尔曼考虑攻读经济学的研究生时，他的父母是支持的，但还是让他自己做决定，就像他们之前所做的那样。他们对赫尔曼说："如果你需要我们，就来找我们。如果你在外面受伤了就回家。"赫尔曼的墨西哥之旅开拓了他的视野，让他对贫困有了新的认识，他认为经济学应该在减缓贫困方面有所作为。赫尔曼也意识到，得克萨斯州也有严重的贫困问题。当时，他毫无疑问地接受了他学到的经济学内容，即经济增长是消灭贫困的途径。但是，他没法同意新闻媒体和共和党总统艾森豪威尔等保守派政治家提出的观点，即在美国，一切都是美好的。诸如朝鲜战争、冷战和核攻击的威胁等，美国人要担忧的事情很多，赫尔曼也确实很担心这些事情。美国当时的深层次想法是，伴随着经济增长，每个人都会更加富有和幸福，战争也会结束。如今回想起来，赫尔曼意识到这些都是他年轻时的误判。

正当赫尔曼考虑读研的时候，他发现了一份由奥斯汀的得克萨斯大学出版的周报——《得克萨斯观察者》(*The Texas Observer*)。这是得克萨斯州唯一的自由派报纸。读完这份报纸，赫尔曼的反应是："哇噢，报纸上说的关于这个伟大州长——满头银发的阿伦·希弗斯（Alan Shivers）的所有事情，是真的吗？他真的是一个骗子吗？"阅读《得克萨斯观察者》，使赫尔曼对政治和政治家有了新的批判性视角，这种看法也一直伴随着他。

在莱斯大学的另一段经历，让赫尔曼在晚年认真反思了当代宏观经济学的状态。大四那年夏天，赫尔曼在位于休斯顿的田纳西天然气传输公司担任预算部门的实习会计。赫尔曼了解到，该部门的工作就是把上一年的预算找出来，然后将预算中的每个项目增加 3%，这样就可以得到下一年的预算。赫尔曼感到不解，就去询问他的老板这是否就是预算部门要做的基本工作。老板是个很好的人，也愿意听取建议。他告诉赫尔曼，预算部门的工作差不多就是这样的。赫尔曼想知道这种工作程序是否会带来问题。老板告诉他，有一年确实出了问题，因为这种以每立方英尺天然气的法定价格计算收入的方式，会让天然气的运输超过当时管道的物理容量。这就要求根据管道的物理运输限制，重新计算预期的收入。赫尔曼记得，公司的财务部门很晚才与工程部门接触，这让赫尔曼感到惊讶。但是，回想起来，这似乎与主流经济思想和那些赞同这种思想的人的看法出奇的一致，即通过技术变革和替代，经济增长能够克服所有的物理限制。

赫尔曼在 1960 年完成本科学习后，决定继续留在莱斯大学读一年的经济学研究生。赫尔曼对他的宏观经济学老师埃德加·爱德华兹印象深刻。埃德加·爱德华兹、德怀特·布拉泽斯和加斯顿·林格都是莱斯大学为了开设新的经济学博士课程从普林斯顿大学聘任过来的。第一批研究生总共有四位学生。除了赫尔曼之外，有两位来自格罗宁根大学的荷兰学生，他们精通数学。他还有一位女性同学，她在几年之前从莱斯大学毕业，后来成了佐治亚州一所私立文理学院贝里学院的校长。

20 世纪 60 年代，凯恩斯主义经济学革命正如火如荼地进行。在爱德华兹的宏观经济学研究生课堂上，凯恩斯经济学也成为一大特色和主要内容。爱德华兹让他的学生学习约翰·梅纳德·凯恩斯（John Maynard Keynes）的巨著《就业、利息和货币通论》（*General Theory of Employment, Interest and Money*），这是经济学历史上最有影响力的著作之一，如今看起来还是有很多东西值得学习。在莱斯大学学习一年之后，戴利被田纳西州纳什维尔市的范德堡大学录取，参加了一个拉丁美洲经济发展的博士项目。这是赫尔曼第一次离开家生活。莱斯大学是在 1965 年，也就是赫尔曼毕业四年之后，才开始招收第一个非裔美国学生。与莱斯大学不同，范德堡大学的种族隔离政策在 1953 年就已经被废止，但是直到

1961 年赫尔曼入学时，这里也没有在种族融合方面取得很大的进步。随着民权运动的开花结果，这一切很快得到改变。民权运动开始于 19 世纪末的重建时期，但是直到 20 世纪 60 年代才取得最重要的立法成果。

赫尔曼非常支持结束种族隔离。他认识到，种族隔离是奴隶制的残留。赫尔曼相信他经常在教堂听到的黄金定律，即"你想让其他人怎么对待你，你就怎么对待其他人"。对赫尔曼来讲，很明显这个黄金定律不支持种族隔离。赫尔曼在莱斯大学读大一时，就写过一篇关于消除种族隔离的论文，这让他在哲学课上获得了高分。赫尔曼认为种族隔离是完全错误的，他大多数的大学朋友也都在不同程度上认同这个观点。赫尔曼回忆起他在父亲商店打工的经历，那个商店对所有的顾客都敞开大门，他也丝毫没有感到取消种族隔离会给他带来威胁。事实上，赫尔曼非常赞同取消种族隔离。赫尔曼在现实生活中亲眼见证并体验到，人与人之间的友谊和尊重正在越过不公平的种族藩篱，像岩石中的绿芽一样茁壮生长。

但是，废除种族隔离并不容易。赫尔曼在莱斯大学数学专业的一位朋友叫作拉蒙·米雷莱斯（Ramon Mirreles），他来自圣安东尼奥市，在新墨西哥州工作了一段时间后，最终于 20 世纪 60 年代中期在洛杉矶扎下根来。赫尔曼本来与拉蒙失去了联系，但是他们一个来自莱斯大学的共同朋友让他们重新取得了联系。赫尔曼了解到，1965 年 8 月的一个晚上，拉蒙刚好在瓦茨，那里发生了种族骚乱。拉蒙是拉丁裔美国人，不是白人。但是，在这次骚乱中，拉蒙不知为何站错了队，结果被一个帮派狠狠地揍了一顿，导致拉蒙的大脑受到严重损害，不得不放弃数学。赫尔曼有时候会跟拉蒙通电话。拉蒙的语言表达已经不是很清楚了，但是他还是能够让别人理解他说的话。幸运的是，他娶了一个非常好的妻子，精心照顾他。赫尔曼计划去看望拉蒙，但在最后一刻行程落空了，后来他们再也没有见过面。从很多方面看，这都是一个遗憾。尤其因为赫尔曼不住校，在莱斯大学的好朋友本就不多，拉蒙就是其中一个。赫尔曼永远不会忘记降临到拉蒙身上的悲剧，拉蒙本该是一个前途光明的数学家。

1961年，赫尔曼去了范德堡大学攻读拉丁美洲发展方向的博士学位时，他很想师从雷·卡尔森（Ray Carlson）。卡尔森曾担任过美国驻哥伦比亚的全权大使，还和福特基金会有过合作，但当时他已经离开了范德堡大学。最终，同样熟悉拉丁美洲的埃里克·巴克兰诺夫（Eric Baklanoff）成了赫尔曼的导师。在当时，一篇合格的博士学位论文必须提供原创的内容和贡献，如今对博士学位论文的要求可能没这么严格了。也就是说，那个时候的博士学位论文必须对知识有所贡献。赫尔曼自问道："关于拉丁美洲，有哪些研究是之前没有做过，但是仍然有意义的？"他想到了乌拉圭，一个相对进步的小国家，有一些人甚至将乌拉圭称为"拉丁美洲的瑞士"。乌拉圭将国际贸易视为其发展政策的一个重要组成部分。赫尔曼对国际贸易感兴趣，提出一个将贸易作为乌拉圭政策工具的研究项目。赫尔曼的研究提议获得了批准，但是他的导师巴克兰诺夫却离开了范德堡大学，赫尔曼又一次失去了导师。不幸的是，范德堡大学没有其他熟悉拉丁美洲的资深教授了。这就给系里和赫尔曼本人都带来了难题，所幸这个问题最终得到了解决。令人意外的是，当时范德堡大学最杰出的经济学家尼古拉斯·乔治斯库-罗金被安排为了赫尔曼的导师。

乔治斯库-罗金是罗马尼亚数学家和统计学家，曾经在布加勒斯特、索邦和伦敦的大学学习，1934年到美国的哈佛大学学习，师从约瑟夫·熊彼特（Joseph Schumpeter）。在哈佛大学，乔治斯库-罗金潜心研究经济学。后来回到了罗马尼亚，但在1948年又回到了美国。范德堡大学聘任乔治斯库-罗金为经济学的终身教授，他一直在这里任教，直到1976年才退休。

# 初遇乔治斯库-罗金

戴利知道乔治斯库-罗金是一位声名显赫的理论家。在范德堡大学，戴利喜欢上乔治斯库-罗金的经济理论课程。戴利的数学并不是很好，幸运的是，当时乔治斯库-罗金的课程没有对学生的数学能力提出过高的要求。戴利也上过乔治斯库-罗金非常精彩的统计学课程。就像经济系的其他学生一样，戴利对乔治斯库-罗金非常敬畏。因此，当经济系的主席告诉戴利"你知道吗，乔治斯库-罗金愿意招收你作为他的博士研究生"时，戴利回答道："我认为我能够完成一篇合格的博士学位论文，但我不知道我是否能让乔治斯库-罗金满意，所以我不是很愿意跟着他读博士。"主任叹了一口气，接着说道："我理解你的顾虑，但是真的没有其他导师了。"

当时，戴利的研究课题是"作为发展政策的乌拉圭贸易控制系统研究"（The Trade Control System of Uruguay as a Policy of Development）。他开发了一个经济模型，来检验国际贸易对乌拉圭发展的影响，并且将这一研究成果发布在了系里[1]。乔治斯库-罗金对戴利的研究成果发表了一些支持性的评论，同时戴利认为乔治斯库-罗金非常聪明，甚至可以说是一个天才，因此他当时认为选择乔治斯库-罗金作为自己的导师的前景不会很差。但是，指导博士学位论文是很花费时间的，乔治斯库-罗金当时忙于自己的科研工作，包括忙着写作几年之后出版的巨著，即《熵定律和经济过程》（The Entropy Law and the Economic Process, 1971）。有一次，戴利苦苦等待了六个月，都没收到乔治斯库-罗金对他博士学位论文初稿的反馈。与此同时，在获得博士学位之前，他在路易斯安那州立大学获得了一个教职。终于，在三年后，他收到了乔治斯库-罗金的回信。而那时戴利已经搬到了巴顿鲁日，信中写道："你好，赫尔曼，你的博士论文写得并不是很好。我认为你提交给我的论文初稿基本上就像三篇硕士学位论文的结合，但是三篇硕士论文相加并不等于一篇博士论文。因此，我不得不很遗憾地写信告诉你我的感受。"但是，乔治斯库－罗金并没有再说其他内容，没有详细说明论文的不足之处，也没有就如何改正这些被他暗示但是没有详述的问题提出建议。

看到乔治斯库-罗金的回信之后，戴利非常沮丧、生气和失望。于是他给范德堡大学的经济系主任写了信，向他解释了情况，并且表示他难以接受，他不打算继续跟随乔治斯库-罗金攻读博士学位。非常清楚的是，在范德堡大学没有人敢站在乔治斯库-罗金的对立面，批准通过一位学术上的大人物所否定的论文。当时的经济系主任詹姆斯·麦基（James McKie）明白这个情况，他用非常规的方法解决了这个问题。他为戴利安排了一个新导师鲁道夫·布利茨（Rudolph Blitz），并且为戴利的论文在全系成立了一个委员会。在完成博士论文之前，戴利已经根据他当时写的内容完成了五篇论文，其中四篇发表在认可度非常高的期刊上（Daly 1965, 1966, 1967a, 1967b）。对于博士研究生来讲，这样的发表记录在范德堡大学是前所未有的，因此在来到范德堡大学将近六年后，新成立的审查委员会通过了戴利的博士学位论文。这个决定跟那些期刊的判断是一致的。

尽管博士论文的批准之路崎岖坎坷，但是戴利早些时候的博士资格考试却进展得很顺利。最后一个环节是一场口语考试，这通常是个让人很紧张的场合。戴利当天非常担心，但他并不是担心口语考试，而是因为当天正是古巴导弹危机最紧急的时候。美国设置了海上封锁，以阻止苏联的船只进入古巴，因为当时苏联人正在古巴建立导弹基地。戴利认为他会通过这场考试，但是担心他可能会跟其他一切一起被炸得灰飞烟灭。当时很多人也有这样的担心，如今看起来也确实如此，当时的爆炸危机几乎是箭在弦上。

乔治斯库-罗金一直都不是一个容易相处的人。在戴利获得博士学位之后，乔治斯库-罗金就疏远了戴利。后来，两位学者和解了，这也许得益于戴利已经到路易斯安那州立大学任教，而乔治斯库-罗金仍然在范德堡大学，两人有了一定的距离。乔治斯库-罗金继续从事熵和经济学的研究。他首先在1966年的《分析经济学》(*Analytical Economics*)的长篇引言中初步介绍了熵和经济学的研究，后来又在1971年的《熵定律和经济过程》中有了进一步的详述。戴利拜读乔治斯库-罗金的作品，从中学到很多东西，写论文时常常引用他的作品，一直大力支持他关于熵和经济学的开拓性思想。后来，在1973年到1976年之间，他们共同在美国科学院的矿产资源和环境委员会任职。乔治斯库-罗金认为经济增长要依赖物质和能源资源的耗竭，并且这种依赖将对未来产生重要影响，戴利对此非常认同和支持。

乔治斯库-罗金1976年退休时的纪念论文集中收录了保罗·萨缪尔森、约翰·希克斯（John Hicks）、肯尼思·博尔丁等经济学大师的论文。他们提供的这些旨在向乔治斯库-罗金表达敬意的论文最终以书的形式出版。乔治斯库-罗金赠给了戴利一本书，并写了一段动人的题词："致赫尔曼·戴利，你是我唯一引以为傲的追随者。愿我最温暖的思念永远伴随着你。尼古拉斯·乔治斯库-罗金，1976年10月27日。"这是他们两人关系的高光时刻，但是这种友好关系并没有持续很久。他们对于稳态经济的可行性存在争论（见第九章），刚开始这种争论还是非常平静的。后来因为戴利在世界银行的活动，两人之间发生了一次最为不幸的误解，甚至可以说是争吵，本章后面还将继续讲述这个误解。随着时间的流逝，戴利和他最为崇敬的老师之间的紧张关系有所缓解，但并没有完全消失，在戴利后来的职业生涯中又再次恶化。

# 和玛西娅结婚

1963年,在赫尔曼进入范德堡大学后不久,他在那什维尔的一次聚会中遇到了玛西娅·德马斯卡诺(Marcia Demascano)。玛西娅是一个迷人、有趣、活泼的巴西女孩,她当时是纳什维尔一所卫理公会教派学校——斯卡里特皮博迪学院(Scarritt Peabody College)的一名奖学金学生。在聚会上,赫尔曼听玛西娅用吉他自弹自唱巴西歌曲,他为之倾倒。赫尔曼邀请玛西娅吃镇里最好吃的烤鸡,她也很愉快地接受了邀请。但是,当时的时机对他们并不友好,因为距离玛西娅如期返回巴西只剩下一周的时间。他们充分利用这最后一周,每天都要约会。但是,玛西娅还是按计划回到了巴西。因为那什维尔离里约热内卢非常遥远,赫尔曼认为他们也许永远不会再见面了。他们后来也有几次书信往来,但是,直到六个月之后,在没有提前打招呼的情况下,赫尔曼直接出现在玛西娅在里约热内卢的家门口,一切美好才正式开始。

赫尔曼当时正要去乌拉圭开展他的博士论文研究。在南下的路途中,他在里约热内卢停了下来,去见了一个研究生同学。正好赫尔曼知道玛西娅的地址,所以他决定利用这个机会去贝内特学院露个面,这是一所卫理公会教派学校,玛西娅在这里工作和生活。看到赫尔曼出现,玛西娅大为吃惊。他们的感情再次燃起火花。但是,这次轮到赫尔曼要走了,他还要去乌拉圭开展他的论文研究。赫尔曼刚到乌拉圭,他就意识到,他在巴西同样可以撰写论文。于是,他又回到了里约热内卢,住在玛西娅任教大学附近的一间旅馆。白天,玛西娅去工作,赫尔曼就读书。到了晚上,他们就去约会,两人很快坠入爱河。赫尔曼对玛西娅非常体贴,玛西娅也发现赫尔曼诚实可靠,是真心喜欢自己。能够遇见如此成熟的人,玛西娅很是惊喜，尽管赫尔曼比她还要小几岁。玛西娅很快意识到，她找到了一生的挚爱。赫尔曼也有同样的感觉。仅仅五周之后，他们就决定结婚。

赫尔曼和玛西娅当时想要在里约热内卢举办婚礼，这样玛西娅的家人就能在现场见证他们的幸福时刻。但是，根据巴西的规定，审批他们的婚姻需要很长一段时间，因此他们决定在乌拉圭蒙得维的亚的一个圣公会教堂举办婚礼，那里的法律更灵活。即使乌拉圭的婚姻流程更为宽松，情侣们仍然要"张贴结婚公告"，这意味着他们要等上三周才能结婚。为了提前做准备，赫尔曼先于玛西娅去了乌拉圭。赫尔曼那个时候囊中羞涩，他问当地的地方执法官，"我现在可以代替她签字吗？我本人现在可以签字吗？这样，她一到达这里，我们就可以马上结婚，我也就不用支付她这段时间的住宿费用了。"这就是经济学家赫尔曼的说话方式。在那个年代，情侣结婚之后才能睡在一起，婚前需要分开睡，这样才符合礼节。这名地方执法官回答道："我不知道啊。你确定这样能让你节省很多钱吗？"赫尔曼说："是的。"于是这名地方执法官重复道："你确定能让你节省很多钱……"，说着说着一枚五美分的硬币掉到了地上。赫尔曼开始暗自思忖，"哎呀，我得给这家伙一些钱。我应该给他多少呢？我不知道啊。"赫尔曼之前从来没有过向公职人员行贿的经历，他也不知道如何行贿，但是他真的需要这名地方执法官的帮助，于是他给了这名地方执法官100比索。地方执法官收了钱，把它放进一个抽屉里，说道："好吧，可以签字了。你的名字签在这里，把她的名字签在下面，两个名字的笔迹要看起来不一样啊。"赫尔曼照做了。到他要走的时候，地方执法官说："顺便问一下，你来这里做什么？你为什么会来乌拉圭呢？"赫尔曼解释说，他来乌拉圭是为了完成他的博士论文，主要研究如何通过控制乌拉圭的贸易来促进乌拉圭的经济增长。地方执法官说道："听起来很有趣啊。"正待赫尔曼要离开的时候，地方执法官说道："等一下，你忘了你的找零。"出于对一名穷学生的同情，这位地方执法官又还给赫尔曼50比索。

赫尔曼和玛西娅在乌拉圭顺利完婚，并且在蒙得维的亚又住了六个月,之后便返回了美国。在返回那什维尔几个月之后,他们就有了第一个孩子,也就是女儿特丽·玛丽亚(Terri Maria)。第一个孩子的到来比赫尔曼预期的要早一些,但就像任何一个初为人父的男性一样,他认为宝贝女儿的到来棒极了。为人父母的重担主要由玛西娅承担。这样的家庭分工一方面是当地风俗使然,一方面是由于赫尔曼在范德堡大学工作繁忙、无暇抽身,尽管他已经尽其所能地帮助玛西娅分担。在撰写论文期间,赫尔曼还在范德堡大学经济系当讲师。这让赫尔曼有了一份非常微薄的收入,他依靠这笔钱来养家糊口。年轻并且有爱情的滋养,让赫尔曼可以勉强忍受这样的低收入。相比于缺钱来讲,让赫尔曼更加困扰的是作为父亲的责任以及教师经验的缺少。

就像现在一样,人们主要是从他们自己被抚养的经历中,学习如何为人父母。赫尔曼认为自己很幸运,有一对好父母,他也试图以他们为榜样,但只是在一定程度上学习他们。赫尔曼小时候就被给予了极大的自由,可以到处游玩。但作为女孩,在里约热内卢长大的玛西娅享受的自由就要少很多,因为里约热内卢相比于博蒙特和休斯顿来讲要危险得多。基于两人的成长经历,他们在抚养特丽和后来在1968年出生的妹妹凯伦(Karen)时,找到了一种平衡和折中。赫尔曼试图以他的父母为榜样,让两个女儿自己做决定。但是,时代变了,生活也更加困难了,为人父母的准则也有所不同了。因此,相对于他的父母,赫尔曼和玛西娅在指导孩子方面,扮演了更加积极的角色。

## 路易斯安那州立大学

新婚后没多少钱的赫尔曼意识到他应该找一个全职工作。幸运的是,20世纪60年代的早期,学术界的就业市场相当不错。赫尔曼当时接到了两个工作面试。其中一个面试单位是芝加哥附近的森林湖学院。森林湖市是一个非常富裕的地区，这所小学院刚好与之相契合。赫尔曼来自温暖、阳光明媚的南方，所以他不太喜欢第一天去森林湖市遇到的那场雪，那时已经是春天了。赫尔曼也不喜欢森林湖学院的教授谈论彼此的方式。每次赫尔曼结束和某个教授的谈话，转向另一位教授时，他们总会八卦之前与他谈话的那位教授。赫尔曼在巴顿鲁日的路易斯安那州立大学的面试情况要好得多，且那里离他父母所在的休斯顿不远。比起寒冷的芝加哥，赫尔曼更喜欢南方温暖的气候，在南方他可以更好地与那里的人相处。面试之后，系主任伯尼·斯莱格（Bernie Sliger，后来佛罗里达州立大学的校长）说道："我想我们能够为你提供一份工作……"还没等斯莱格说完，赫尔曼就应声答道："我愿意，我愿意接受这份工作。"赫尔曼已经下定决心接受路易斯安那州立大学提供的任何待遇。事实证明，这份工作的确不错，所以戴利也比较满意。

1964年，戴利开始在路易斯安那州立大学教授经济学课程。戴利和其他青年教师所使用的教科书都是由一位资深教授选择的。教材的选择基本上就决定了赫尔曼授课的总体方法。在一门特意为工程师和非商科的学生开设的课程中，戴利必须在一个学期内讲完经济学的微观和宏观原则。讲完这些内容后，戴利才开始将他自己的思想融入课堂教学。基于1000多页的《生态科学：人口、资源和环境》（*Ecoscience: Population, Resources, Environment*, Ehrlich, Ehrlich and Holdren 1970, 1972, 1977）专著，戴利开设了一门名为"人口和环境经济学"的课程。

在赫尔曼和玛西娅的孩提时期，宗教都占有很重要的地位，这对他们的孩子来讲亦是如此。赫尔曼和玛西娅加入了路易斯安那州巴顿鲁日的卫理公会教堂。他们的孩子在这个教堂长大，定期参加教会的礼拜，参与节日的庆祝。养育子女的经验也改变了赫尔曼对为人父母的看法。他开始感恩他孩提时期所获得的一切，并且明白了成为好的父母十分困难。赫尔曼和玛西娅经常长途开车去休斯顿探望赫尔曼的父母。他们还发现，狭长的佛罗里达州是一个很棒的地方，虽然这种意识觉醒得很晚。他们开始每年夏天都去彭萨科拉度假一周，并在那里买了一艘小的摩托艇，在海湾里兜风，这带给了赫尔曼无穷的快乐，不过，玛西娅或许并不这么觉得。

1967年到1968年，赫尔曼有机会在福特基金会的资助下，去巴西东北部的塞阿拉州立大学教授经济学。这对赫尔曼和玛西娅来说非常适合。赫尔曼的任务是帮助几个来自巴西的非常贫穷地区的学生去国外留学，这唤起了赫尔曼的社会正义感。当时巴西正处于独裁统治时期，社会本身就存在风险，尤其是对那些持有"激进"观点的人来说，风险更大，比如戴利有个学生，是个"好孩子、为人正派"，但他后来"消失了"。

20世纪60年代，巴西东北部正经历着快速的人口增长。社会底层的女性平均生育八到九个孩子，而人数较少且较为富裕的上层阶级女性，大约平均生育四个孩子。在这种情况下，赫尔曼很想知道，该地区的平均收入如何提升呢，尤其是最贫困的那部分人的收入。戴利曾经有段时间对托马斯·马尔萨斯（Thomas Malthus）的思想感兴趣。马尔萨斯认为，人口数量的增长往往快于粮食产量的增长，这就使得人类很难在任何时间段内维持温饱以上的一般生活水平，或者说根本不可能（1798）。威廉·阿瑟·刘易斯（William Arthur Lewis）提供了一个更加复杂的分析，这让他获得了1979年的诺贝尔经济学奖。刘易斯从两个方面解释了发展中国家的经济增长：农业部门有过量的非生产性劳动力；制造业部门中的工资更高，并且利润被再次投入到有利于产出增加的资本设备上，从而进入一个正反馈过程（1955）。通过这种途径，过剩的农业劳动力逐渐进入了不断扩张的制造业领域。当他了解到这个"二元经济模型"时，赫尔曼对经济发展有了更加乐观的看法，尽管他坚持认为马尔萨斯的人口问题与经济发展相关性较强这一点，不应该被忽视。在之后的人生中，戴利在多个场合都强调了这个观点，包括在对教皇方济各（Francis）发表的《赞美诗》（*Laudato Si'*）的友好批评中（见第十二章）。

为了抗议巴西的军事独裁，塞阿拉州立大学的教职工进行了两个月的罢工，赫尔曼就利用这段时间读了他能找到的所有跟发展和人口统计学相关的文献。同时，他也读了约翰·斯图尔特·密尔（John Stuart Mill）写的关于稳定状态的内容（1848）和蕾切尔·卡逊（Rachel Carson）的《寂静的春天》（*Silent Spring*, 1962）。这两本书都给赫尔曼留下了深刻印象。这一时期，赫尔曼写了一篇论文，阐述巴西东北部的人口问题和高生育率对经济发展的意义。赫尔曼注意到，马克思主义者和民族主义者之间，以及军国主义者和天主教会之间在这个问题上存在意识形态上的冲突。赫尔曼意识到，一个外国人插手人口这个禁忌话题，在政治上是多管闲事，也是有风险的，因此他尽量在写作时使用外交辞令。当赫尔曼把论文提交给巴西国家研究所时，没想到这篇论文备受好评，这让赫尔曼非常宽慰，也很吃惊。论文发表在《巴西经济评论》（*Revista Brazilera de Economia*, 1968b）上，后来经过修改又发表在《经济发展和文化变迁》（*Economic Development and Cultural Change*, 1970a）上。这些都是赫尔曼早期研究中体现他勇于探求的例子，表明赫尔曼愿意，甚至可以说是被迫去探索一些有争议的事情，并且只要有证据和合理的分析做支撑，他就会勇于表达甚至是不受欢迎的观点。很久之后，当问及如何解释他性格中的这一面时，赫尔曼说道：

> 我感觉在某种程度上我有一点太理想化。总有一些领域的思想会不断靠近我，并且牢牢抓住我。因此，你就有一种责任去探索它们。在这个后真相的时代，作为一个学者或者思想家，我仍然对真相很感兴趣。我相信，有的东西是真的，有的东西不是真的。如果你瞥见了一点真相的蛛丝马迹或者被你认为是对的事情深深吸引，那么你就应该持续追踪这件事情，谁知道它会将你带向何处呢？

除了发表关于巴西东北部人口问题的论文，赫尔曼还在《政治经济学》期刊（*Journal of Political Economy*）上发表了《作为生命科学的经济学》（On Economics as a Life Science, 1968a）。在这篇论文中，戴利探索了将经济学视为一门生命科学的含义，认为它更接近生物学和生态学，而非物理学（见第四章）。

在巴西待了一年后，戴利于1968年回到路易斯安那州立大学，在那里他被授予终身教职，并晋升为副教授。戴利和玛西娅买了一套三居室的小房子，在之后的20年里，除了中间去巴西度过两个休假学期，他们一直生活于此。除了一门"经济学原理"的标准课程，赫尔曼还讲授一门关于人口、资源和环境的课程以及另一门关于比较经济系统的课程，其中包含大部分马克思主义经济学的内容。马克思的经济学思想强调社会阶级以及一个阶级对另一个阶级的剥削，这两点让戴利深有共鸣。之后，在1969—1970年期间，戴利去了耶鲁大学做助理研究员。

赫尔曼和玛西娅带着两个孩子开车走了差不多2500公里才到了耶鲁大学。途中经过了纳什维尔，在那里他在范德堡大学开设了一个暑期课程。这给了戴利再次拜访乔治斯库–罗金的机会，他们重新建立了更加友好的关系。戴利和玛西娅去乔治斯库–罗金的家里拜访，乔治斯库–罗金和他的妻子奥黛莉（Otelia）接待了他们。在乔治斯库–罗金的家里，戴利注意到墙上的一张照片，照片上的人长得很像他之前的老师（乔治斯库–罗金）。于是赫尔曼问道："这是你年轻时的照片吗？"乔治斯库–罗金回答："不是，他是我的兄弟。我的兄弟就是你们所说的那种招人喜欢的人，我可不是。"多年之后，经济学家约翰·高迪（John Gowdy）也跟随乔治斯库–罗金学习。他很赞同地跟赫尔曼说："你也了解乔治斯库–罗金。他确实想成为一个好相处的人。但他就是做不到"。这句话概括了赫尔曼的想法。乔治斯库–罗金本可以成为一个非常善良、有魅力、慷慨的人，但是实际上他很难相处。乔治斯库–罗金总是没有理由地批判别人。总有事情会点燃他的怒火，他也讨厌认错和服输。举个例子，乔治斯库–罗金和瓦西里·列昂季耶夫（Wassily Leontief）是一生的朋友，瓦西里·列昂季耶夫也是一位卓越的经济学家，列昂季耶夫曾经说了让乔治斯库-罗金不高兴的话，乔治斯库-罗金就跟列昂季耶夫断了联系。乔治斯库-罗金非常聪明，但也善变、难以相处，这在跟他熟悉的人中间得到了广泛认同。

在耶鲁大学的这一年，由于没有教学任务，赫尔曼有了写作的时间。赫尔曼写了一篇关于马克思和马尔萨斯的论文（Daly 1971a），还写了一篇关于经典的稳定状态经济及其新的价值的文章（Daly 1971b）。赫尔曼在"零人口增长"的耶鲁分会上做了一场报告，其中阐述了一些思想，这些思想慢慢形成了他的思维框架，该框架确定了赫尔曼余生的学术工作。赫尔曼已经认识到，全球经济是生态圈的一个子系统，受热力学第一定律和第二定律的制约。简而言之，热力学第一定律告诉我们，物质和能量的量在经济过程中保持不变；热力学第二定律告诉我们，物质和能量的质在不断下降。这个观点为赫尔曼提供了充分的理由限制资源使用和浪费，也就是赫尔曼所说的"吞吐量"的限制。这同样给了赫尔曼思考经济增长极限的理由。一位名叫约翰·哈特（John Harte）的物理学家也参加了耶鲁报告会，他很喜欢赫尔曼所讲的内容，并且询问赫尔曼是否愿意将报告的内容写成文章，收录进他正在编辑的一本专著中。赫尔曼同意了。与此同时，《耶鲁校友杂志》（*Yale Alumni Magazine*）询问赫尔曼是否可以发表他报告的简短版本。《耶鲁校友杂志》在很多取得一定成就的耶鲁大学毕业生中广为流传，其中一个毕业生刚好是《纽约时报》（*New York Times*）的哈里森·索尔兹伯里（Harrison Salisbury）。索尔兹伯里读了赫尔曼的文章后，邀请赫尔曼就同样的主题为《纽约时报》的专栏写一篇文章，文章最终发表时的题目为《金丝雀沉默了》（The Canary Has Fallen Silent, Daly 1970b）。

丹妮斯·梅多斯（Dennis Meadows）和他的同事也读了这篇专栏，他们当时正在写作《增长的极限》。丹妮斯认为："这太棒了，这篇专栏写的内容跟我们正在做的事情非常相似啊。"赫尔曼和丹妮斯同意在即将于纽约召开的美国科学促进协会（American Association for the Advancement of Science）会议上见面，进一步探讨他们共同的兴趣和担忧。《增长的极限》一书两次提到赫尔曼，其中包括一段很长的引述。在引述中赫尔曼解释道，对于在物理层面不增长的经济来讲，重要的事情是再分配，而不是生产。丹妮斯是《增长的极限》写作团队的领导和发言人，同时也是一位非常有影响力的演讲者。赫尔曼和德内拉·梅多斯（Donella Meadows）在几次会议上见过面，他们在思想和学术上有了更加紧密的关系。多年来，赫尔曼还去他们位于新罕布什尔州的家中拜访过他们夫妇。赫尔曼发现，他们夫妇两人既善良又慷慨。当他们面对《增长的极限》一书受到的猛烈攻击，尤其是来自经济学家的攻击时，赫尔曼也站出来为他们辩护。德内拉在59岁时去世了。2001年"世界地球日"这天，在贵格会为德内拉·梅多斯举办的追思会上，赫尔曼宣读了一篇他自己写的悼文，表达了他深有体会的宗教信仰。悼文中的其中一句是这样写的，"她是造物主的忠诚管家，也是造物主葡萄园里的诚实工人"（Daly 2001）。这句话同样也可以形容赫尔曼本人。

《增长的极限》于1972年出版，同一年，刚好碰上了另外一件影响深远的大事，即联合国召开了人类环境大会。世界各国领导人聚集在一起讨论全球环境状况，这在人类历史上是第一次。《只有一个地球：关心保护一个小星球》（Only One Earth: the Care and Maintenance of a Small Planet, Ward and Dubos 1972）这本篇幅较短的书阐述了这次会议的主要讨论事项。赫尔曼读了这本书，这进一步增加了他对经济和环境之间关系的兴趣，并将他带入了有关核能的讨论中。

在斯德哥尔摩人类环境会议召开前不久，赫尔曼收到了明尼苏达大学一位健康物理学家迪恩·亚伯拉罕森（Dean Abrahamson）的电话，他说他对核能和辐射很感兴趣。亚伯拉罕森是休伯特·汉弗莱公共事务学院（Hubert Humphrey School of Public Affairs）一个主要由物理学家组成的小组成员。这个小组也关注核能的成本，这也是赫尔曼很感兴趣的问题。他们邀请赫尔曼加入小组，赫尔曼欣然应诺。其实，赫尔曼已经加入了一个

"乌合之众组织"（A ragtag group），该组织试图反对巴顿鲁日的河湾核电站项目，但最终没能成功。路易斯安那州立大学共有四个教职工反对这个核电站项目，赫尔曼就是其中之一。赫尔曼越来越相信，核能是很差的投资，它从来不能自由发展，只能用管制价格来保证这些公共事业能够获得"公平"的投资回报率；如果核电站出现问题，那么《普莱斯－安德森法案》（Price Anderson Nuclear Industries Indemnity Act）限制了它们应该承担的责任（Daly 1973c）。几年之后，当赫尔曼在世界银行评审一项在巴西建设一座核电站的提案时，他表达了同样的担忧。

在20世纪七八十年代，当时赫尔曼仍然在路易斯安那州立大学工作时，就已经跟世界基督教会联合会开始合作了，通过教会的普世工作，致力于建设一个公平、公正和可持续的社会（Daly 1980d）。赫尔曼做的这一切都源于他与小约翰·柯布（John Cobb Jr）的友谊，小约翰·柯布是一位哲学家，也是一位神学家。赫尔曼和小约翰·柯布后来合著了《为了共同的福祉》（For the Common Good, 1989, 1994），这本专著有一个更加发人深省的副标题，即"重新引导经济走向社区、环境和可持续发展的未来"（Redirecting the economy toward the community, and the environment, and a sustainable future）。1972年，正在路易斯安那州立大学任教的赫尔曼收到小约翰·柯布的一份邀请，请他参加正在筹备中，且即将在加利福尼亚州的克莱尔蒙特召开的会议"灾难的替代方案"。小约翰·柯布是过程神学的领袖人物，过程神学就是阿尔弗雷德·诺尔司·怀特海（Alfred North Whitehead）的哲学和神学。在儿子克里福德·柯布（Clifford Cobb）的建议下，小约翰·柯布阅读了保罗·埃利希（Paul Ehrlich）的《人口爆炸》（The Population Bomb, Ehrlich 1968）一书，这让小约翰·柯布相信了生态学的重要性及其与经济学的紧密关系。克里福德·柯布后来给了小约翰·柯布一篇赫尔曼写的论文，这最终促使小约翰·柯布邀请赫尔曼参加这次会议。赫尔曼非常乐意看到基督教和生态问题之间有不断增强的联系，于是他欣然同意了。

后来赫尔曼邀请小约翰·柯布为他主编的书《迈向稳态经济》(*Toward A Steady-State Economy*, Daly 1973a)写一篇文章,小约翰·柯布同意了。他们两人在其他会议上也见过面,包括世界基督教会联合会的一些会议。赫尔曼对小约翰·柯布的学问和才智都印象深刻。小约翰·柯布的长期研究项目似乎就是在怀特海哲学思想的统领下,整合主要的学科。小约翰·柯布和澳大利亚生物学家查尔斯·伯奇(Charles Birch)合作的专著《生命的解放》(*The Liberation of Life*, Birch and Cobb 1981),就是他在这个方向上前进的一步,赫尔曼还评述了此书。小约翰·柯布下一步的工作是想要在经济学领域做一些类似的研究,因此他需要一个合作伙伴。当时并没有很多跟他观点相近的经济学家可供小约翰·柯布选择,因此,基于之前的经历以及两人日渐深厚的友谊,他最终选择了赫尔曼。当然按照赫尔曼的说法,小约翰·柯布也确实没有其他人可选了,所以赫尔曼也就同意了。

20世纪70年代,赫尔曼在苏黎世、波士顿、里约和纽约的世界基督教会联合会会议上多次发表演讲。赫尔曼特别喜欢基督教的将环境可持续和经济的公平正义结合起来的教义。但随着时间的推移,赫尔曼最终还是对世界基督教会联合会的领导力大失所望。让赫尔曼最为困扰的是他们对发展中国家的态度。赫尔曼认为,不讨论人口政策和家庭是不真诚的。关于这些议题,认为这是富裕国家遏制贫穷国家经济增长的一种伎俩的看法,赫尔曼对此不屑一顾。任何与此立场不一样的观点都会遭到世界基督教会联合会领导层的反对,即使他们对这个立场并不认同。赫尔曼认为这是种居高临下的态度,他认为只有公开的讨论才更加真诚且受人尊重,"废话就是废话,无论是谁说的。"赫尔曼同时对一些"第三世界代表"所拥有的财富表示怀疑,他认为有些国家的财富太多了,已经不能真正地代表贫穷国家了。就像他职业生涯中多次发生的事情一样,赫尔曼从来没有想过要在思维的正直性上进行妥协,他也从不害怕表达一些会让人感觉不舒服的不同观点。

戴利和小约翰·柯布花了好几年的时间才写完《为了共同的福祉》。

他们各自写不同的章节，然后再审阅并修改对方的部分。戴利在世界银行工作不久之后，这本书于 1989 年出版了。通常情况下，作者会在书中附一份免责声明，用以说明所有帮助过作者的个人和机构对书中的内容不承担任何责任。由于《为了共同的福祉》这种书不应该出自世界银行的雇员之手，为了避免让人觉得这本书代表世界银行的观点，他们特别加了一段话："就赫尔曼·戴利而言，本书的免责声明应该明确延伸到他现在的雇主世界银行。"世界银行的高级管理层也许不欣赏《为了共同的福祉》或者他的告别演讲，但是总有人喜欢[2]。1992 年，《为了共同的福祉》获得了"改善世界秩序思想的格文美尔奖"，从那之后这本书也被频繁引用。

## "满的世界"经济学

直到 20 世纪 80 年代，赫尔曼才开始明确呼吁建立一种适应于"满的世界"的不同经济学。在一篇写于 1983 年但是直到 1987 年才发表的论文中，赫尔曼写道："拥有饥饿人口的'空的世界'经济学与'满的世界'经济学是截然不同的，即使在'满的世界'中，很多人仍然不能像'先进'的少数群体那样丰衣足食、住豪宅、开豪车。"（Daly 1987, p. 324）多年来，赫尔曼在他的很多著作中，确立并丰富了其研究主题，即从"空的世界"过渡到一个"满的世界"。在赫尔曼与乔什·法利（Joshua Farley）合著的一部关于生态经济学的教科书中（见第七章，Daly and Farley 2004, 2011），一篇发表在《科学美国》（Scientific American）上的论文（Daly 2005）以及为"伟大转型倡议"写的一篇文章（Daly 2015a）中，赫尔曼对"满的世界"经济学进行了完整阐述。在 2014 年被授予"蓝色星球奖"时，赫尔曼发表的获奖感言的主题就是"满的世界"经济学。

赫尔曼明确提出一种"满的世界"经济学是近些年的事情，但是"满的世界"经济学所基于的思想已经在他心中酝酿很多年了。在20世纪70年代，赫尔曼写的一些他最有影响力的专著和论文，就指向了"满的世界"经济学这个方向。赫尔曼编辑的专著《迈向稳态经济》（Daly 1973a）收录了一些非常有影响力的论文，其中包括乔治斯库-罗金就熵和经济学写的文章，保罗·埃利希和约翰·霍尔德伦（John Holdren）就人口增长写的文章，肯·博尔丁就地球"宇宙飞船"经济学写的文章，加勒特·哈丁（Garret Hardin）就公地悲剧写的文章，E. F. 舒马赫（E. F. Schumacher）就佛教经济学写的文章，小约翰·柯布就生态学、伦理学和神学写的文章，以及他本人写的两篇论文。紧接着，赫尔曼就发表了他的专著《稳态经济学》两版中的第一版（Daly 1977a, 1991a），这是第一本系统完整地研究稳态经济（不增长的经济）的专著，汇集并发展了他酝酿了十几年的思想。在1980年，戴利出版了1973年《迈向稳态经济》的修订版，更名为《经济学、生态和伦理：迈向稳态经济的论文集》（*Economics, Ecology, Ethics: Essays Toward a Steady-State Economy*, Daly 1980a）。1993年，戴利又出版了第三版，即《珍视地球：经济学、生态和伦理学》（*Valuing the Earth: Economics, Ecology, Ethics*, 1993）。虽然不同版本中的论文选择有所不同，但是这三本专著的基本思想都是一致的，都为"满的世界"经济学奠定了基础。

在他任职的路易斯安那州立大学，戴利在1973年被提拔为终身教授，又在1976年被授予卓越研究大师奖，然而他所在的经济系却没有举行庆祝仪式。虽然戴利取得了一些成就，或者说恰恰是因为这些成就，他在美国和国外的名声越来越大，但是戴利却开始感受到他与经济系的同事日渐疏远，尽管他在系里还有几个朋友。相反，他在整个大学里的人际关系却是一如既往地好。戴利在地理系、化学系和海岸研究系有很多朋友和同事。罗伯特·科斯坦萨（Robert Costanza）任职于海岸研究系，他和戴利的友谊开始于他们两人为《经济模型》（*Economic Modelling*）共同编辑和推介的特刊（1987），此刊旨在推广生态经济学。再到后来，两人在1989年共同参与创建国际生态经济学会并创办该协会的期刊《生态经济学》（*Ecological Ecconomics*）。1991年，在科斯坦萨编辑的论文集中，他们两人共同完成了第一章，并在文章中将生态经济学定义为"可持续发展的科学与管理"。这一章对生态经济学的目标、议程和政策建议都产生了深远影响。这一章的题目恰恰就是"生态经济学的目标、议程和政策建议"（1991）。当时，科斯坦萨已经去了马里兰大学上班，而赫尔曼马上也要去世界银行上班。两人都将在华盛顿特区工作，地理位置的靠近将他们再次连接起来。在世界银行工作了六年后，赫尔曼去了马里兰大学的公共政策学院上班，两人再次在同一个大学成为同事。这种同事关系直到科斯坦萨后来去了俄勒冈州，然后又去了澳大利亚才结束。

当戴利还在路易斯安那州立大学的时候，学生们就经常追随他，尤其是那些对主流新古典经济学不再抱有幻想的学生。但是他们在经济系却并不受欢迎，这对于这些学生和戴利都是极不公平的。戴利的第一个博士研究生是一位拥有五个硕士学位的前耶稣会会士。尽管这个学生最终获得了博士学位，但是经济系的一些人对该学生的傲慢和敌对态度让戴利很苦恼。戴利其他的好学生还包括一位在耶鲁大学获得本科学位的学生和一位来自太平洋路德大学的学生，后者修了地质学和生物学双学位，并且在研究生入学考试中取得了非常高的分数。这两位都是能力很强的学生。但是，就因为他们两位想要研究的内容正是戴利感兴趣和赖以成名的课题，经济系的其他人便认为他们不是合格的学生。两位学生中，第一位最终完成了他的博士课程，但是戴利并没有成为他的导师。为了让经济系通过这位学生的博士学位，戴利不得不选择妥协和退出。第二位学生没有通过博士课程的考试，经济系不允许他写博士学位论文。戴利对此大为光火，因为他认为这位学生的试卷答得足够好，肯定能通过考试。后来，这位极其失望、郁郁不得志的学生离开了学校，去了非政府组织工作，他在那里一直表现得非常卓越。

20世纪80年代的早期，赫尔曼已经日益感受到，路易斯安那州立大学的经济系早已不是他刚来时的模样，彼时的经济系更加开放和友好，现在却变得充满教条主义。经济系已经被一个激进的新古典经济学右翼团体所接管，而他们坚信自己是正确的。与此同时，赫尔曼变得更像一个批评者，他也开始称自己为生态经济学家。赫尔曼单纯天真地认为，他对新古典增长经济学的批评会被视为基于逻辑和科学的学术讨论，同时，不同意见也会在得到其他观点应有尊重的前提下进行辩论。恰恰相反，赫尔曼被视为一个离经叛道者，因为他拒绝接受增长是解决经济、社会和环境问题的通用解决方案这一基本信念，也不再认为增长就是进步的本质。作为一个离经叛道者，虽然终身教职使得赫尔曼免于被开除，但是他在学生中的影响力却被降到了最低。

> 我非常欣赏赫尔曼十分公平且有原则的调查方法和思考方法。遗憾的是，主流经济学非常轻易地忽视了他的想法，经济系并不在意这位有"异端"思想的同事，学院甚至都不想让学生接触他的作品。令人敬佩的是，这么多年他都坚持过来了。
>
> ——汤姆·格林（Tom Green）

## 世界银行

大约从1983年起，赫尔曼开始想办法离开学术界。赫尔曼的作品让他在欧洲及其他国家很受欢迎，但在他自己的国家却并非如此。有时，当赫尔曼外出发表演讲或者参加会议时，玛西娅会接到故意恐吓她和孩子的电话。有一次，他们甚至为此离开小镇，去了朋友家。虽然他们的宗教信仰也给了他们力量，但这毕竟是令人不愉快的处境。1988年，戴利受生态学家罗伯特·古德兰的邀请，以资深经济学家的身份加入世界银行环境部。《科学杂志》（Science Magazine）评论说，这次任命是令人吃惊的，但也是鼓舞人心的。古德兰是在拉格纳·奥弗比克（Ragnar Overbeek）的建议下，邀请戴利加入世界银行的。拉格纳·奥弗比克读过赫尔曼在1973年编纂的《迈向稳态经济》一书，他认为赫尔曼能够帮助他们与世界银行的经济学家们打交道。

> 赫尔曼在世界银行工作期间，对制定可持续发展方案产生了非常重要的影响。他和罗伯特·古德兰似乎一起度过了一段美好的时光。
> ——格斯·斯佩思（Gus Speth）

赫尔曼在环境部门的主要责任就是评估申请世界银行资助的项目，辨别这些项目对环境的潜在影响，并且提出改进建议。赫尔曼非常享受跟古德兰一起工作，他们两人发展了密切的工作关系和深厚的个人友谊。赫尔曼和古德兰有很多相似之处。他们两人都在巴西待过一段时间，并且都愿意在必要时刻直言不讳，不顾后果。唯一不同的是，古德兰是素食主义者。赫尔曼也认同减少人类的肉类消费将会显著降低人类对于生物圈的影响，但是对于在得克萨斯州长大的赫尔曼来讲，放弃吃肉是一件非常困难的事情。因此，当想法和行为不相符的时候，赫尔曼也会感到愧疚。

赫尔曼和古德兰合作写了很多论文，也一起参与了很多活动。最为显著的成就也许是他们和经济学家萨拉赫·埃尔塞拉菲（Salah El Serafy）一起完成的。他们召开了一系列关于"绿化联合国国家账户体系"的会议，为联合国综合环境和经济账户系统的发展做出了贡献。戴利写了一篇关于衡量可持续社会净产出的短篇论文（1989）。他们三个还一起撰写编辑了《环境可持续的经济发展：在布伦特兰基础上的思考》（*Environmentally Sustainable Economic Development: Building on Brundtland*, Goodland et al.

1991），这部作品的灵感来源于他们对 1992 年的《世界发展报告》(*World Development Report*) 的失望，他们在该报告正式发表之前就读过草稿。

## 与乔治斯库-罗金的第二次相遇

这次相遇之前，赫尔曼和乔治斯库-罗金已经保持了较长时间的友好关系。戴利对这段友好的关系感到很高兴，但是这段友好关系并没有持续很久。除了他在世界银行的工作，赫尔曼还在新成立的国际生态经济学会中非常活跃。

> 赫尔曼·戴利是个好人。他知道如何清晰且极其简洁地写作。他不会令人感觉妄自尊大。他把自己视为他倾心构建的生态经济学这个大学派的一份子。他从没有想过要成为领军人物，也没有想过要居高临下地指挥别人。
>
> ——琼·马丁内斯-阿利尔（Joan Martinez-Alier）

赫尔曼在国际生态经济学会的工作之一，是担任《生态经济学》这本学术期刊的其中一个副主编，这是一个志愿岗位。在赫尔曼不知情的情况下，《生态经济学》发表了一篇强烈批评乔治斯库-罗金的论文，这让乔治斯库-罗金非常生气。因为赫尔曼是这本期刊的副主编，所以乔治斯库-罗金认为赫尔曼应该对此事负责。尽管赫尔曼已经说明，在这篇论文发表之前，他一无所知，但是乔治斯库-罗金并未理会赫尔曼的解释。于是赫尔曼给乔治斯库-罗金写信，说他本人也认为这篇论文很糟糕，并且会尽已所能确保乔治斯库-罗金对该论文的回应可以发表。乔治斯库-罗金并没有做出回应，赫尔曼以为乔治斯库-罗金会逐渐冷静下来，而不再就此事向他施压。与此同时，加布里埃尔·洛扎达（Gabriel Lozada）就这篇论文联系了赫尔曼，于是赫尔曼就鼓励他写一篇回应。在回应中，加布里埃尔·洛扎达清楚地表明是赫尔曼鼓励他这么做的（1991）。尽管戴利尽了最大努力来平息乔治斯库–罗金的愤怒，但是乔治斯库–罗金在他的余生中仍然对此事耿耿于怀（Letter from Georgescu- Roegen to Kozo Mayumi 1992 in Bonaiuti 2011, p. 232）。

1992年，奇怪的事情发生了。当时赫尔曼在世界银行的领导是莫汉·芒纳星河（Mohan Munasinghe）。考虑到他之前所面临的种种上级限制，赫尔曼认为莫汉·芒纳星河在他的职权范围内，算是一位好领导。有一天，芒纳星河打电话给赫尔曼并问道："赫尔曼，你去过罗马尼亚吗？"赫尔曼回答说，"没有啊。"芒纳星河坚持问道，"你在罗马尼亚做过什么事情？"赫尔曼回答道："我真的从来没去过罗马尼亚啊。"芒纳星河继续说："罗马尼亚在新闻报道中批评了世界银行，并且是引用了你的话。"赫尔曼说道："好吧，我真的一无所知。"芒纳星河继续追问："你确定没去过罗马尼亚？"赫尔曼回答说："我去过离罗马尼亚最近的地方就是匈牙利。我这辈子从来没有踏入过罗马尼亚啊。"芒纳星河后来又打电话给赫尔曼说，"这件事真的很奇怪。你也许可以去跟国际货币基金组织的尤金尼奥·拉里（Eugenio Lari）聊一聊，他听说了一些事，或许你可以从他那里找到答案。"拉里很多年前是范德堡大学的学生，但是赫尔曼曾经只与他短暂谋过面。为了给这种负面的媒体关注寻找一个解释，赫尔曼给拉里打电话说："也许你可以为我指点迷津，告诉我为什么罗马尼亚的新闻媒体会报道我。"拉里回答说：

> 是的。罗马尼亚驻华盛顿大使馆授予了乔治斯库–罗金一个奖项。在他的获奖感言中，乔治斯库–罗金批评你因为提倡可持续发展而伤害到了罗马尼亚。乔治斯库–罗金说你是可持续发展的设计师，而可持续发展对罗马尼亚的经济是非常有害的。同时，他还暗示你应该被解雇。

赫尔曼将从拉里处听到的内容告诉了芒纳星河。芒纳星河耸了耸肩，后来再也没有提及此事。

赫尔曼写信给乔治斯库-罗金，想要他给自己一个解释，但是没有收到回信，并且此后再也没有收到乔治斯库-罗金的消息。两年之后，乔治斯库-罗金去世了，这个脾气古怪的老师和这位忠诚的学生再也没有和解的机会了。1999年，赫尔曼以《生态经济学》副主编的身份，给毛罗·博纳伊蒂（Mauro Bonauiti）写了一封信。在信中，他说道：

> 乔治斯库-罗金不能容忍他的朋友没有全盘接受他的观点。乔治斯库-罗金的怨恨随着年龄与日俱增，就像他耿耿于怀自己没有获得诺贝尔奖一样，虽然说他确实应该获奖。然而，他似乎将这种不公正归咎于他的朋友没有给予他足够的称赞。
> 
> 在我的工作中，我对乔治斯库-罗金的引用是最多的，并且我也是引用他作品次数最多的人。我重印了他的好几篇重要论文。他去世的时候，我还写了悼词。后来，为了纪念他的贡献，我还编辑了《生态经济学》的一期特刊。我希望你和其他人都能在他卓越贡献的基础上进一步努力。但是，对于他的精神错乱、偏执、个人怨恨和愤愤不平，我希望这些都能随他一起安息，并且被世人遗忘。
> 
> （Daly 1999d）

在赫尔曼为乔治斯库-罗金写的讣告中，他表达了相似的观点：

> 学术界并没有给予乔治斯库-罗金的工作应有的认可……他性情易怒、要求苛刻。他时常愤愤不平，以至于他甚至切断了与那些最珍视他贡献的人的联系。但是，所有这些都没有削弱他毕生工作的伟大价值，生态经济学家更要对他怀有感恩之心。他确实要求很多，但是他给予得更多。
> 
> （Daly 1995d, p. 154）

## 赫尔曼和王室

　　赫尔曼在世界银行工作期间，除了他和乔治斯库-罗金这段不太愉快的关系外，还发生了一件令他很愉快的事情。赫尔曼收到了查尔斯王子的邀请，邀请他参加亚马逊河上的一个会议巡游。赫尔曼跟巴西的环保主义者何塞·卢岑伯格（José Lutzenberger）是多年的朋友。卢岑伯格有德国背景，他说德语、葡萄牙语、英语和西班牙语都很流利。卢岑伯格在巴西南部的愉港市出生并长大。作为一名农学家，他曾经在一家名为巴斯夫的德国化学公司供职，该公司在全球销售农药和化肥。回到他卖农药前几年待过的地方后，卢岑伯格看到他的工作成果，自言自语道："我的经济活动的最终结果就是降低了地球滋养生命的能力，这并不是一件好事情。"卢岑伯格没有说服巴斯夫改变其经营方式，故而辞职了。

　　卢岑伯格的下一份工作是一名园林设计师，负责为巴西愉港市的市政当局设计净化水和污染物的自然系统。有一家皮革厂污染了河流，卢岑伯格为它设计了一个系统，从而让皮革厂的所有污水都会流到一个存储池，从而通过存储池中的植物吸收污染物来净化污水。这个工作更加有意义，卢岑伯格也更加喜欢。卢岑伯格对于巴西的农用化学品产业直言不讳，慢慢地就有了一个"吹哨人"的外号。作为一个著名的环保主义者，卢岑伯格逐渐声名鹊起，一生中赢得了85个环境类的奖项。1990年，新一届民主选举产生的巴西政府任命卢岑伯格为巴西的环境部长。这个任命让很多人吃惊，当然也包括卢岑伯格本人。对环境有浓厚兴趣的查尔斯王子在亚马逊河口的皇家游艇"大不列颠号"上召开了一次会议，这次会议很大程度上要归功于卢岑伯格。

　　卢岑伯格想要邀请赫尔曼参加这个游船会议。赫尔曼当初在巴西任教时就和卢岑伯格见过面，两人都很欣赏对方。但是，赫尔曼也有苦衷，他对卢岑伯格解释说:"在世界银行的领导层中,我真的只是个小人物。我代表不了世界银行,真的很感谢你,但是我不能去啊。"卢岑伯格回复道:

> 不,不要这样想……我们的安排是这样的,我不会直接邀请你。我会先邀请世界银行的行长,不过我会在他日程安排可能很满的时候邀请他。到时候,行长会答复说不能来参加。那时候,我就顺水推舟地表示:"哦,那太令人失望了,不过我们也能理解。那么你们可否安排戴利来参加这次会议呢,因为我们想找一个了解巴西的人来参加此次会议。

卢岑伯格确实是这样做的,这也确实奏效了。世界银行委派戴利参加此次会议,虽然不是以世界银行官方代表的身份,但也得到了世界银行的允许。

赫尔曼知道,在"大不列颠号"上,他会脱离自己的社会阶层,他不确定该期待什么,也不确定别人会对他有什么期待。他收到通知,在船上将会举办一场正式晚宴。赫尔曼不知道这意味着什么,也不知道要穿什么。他认为自己应该穿一套正式晚礼服,但是在热带地区的冬天,他又不确定要穿白色晚礼服还是黑色晚礼服。他问的所有人似乎都不知道答案,直到有人告诉他:"因为这是热带地区,所以你应该穿一套白色晚礼服。"于是,赫尔曼就去了西尔斯罗巴克,买了一件白色晚礼服外套、一个白色领结以及所有的配饰。他把所有东西都整齐地装入行李箱中,然后就出发了。

大家在"大不列颠号"上也进行了一些讨论,但是可以看出,那主要是一个社交场合。赫尔曼为了这个场合,花了足够多的时间来打扮自己。因为他的人生经历并没有让他做好和皇室成员共进午餐的准备。所以他真的不知道该期待什么,也非常想融入进去。在他的小隔间里,六英尺多高的赫尔曼成功地用一只手穿上了不太熟悉的衣服——白色外套和所有配饰。于是他就参加宴会去了。当他到达宴会现场的时候，赫尔曼惊奇地发现，除了他和服务员，其他人都是穿着黑色晚礼服……但后来又来了几位身穿白色晚礼服的人，这才稍稍缓解了赫尔曼的尴尬。赫尔曼克服了尴尬后，开始完全享受这个盛大的宴会。乔纳森·波里特（Jonathan Porritt），这位即将要成为英国绿党领袖并且与查尔斯王子关系密切的人，赫尔曼托他将自己的一本书送给王子，并在书上精心地签名。尽管赫尔曼并没有见到查尔斯王子，但是他确实跟查尔斯王子和戴安娜王妃乘坐同一架私人飞机回到了里约热内卢，只是王子和王妃坐在前排，赫尔曼和其他几位客人坐在后排。

在"大不列颠号"上的游船会议结束后不久，世界银行的首席经济学家兼副行长拉里·萨默斯（Larry Summers）写了一份笔记，这份笔记后来被环境领域的人士所知晓。在这份笔记中，萨默斯提出了将环境污染型产业转移到最不发达国家的三个"经济学"理由。萨默斯的"名言"是："非洲人口稀少的国家基本上也是'欠缺污染'的国家。"[3]这份笔记在1992年的二月份公开后，卢岑伯格就给萨默斯写了一封信，信中写道："您的推论在逻辑上是完美的，但也是极其荒唐的……如果世界银行继续让您担任副行长，那么它将会名声扫地。"写完这封信不久，卢岑伯格就被解雇了。卢岑伯格于2002年逝世，他的葬礼也如他所愿：他光着身子，没有棺材，埋葬在南里奥格兰德州一个他重建的农场里，紧挨着一棵树。然而，萨默斯却在政府和学术界继续着他极其成功的职业生涯。

作为世界银行的雇员，赫尔曼总是非常严谨地表明，他在写作或者演讲中表达的观点都是他自己的观点，并不代表世界银行的观点。然而，世界银行和赫尔曼本人关于发展观的分歧日益加大，如世界银行强调出口导向型的增长，而赫尔曼则更赞成进口替代的方式，这最终不可避免地导致他于1994年从世界银行辞职。赫尔曼离开世界银行的时候，他邀请了一些世界银行的经济学家和新闻媒体，发表了告别演讲。在演讲中，赫尔曼的深刻见解和坦率直白令人印象深刻。他首先坦率地评估了世界银行的内部管理及其后果。赫尔曼写道："在一种不切实际的发展愿景的误导下，即把北方过度消费的生活方式扩展到南部迅速增加的人群中，世界银行自上而下的管理体制已经带来了很多经济和生态方面的外部失败。"赫尔曼建议世界银行应该"打开自己，多听取不同意见，不要在周末为不喜欢的事情加班"（Daly 1994a）。赫尔曼基于自己的学术工作和在世界银行的工作经验，提出了四条政策建议：

> ①停止将自然资本的消耗统计为收入；②对劳动力和收入少征税，对资源吞吐量多征税；③短期来讲要最大化自然资本的生产率，长期来讲要投资自然资本，增加自然资本的供给；④摒弃通过自由贸易、自由资本流动和出口带动增长来实现全球经济一体化的意识形态，转向更加民族主义的方向，将为国内市场发展国内生产视为第一选择，只在获得明显效益时才求助于国际贸易。

赫尔曼反对自由贸易的论调，特别是反对北美自由贸易协定的论调，在世界银行尤其不受欢迎。他在世界银行的影响力不断地减弱。对于赫尔曼来讲，是时候回归学术界了。回想起来，赫尔曼在世界银行的主要影响是，他在世界银行树立了一个被视为极端环境主义者的形象，从而为那些相对来讲不那么"极端"的温和派环境主义者打开了一片天地，让他们的声音得到倾听。这种影响的迹象可以从世界银行的文件中看出来。例如，世界银行集团发布的《环境战略 2012—2022》（*Environment Strategy 2012—2022*）中有一句话是"如果发展中国家在一个日益脆弱的环境中想要寻求脱贫、谋发展，该报告制定了一项雄心勃勃的议程，以支持发展中国家追求'绿色、清洁、坚韧'的发展苗头。"（Awe 2012）

## 马里兰大学

赫尔曼对自由贸易的批评引起了彼得·布朗的注意。彼得·布朗是马里兰大学公共政策学院的一位政治哲学家和环保主义者。赫尔曼其实更喜欢在经济学院寻找一个教职，但当时并没有合适的机会。彼得·布朗说服赫尔曼申请公共政策学院的岗位。公共政策学院在赫尔曼和另一位候选人之间无法做出取舍，于是决定都不招收。很明显，马里兰大学有些人担心，授予赫尔曼教授职位会让学校难堪，毕竟赫尔曼的观点和思想太离经叛道。布朗不想失去将赫尔曼引入马里兰大学的机会，就筹集了一些款额。1994年，公共政策学院聘请了赫尔曼为研究员，而不是终身教授。这恰恰开启了赫尔曼在学术上的高产时期。在接下来的两年里，赫尔曼就很多研究主题发表了大量论文，他也再次与小约翰·柯布合作出版了《为了共同的福祉》第二版，并且写了一本关于可持续发展经济学的专著，书名发人深省：《超越经济增长》（Daly 1996）。

尽管布朗非常足智多谋，但他还是无法说服公共政策学院聘请赫尔曼为终身教授，即便赫尔曼发文数量众多，学术成绩斐然。1996年，赫尔曼被授予了两个认可度很高的国际奖项，即荷兰皇家艺术和科学院所授予的"海内肯环境科学奖"（Heineken Prize in Environmental Sciences）和斯德哥尔摩的"正确生活方式奖"（Honorary Right Livelihood Award）。到了这一步，如果这样一位卓越的经济学家还不是终身教授的话，那这就是马里兰大学的问题了，他们应该想想如何避免这种尴尬。最后，马里兰大学的校长介入此事，聘请赫尔曼为永久教职的教授。

在马里兰大学的最后几年，赫尔曼在公共政策学院最为亲密的同事是已故的经济学家罗伯特·纳尔逊（Robert Nelson）。他是《作为宗教的经济学》（*Economics as a Religion*）一书的作者，同时也写了很多研究同样主题的论文和专著。在众多同事中，赫尔曼是唯一认同纳尔逊观点的人。纳尔逊曾经在土地管理局工作过，主要工作就是研究日益发展的环境运动，并且在经济学面临批评时为其辩护。纳尔逊最初的论点是，环境主义者对他们事业的投入主要是宗教性质的，而经济学家对他们事业的投入主要是科学导向的。当然，在知识界盛行的合理性结构中，宗教意味着"错误"，而科学意味着"正确"。然而，纳尔逊最后总结道，正如环境主义者一样，经济学家在他们的态度上最起码也是"宗教的"，他们只是教条地致力于他们的世界观和假设。赫尔曼欣然为纳尔逊的另一本书——《上帝？非常有可能》（*God? Very Probably*）写了前言，他认为这本书写得"清楚、有见地、坦率"（Daly 2015e）。

1997—2010年，赫尔曼一直在教书和写作。赫尔曼和马里兰大学的同事效仿美国及其他国家大学的经验，开发了一个"生态经济学"的证书项目。赫尔曼的课程也被交叉列为马里兰大学"生物保护"项目的一部分，这个项目的生源非常好。但是，生物系对"生物保护"这个项目的看法，与经济系对"生态经济学"的看法是一样的。最终，"生物保护"这个项目也被取消了，理由是不够科学，而且价值观导向太偏离。让人难过的是，赫尔曼这个旨在让马里兰大学的学生接受生态经济学培养的小小尝试在经济系和生物系都没有得到支持。在赫尔曼和罗伯特·科斯坦萨离开马里兰大学之后，"生态经济学"这个证书项目就被取消了。

在赫尔曼2010年退休前及退休后的很长时间内，他获得了更多的奖项，这是对他在全世界已经产生并将持续产生的巨大影响力的致敬。但是，赫尔曼的影响力在经济系的课堂上和权力阶层中还很有限，他的巨大影响力还尚未实现。

> 我钦佩赫尔曼，不仅因为他是一位开创性的思想家和公共学者，他的为人也让我心生敬意。他是一个慷慨、真实的人。我们需要更多

> 像他一样的公共学者，尤其是在我们似乎已经忘记如何恭敬且坚定地提出反对意见的时候。
>
> ——瑟宾·奥哈拉（Sabine O'Hara）

# 退休

赫尔曼在2010年从马里兰大学退休之后，他还在继续写作和鼓舞他人，直至今天。赫尔曼仍然保持着宗教信仰，甚至可能比退休之前还要虔诚。宗教信仰对于赫尔曼和玛西娅的紧密关系一直是至关重要的。赫尔曼对玛西娅还是一如既往地关心体贴，就像他们在50多年前初次见面时那样。他们是一对相亲相爱的夫妇。2015年，赫尔曼和玛西娅搬到了弗吉尼亚州一个舒适的养老院。这对于赫尔曼来讲算是落叶归根了，也让赫尔曼和玛西娅跟他们的女儿凯伦离得更近了。凯伦在弗吉尼亚州的美术博物馆工作，她和丈夫还有两个孩子居住在附近的里士满。凯伦的姐姐特丽是一家儿童医院的职业治疗师，她和丈夫、孩子居住在亚特兰大。赫尔曼和玛西娅在养老院的生活舒适而安静。为了治疗滑囊炎，赫尔曼在45岁的时候放弃了打网球。当时的医生看着赫尔曼，意味深长地说："你要清楚，你需要用这只手臂做比打网球更重要的事情。"事实证明医生是对的。赫尔曼一直坚持游泳，直到70多岁。如今，赫尔曼将大量的闲暇时间用来广泛阅读，在平板电脑上听各种讲座以及卡津、古典等不同类型的音乐。很多年前，他还在医院里接受小儿麻痹症治疗的时候，赫尔曼就喜欢上了收听广播，这个爱好一直延续到他逝世之前。

在马里兰大学的最后几年，由于小儿麻痹综合后遗症的晚期症状让他很疲惫，赫尔曼被迫减少了教学工作量。孩提时候就折磨过赫尔曼的小儿麻痹症再次困扰着他,让他的身体变得虚弱,但他的头脑依然强大且清醒。2014 年,赫尔曼发表了专著《从非经济增长到稳态经济》(*From Uneconomic Growth to a Steady-State Economy*, 2014a)。这本专著是赫尔曼一系列论文的汇编。这些论文总结了他一生的辛勤研究、认真分析、学术热情、职业风险和奖励回报,这些成果是赫尔曼在坚定的道德准则和虔诚的宗教信仰的指引下完成的。2019 年,赫尔曼写道:"如果真实和美好的缺失留下了,那么这一个巨大真空,将非常容易被虚假和罪恶所填满。在我的能力范围之内,我已经尽我所能为美好和真实服务。在我年老的时候,我还是希望并祈祷真实和美好的重生,同时希望我们能重新关注真实和美好的超凡力量。我现在还没有看到真实和美好的曙光从地平线上升起。真实和美好不会来自占主导地位的科学唯物主义世界观,不幸的是,它们似乎也不会在被破坏且日渐式微的教堂或者大学里诞生。乐观主义是愚蠢的,然而希望是一种美德,绝望是一种罪恶。"(Daly 2019a)

**注释**

1. 非线性程序模型在当时是非常新鲜的事物,它力求在国际收支限制和工业补贴的情况下使公共收入最大化,同时考虑每个市场的供需条件,对传统的牛羊征税。
2. 一个非正式的世行员工出版物,其有一个讽刺性的名字《旋转银行》(*The Whirled Bank*),这份刊物重新发表了戴利的告别演讲,这表明即使没有世行官方管理层的支持,世界银行内部至少有一些员工在背后支持戴利的观点(Daly 1994a)。
3. 萨默斯(1991)。

# 第三章　哲学、伦理道德和宗教[1]

　　这个世界不能再让狭隘的经济学家主导十年了。他们从没有考虑过最终手段或者最终目的,他们既不能定义熵,也不能定义圣礼,反而表现得好像没有熵这样的事物,好像除了经济增长之外没有什么东西是神圣的。

——赫尔曼·戴利

　　戴利从来没有宣称要成为一名哲学家、伦理学家或者神学家。然而,戴利关于经济学的广泛方法论使得他进入了上述的每一个领域。当代绝大多数经济学家通常将上述主题的想法保留在自己心中。跟他们不同的是,戴利明确表达了他关于哲学、伦理道德和宗教的观点,尤其是当这些观点跟经济学相关的时候。这是一个要求很高的竞技场,在里面要按照西方的传统和很多参与者一起竞技,包括从公元前3世纪的苏格拉底到20世纪的怀特海等。戴利的贡献就是从他的视角将与经济学的理论和实践最相关的思想提炼出来,并且用清晰易懂的方式将这些思想表达出来。在本章中,我们探究了戴利对哲学、伦理学和宗教的观点及范围,这些观点是戴利很多经济学工作的基础。正如我们将要看到的那样,戴利有些思想是直接从其他作者那里借鉴而来的,不过戴利在应用这些思想时,会经常用他特殊的方式对借鉴的思想进行新的解释和深化。戴利其他的思想无论在内容上还是在应用上,都更加具有争议性。无论如何,这些思想都来自一个极具原创性的思想家的深思熟虑和缜密分析。

# "目的—手段"光谱

由莱昂内尔·罗宾斯（Lionel Robbins）所提出的一个广为人知的"经济学"定义是：经济学是一门"研究人类行为的科学，人类行为就是目的和有多种用途的稀缺手段之间的关系"（Robbins 1932, p. 15）。戴利发现，罗宾斯和其他认同这个经济学定义的每一位经济学家所提到的目的和手段其实就是我们接下来要讨论的"中间目的"和"中间手段"。罗宾斯定义中所提到的稀缺手段通常是指劳动力和人造资本。它们本身都是由自然提供的物质和能源所生产的，自然提供的物质和能源就是戴利所称的"最终手段"。同样，罗宾斯的经济学定义中所提到的目的其实就是"中间目的"，它们是为更高层次的目标即"最终目的"服务的，"最终目的"也许可以用宗教或者伦理道德的术语来定义。但是，如戴利所说，我们应该在各种"中间目的"之间做出选择，从而更好地定义"最终目的"。（Daly and Farley 2011, pp. 38~43）

在戴利看来，关于目的和手段更为宽泛的分类可以变换为一个"目的—手段"光谱，"最终目的"和"最终手段"位于光谱的两端，"中间目的"和"中间手段"位于光谱的中间。从"中间"到"最终"两个方向的扩展，是戴利经济学方法论的核心内容，因此"目的—手段"光谱值得我们详细地讨论。图 3.1 展示了"目的—手段"光谱的两个版本。在正式发表"目的—手段"光谱之前，戴利和一些学生分享了这个光谱。这些学生发现，这张图对于将不同的学科内容整合起来以及将经济学置于更宽泛的语境中大有帮助，而这正是戴利想要看到的。"目的—手段"光谱第一次印刷出版的时候是以三角形的形式出现的（Daly 1973a, p. 8）。更加简洁的线性版本，在我看来也是更加有效的版本是在《稳态经济学》这本专著中出现的，在该专著中，戴利将之命名为"目的—手段"连续体（1977a，p. 19）。《经济学、生态和伦理：迈向稳态经济的论文集》（1980a, p. 9）中出现的版本几乎与《稳态经济学》中的一样，而《珍视地球：经济学、生态和伦理学》（1993, p. 20）中，戴利将"目的—手段"连续体修改为"目的—手段"光谱[2]。在"目的—手段"光谱的两个版本中，最下面的"最终手段"都是指低熵的物质和能源，即"世界上有用的东西……我们只能用完它们，而不能创造或者补充它们"（同上）[3]。戴利强调，我们用完的并不是物质和能源的"量"，在热力学第一定律的作用下，物质和能源的"量"是保持不变的。通俗来讲，在热力学第二定律的作用下，我们人类活动真正用完的是物质和能源的低熵有用性。对于能源来讲，当我们使用能源的时候，能源做功的能力不断减弱。例如，一个沸腾水壶的蒸汽不可能让第二个水壶中同样量的水沸腾，也不可能让第三个、第四个以至更多水壶中同样量的水沸腾。能量的总量虽然没变，但是能量的质（即做功的能力）却减少了。

在两张图表的左侧，我们可以看到"最终手段"的研究属于物理学的范畴。在图3.1中的线性版本的右侧，"最终手段"被转化为"中间手段"，"中间手段"被命名为人工制品的存量和劳动力。通过比较图3.1中"目的—手段"光谱的两个版本，我们可以发现，戴利最初将应对"最终手段"转化为"中间手段"的知识领域命名为"科学技术"，但是在后来的版本中将之调整为"专门技术"。"专门技术"和"技能"的意思本质上相同，即做事情的方式或者风格。"科学技术"是各种各样小器具和家电正常运转背后的科学原则的应用。对于应用同样的"科学技术"，不同的人有不同的"技能"。在"最终手段"转化为"中间手段"的过程中，我们既需要"科学技术"，又需要"专门技术"。

戴利将政治经济学视为研究应用"中间手段"来产生"中间目的"（健康、教育、舒适等）的学科。有意思的是，在图3.1中的两个版本的

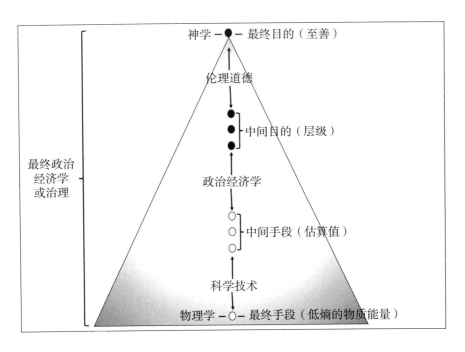

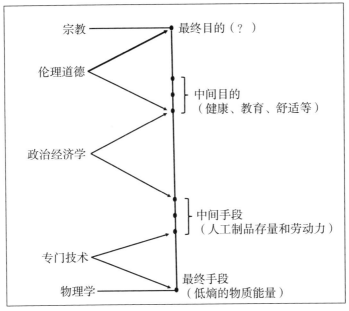

图 3.1 "目的—手段"光谱

"目的—手段"光谱中,戴利都将政治经济学,而非经济学,置于"中间手段"和"中间目的"之间。《稳态经济学》(Daly 1977a)中也出现了"目的—手段"光谱,戴利在其中就是将经济学置于"中间手段"和"中间目的"之间。这是一个重要的改变吗?经济学家通常将政治经济学视为一个陈旧的、有些过时的经济学术语。但是,这只是故事的一部分,而非全部。从历史上讲,政治经济学比现代的主流经济学覆盖的范围更大。政治经济学更多地强调经济历史和经济系统的演变,同时也将政治力量纳入考虑范围,当代的政治经济学家还是这么做的。戴利在意识到政治经济学和经济学的差异后,在大多数的"目的—手段"光谱的版本中,选择用政治经济学,而非经济学,这充分反映了他学术视野的宽广。

> 当我开启我的经济学课程时,我通常会援引戴利的"目的—手段"光谱。让学生知道经济是为什么服务的,这一点非常重要,遗憾的是现在的经济学课程中很少提到这一点。
>
> ——布雷特·多尔特(Brett Dolter)

戴利告诉我们,"'目的—手段'光谱的顶端是'最终目的'。'最终目的'本身就有价值,它的价值并不取决于其对于更高价值的工具意义。"(Daly and Townsend 1993, p. 20)"最终目的"跟亚里士多德提出的"最终原因"相近。"最终目的"与来自"最终手段"的"中间手段"和服务于"最终目的"的"中间目的",都有明显差异。"中间手段"和"中间目的"分别跟亚里士多德提出的"效率原因"和"形式原因"相近,后两者都是经济学关注的绝对焦点。亚里士多德提出的"物质原因"对应戴利提出的"最终手段"。(Daly and Cobb 1994, pp. 41~42)

> 也许亚里士多德会说,因果关系既是自下而上的,也是自上而下的,即"物质原因"是从底部开始的,而"最终原因"

是从顶部开始的。经济学，或者我更喜欢用的"政治经济学"，是在"物质原因"和"最终原因"之间的，主要用来平衡必要性（正确目的的吸引力）和可能性（有限性带来的限制）。我们需要的是在一个有限和熵增的世界中，跟目标相适应的经济学。

（Daly 2014b）

图 3.1 展示了"目的—手段"光谱的最初版本和后来版本关于"最终目的"的两处变化。在最初的三角形版本中，在"最终目的"后面括号中的拉丁语短语是"Summum bonum"。"Summum bonum"的意思是"至善"，也就是所有事情都是为最后的终极目的服务的，"至善"是由亚里士多德提出的。通过圣·奥古斯丁（St. Augustine）和圣·托马斯·阿奎那（St. Thomas Aquinas）的工作，基督教也采用了"至善"这个词语，并且进行了重新解读。在之后的线性版本中，戴利用一个问号替代了"Summum bonum"。这种变化丝毫没有改变戴利赋予"最终目的"的含义以及"最终目的"在众多"中间目的"中决定优先次序的作用。但是，这个改变的确清楚地表明了戴利对于"最终目的"内涵的不确定性。戴利写道："最为理想的情况是，我们的出发点应该是'最终目的'。但是，我们目前只能非常模糊地看到这个目的。我们也许能在遇到的道德伦理、经济乃至技术问题中，找到接近'最终目的'本质的线索。"（Daly and Townsend 1993, p. 24）在这里，戴利将"最终目的"和"中间目的"之间的连接视为接近"最终目的"本质的线索，从图 3.1 中可以看出这是道德伦理的领域。

在图 3.1 中，前后两个"目的—手段"光谱版本的另一个差异之处在于用"宗教"替代了"神学"。这似乎与戴利所陈述的目标，即"光谱中的每一个部分都有对应的传统学科"（Daly and Townsend 1993, p. 21）不相符。"宗教是有关信仰和崇拜的具体系统，通常包含道德伦理和哲学的规范，而神学是对宗教信仰的理性分析。"（Aron 2011）在"目的—手段"

光谱中，戴利做出用"宗教"替代"神学"的决定，很可能反映了戴利本人的信仰，即"最终目的"和生活的目的能够从基督教中或者最起码能从宗教中找到答案。但是，在这个日益世俗的时代，"最终目的"对于没有宗教信仰的人又意味着什么呢？在本章的后文中，我们还将会继续讨论"最终目的"的问题。

> 赫尔曼·戴利是一个了不起的人。尽管我在专业上较少受到他的宗教和人道主义观点的影响，但我还是认为戴利的这些思想是经过深思熟虑的、热情的、精彩的。
>
> ——查尔斯·霍尔（Charles Hall）

"目的—手段"光谱不仅仅是令人印象深刻的一个原始分类系统，也不仅仅是教授学生试图理解这个世界和相应学科的教育学工具。"目的—手段"光谱也是一个分析框架，这个分析框架有利于理解戴利批评经济学的逻辑。戴利说"目的—手段"光谱使得我们思考以下两个问题：

第一，"最终手段"究竟是什么？"最终手段"是否受到技术无法克服的限制？第二，"最终目的"的本质是什么？是不是有这种可能性，即超过某一个临界点，"中间手段"（人力资本和人工制品）的进一步积累不仅不能服务于"最终目的"的实现，而且还会对"最终目的"的实现产生负面作用？

（同上，p. 22）

正如我们即将在之后的章节中看到的那样，戴利关于上述两个问题的答案都是"是的"。

戴利强调，经济学忽略了"最终目的"，并且只是简单地假设，不断增加的商品和服务的消费水平将会改善人类的福利。从这个意义上讲，戴利认为经济学"太物质化"。矛盾的是，经济学同时没有考虑劳动力，尤其是人造资本都来自"最终手段",因此戴利认为经济学"不够物质化"。劳动力和人造资本(在经济意义上指的是建筑物和各种设备)是由"最终手段"生产的,而"最终手段"是由自然免费提供的。至于经济学家假设这些自然资源基本上是充足的,这种观点就更加常见。戴利指出,过多地关注"中间手段"和"中间目的",而较少关注"最终手段"和"最终目的",会导致错误的选择。需要特别指出的是,对经济增长的追求,即商品和服务的生产和消费的不断增加,正在对环境造成不可修复和不可逆转的伤害。几千年来,哲学家、神学家和宗教领袖都在思考美好生活究竟是什么,而经济学家(也有少数明显的例外)却不考虑这个问题,经济学家的视野从来没有超越过消费。经济学家往往简单地假设,更多的消费意味着更好的生活。由于更多的消费需要持续的经济增长,经济增长就自然而然地成为实际上的"最终目的"。

戴利认为,经济增长的崇高地位所带来的一个后果是,它为我们不正视国内和国家之间的收入和财富分配不均等问题提供了借口。如果经济增长能让每个人都生活得更好,每个人都能购买更多的商品(事实上并不总是如此),那么确实没有必要为再分配和处理再分配所引发的冲突而烦恼。我们甚至对环境压力也可以不屑一顾,更多的经济增长是处理好这个临时现象的最好方式。这其实就是"环境库兹尼茨曲线"(Environmental Kuznets Curve)传递的信息。"环境库兹尼茨曲线"主张,环境压力刚开始随着经济增长而不断变大,但是随着经济增长的推进,环境压力会达到峰值,并且慢慢减小。不幸的是,"环境库兹尼茨曲线"只适用于环境破坏明显且局限于本土地区的特殊情况,并不适用于环境破坏的起因和影响存在争议以及环境破坏发生在区域性或者全球范围的情况,如气候变化。然而,"环境库兹尼茨曲线"仍然提供了一个理论依据,让绝大多数经济学家较少关注或者根本不关注经济增长对环境的影响(实际上,很多时候经济学家不需要这个理论依据)。这就是戴利半个世纪以来关于经济增长一直主张的观点,这些观点的重要性将随着时间的推移变得越来越明显。

就像忽视"中间目的"和"最终目的"的关系会有危险一样，忽略"中间手段"和"最终手段"的关系也会有同样的危险。这就是戴利所说的，经济学"不够物质化"。绝大多数经济学家不考虑商品和服务在生产和分销过程中所需原材料的来源。他们把这一问题留给了自然资源经济学领域内的专家。同样地，他们也将废物排入土地、空气和水中所产生的污染问题，交给了环境经济学领域的专家。在科学技术能够解决任何问题这一有利观点的支持下，再加上假设我们可以较为容易地为任何处于短缺状态的东西找到替代物，以及价格能够给出正确信号的设想，我们最终会得出一种世界观，即我们可以很放心地忽略"最终手段"。

> 戴利最大的贡献在于：他认为经济应该按照在"行星边界"以内服务道德和社会目的的方式进行管理。
>
> ——理查德·霍沃斯（Richard Howarth）

为了回应主流经济学对于"中间手段"和"中间目的"的狭隘关注，生态经济学应运而生，戴利为生态经济学的诞生和发展做了很多贡献。正如我们即将在下一章所看到的那样，生态经济学将经济视为生物圈的一个子系统，这个子系统完全依赖"最终手段"来为经济运转提供所需的物质和能源，没有这些物质和能源，就不会有商品、经济增长和经济本身。与主流经济学形成鲜明对比的是，戴利非常重视"最终手段"（即组成地球的物质和免费降临到地球上的太阳能）向经济中可使用的"中间手段"的转化。跟随着他令人崇敬的老师尼古拉斯·乔治斯库–罗金的脚步，戴利应用热力学第二定律表明，经济活动必然要耗损低熵物质和能量的来源。戴利认为忽视这个事实是一个严重的错误，会带来巨大的后果。这是经济体必须要面对的根本稀缺性之一，它不可避免地限制了经济增长。另一个稀缺性是生物圈对废弃物的吸收转化能力，这些废弃物是在人类经济活动中产生的，无法避免，并且对地球上的所有生命都有着广泛的负面影响。

"'最终手段'的绝对稀缺性限制了增长的可能性……"（Daly 1980a, p. 10; Daly and Townsend 1993, p. 20）

## 怀特海的"潜在不一致"

通过他的"目的—手段"光谱，我们可以洞察戴利的世界观。回想起他在学生时期刚刚接触经济学时，他错误地认为经济学是建立在自然科学和人文科学基础上的。他后来发现，事实并非如此，因此他开始尝试使经济学真正地植根于自然科学和人文科学。在不断靠近这个具有里程碑意义的任务时，戴利开始担忧，自然科学的决定论能否与目的协调一致。如果没有目的，经济学的整个结构都会崩塌，因为经济学依赖于人们做出理性的选择，而理性的选择正是为目的而做出的选择。目的对于公共政策来讲也是必要的，政策目标在公共政策中也是必要的，政策目标只有从目的中衍生出来才有意义。正如戴利所指出的那样，目的和自由意志之间有着密切的联系：

> 决定论者，即认为自由意志是一种幻想的人，相信只有一种可能的未来，这种未来严格地由原子运动、自私基因、辩证唯物主义、如厕训练或者一位命运决定之神的木偶线决定。如果这个世界只有一种可能的未来状态，那么我们将没有选项，也没有什么可以供我们选择，因此我们也就不需要政策。
>
> （Daly 2014a, p. 157）

戴利并不是第一个对以决定论为根本内核的科学世界观和目的之间的明显不一致表达担心的人，但他很可能是第一个这样做的经济学家。在戴利的好几篇论文中，他引用了哲学家阿尔弗雷德·诺尔司·怀特海在西方世界观的语境下对"潜在的不一致"的描述。这种西方的世界观盛行于20世纪早期,在今天也许更加盛行。

> 基于机械论的科学现实主义与对人类世界和高等动物世界的坚定信念相结合,认为它们是由自我决定的有机体组成的。在现代思想的基础上,这种根本的不一致解释了我们文明中很大一部分的三心二意和犹豫不决……由于潜藏在背景中的不一致,三心二意和犹豫不决削弱了思想……例如,欧洲民族的个人主义能量所成就的事业都是以指向最终原因的身体行动为前提的。但是,他们发展中所应用的科学是建立在一种哲学基础上的,这种哲学主张物质的因果关系是至高无上的,并且将物质原因和最终目的分离开来。思考这里涉及的绝对矛盾并不是很受欢迎。
>
> (Daly 2014a, p. 162 中所引用的 Whitehead 1925, p.76)

或者就像生物学家查尔斯·伯奇在他的《关于目的》(*On Purpose*, Birch 1991)一书中所写,并被戴利引用的那句话:"目的已经成为现代思想的核心问题,因为我们如何认识自己与我们如何认识周围世界并在周围世界中行动是不一致的。"(同上)

> 怀特海的思想对于主流的经济学思想并没有产生什么影响。实际上,采纳怀特海思想的一位重要经济学家赫尔曼·戴利,一直被主流的经济学家圈子所排挤,最起码在美国是如此。然而,戴利在其他圈子有很多追随者,尤其是在生态学家和宗教团体的圈子里。
>
> ——小约翰·柯布

怀特海的"潜在不一致"与达尔文的进化论相关,戴利对此非常不安。戴利发现了一个根本性的矛盾:一方面是基于变异机会和适者生存的自然选择，另一方面是基于对备选方案评估的有目的的个人行为。戴利不认同下述思想，即人们所普遍享有的目的意识只是一个有用的幻想，赋予拥有它的人以生存和繁殖的优势。戴利继续挑衅地质疑，这样的潜在不一致是否"对于任何类型的政策来讲，都有致命的后果"。（同上，p. 163）如果目的是真实的、非虚幻的，并且是其他事物的原因，那么目的对于旨在引起改变的政策来讲是有根本性意义的。如果这个世界受制于物质主义和机会，或者按照戴利的话说，如果这个世界只是"运动中的物质"，那么这意味着寻找最终目的的目的又能发挥什么作用呢？

为了理解戴利针对上述问题的答案，我们需要理解达尔文的自然选择进化论，因为这是戴利注意力的集中点。简单来说，达尔文的进化理论建立在以下四个原则的基础上。

（1）变异：对所有物种来讲，单个个体的基因组成都是不同的，这样就造成每个个体许多生理特征的变化；在一个群体中，单个个体彼此之间都是不同的。

（2）遗传：个体将一些基因物质遗传给后代；父母将他们的特质遗传给子女。

（3）选择：一些个体继承了允许他们更好地生存或者生育更多后代的特质（基因）。反过来，这些后代更加有可能存活下来，并且生育属于他们自己的后代。因此，他们的基因在整个群体中变得越来越普遍；一些变异体生育的后代比其他变异体多。

（4）时间：随着时间的推移，选择导致了物种的变化。这些变化也许几天，也许几十年，也许数百万年才能发生；成功的变种随着时间不断积累（KU Natural History Museum 2020）。

达尔文应用这些原则来解释生命形式是如何进化的。达尔文意识到，包含这些原则的简单机制"会带来全新的哲学后果……一个因果理论，摆脱了进步保障、自然和谐原则，或者任何内在目标或目的的概念等传统的舒适性"（Gould in Zimmer 2006, p. xxxv）。达尔文主义者都接受，进化是没有目的的，进化总会发生。达尔文主义者认为，人类是从一长串的随机突变系列中进化而来的，一些随机突变增加了受影响个体的存活机会，这些受影响的个体又将这些突变遗传给自己的后代。成功的基因突变会发生什么，取决于当时的环境。

理查德·道金斯（Richard Dawkins）是一位生物学家，也是著名的新达尔文主义者[4]。道金斯认为，在进化中，目的的缺失不仅仅是关于物种的起源的（这是达尔文的主要兴趣点），更是关于整个宇宙的。

> 在一个充满觉察不到的力量和物理复制的宇宙中，一些人会受到伤害，一些人将会走运，你不会在宇宙中发现任何韵律或者理由，更不会发现任何公平正义。如果有的话，我们所观察的宇宙恰好具有我们所期待的特质。实际上，宇宙没有设计，没有目的，没有罪恶，也没有善意，除了觉察不到的力量和无情的冷漠之外，宇宙什么都没有……DNA从不会关心，也什么都不知道。DNA就是DNA。我们只是随着DNA的曲调翩翩起舞。
>
> （Midgely 2009中所引用的Dawkins 1995 p. 155）

哲学家玛丽·米德格利（Mary Midgely）说道："这是道金斯主义（Dawkinism），并不是达尔文主义，但是我们应该严肃地看待它。"（同上）戴利的确认真看待了这个观点，并且认为它不可接受。

通过"目的—手段"光谱，戴利提出了许多问题：进化中是否真的没有目的的位置；如果科学从根本上来讲是关于机制的，那么最终目的又从何而来呢？是否存在与进化决定论相一致的最终目的？如果生命中没有目的，那么有目的的个人又意味着什么呢？戴利关于上述问题的答案总结如下：达尔文的进化论是决定论的，是无目的的，决定论和目的是不兼容的，目的是由反省和生活经验所支持的一种经验事实。因此，决定论肯定是错的，或者至少是不完整的，其中缺少提供最终目的的上帝。

按照哲学家的语言，戴利是一个"不兼容主义者"，即一个认为决定论和自由意志不相兼容的人。简单来说，如果所有的行动（包括我们的行动）都是由我们所不能控制的原因决定的，那么自由意志，即我们确实能够控制的意识，就是一种幻想。一些不兼容主义者主张，缺少自由意志将不会免除人们对自己行为的道德责任。"坚定的"不兼容主义者主张，决定论与自由意志和道德责任都不兼容。就像有不兼容主义者一样，同样有"兼容主义者"。基于不同的理由，兼容主义者认为，道德责任所需要的那种自由意志并没有被决定论排除在外。这样的观点是基于下述看法，即思想独立于大脑，因此意识思维并不会被决定，而其他的所有事物都会被决定[5]。这种思想和大脑的区分长期以来被一些哲学家和神学家所采用，借此为上帝提供了一个进入点。

下述戴利的引言表明，戴利不仅仅是一个不兼容主义者，而且是一个坚定的不兼容主义者。

> 如果正如自然主义者所教导的那样，我们生活的世界是一个不太可能的、短暂的偶然事件，世界很长时间才形成并且注定最终要消解，而我们作为世界的一部分，同样也是短暂的偶然事件，那么伦理道德就是一个假象。伦理道德需要目的、相对于客观价值的需求和行动的排序、最终因果关系、目的论和对最终价值的认识，占统治地位的自然主义和物质主义否认上述所有这些事物。普遍的观点是，所有的一切都是由古代伊壁鸠鲁（Epikouros）的观点决定的，即现代科学唯物主义重新构建了原子在空间中以既定路径运动的观点……拒绝承认否认目的所带来的毁灭性的逻辑后果和道德后果是违反理性的。
>
> （Daly 2014a, pp. 117～120）

面对决定论和目的的选择，戴利选择了目的。玛丽·米德格利关于目的性行为的观点支持了戴利的选择。米德格利将目的性行为定义为"努力实现目标"的行为。米德格利认为目的性行为是：

> 地球生物中普遍存在的东西……目的和价值观（如善良或者邪恶）并不是由我们的虚荣心涂抹在这个世界上的随意颜色。目的和价值观都是在世界中慢慢发展的，是这个世界的内在组成部分——自然产生的属性，一旦居民变得足够复杂而需要它们，新兴的自然特性和状况就会出现。
>
> （同上）

另外一位哲学家艾伦·霍兰（Alan Holland）一方面认可戴利的"正确地指出了人类经济植根于物理世界,受到物理世界限制的约束"（Holland 2002, p. 200），另一方面又认为戴利对进化和目的的描述"是有根本性缺陷的，主要是戴利对新达尔文主义的描述有根本性缺陷"（同上，p. 203）。尤其是，霍兰拒绝了戴利所认定的下述两个联系：①达尔文主义和舍弃道德伦理判断的准则之间的联系；②达尔文主义和接受哲学决定论之间的联系。（同上）

查尔斯·伯奇（Charles Birch）是一位对神学有浓厚兴趣的生物学家，他对在自然之中寻找目的的研究，比米德格利走得更远。在他的专著《关于目的》中（Birch 1991），伯奇在怀特海的基础上区分了"内部"关系和"外部"关系，戴利也引用了这本书（Daly 2007, p. 245）。外部关系是独立事件之间的关系。当一件事情碰到另外一件事情，如当汽车撞倒了一个人，那么这就是汽车和人之间的外部关系。内部关系是实体本身的组成部分。感官体验，如当一个人看见一支钢笔，那么这就是一种内部关系。内部关系和外部关系能够共存："因为这支钢笔并没有因为被看见而受到很大影响，所以我们也可以说对于这支钢笔来讲，这个关系是外部关系。"（Birch 1991, p. xii）

按照伯奇的观点，决定论更多地适用于外部关系，而不是内部关系。自由意志和目的都与内部关系相关。另外一种说法是在一定程度上调和自由意志和决定论，就是要理解自由意志是由有意识的思考决定的行动，按照伯奇的术语来讲就是内部关系。这跟决定论是不同的，决定论认为行动是由其他行动决定的，是一种外部关系。伯奇的观点的一个问题是走极端。伯奇表明，所有的物理实体，小到亚原子粒子，大到宇宙，都有某种内部关系。为了在这个框架中为上帝找个位置，伯奇将上帝置于内部关系之中，而不是外部关系，犹太-基督教传统是将上帝置于外部关系之中。这是伯奇调和进化论、物理学和宇宙学与目的的特有方式。

有一个强有力的论点认为人类行为的很多方面似乎都支持决定论。让那些坚称自由意志存在的人承认（他们也确实承认）很多人类行为是无意识的或者自动的，是很有意义的。眨眼睛就是个很明显的例子，呼吸亦是如此。我们之间和我们周围有这么多的例子，不需要有意识地决定我们每一个行为是有好处的。有意识地决定我们每一个行为会摧毁大脑进行有意识思考的能力。自动的行为是自然选择的结果，会让我们能够集中于基于决定的行动（Kahneman 2011）。

自弗洛伊德以来，潜意识在决定人类行为方面的作用一直被赞扬和研究，尽管关于潜意识的很多方面还是一个谜。潜意识下做的决定与自动和无意识的行动是不同的，但似乎是由我们不能控制的力量所驱动，因此潜意识也许是人类活动中不能说是受自由意志支配的另外一部分。但是，当涉及有意识和深思熟虑的决定（你也许会说的重大决定）时，当人们停下来并且思考下一步何去何从时，这就是那些相信自由意志的人和相信决定论的人分道扬镳的地方。

道金斯并不孤单[6]，他比米德格利或者伯奇都要走得远得多。在《自由意志》(*Free Will*, Harris 2012)一书中，哲学家萨姆·希尔（Sam Hill）同样没有妥协：

> 自由意志是一种幻想。我们的意志不是由我们自己决定的。思维和动机都来源于我们意识不到并且我们不能施加有意识控

制的背景原因。我们并不享有自认为拥有的自由。

(Harris 2012, p. 5)

这里问题的重点并不在于戴利在这些复杂和影响深远的议题上是对还是错。问题的重点是关于决定论、自由意志、目的和价值观的观点的显著差异是如何影响"目的—手段"光谱的，戴利正是应用"目的—手段"光谱将经济学置于一个更为宽广的学术框架中。戴利尝试这样做，就使他与绝大多数经济学家不同。戴利督促我们考虑最终手段，即所有经济资源的来源，同时督促我们考虑最终目的，根据戴利的表述，决定和评估这些经济资源是如何使用的价值观就是从最终目的中获取的。戴利质疑，如果我们认同宇宙没有意义，生命没有目的，决定论盛行和自由意志是幻想这些观点，那么我们又怎么能够基于"目的—手段"光谱上下求索呢？

> 赫尔曼·戴利的精神核心能够引起我强烈的共鸣。但是，当精神层面被悬挂在前面时，人类倾向于边缘化所有的学术贡献，所以我认为戴利的精神核心并没有被强调。
>
> ——斯图尔特·斯科特（Stuart Scott）

基于戴利对科学和进化的特征描述，我们对戴利试图从宗教中领悟最终目的的含义就不足为奇了，目的和价值观都是从最终目的中获取的。戴利所接受的宗教教育使得他从一个基督徒的视角领悟最终目的的含义。当戴利学习科学、哲学和历史后，他发现还是宗教更好一些；当戴利沉浸于经济学的学习时，他发现有些事情也不是很好，即目的被简化为偏好和品味。（Daly 2014a, p. 121）"如果我们否认客观价值，即最终目的，那么我们在努力说服别人的过程中就找不到可诉诸的事物了。那就只剩下我的主观偏好跟你的主观偏好进行对比了……"（同上，p. 117）

戴利相信，最终目的超越了科学已经提供和有望提供的事物，新达尔文主义者斯蒂芬·杰·古尔德（Stephen Jay Gould）也是这么认为的（1999）。卓越的美国物理学家兼教师理查德·费曼（Richard Feynman）同样这么认为。

## 费曼没有回答的问题

我们并不知晓理查德·费曼是否读过怀特海所写的"潜在不一致"，即基于机械论的科学和有目的的有机体之间的"潜在不一致"。我们所知道的是费曼也被一个相似的议题所困扰，即"关于物质世界如何运转的理解的大量积累，只能使我们相信，行为本身有时候是无意义的。科学并没有直接教给我们好还是坏。"（Daly 2007a, p. 228 中引用的 Feynman 2005）从无意义到无目的并没有很大的飞跃，因此我们又回到了这个问题，即目的是否与决定论科学兼容，在决定论科学中，每一个结果都有一个原因，每一个原因也必然有一个结果。很明显，戴利的答案是"否"。费曼的担忧则截然不同。费曼认为，科学让我们怀疑上帝的存在，这也削弱了人们认为自己所做的事情一定是有意义的信念。费曼承认他并不知道"这个问题的答案，即如何保持宗教对于绝大多数人作为力量和勇气源泉的真实价值，与此同时又不要求他们对于形而上学体系的绝对信仰"。（同上）

费曼在 1963 年的一场演讲中提出这个问题，这篇演讲在费曼去世后于 2005 年被公开发表。在提到费曼没有回答的问题时，戴利更加尖锐地指出：

> 如今的问题更加尖锐和明显——如何在高级知识分子气势汹汹的断言面前，即认为上帝的概念本身是一种幼稚的迷信时，仍

然对上帝的存在不能有丝毫的怀疑，并且在上帝面前持续激发灵感、积极行善。

戴利批评持有这种立场的人，他指出，一些著名的科学家和哲学家都没有为费曼关于灵感源泉的问题提供充分的答案，戴利的最终目的源于他的观察，即"我们越多地理解自然行为，自然行为似乎就更加没有意义，因此更难发现服务任何目标的灵感"。（同上，p. 229）

费曼认为科学不直接教好的或坏的观点，这使我们想起了休谟对"是什么"的实证陈述和"应该是什么"的规范性陈述所作的区分，他认为，我们不能合乎逻辑地从"是什么"中推导出"应该是什么"。科学研究"是什么"的问题。"应该是什么"要求我们对好与坏、对与错及更好与更差进行区分，这些都是道德伦理的议题，科学对这些议题是保持沉默的。费曼、戴利及很多人都持有上述观点。与科学截然不同的是，宗教同时提到"是什么"和"应该是什么"的问题。科学给宗教带来的挑战主要集中在宗教过去说过的，和现在有时候仍然在说的关于物理宇宙和进化的内容。由于我们经常发现宗教搞错了"是什么"，宗教所说的"应该是什么"（即目的和价值）就失去了公信力，尽管"应该是什么"并不合乎逻辑地遵从"是什么"。

所有这些都是关于戴利的"目的—手段"光谱顶部的最终目的。如果费曼是正确的，那么最终目的就不能来源于科学。关于目的在更为宽广的层面上是什么意思，科学什么都没说。这包括没有像一些科学家说的那样，即宇宙是无目的的，或者至少科学家不应该认为这样的陈述是科学的。如果因为宗教在"是什么"方面存在的错误，对宗教所说的关于最终目的的内容的信任就减弱了，那么我们还能去哪里寻找最终目的呢（如果真的存在最终目的的话）？戴利对备选方案的评估并不是那么鼓舞人心。戴利不重视"道德指南针"的思想。道德指南针植根于我们内心深处，帮助我们区分正确和错误。

> 科学唯物主义的宇宙学认为宇宙是一个荒谬的意外，宇宙中的生命只不过是另一个意外，最终都要简化为运动中的物质……在一个科学唯物主义的宇宙学框架下，支持道德指南针就像在一个你宣称不存在磁北的世界里相信磁罗盘一样荒谬。
>
> （同上，p. 230）

费曼未能在科学中找到目的，对此我们不应感到惊讶。费曼的科学是物理学，他最为知名的研究是量子电动力学。如果费曼研究过宇宙学，那么他也许会发现灵感：将宇宙视为一个整体而不是亚原子粒子。但是，科学不仅仅是物理学，从表面上看，生物学（研究生命的学科）等其他学科坚持发现目的（或者最起码是意义）的可能性。基于我们自己的个人经历，我们认为自己是有明确目的的，我们也会自然地假设其他人也是有明确目的的。"如果我（宇宙中我最为熟悉的一部分）体验到了自由和目的，那么自由和目的最起码存在于包含我的那一部分宇宙。"（同上，p. 235）我们只需要一小步，就能意识到其他动物也会有目的，尽管对于这一步要走多远我们持有不同观点。重点是我们非常熟悉目的，同时我们有一个指引我们行动的目标。这样的经历促使我们询问，生命本身是不是有目的。是否存在一个指引我们生活和评估我们选择的最终目的呢？如果有这样的最终目的，那么我们怎么决定最终目的是什么呢？戴利对这些问题非常感兴趣。尽管他认为这些问题的答案也许存在于生命研究中，但是他并不认为基于自然选择的达尔文进化论会提供这个答案。戴利并不孤单。达尔文跟戴利同样的观点，"'自然选择'这个术语在某些方面是一个不好的词，因为它似乎意味着有意识的选择；但是，在稍微熟悉了一些后，这一点又会被忽视"（Darwin 1868, p. 6）。就像我们之前看到的那样，新达尔文主义者道金斯走得更远。在《自私的基因》（*The Selfish Gene*）一书中，道金斯写道，人类是"保护自私分子（也就是基因）的盲目编程的机器人载体"（George 2017, p. 55 中引用的道金斯的观点）。达尔文写的是自然选择，而道金斯写的是生命。我们说自然选择并不是目的驱动的，并不等于说生命没有目的。正如戴利所说，人类是生命的一部分，人类是有目的的。因此，我们可以说，按照我们自己的方式，我们就是生命有目的地进化的证据。从进化生物学（其核心是自然选择和遗传学）中可以恰当地得出的结论是，一个人生命的目的和生命本身的目的，都不能在自然选择中找到。[7]

戴利理解这个问题，"我们不能通过指出自然选择的作用，来将新达尔文主义从无目的和随意性的领域中解救出来。"（Daly 2014b, p. 163）同时，戴利也意识到，新达尔文主义是"对很多事实的一个很好解释"。（同上，p.161）自然选择提供了"这个世界如何运转的事实性洞察"。戴利和达尔文一样，都不接受生命的意义（或者生命的目的）能够在自然选择之中找到"自然选择也许听起来是有目的性的，但是公认的自然选择理论认为偶然性才是起主导作用的"。（同上，p. 163）

戴利本可以就此打住，简单地说如果我们想要在生命中找到目的，我们就需要去其他地方寻找答案，但是戴利并没有这样做。新达尔文主义者不会争论。新达尔文主义者也没有在自然选择（以及其他自然原因）驱动的进化中找到目的，也没有看到进化持续进行的目的。那么，为什么戴利会得出超越了自然选择并不是最终目的的关键结论呢？也许正是因为一些新达尔文主义者的"福音无神论"（Daly 2007, p. 234），戴利才有一种冲动去质疑进化理论本身，尽管大部分的生物学家都接受了进化论。戴利不理会"圣经教条主义者"，也不理会那些"否认微观进化（物种内部不同特征的自然选择）的大量证据……"的人，"微观进化已经被重复的观察所证实"。（同上，p. 231）对于那些质疑"宏观进化……即相同机制（随机突变和自然选择）的外延，用来解释所有物种在很长一段时间内从假定的单一祖先发展而来"的人，戴利则更加同情他们（同上）。戴利主张，宏观进化"不能够在实验室中直接观察到或者重复进行，它是一种外延和猜测。这是一种合理的猜测吗？当然是。这种猜测有证据吗？

当然有。证据中是否存在漏洞，理论中是否存在逻辑差错？当然存在。"（同上）

戴利并没有说是哪些演化生物学家认为存在以上所说的逻辑问题。至于证据漏洞，这个领域的研究者一致认为，至少就过去的进化史而言，漏洞的存在仅仅是因为石化过程的复杂性，但是事实并非如此。任何好的科学理论都指向可能发现的新证据来支持或者驳斥某一理论。现代的进化理论在这方面取得了极大的成功，实际上在每一个案例中，新的证据都支持了这个理论。新的证据同时揭示了这个理论可以提升并且已经得到提升的方式，最为显著的例子是自然选择和遗传学的结合，还有基因漂变、基因表达、实验胚胎学和群体与性别选择。

> 我们都知道，在38亿年的时间内，进化的盲目、残忍和漫无目的的方式如何让曾经贫瘠的地球充满了环绕在我们周围的种类丰富的植物、动物、真菌和微生物。我们都理解，从翅膀、眼睛到生物计算机、太阳能电池板，简单的过程是如何产生惊人的复杂结构的。
>
> （George 2017, p. xi）

如果说戴利相信智慧设计论（Intelligent Design），那难免有些牵强，尽管戴利确实对于神创论者对达尔文主义关于眼睛等复杂器官和"亚细胞水平的分子机器"的解释所开展的批评，抱有一定的同情。戴利还支持下述论点，即尽管自然选择能够解释"微观进化"，就像达尔文著名的雀类的不同鸟喙，但是自然选择不能解释全新物种的出现（Daly 2007, pp. 231~232）。这些议题主要是由演化生物学家来讨论，他们也给出了有支持性证据的答案，包括复杂性和新物种的进化。但是，戴利似乎认同批评者的观点，认为这些答案算不上足够好，他也因此饱受批评。

最为重要的是，即使戴利和更为广泛的新达尔文主义的批评者以其他方式被说服，我们也不会进一步发现辩论双方都认为不可能的事情，即生命中的目的（也就是最终目的）可以从进化理论中获取。在这个议题上，演化生物学家和他们的批评者的观点是一致的。

如果有最终目的的存在，那么我们应该去哪里寻找最终目的呢？戴利的答案是从宗教中寻找。这里的问题是，宗教不可能在一个单一的最终目的上达成一致，甚至都不认为只有一个最终目的。最起码从目前来讲，那些从宗教中寻求最终目的的人，与那些独立于任何宗教教义讨论道德伦理议题的人，基本上处于相同的立场。他们都对一些不那么雄心勃勃的道德伦理标准感到满意，认为它们几乎是好的，个人行动、组织行为和公共政策都能以这些道德伦理标准为准绳。毫无疑问，如果我们能就一个单一的最终目的达成共识，并且接受它，那么我们的生活将会更加简单，但是现在不可能，未来也不太可能。这并不意味着我们必须要放弃讨论和争论道德伦理、价值观和目的。这也许就是戴利所说的，我们应该通过经验来寻找最终目的的线索，但是戴利应该不会满足于此："经过时间检验的伦理道德必须超越社会传统。它必须有一些客观和超自然的权威，无论我们将这个权威称为'上帝''原力'或者其他的任何名字。"（Daly 2014a, p. 170）

> 我想要简短地谈一谈赫尔曼·戴利的基督教信仰对于他写作的影响，因为这是我尤为着迷的地方。当我看到生态经济学的主要奠基人在我们的跨学科中，将如此重要的位置开放地留给持有不同的形而上学信仰的人，我感到非常振奋。
>
> ——康拉德·斯坦利（Conrad Stanley）

是否确实存在一个最终目的，这仍然是个问题。经济学家蒂姆·杰克逊（Tim Jackson）在大部分议题上都与戴利保持一致，然而在这个问题上却与戴利有分歧："让目的成为最终目的的并不是由于目的本身是独一无二的，而是因为目的不能被视为其他任何目的的手段。"（Jackson

2015）杰克逊更加偏爱用一个多元化的方法来界定最终目的，如森（Sen）和努斯鲍姆（Nussbaum）所提出的强调发展能力的方法，并且考虑到有限地球上的物质条件和人口规模，该方法由杰克逊本人进一步发展为"有界限的能力"（Jackson 2017, pp. 45～46）。在实践中，这使得认为有许多最终目的的杰克逊和认为只有一个最终目的但又无法精确定义的戴利之间几乎没有差别，戴利认为最终目的需要通过经验来寻找。

戴利的宗教信仰使他相信"末世论"，即神学中应对末世之事的部分。戴利期待：

> 未来的新的创造不是由人类完成的，而是充满爱和正义的上帝赐予的一个礼物，以纠正在这个创造的过程中所遭受的罪恶……这并不是一种渐进的历史进步的学说，而是对另一个奇迹的期待，这个奇迹超越了我们都知道的生命的奇迹。

（与戴利的私下沟通）

由于普遍缺乏对于"新的创造"的信念，戴利认为我们：

> 无法抵挡诱惑，想试图自行建立一个"新的创造"。这似乎意味着一个现代化的巴别塔和支持它的经济增长……对于维持经济的当代创造来讲，如今的经济规模和增长所带来的净破坏性后果被极大地低估了，如果没有被完全忽视的话……如果没有对于"新的创造"的信仰，除了"吃喝玩乐，因为明天我们就会消散"，还有什么最终的目的呢？我们也许能够很好地改善我们进行这些活动的物质和社会条件，并且使其持续的时间更久一些，但是所有的一切最终还是会消散，除非创造的基本本质将有一个彻底的更新。除了上帝，谁还能更新天地万物呢？

（Daly 2014a, p. 124）

## 本章结论

"人类最根本的经济问题,就是明智地应用最终手段来服务于最终目的的实现。"(Daly 1980a, p. 8; Daly and Townsend 1993, p. 20)通过"目的—手段"光谱,戴利将经济学置于最终手段和最终目的之间。"目的—手段"光谱为他所有的经济学工作提供了一个更大的哲学框架。"目的—手段"光谱也明确了戴利对经济学批评的范围,即经济学忽略了中间手段对于最终手段的依赖,以及它过分强调中间目的,而不追问中间目的旨在服务的更高层次的目标,也就是戴利所说的最终目的。因此,经济增长,即不断扩大中间手段从而更好地服务于不断强化的中间目的,已经成为最终目的的一个很差劲的替代品。

不管我们是否认同人类有一个或几个最终目的,这对于戴利的经济学都没有实质性的影响。从戴利关于进化的非正统观点来讲,亦是如此。戴利关于进化的观点与当代绝大多数演化生物学家的理解背道而驰。就像我们接下来的章节将要展示的那样,不管人们关心世界状态的动机是什么,在戴利的"满的世界"经济学中总有一个动机是适用于所有人的。

**注释**

1. 本书的前两章主要是描述一个小男孩如何成长为一个相当与众不同的经济学家,因此提到赫尔曼·戴利时,我们应用他的名是比较合适的。本章以及之后的章节都是关于赫尔曼·戴利的思想,因此提到赫尔曼·戴利时,应用他的姓则更加合适。
2. 因为戴利并没有为措辞的变化赋予任何含义,所以在全书中,我们都将使用"光谱"这个术语,除非直接引用戴利或者其他人的时候。
3. "这里的'物质-能量'指的是物质和能量,但是根据爱因斯坦的著名公式:

$E=mc^2$,我们也意识到物质和能量是可以互相转换的(Daly and Farley 2011, p. 38)。严格来讲,热力学第二定律(熵增定律)只适用于能量,而不适用于物质,尽管"从物质有一种混乱的自然趋势这个意义上讲,物质也要受制于熵是毫无争议的"。(同上,p. 66)

4. 新达尔文主义指的是自然选择和现代遗传学的结合。
5. 格里菲斯(2013)对自由意志和决定论提供了有用的介绍。
6. 在戴利(2014b, p. 118)中,戴利提到了理查德·道金斯、爱德华·奥斯本·威尔逊(Edward Osborne Wilson)、丹妮尔·丹妮特(Daniel Dennett)、克里斯托弗·希钦斯(Christopher Hitchens)和亚历山大·罗森博格(Alexander Rosenberg);在戴利(2007, p. 229)中,戴利提到了斯蒂芬·杰·古尔德和卡尔·萨根。
7. 戴利区分了狭义上的新达尔文主义和广义上的新达尔文主义,前者的特点是主流的生物学,后者的支撑性哲学是简化的物质主义。在简化的物质主义中,物质被视为自然中的基本物质,包括精神状态和意识,某一层面的物体或者现象可以用更低层面上的物体或者现象进行解释。戴利对新达尔文主义的批评主要指向的是广义上的新达尔文主义(Daly 2007, p. 226 fn 5)。

# 第四章　作为生命科学的经济学

> 生物学家在研究循环系统时,并没有忘记消化道。然而,经济学家只集中关注交换价值的循环流动,完全忽略了新陈代谢的吞吐量。
>
> ——赫尔曼·戴利

新古典经济学起源于19世纪的经典物理学,经典物理学强调运动和平衡的相关定律。然而,正如新古典经济学的主要贡献者阿尔弗雷德·马歇尔(Alfred Marshall)在一个世纪之前指出的那样,"经济学家的圣地在经济生物学,而非经济动力学"(Marshall 1920, p. xii)。戴利将上述引言作为他富有洞察力且具有挑战意味的论文——《作为生命科学的经济学》的出发点(Daly 1968a)。通过找出经济学和生态学的相似之处,指出经济学和生态学能够且应该整合到一起的富有启发价值和分析价值的方式,戴利不仅预见了生态经济学,而且预见了广泛应用于气候变化研究的综合评估模型。

> 大约在1972年,我很高兴地读到了赫尔曼·戴利于1968年发表的论文《作为生命科学的经济学》。此论文吸引了我。关于经济学如何从生态学背后的生物物理科学中受益,我本来以为我有很多观点要表达……但是,我阅读戴利的作品越多,尤其是关于稳态经济学的内容越多……我就越意识到赫尔曼·戴利是最早表达这些观点的学者!
>
> ——威廉·里斯(William Rees)

戴利在 1965 年就开始写作《作为生命科学的经济学》，当时他供职于路易斯安那州立大学。但是，直到 1967 年他要去巴西东北部的塞阿拉州立大学，以经济学访问教授的身份在那里工作 18 个月时，这篇论文还没有完成。后来戴利完成了这篇论文的手稿，但在打印论文时却遇到了问题。在那个年代，教授的文章都是由秘书来帮忙打印的。塞阿拉州立大学经济系的秘书不太懂英语，但却敢于尝试。这位秘书完成的打印版论文质量很差，论文中布满了污迹和手写改动的痕迹，戴利就将这种状态的论文提交给了权威性非常高的《政治经济学期刊》(*Journal of Political Economy*)。戴利为这篇论文的外观感到惭愧，但是对于论文的内容却问心无愧，他期待这篇论文至少能得到一些有用的批评意见。让戴利极为吃惊的是，这篇论文竟然被发表了。这篇论文的主要审稿人是法兰克·奈特（Frank Knight）教授，他是芝加哥学派的奠基人，也是数位诺贝尔经济学奖获得者的老师。法兰克·奈特评论说，"这是一篇很有意思的论文，我不认为发表这篇论文会让《政治经济学期刊》蒙羞"（与戴利的私下沟通）。尽管对这篇论文的接收并不是那么热情，但是来自法兰克·奈特的肯定却让戴利倍受鼓舞。

在本章中，我们要再回顾一下戴利在 20 世纪 60 年代所写的关于经济学和自然的文章，以及他在两个截然不同的场合批评一些著名经济学家都没有充分考虑到作为生命体的人类。我们也将一起审视戴利在 20 世纪八九十年代参与的三场争论，现在这些辩论仍在进行中，争论的主题主要是热力学定律对于经济学的重要性。从中我们不仅会发现戴利在其学术生涯中的视野有多开阔，而且还会发现一般的经济学家与戴利的差距有多大。

## 生物学和经济学

戴利对作为生命科学的经济学的兴趣来源于两方面。第一，经济学和生物学的相似之处"根植于以下事实，即生物学和经济学的最终主题是同一个，**即生命过程**"（Daly 1968a, p. 392，黑体为原文斜体部分）。戴利将上述观察作为他 1968 年论文的出发点，他提到了几位将经济学和生态学联系起来并且对他产生了影响的作者：自然科学家有马斯顿·贝茨（Marston Bates）、洛特卡（Lotka）、埃尔温·薛定谔（Erwin Schrödinger）、亨德森（Henderson）、泰勒（Teller）和卡逊（Carson），经济学家有霍布森（Hobson）、斯彭格勒（Spengler）、加尔布雷思、博尔丁、乔治斯库-罗金和马克思。第二，新古典经济学在 20 世纪 60 年代的美国经济学界获得了至高无上的地位，至今仍有巨大影响力，而它主要就是基于 19 世纪的物理学。

> 总的来说，经济学家都想要经济学变得越来越科学，他们的科学思想是基于物理学而不是进化生物学。这就意味着，经济学必须要关注制定模型和寻找支配现代经济行为的规律，而不是寻找支配经济系统变化的规律或者询问偶然的历史模式。
> （Daly and Cobb 1989, 1994, p. 30）

要充分理解戴利有关作为生命科学的经济学的思想的重要性，我们需要理解物理学对于经济学的影响，"物理学的方法（而非内容）已经成为整个现代经济学的特点。"（同上，p. 28）就像菲利普·米洛夫斯基（Philip Mirowski）特别指出的那样，这些影响不是偶然的。这也是新古典经济学的奠基人所明确的目标：

在大约 1870 年之后发生的事情是……有一大批经过物理学特别训练的科学家和工程师进入经济学界,他们认为他们的项目保证了政治经济学的科学性……他们留给外界的一致印象是他们都很熟悉一个单一的数学隐喻,即力场中的平衡。他们……逐字逐句地复制了物理数学,并且将其命名为数学经济学。

(Mirowski 1991, p. 147)

图 4.1 展示了欧文·费雪(Irving Fisher)所制作的一张表(Fisher, 1892, p. 85),其中他将机械学的术语和对应的经济学术语进行了直接的对比分析。

| §2. | | |
|---|---|---|
| 物理学领域: | | 经济学领域: |
| 粒子 | 对应 | 人类 |
| 空间 | 对应 | 商品 |
| 力 | 对应 | 边际效用或负效用 |
| 功 | 对应 | 负效用 |
| 能量 | 对应 | 效用 |
| 功或能量 = 力 × 位移 | | 负效用或效用 = 边际效用 × 商品数量 |
| 力是矢量(在空间中有方向) | | 边际效用是向量(在商品数量上有方向) |
| 力通过矢量相加进行计算<br>(力的平行四边形定则) | | 边际效用通过矢量相加进行计算<br>(边际效用的平行四边形定则) |
| 功和能量是标量 | | 负效用和效用是标量 |

图 4.1 费雪的物理学和经济学术语的对应

米洛夫斯基告诉我们:

在 20 世纪 30 年代之前,新古典经济学所采用的向量势场的物理隐喻就是经济学家可以轻易获取的唯一一致的数学隐喻……从 1935 年开始,一大群前所未有的训练有素的科学家和工程师进入了经济学领域。

(Mirowski 1991, p. 148)

>　　这些科学家和工程师发现，经济学当时正在使用的数学都是 19 世纪后期的。他们开始着手对经济学进行现代化改造，主要方式是利用物理学发展过程中发展起来的新形式主义——更加强调随机的形式主义，改进矢量场和相空间数学，更加熟悉线性代数与约束最优化——这些都能很容易地叠加起来对旧的话语结构产生影响。
>
> （同上，p. 153）

　　经济学的数学化主要来自物理学的应用，这同时伴随着这样的假设或者断言，即经济学研究的实体跟物理学研究的实体本质上是相同的。这从图 4.1 欧文·费雪所展示的表中就能很明显地看出来。这张表清楚地表明，经济学将个人视作效用最大化的"原子式个人"绝对不是巧合。描述个人在市场中互动行为的数学就是直接借鉴了研究原子在空间中的互动行为的物理学。

　　相对于物理学的分析工具和原则在经济学中的应用，影响了经济学发展的生物学和经济学的类比却鲜为人知。戴利提到"血液的循环流动和货币的循环流动、很多相似的专业化现象、体内稳态和进化的相互依赖式的交换……"（同上，p. 393）

　　比较生物学和经济学时，戴利应用了生物学家马斯顿·贝茨（Marston Bates）提出的二分法，即"皮肤之内"和"皮肤之外"的生命过程。"皮肤之内"的生命过程是生物学的研究领域。"大部分的生物学专注于'皮肤之内'的生命过程。生态学是例外，其主要关注'皮肤之外'的生命过程"（Daly 前文文献 p.392 中引用的 Bates 1960, pp. 12～13）。戴利解释道，"只要经济学被商品和商品之间的相互关系所支配，经济学就是研究'皮肤之外'生命过程的生态学的一部分。"（同上）

　　图 4.2（Daly 1968, p. 395）是戴利经过数次修改后发表的第一个版本，这个版本也在随后的几十年里变得越来越著名，影响越来越大。戴利将生

物学所研究的"皮肤之内"的新陈代谢生命过程和经济学所研究的"皮肤之外"的生命过程进行了对比。

在图 4.2 的左边，在"新陈代谢"的框架下，生物系统通过合成代谢过程，从环境中吸收有用的物质和能量，形成有机生物体所需的分子。分解代谢过程将复杂分子分解，释放能量供有机生物体使用。

在图 4.2 的右边，在"生产和消费"的框架下，戴利应用了在分析"新陈代谢"时同样的关系。经济体吸收有用的物质和能量，来生产用于消费的商品和服务。在生物过程和经济过程中，"唯一的物质产出就是废弃物"（同上，p. 394）。戴利比较分析了新陈代谢过程和经济过程的目的，前者是维持生命，后者是享受生活。

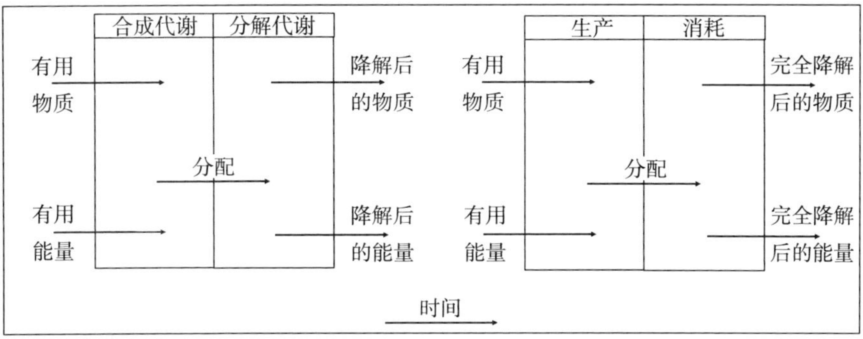

图 4.2　生物学的生命过程和经济学的生命过程的对比

图 4.3 是图 4.2 的最新版本。图 4.3 中上面这幅图代表了人类经济相对于"生态系统"来讲是小的世界，这里的小指的是经济体使用的物质和能源的量。这个世界就是戴利所说的"空的世界"。图 4.3 中下面这幅图展示了一个大幅扩张的经济体，该经济体使用了更多的物质和能源，同时拥有大量增加的人造资本存量。这个世界就是戴利所说的"满的世界"。在上下两幅图中，经济都被囊括在生态系统中。虽然生态系统要为经济提供更多的物质和能源，并且不得不处理更多的废弃物，但是生态系统的大小却没有变化。为了简单解释，戴利所使用的"经济"和"生态系统"都

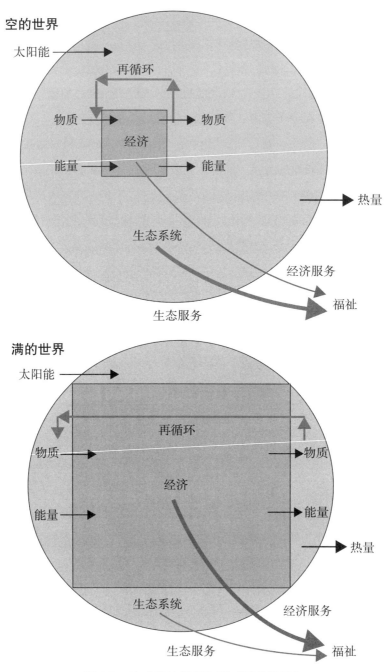

图 4.3 从"空的世界"到"满的世界"

是单数形式。实际上，在经济内部，有些经济体比其他经济体要富裕得多，它们消耗了过多的物质和能源，并且产生了过多的废弃物。相对于经济体，生态系统的类型差异性更大，尽管所有的生态系统都依赖于光合作用的基本原理来支持生命并繁荣发展。

> 对我来说，赫尔曼的"空的世界"和"满的世界"图表是一个范式转变的图。
>
> ——凯特·拉沃斯（Kate Raworth）

在发表图4.2和图4.3之间的几年里，戴利就他的"空的世界"和"满的世界"的图像发表过很多版本，每一个版本都有新的特点，都更加精确地反映了经济是如何嵌入生态系统之中并完全依赖生态系统的。不管是哪一个版本，"空的世界"和"满的世界"的图像对很多经济学家产生了深远影响，尤其是对于那些寻求与新古典经济学所界定的经济和环境关系不一样观点的经济学家[1]。2020年，在戴利参加的一个网络研讨会上，《甜甜圈经济学》（*Doughnut Economics*, Raworth 2017）一书的作者凯特·拉沃斯明确表示，"空的世界"和"满的世界"的图像为她看待经济学打开了新的、完全不同的思路。相较于早期的一些版本，图4.3有明显不同，因为这一版新增了一些箭头，分别代表经济系统提供的服务和生态系统直接提供的生态服务对最终人类福利的贡献。从"空的世界"到"满的世界"，代表经济服务的箭头变得更宽，这表明随着时间的推移，经济对人类福利的贡献越来越大；代表生态服务的箭头变得更窄，这表明生态系统对福利的贡献越来越小。上述相反的趋势使得我们进一步思考，人类从经济增长中获得的新增福利是否比从能力弱化的生态系统中失去的福利要多。戴利在很多专著和论文中都谈到了这个问题，在回答这个问题时戴利从来没有忽视生活在不同地方的人所面临的迥异的生活环境，在之后的章节中我们还会再讨论这个问题。

# 生命、热力学和经济学

生命科学还没有完全回答的最根本的问题是"生命是什么"。对这个问题最为著名的一个回答来自物理学家埃尔温·薛定谔,他在1944年出版的一本篇幅较短的书中回答了这个问题。戴利以如下方式总结了薛定谔的答案:

> 埃尔温·薛定谔……将生命描述为一个处于稳态热力学不平衡状态的系统。通过从环境中获取低熵的物质和能量,也就是用高熵的产出交换低熵的投入,该系统一直与平衡状态(即死亡)保持一定的距离。**上述论述能够一字不变地作为对经济过程的物理描述。**
>
> (Daly 1968, p. 396,黑体为原文斜体部分)

薛定谔对生命的物质基础很感兴趣,他试图从热力学第二定律中寻求答案。2005年,科学家埃里克·施奈德(Eric Schneider)和多里安·萨根(Dorian Sagan)解释道:

> 热力学第二定律最初的表述就是预测事物会不可避免地失去做功的能力,燃烧殆尽或者逐渐消失,直到所有的状态都处于或者接近于平衡,没有剩余的能量来使有机体或者机器运转。**但是,生命展示了相反的趋势,生命的复杂性随着时间不断增加**……同时,热力学第二定律表明……在任何封闭的系统中,熵(原子或者分子的随机性)将不可避免地增加。**生命体在亿万年间都在保持甚至在详细地阐明原子和分子模式。**
>
> (Schneider and Sagan 2005, p. 7,黑体为作者标记部分)

施奈德和萨根将"生命明显违反热力学第二定律"称之为"薛定谔悖论"。解决这个悖论并不容易,尤其是考虑到亚瑟·爱丁顿爵士(Sir Arthur Eddington)这位当时顶级的英国物理学家的观点,他说:

> 我认为热力学第二定律,也就是熵增定律,在自然界的定律中处于首要位置。如果有人告诉你,你钟爱的宇宙理论与麦克斯韦方程组公式不一致,那也许是麦克斯韦方程组公式有问题。如果你钟爱的宇宙理论与观察到的事实相冲突,那有可能是因为这些实验主义者有时候也把事情搞混乱。但是,如果你钟爱的理论违背了热力学第二定律,那么我不能给你任何抱有侥幸心理的可能性。这只能说明,你钟爱的理论一无是处,它应该极其惭愧地退出历史舞台。

(Eddington 1928, p. 81)

1943年,在都柏林圣三一学院面向达官贵人、外交官、政府以及教堂领导、艺术家、社会名人和学生发表的一场演讲中,薛定谔解答了这个后来以他命名的悖论。他的答案很简单。活着的生物体通过从身体之外的环境中获取的高质量能源,来维持生存并不断生长。这些活着的生物体以增加周围环境的无序性(也就是熵),来提升自己身体的有序性。综合来看,总体的熵还是增加的,这符合热力学第二定律。就像施奈德和萨根所说,"就生态系统和生物圈来讲,地球上不断增强的有序性和进化都是以其他地方的无序化为代价的。我们不会无中生有的。"(同上, pp. 15~16)

将理解有机生物体和整个生态系统的熵增本质扩展到理解经济活动和整个经济体的熵增本质,这只能说是前进了一小步。获得诺贝尔奖的化学家弗雷德里克·索迪(Frederick Soddy)在1926年发表了同样的观点。直到尼古拉斯·乔治斯库-罗金在1971年发表了经典巨著《熵定律和经济过程》,我们才能说我们往前迈出了坚实和关键性的一步。作为乔治斯库-罗金的学生和后来的朋友兼同事,戴利在这本著作出版之前就已经十分了解了他的思维脉络。在1966年出版的另一部专著《分析经济学》中，乔治斯库-罗金就已经研究过经济学和热力学的关系。但是直到五年之后，他才在《熵定律和经济过程》一书中完整详细地阐述了这一开创性的思想，这本书较为晦涩难懂，对读者要求较高。关于他的主要观点及其对经济增长的影响，乔治斯库-罗金确实写了一些更加容易理解的版本（1975）。但是，将乔治斯库-罗金的熵定律对于经济学影响的思想推广给更多读者的任务，主要由富有热情的戴利承担了起来。

在戴利的很多作品中，热力学第二定律都是其中很显著的特色。和热力学第一定律（物质和能量守恒定律）一样，热力学第二定律已经成为生态经济学的一个根本性原则。

> 热力学第一定律和第二定律应该也可以被称为经济学第一和第二定律。为什么呢？因为如果没有热力学第一定律和第二定律，就不会有稀缺，而没有稀缺，就不会有经济学……如果我们可以根据需求创造有用的物质和能源，同时也能完全消灭遇到的废弃物质和能量，那么我们就会有充足的源和汇，将不会有资源耗竭，不会有环境污染，我们能更多地获得我们想要的所有东西，同时不需要为我们不想要的东西找一个储存空间。热力学第一定律（物质和能量守恒定律）排除了这种直接抛弃稀缺性的可能性。但是，试想一下，即使我们只能拥有有限数量的物质和能量，为了相同的目的，我们仍可以无限重复地使用同样的物质和能量，也就是完全循环，这样我们还是可以抛弃稀缺性的。遗憾的是，热力学第二定律又排除了这种可能性。
>
> （同上[2]）

能量在使用过程中，可用于做功的能量总是越来越少。物质不可能百分百地被循环利用。尽管热力学第一定律和第二定律的科学性不会遭到质疑，但是这两个定律对于经济学的重要性却屡遭质疑。在乔治斯库-罗金的基础上，戴利在其整个职业生涯中一直主张和宣扬，经济学应该跟热力学第一定律和第二定律保持一致。戴利认为，忽视热力学第一定律和第二定律对于经济学的重要性，将会导致对经济学本质的严重误解，并且会给经济和环境政策以及社会带来诸多不良后果。

戴利努力使经济学家知晓，经济体是生物圈的子系统，热力学定律对于经济学有重要意义，但是收效不大。戴利参与创建的经济学子学科（即生态经济学）与生物物理经济学有很多相似之处。生态经济学和生物物理经济学都采用了戴利推崇的原则，但是这些原则基本上都被主流经济学家忽略了，尽管也有例外。例如，斯图尔特·伯尼斯（Stuart Burness）和他的同事就质疑热力学定律对于资源使用政策的重要性。他们的立场是"价值的概念也许就位于热力学概念和经济学概念交界面的核心部分"（Burness et al. 1980, p. 7）。戴利评论了伯尼斯等人的论文并指出与伯尼斯等人相反，乔治斯库-罗金并没有主张熵理论的价值。"他们的误解……就导致了他们很难正确理解熵增定律是如何作用于经济学的。"（Daly 1986, p. 319）戴利接着解释了熵增定律是如何影响经济学的，即："根据熵增定律，之前所忽视的相对于生态系统的经济体的物理规模的总限制是存在的"（Daly 1986, p. 320）。戴利继续说道，如果这个限制要反映可持续的共同价值，那么我们不可能从基于个人价值的市场价格中获得这个限制（第五章将详细讨论）。戴利意识到，这个总体限制是生态限制和道德限制，并且坚称熵的物理定律并不会因为人们忽视它而消失。在他们后来对戴利的回应中，伯尼斯和卡明斯（Cummings）并没有承认他们对于乔治斯库-罗金的误读，反而错误地将他们和乔治斯库-罗金的差异归结为"是关于伦理道德事务的，而不是关于市场配置效率的"（Burness and Cummings 1986, p. 324）。相反，戴利非常清醒地意识到，"熵的考虑（资源耗竭和环境污染）是现在显而易见的客观事实，并不是价值判断，也不是对未来一千年的无端推测。"（同上，p. 321）

20世纪90年代，戴利又参与了两场关于热力学定律对于经济学重要性的重大辩论。第一场是与杰弗里·杨（Jeffrey Young），第二场是与罗伯特·索洛（Robert Solow）和约瑟夫·斯蒂格利茨（Joseph Stiglitz）。

## 戴利和杰弗里·杨的争论

1991年，任职于纽约州圣劳伦斯大学的一位经济学教授杰弗里·杨提出了一个问题，即"热力学定律与自然资源稀缺经济学有关吗？"杨的观点主要是：

> 对下述说法表示担忧，即熵将不可避免地带来长期和绝对的稀缺性，科学技术进步、资源替代和能源物质的勘探都不能逆转这种稀缺性……尤其是……在很大程度上强调这样一种说法需要一个物质熵的概念以及这个概念的真实性。

（Young 1991，p. 170）

杨认为乔治斯库-罗金和戴利在这个问题上的立场是"有根本性缺陷的"。（同上，p. 169）杨承认热力学第二定律与能源相关，但是否认了热力学第二定律跟地球上的资源稀缺性的关系。"对于能源来讲，地球是一个开放系统，地球上任何对经济活动带来长期物理限制的不可避免的熵的衰退或者消散都是发生在物质层面，而非能源层面。"（同上）

按照杨的逻辑，我们接下来将讨论聚焦在物质的稀缺性上面。

戴利和杨都认同，经济学跟稀缺性有很大的关系。两人的差异在于，杨认为"经济学家有相对稀缺概念"就足够了。杨认为"绝对"稀缺没有什么意义，因为"绝对稀缺很难量化……也不可能被定义……只有在我们讨论一种单一的物质资源和一种永远不变的科学技术时，绝对稀缺才能够实现量化……"（同上，p. 178）相反，戴利将低熵的物质和能源视为生产所有中间手段的最终手段,"自然确实带来了'一种不可逃避的一般稀缺性',如果我们不相信这一点就是痴人说梦"(Daly 1976, p. 69)。杨就不相信这一点。杨认为,资源内部可以相对于彼此稀缺,但是没有一般的和不可消减的稀缺性,新的和尚未发现的科学技术将帮助我们克服资源的稀缺性。他以在使用中不断耗散的一种资源为例进行说明。一种新的科学技术出现了,能够收集这种耗散的物质,使其进行循环使用。按照这种逻辑,杨就认为,"即使在一个封闭的系统中,从'无序和无效性'的意义上讲,熵也是有可能降低的。"(同上,p. 178)杨并没有非常清楚地表明他说的是封闭的物质系统还是封闭的能源系统,尽管似乎两者都是,因为他在下一句就说道,"但是,这个系统对于知识来讲是开放的,知识是外生增长的。"换句话说,杨认为,知识是可以保存的(一个人对知识的使用并不会减少其他人对于知识的使用),基于知识的科学技术进步能够补偿增加的熵。

杨继续对基于热力学第二定律的绝对稀缺性进行批评。杨说道,"在对物质应用熵增定律的过程中会遇到一个典型的加总问题,而对能量则不存在这个问题。"(同上,p. 178)杨认为,与有明确、单一的衡量单位的能源不同,衡量很多不同物质资源的熵变化却没有统一的衡量单位。杨总结道:

> 要么熵的类比与物质资源不相干,要么系统的边界必须以非常特别的方式来界定。无论是哪一种情况,熵增定律对于长期资源稀缺经济学来讲都不是特别相关。如果熵增定律只是局限于能源资源(本应如此),那么相关的系统就不是封闭系统,虽然超出人类控制的太阳能的持续流动可能会给能源使用带来长期的、最终的限制。然而,那是遥远的未来,几乎与如今的资源配置议题不相关。将熵增定律延伸到物质注定会失败,因为在科学技术不断进步和拥有无数种物质资源的世界中,定义可用的物质会遇到问题。
>
> (同上,pp. 178~179)

戴利认为，杨的简单经济学模型遵守了热力学定律，并且杨的这个简单经济学模型"与他和乔治斯库-罗金的经济过程的概念相一致"（Daly 1992a, p. 91）。这是很重要的，因为这显示了戴利和杨还是有一些共识的。然而，与杨不同的是，戴利继而又说道，"物理学家通常会将熵增定律应用到物质上，尽管这个扩展应用可能会涉及一些困难，但是这个扩展应用绝对不是一个类比。"（Daly p. 91）

与杨不同，戴利并没有将新的资源发现与熵的降低混为一谈，戴利也不认为新的资源发现或者所谓的熵的降低能够补偿经济活动带来的熵增。戴利也承认，新的科学技术能够让我们使用之前不能使用的、集中储存的可用物质。页岩油和页岩气的开采中引入的水力压裂法就是一个很好的例子。但是，戴利坚称，这与"为旧资源中耗散的高熵残留物找到新的使用用途"大为不同，不能像杨一样将两者混淆。（同上，p. 93）戴利还指出，新的科学技术不仅有可能增加资源的可获取性，而且还有可能减少资源的可获取性。为此，他举例说，发现大气层吸收二氧化碳的能力比之前认为的要差一些。

戴利区分了两种物质，一种物质因为储存得太分散而不能使用，另一种物质虽然集中，但是我们尚不知道如何使用。戴利反问道，"我们发现了铝的用途，是否就意味着我们能够发明一种技术，来回收在路边和州际高速公路的轮胎上刮落掉的所有橡胶颗粒？"（同上，p. 93）戴利继续捍卫他的立场，即绝对稀缺性同样适用于物质。这个立场并不是基于乔治斯库-罗金针对物质提出的热力学第四定律的真实可靠性。热力学第四定律本质上说的是，"物质会在一个封闭的系统中（即对于物质来讲是一个封闭系统，但是系统内部有足够的能源流）不断消散，或者换言之，完全循环是不可能的。"（同上，p. 92）相反，戴利采取了一种务实的立场，基于"从常识上看，对于所有的现实目的来讲，完全循环是不可能的……我不是非常有资格来宣称完全循环在物理上是不可能的，因此这个问题还是留给物理学家来判断吧"[3]。戴利坚称，"从满足当前目的来讲，乔治斯

库-罗金的热力学第四定律是否正确已经不是很重要了。"（同上，p. 92）

在回收轮胎磨损产生的橡胶的案例中，戴利说我们确实有这样的科学技术，就是人们蹲到地上用镊子夹起来。但是，"因为杂乱的物质需要更多的能源来处理，再加上多余的能源将会在某个时刻使得循环利用分散的物质变得不经济，所以我们并不需要严格的物质熵定律来对循环物质设置物理限制（而不是经济限制）。经济限制也是从下述的物理事实中衍生出来的，即循环利用高度分散的物质需要大量的能源和其他物质。"（同上，p. 93）

在"熵衰退模型是否与开放系统建模相关"这个问题上，戴利和杨的分歧最大。（同上，p. 93）戴利提到薛定谔对有机生物体的描述，这些有机生物体是开放系统，其运转依赖于将从环境中获取的低熵的物质和能量转化为高熵的物质和能量。戴利将有机生物体跟经济体进行了类比，经济体也是开放系统，经济体的运行方式跟有机生物体基本是相同的，这似乎毋庸置疑。戴利的立场是，所有的有机生物体都要受到低熵物质和能源的可获取性的限制，这包括人类和我们的经济体，人类及其经济体都要依赖来自环境的持续不断的低熵物质和能源流。戴利和杨都认同，科学技术的进步能够降低经济体中熵增的速率，但对于科学技术、新矿藏的发现以及一种资源替代另一种资源是否能够完全抵消物质的熵增这些问题上，两人的分歧仍然存在。

经济学家肯·汤森（Ken Townsend）也不认同杨的一些观点（Townsend 1992）。在戴利和汤森对杨回应的两年之后，杨发表了对戴利和汤森的回复。在他的回复中，杨承认"熵增定律也适用于物质，物质的熵也是清晰界定的"，但是仍然在有些问题上坚持他的立场，即"熵的考虑要么已经被整合纳入相对价格信息，要么代表了一种与可预见的人类福利不相关的长期限制"。（Young 1994, p. 210）相对价格已经包含熵考虑的主张是一个新的观点，也是一个令人惊讶的观点，因为杨最初的论文只提到了一次价格，就是经济学家大卫·皮尔斯（David Pearce）和克里·特纳（Kerry

Turner）的相反论述，"他们两人认为熵增定律是一种约束，没有反映在市场价格中……"（同上，p. 171）这里的道理很简单。有一些熵的考虑很可能包含在市场价格中。矿石聚集在地壳中是一个熵的考虑，就像化石燃料燃烧释放的二氧化碳也是熵的考虑一样。依赖市场的结构，矿石集聚的丰富性将会体现在相对价格之中。但是根据定义，外部性并没有被包含在市场价格之中。这些外部性包括空气污染物和水污染物的排放对健康和环境的损害，包括化石燃料燃烧产生的未定价和定价过低的二氧化碳排放，而正是二氧化碳引起了气候变化。由于忽视外部性给价格带来的影响是极大的，所以相对价格受到了干扰，这就削弱了市场价格有助于提升经济效率的重要性。外部性的无处不在意味着，依靠相对价格来纳入戴利和乔治斯库-罗金所关注的熵考虑是错误的，这与杨的观点恰恰相反。

杨忽视熵考虑的重要性的第二个原因是，熵考虑是长期性的考虑，因此可以放心忽视它。杨提出上述第二个原因时，"行星边界"的概念尚未在文献中提出来（Rockström et al. 2009; Steffen et al. 2015）。一组地球科学家识别出了地球层面的九种环境影响，每一种环境影响都可以理解为经济活动的结果，在经济活动中低熵的物质和能源被转化为高熵的物质和能源[4]。在九种环境影响中，罗克斯特伦等学者和斯特芬等学者用证据表明，有四种环境影响已经超过了安全水平。尽管戴利后来没有继续与杨辩论。但是，假设他们的辩论继续的话，戴利也许会说，熵的考虑是永远存在的，他在 1968 年首次提出的不可回避的一般稀缺性比以往任何时候都要明显。

> 作为一名杰出的经济学家，戴利是个少有的专家，他理解极限的概念和自然在经济中扮演的角色。增长的极限和将自然融入任何经济活动的努力，对于一切可持续的讨论都是至关重要的。
>
> ——大卫·铃木（David Suzuki）

# 索洛、斯蒂格利茨与乔治斯库-罗金、戴利的争论

在和杰弗里·杨的争论结束几年之后，戴利又参与了另一场更有意义的争论，争论的另一方是两位诺贝尔经济学奖得主罗伯特·索洛和约瑟夫·斯蒂格利茨。二十多年来，戴利一直在抱怨索洛和斯蒂格利茨从来没有回应乔治斯库-罗金对于新古典经济学的批评，尤其是对新古典经济学的生产理论的批评。

> 我坚持认为，在我们急于将经济学数学化的过程中，我们经常被数学的形式主义冲昏头脑，以至于忽略了科学的一个基本要求；也就是说，我们应该尽可能清楚地明白现实中每一个数学化的象征分别对应哪些因素。
>
> （Georgescu-Roegen 1970, p. 1）

20世纪70年代，索洛和斯蒂格利茨各自都写了论文，在论文中他们反对自然资源的稀缺性会给经济增长带来限制的思想（Solow 1974, 1978; Stiglitz 1974）。他们写作这些论文的目的，是为了回应一本非常受欢迎但同时争议性很大的专著——《增长的极限》。这本专著最大的特点是它应用了计算机模型，即"世界模型"，来预测人均工业产出、人均粮食、人口规模、资源使用和污染等相互关联因素的长期全球趋势。这是个人电脑大规模应用之前发生的事情，当时大部分民众是不能直接接触这些只有政府、军队、大公司和大学才能应用的大型"主机电脑"的。在电视上观看《增长的极限》的作者之一丹妮斯·梅多斯站在一个小火炉大小的打印机旁边，打印机一行一行地打印出对未来的预测，这

对当时公众的心理产生了一定的冲击，这是当代人无法理解的。

在《增长的极限》中，作者基于不同的假设，描述了到2100年的几种全球场景预测方案。这几个预测方案的结果截然不同，从扩张到崩溃再到相对稳定。梅多斯等作者强调，这些预测方案只是描述了世界系统的"行为模式"，而不是对未来的预测。然而，这些作者有时候混淆了预测和行为模式之间的差别。举例来说，**"我们因此可以自信地宣称，在当前系统没有发生重大改变的假设条件下，人口和工业增长肯定会最晚在下一个世纪停止。"**（同上，p. 126，黑体为原文斜体部分）这听起来当然像是一种预测，尽管这个预测是基于当前系统没有改变的假设。

《增长的极限》一经出版就受到了广泛的批评，尤其被一些经济学家批评，他们认为"世界模型"中应用的系统动力学方法以及关于科技和资源存量的假设存在缺陷。他们批评说，这个模型中没有价格机制，而价格机制能够为避免资源稀缺性带来的威胁提供必要的信号。索洛和斯蒂格利茨接受了《增长的极限》提出的挑战，他们基于当时主要的并且现在仍在广泛应用的经济学分析工具——柯布-道格拉斯生产函数（Cobb-Douglas production function），指出可持续经济增长的前景并非那么黯淡。为了更好地理解戴利与这些著名经济学家不相一致的观点，有必要仔细审视一下这个著名或者声名狼藉的公式，即柯布道-格拉斯生产函数（尽管对于那些不喜欢公式的读者来讲，他们也许想直接跳到下一个部分）。

## 柯布-道格拉斯生产函数

柯布-道格拉斯生产函数是一个代数公式，在公式中资本（如建筑物和设备）和雇佣的劳动力相乘，以此来决定一个经济体的总产出[5]。这个公式是由瑞典经济学家库尔特·威克塞尔（Kurt Wicksell）在1895年发明的，他在博士学位论文中首次使用了这个公式（Sandelin 1976）。因为数学家查尔斯·柯布（Charles Cobb）和经济学家保罗·道格拉斯（Paul Douglas）应用美国的制造业数据，首次对这个公式进行了实证检验，所以这个公式以柯布和道格拉斯来命名（Cobb and Douglas 1928）。柯布－道格拉斯生产函数在新古典经济学中广受欢迎的其中一个原因是，这个函数与以下理论相一致：劳动力和资本所获得报酬的价值就是他们的边际产出，即在其他投入保持不变的前提条件下，产出变化的价值可以归功于每一个投入的微小变化。这是美国经济学家约翰·贝茨·克拉克（John Bates Clark）首先提出的新古典经济学中最受欢迎的收入分配理论（Clark 1899）。

在柯布－道格拉斯生产函数中，劳动力和资本都被赋予幂，分别为 $\alpha$ 和 $\beta$，也就是劳动力和资本的产出弹性，即在其他投入保持不变的前提条件下，产出的比例变化和投入的比例变化的比值。如果假设 $\alpha+\beta=1$，这其实也是常见的做法，那么在支付给劳动力和资本的报酬就是其边际产出的价值的前提条件下，$\alpha$ 和 $\beta$ 就等于国家收入中劳动力和资本各自所占的比例。柯布－道格拉斯生产函数也展示了规模收益不变的规律，也就是说一定比例的劳动力和资本投入的增加会带来相同比例的产出增加。

应用柯布－道格拉斯生产函数来描述一个经济体的总体生产时，存在很多众所周知的问题。这些问题可以分为两类：①理论根据不充分；②加总的问题（详见本章附录）。戴利将柯布－道格拉斯生产函数描述为"没有食材的食谱"，因为仅仅依靠资本和劳动力什么都生产不出来。能源和物质也是经济生产的必需品。戴利非常喜欢这个烹饪的比喻，经常用它来说明自己的观点。此处举一个例子。

> 由于生产函数经常被解释为一个技术食谱，因此我们可以说，索洛的食谱就是要求只用厨师和厨房就能生产一个蛋糕。我们不需要面粉、鸡蛋、糖等材料，也不需要电、天然气和木柴。如果我们想要制作一个更大的蛋糕，那么厨师只需要在一

个更大的碗里用更快的速度搅拌，然后把空碗放在一个更大的烤箱中，让它自己加热就好。

（同上，p. 261）

对于索洛和斯蒂格利茨来讲，在20世纪70年代，他们挑战《增长的极限》的主要观点，即资源稀缺性是否对经济增长构成重要威胁，他们已经很清楚柯布－道格拉斯生产函数的绝大部分问题（如果不是全部问题的话）。然而，索洛和斯蒂格利茨在柯布－道格拉斯生产函数的基础上，将自然资源视为第三个投入要素（也赋予一个幂），通过乘积的形式将之纳入生产函数，借此来对《增长的极限》发起挑战。基于他们创造的新版本的柯布－道格拉斯生产函数，索洛和斯蒂格利茨运用稍微不同的方式，分析了资源稀缺对于经济增长的影响。

## 替代和科技进步

索洛在1978年写的论文中强调人造资本对资源的替代潜力可以应对资源稀缺，而斯蒂格利茨强调依靠科学技术进步克服任何资源稀缺的潜力。索洛提出过一个被广为引用的观点，戴利也对这个观点作了评论，即"如果很容易就可以用其他因素替代自然资源，那么从理论上讲就没有资源稀缺的'问题'。实际上，我们生活的世界可以在没有自然资源的情况下运行，因此资源枯竭只是一个普通事件，并不是一个灾难。"（Solow 1974, p. 11）或者，可以用技术性更强的术语来表达上述观点：

如果可耗竭资源和其他投入的替代弹性是1或者更大，如果可再生资本的产出弹性大于自然资源的产出弹性，那么稳定的人口规模就能够永远维持一个正的人均恒定消费水平。

（同上[6]）

索洛应用柯布–道格拉斯生产函数来描述经济体面对日益严重的资源稀缺时可能出现的情况，就会直接得出上述分析结果。索洛是在假设人口规模恒定的前提下得出上述结论的。这最起码是迈向稳态经济的一步，戴利对此也会支持和认同（见第八章）。同样让我们感兴趣的是，索洛在1974年的论文中写道："热力学定律和生命定律使得我们永远不可能从使用中的一磅初级铜中回收一整磅的次生铜，或者从使用中的一磅次生铜中获取一整磅的三级铜。铜在每一轮的使用中都会有损失。"（同上，p. 2）这个观点听起来非常像是戴利说的。后来在同一篇论文中，索洛说道，为了回答这个世界是否能够在没有自然资源的情况下正常运转的问题，"需要经济学，也需要热力学定律"。（同上，p. 11）然而，对经济学而言很不幸的是，当索洛后来多次讨论增长极限这个问题时（如见 Solow 1992），他再也没提到过热力学定律。

斯蒂格利茨应用与索洛几乎一样的理论模型，也得出了非常相似的结论。但是，斯蒂格利茨更多的是依赖技术进步的潜力而不是替代来缓解资源稀缺。"只要有技术进步，不管是什么程度的技术进步，我们都能够很容易地找到经济总产出不减少的路径。"（同上，pp. 130～131）替代和技术进步的差异并不是很清晰，索洛和斯蒂格利茨也没有对它们进行过精确定义。关于两者的差异，其中一个观点是，人造资本替代自然资源是基于现有的科学技术，而科学技术是随着时间不断进步的，科学技术在资源利用方面的效率会越来越高。

戴利参与了这场生产函数的争论，对上述的分析并不是很认同（Daly 1997a）。30年前，索洛写道：

> 我从不认为宏观经济学的生产函数是一个非常严谨的不容置疑的概念。在我看来，生产函数就是一个富有启发性的寓言故事，或者是一个处理数据的工具。只要这个处理数据的工具能够给出好的实证结果，那我们就继续使用它；一旦这个工具不

能给出好的实证结果，那我们就应该舍弃它；当有更好的工具出现时，我们也应该舍弃原来的工具。

（Solow 1966, pp. 1259~1260）

戴利的观点是，索洛和斯蒂格利茨分析资源稀缺和经济增长所使用的柯布-道格拉斯生产函数，并不是一个富有启发性的寓言故事，也没有给出好的实证结果，并且更好的生产函数确实出现了。更好的生产函数就是柯布-道格拉斯在1970和1971年提出的生产函数（Georgescu-Roegen 1970—1971）。

## 乔治斯库-罗金更好的生产函数

乔治斯库-罗金提出的描述任何规模（从个体企业到宏观经济）的经济生产的建议，是基于两个关键的主张。第一个主张是生产函数应该与物理定律相一致，具体来说就是要与热力学第一定律和第二定律相一致；第二个主张是，我们应该明确地区分两方面的事物：一方面是存量和储备，另一方面是流量和服务。正如戴利所解释的那样，"任何物质过程就是由一些中介（即储备元素）将一些物质（流量元素）转化为其他物质"（Daly 1997a, p. 262）。物质的流量是从存量中获取的，如铜要经过开采、浓缩、提炼、去除杂质等过程之后，然后用于多种产品的生产中。在每一个生产阶段中使用的资本设备都是提供某一种服务的储备。跟铜不一样，资本设备并没有成为某个产品的一部分。就像戴利指出的那样，储备和流量是互补关系，而不是替代关系。任何生产过程既需要储备，也需要流量。戴利的渔船和鱼的例子是很恰当的。如果没有鱼，那么技术上无论多么发达渔船都将空载而归。

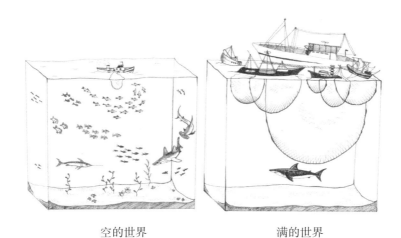

空的世界　　　　　　满的世界

图 4.4　鱼和渔船：互补而非替代（改编自 Daly 2015）

索洛和斯蒂格利茨假设制造资本（提供服务的储备）能够轻而易举地替代资源存量（提供流量），而戴利认为这个假设是错误的。这是一个类别错误，这个错误深植于柯布-道格拉斯生产函数，该函数没有区分存量和储备，也没有区分流量和服务。效仿亚里士多德，戴利区分了效率原因和物质原因：

> 乔治斯库-罗金关于生产过程的"储备-流量"模型优于新古典经济学的生产函数。"储备-流量"模型强调，我们物理上说的"生产"实际上就是转化，即把资源转化为有用的产品和废弃物。劳动力和资本是转化的中介（效率原因），而资源，也就是低熵的物质和能源，是"正在被转化的东西"（物质原因）。我们经常可以用一个效率原因替代另外一个效率原因，或者用一个物质原因替代另外一个物质原因。但是，从根本上讲，效率原因和物质原因是互补关系，而不是替代关系。

（同上，p. 265）

要求经济学中的生产函数不能与物理学定律相冲突，似乎是无可争议的。索洛和斯蒂格利茨都不会对此提出异议，但是他们还是做了这样的违背物理学定律的事情。在回应戴利提出的问题——"为什么新古典经济学的生产函数不能满足质量守恒的条件"时，索洛否认了以质量守恒原则表现出来的热力学第一定律在工程中的重要性，即"因为到目前为止，在总体层面、地理范围和时间范围上，质量守恒原则并不是工业经济增长中的一个限制性要素"。（Solow 1997, p. 268）在戴利看来，这其实就直接说明了索洛认为物质是不重要的，就像从柯布-道格拉斯生产函数的视角看经济的话，同样可以得出物质不重要的结论。经济学家通常不会将资源作为一个投入要素纳入生产函数中。退一步讲，即使经济学家像索洛和斯蒂格利茨一样将资源作为一个投入要素，他们也会通常假设资源几乎可以被无限地替代。

索洛对热力学第二定律没什么兴趣，对此他给出的理由是"当前将热力学第二定律纳入模型并没有直接的实际意义，毕竟我们只是在宇宙中的一个小角落生活那么一瞬间"。（同上，p. 268）索洛从宇宙的角度思考问题。戴利和乔治斯库-罗金的兴趣则更加务实。在对索洛的回应中，戴利应用了燃烧一块煤的例子（Daly 1997b, pp. 272~273）。热力学第二定律解释了为什么一块煤不能够燃烧两次：总能量保持不变，但是可用的能量减少了，这就是为什么为了维持同样水平的能源服务，必须要投入新煤或者其他能源。热力学第一定律，即物质和能量守恒定律，解释了为什么煤的燃烧会带来必须要处置的灰烬和排放到大气中的二氧化碳等气体，这些气体会给人类带来健康风险，还会导致气候变化。这个例子只是戴利可以想到的不计其数的例子中的普通一个。通过这个简单的例子，索洛应该不难意识到热力学第一定律和第二定律对于经济生产的重要性。

> 因此，奇怪的是，在那些自诩分析严谨的学科中，经济学坚定地抵制了19世纪和20世纪初席卷了物理科学和生命科学的热力学革命。

> 物理学、生物学、化学、地理学甚至历史学都被热力学革命改变了，唯独经济学没有被改变。
>
> ——埃里克·扎内西（Eric Zanecy）

薛定谔解释道，所有的生命系统都会从周边环境获取低熵的物质和能源，并且向周边环境退还高熵的废弃物，其他学者也进一步强化了上述观点。无论是对于单个植株还是整个生态系统，这都是适用的。对于经济体来讲也是适用的。所有系统都是用物质和能源的"吞吐量"维持自身的复杂系统。戴利喜欢吞吐量这个术语，吞吐量将进入经济体的物质和能源与经济体产生的废弃物联系了起来。吞吐量是热力学第一定律带来的一个自然结果。在一年之中，进入一个经济体的大部分物质和所有能源都会变成排放到环境中的废弃物。用来提供能量的化石能源、铀和生物量，也是以物质的形式进入经济体的。只有太阳能、风能、水力电能、地热能、波浪能等可再生能源是直接进入经济体的，除了一小部分储存起来之外，其他的可再生能源一经使用就消散了。戴利的观点是，吞吐量和质量守恒的结合，再加上解释能源和物质降级的热力学第二定律，为我们提供了一个理解和分析经济体对环境依赖性的不可或缺的框架。从20世纪60年代以来，这一直是戴利试图传递的信息。

忽视戴利信息的其中一个结果就是产生了两个大体上独立的新古典经济学的子学科，即自然资源经济学和环境经济学。索洛宣称，"质量守恒定律还不是工业经济增长的限制性要素"，这个观点部分源于一种思维模式，这种思维模式忽略了从环境中进入经济体的物质和能量与排放到环境中的废弃物之间不可避免的联系。如果生产函数忽视资源和废弃物，或者只是包含资源但却不包含资源最终变成的废弃物，那么这样的生产函数不但不能产生"富有启发性的寓言"，反而会导致一代又一代的经济学家很少或者根本不了解经济产出和增长对环境的根本依赖。这同样会限制一些实证结果的适用范围和意义，如果这些实证结果是基于这样不充分的生产概念的经济分析。在 1997 年与索洛和斯蒂格利茨的争论中，戴利最后说："不管怎么样，乔治斯库-罗金的批评仍然没有人回应。"（同上，p. 273）

## 再次讨论索洛／斯蒂格利茨和乔治斯库-罗金／戴利的争论

在辩论之后的几年里，很少有人关注戴利与索洛和斯蒂格利茨的分歧。在 2019 年，两篇重要的论文发表，让这场辩论重新进入大家的视野（Couix 2019; Germain 2019）。昆汀·库瓦（Quentin Couix）的论文来源于他的博士论文。当库瓦写作这篇论文的时候，他与戴利取得了联系。在详细地回顾了这场辩论之后，库瓦总结道，"辩论的双方都不能提供确定性的证据，来证明其观点的正确性，这是因为双方都面临重要的概念性问题。"（Couix 2019, p. 1370）库瓦所说的"确定性的证据"是什么，我们不得而知。但是，库瓦是正确的，因为乔治斯库-罗金和戴利都没有足够清楚地解释一个经济体面临的热力学限制是什么，从而让大家知道应该衡量什么才能进一步揭示热力学定律的实际重要性。但是，与库瓦相反，质疑热力学定律对于经济学的重要性并不是一个概念性问题。确切地说，这是一个需要进一步研究的问题。在概念层面，熵和价值的关系还未得到解释，乔治斯库-罗金和戴利认为两者的关系是"一个量化的关系……这个关系在很大程度上还未得到探索。"（同上，p. 1371）

不足为奇的是，辩论中的索洛／斯蒂格利茨这一方有更大的概念性困难，因为他们所依赖的柯布-道格拉斯生产函数并不是基于如下的生产概念，即生产就是投入经过物理过程被转化为产出。柯布-道格拉斯生产函数是方便的数学公式，可以基于国家账户中的数据进行评估，尽管从评估中获取的结论的真实意义还具有一定的争议，这样的评估甚至没有考虑自然资源。1979 年，赫伯特·西蒙（Herbert Simon）解释道，柯布-道格拉斯生产函数的评估只是反映了一个国家收入的会计恒等式（Simon

1979）。曾经有一段时间，西蒙和索洛不断有书信往来，讨论应用柯布–道格拉斯生产函数作为经济模型带来的问题。在 1971 年 5 月写给索洛的一封信中（Carter 2011, p. 263），西蒙用物理术语详细解读了柯布–道格拉斯生产函数，但是很遗憾的是，他并没有在其 1979 年的论文中将这个思想进一步深化（Felipe and McCombie 2011—2012）。如果西蒙真的将这一思想深化的话，戴利和索洛/斯蒂格利茨的争论也许会呈现不同的特点，或者根本就不会发生。

索洛和斯蒂格利茨后来将资源纳入柯布–道格拉斯生产函数，并且"假设只要有'替代'和'技术进步'，资源的生产力就是不受约束的"（Couix 2019），这增大了概念性的困难。将资源纳入柯布–道格拉斯生产函数对于资源类型、资本或者产品的改变意味着什么，索洛和斯蒂格利茨提供了事后的解释。但是，就像库瓦指出的那样，这些可能性都没有在他们的模型中体现出来。

关于戴利和索洛/斯蒂格利茨的辩论，库瓦最后的结论是：

> 1997 年的辩论强调了，为了更好地整合经济学概念和热力学概念，我们需要反思生产的概念本身。需要强调的是，自然资源、生产的商品和它们提供的非物质服务之间的关系，似乎处于这个议题的核心。
>
> （同上，p. 1371）

尽管戴利没有这么说，但是戴利肯定会认同库瓦的结论，库瓦的结论也与乔治斯库–罗金对新古典经济学的生产理论的批评一致。

2019 年，杰曼发表的第二篇回顾索洛/斯蒂格利茨和乔治斯库–罗金/戴利的辩论的论文所采取的方法与库瓦截然不同。经济学家马克·杰曼（Marc Germain）旨在回答：

> 一个忽略了生产过程的物理限制的生产函数（例如柯布–道

格拉斯生产函数），是否能像一个考虑这些限制的"真正"生产函数一样，对经济发展轨迹进行一个较好的中期评估？

（Germain 2019, p. 168）

在对戴利的回复中，斯蒂格利茨捍卫了他和其他人所使用的以柯布-道格拉斯生产函数为核心的分析模型。斯蒂格利茨说道，"这样的分析模型旨在帮助我们回答诸如下述问题，**即在接下来的五六十年（中期时间阶段），增长还能够一直持续吗？**"（Stiglitz 1997, p. 269，黑体为原文斜体部分）。这样的陈述看起来有道理，但是我们会好奇，为什么斯蒂格利茨在1974年的论文中没有提到这个模型有用性的时间限制？在斯蒂格利茨的那篇论文的分析中根本就没有提到时间限制的问题。如果不是这样，这篇论文也许会让其他人（如果不是斯蒂格利茨本人）考虑到无限经济增长可能存在的物理限制以及如何在生产模型中体现这些限制。这也许会引导他们了解和认识乔治斯库-罗金所提出的不一样的生产概念。但是，事实并非如此。

相反，斯蒂格利茨更愿意将戴利对他和索洛的工作的批评视为"激烈的长篇演说"，并且宣称戴利缺少"对我们和其他人所构建的分析模型的作用的正确理解……我们写下模型，好像这些模型是延伸到无限的，但是没有人认真对待这些限制……"（Stiglitz 1997, p. 269）我们尚不清楚斯蒂格利茨所指的限制是什么，但是这个限制可能是数学函数的限制，就像戴利所担心的物理限制一样。在任何情况下，当提到他只是讨论接下来的五六十年时，斯蒂格利茨总会重申他的立场，即在市场运转良好的情况下，资本对资源的替代和以价格为导向的技术进步，以及在市场运转不佳的情况下对市场失灵进行修正，都将足以使我们远离资源稀缺性的侵扰。斯蒂格利茨说："据我们所知，没有人提议废除热力学定律"（同上，p. 270）。确实没有人提议废除热力学定律，但是在废除热力学定律和忽视热力学定律之间有一条明确的分界线。

杰曼将两个经济体中的消费演变进行了对比。第一个经济体用传统的柯布–道格拉斯生产函数来描述,只有资本和劳动力是投入要素;第二个经济体用另外两个与热力学第一定律和第二定律相一致的"真正的"生产函数来描述。第一个"真正的"的生产函数是一个固定替代弹性(Constant elasticity of substitution, CES)生产函数[7],该生产函数满足斯蒂格利茨和索洛所提倡的柯布–道格拉斯生产函数所没有满足的两个物理条件:①经济产出不可能是无限的;②资源的生产率有上限,这就限制了资本替代资源的能力。为了与没有限制的柯布–道格拉斯生产函数形成对比,杰曼还开发了第二个生产函数,他称之为可供选择的"真正函数"(Alternative 'True Function', ATF)。相对于 CES 生产函数,ATF 生产函数更加接近于柯布–道格拉斯生产函数。

杰曼检验了各种各样的情境,不同情境赋予关键系数不同的数值。

> 不同的模拟表明,如果资本和资源的替代弹性明显小于1,那么柯布–道格拉斯生产函数对从 CES 生产函数中获取的路径的近似评估一般是粗糙的……即使对于早期的几个阶段也是如此。
>
> (同上,p. 17)

主要的原因是科学技术在这两个函数中的不同影响。这个差异在 ATF 生产函数中被中性化。但是,即便如此,两个生产函数的路径还是在早期就出现了背离,"鉴于一个生产函数(CES 生产函数)考虑了物理的极限,而另一个生产函数(ATF 生产函数)没有考虑,因而两个生产函数产生了完全不同的长期路径。"(同上,p. 169)

杰曼总结道,"只有当物理限制的作用很微弱的时候",柯布–道格拉斯生产函数才是可接受的,"不幸的是,各种各样的实证研究都表明,物理限制的作用不会很微弱,尤其是对于能源来讲。"(同上,p. 182)在中期阶段,杰曼确实允许柯布–道格拉斯生产函数与那些"真正的"函数产生相似的路径，但是如果要求一定的精确度，如"所有变量的误差必须小于10%"，那么上述的路径就很难相似了。（同上，p. 180）这部分证明了斯蒂格利茨对其分析的中期重要性的事后合理化。

在经济学家之间，还是有很多有趣的问题从这场辩论中衍生出来。那么为什么从1997年以来，主流的经济学期刊不再讨论这场辩论中的问题了？为什么学生仍然醉心于这些"运转良好"的生产函数的"优秀特点"，而忽略这些生产函数的物理学基础及其与物理学定律不符的事实？尤为重要的是，应用这样的工具，我们能充分地解决全球面临的环境和资源问题吗？在索洛和斯蒂格利茨的模型中，是否有任何内容表明，在20世纪70年代之后的五六十年，他们所认为的持续增长已经走到了尽头？或者，我们是否需要一个不同的框架和一套不同的工具来回答这个问题？比如戴利的稳态经济学（见第八章）。

# 无性生殖的革命

戴利一直都不反对在经济学中应用数学，尽管他本人并没有过多地使用数学。部分原因在于，戴利在高中时期缺少充分的数学训练。还有一个原因是，在戴利看来，经济学的数学化带来了"复杂和美丽的逻辑结构，这进一步强化了重理论轻事实并重新解读事实来适应理论的倾向"（Daly and Cobb 1994, p. 38）。在戴利与索洛和斯蒂格利茨的辩论中，就存在这样的例子。戴利评论过的一个更加糟糕的例子（Daly 1982）是由经济学家加里·贝克尔（Gary Becker）和奈杰尔·托姆斯（Nigel Tomes）在一个不同的语境中提出的（1979）。

贝克尔是经济学芝加哥学派的杰出成员，因其长期致力于新古典经济学的研究（尤其强调个人主义）而广为人知。贝克尔和托姆斯用一个数学模型，解决了不平等和代际流动的重要问题。在这个数学模型中，他们作了一个令人惊奇的假设，即"孩子的效用函数跟他们的父母是一样的"。（Becker and Tomes 1979, p. 1161）任何做过父母或者孩子的人，都知道假设父母和孩子拥有同样的偏好是错误的，但是这样会让模型中的数学计算变得更加容易。还有一个假设更加令人震惊，戴利对此也想责问作者，即孩子"是在没有交配或者没有性接触的情况下出生的"。任何对经济学是或者应该是一种生命科学略知一二的人，都不会认同这个荒谬假设。正如戴利所说，"这揭示了芝加哥学派的一些成员，在砍掉人类社会不适应个人效用最大化的普罗克汝斯忒斯之床的四肢方面，将要走多远。"（Daly 1982, p. 308）

在对贝克尔和托姆斯论文的批评中，关于一旦两性生殖被纳入分析框架之后未来会怎么样，戴利做了一个非常有趣的论证。戴利展示了，生物学和经济理论的结合如何能够产生关于社区和共同利益的有趣结论。戴利从生物学事实开始讲起：

> 一个人的玄孙同时是他自己这一代其他 15 个人的玄孙，这些人的身份不可能在事实之前决定。他们几乎可以是任何 15 个人。更普遍地说……一个代际中的某个人在之前的第 $n$ 代中，通常会有 $2n$ 个祖先。
>
> （同上，p. 308）

戴利推理道：

> 即使每个人都觉得对遥远的未来负有强烈的道德义务，他或者她试图通过个人行动来履行这一义务，都将是愚蠢的。原因刚刚已经给出了，即匿名性和祖先的繁衍都使得为遥远的未来做准备成为一种公共产品。
>
> （同上）

公共产品是指如果给一个人提供就是给所有人提供的商品和服务。公共产品常见的例子就是国防和路灯。公共产品的特点是，一旦提供了，人们都可以使用它们，都不能被排除在外，并且一个人的使用不会影响其他人的使用。公共产品非排他性的特点，使得以营利为目的的企业无法提供它们，因为没有人愿意为免费获取的事物付费。公共产品必须由集体来提供，通过税收来筹集资金，而不是销售额。

在表明为未来的一代人或者两代人做准备在本质上就是提供公共产品后，戴利认为，因为我们不认识与我们共享后代且依然健在的其他14个人（排除配偶或者伴侣），所以我们有兴趣关心每一个人。

> ……对未来的关注经常会被视为是减弱或者转移了我们对于当前更紧迫的不公正问题的道德关注。然而，从逻辑上考虑，对于遥远未来的道德关注应该强化而不是弱化当代人兄弟情谊的纽带，因为我们所有人都是彼此后代的潜在共同祖先。
>
> （同上，p.310）

显然，无性生殖的原子式个人的假设，对于代际流动、收入和平等的数学分析来说也许是便利的。但是，作为一门生命科学的经济学不能忽视两性生殖，它对我们得出的关于代际平等的结论至关重要。

## 环境投入—产出分析

戴利几乎不用数学或者数学符号来表达观点或者为自己辩护，例外的是，在他的论文《作为生命科学的经济学》中，戴利构建了今天所称的"环境投入—产出表"。为了理解这个术语，我们首先讨论传统的不考虑环境因素的投入—产出表，然后再讨论戴利是如何提议增加环境因素的。

投入—产出分析是由俄罗斯出生的经济学家瓦西里·列昂季耶夫（Wassily Leontief）开发的，他曾获得 1973 年的诺贝尔经济学奖。投入—产出分析是基于经济可以被视为不同部门的内在联系的思想。这个思想可以追溯至法国人弗朗斯瓦·魁奈（Francois Quésnay）。他最初是一名医生，后来转型成了经济学家，在 1758 年发表了《经济表》(*Tableau Economique*)。根据魁奈的观点，经济体中唯一真正的生产是来自农业，其他的都是加工处理。在 18 世纪中期的法国，这对于魁奈来讲似乎是很明显的。后来的工业革命开始慢慢模糊了经济对于地球和自然资源的依赖。

列昂季耶夫在 1931 年搬到了美国。他的目标是"基于可获取的统计数据，编制一份美国的经济表"（Leontief 1936, p. 105）。列昂季耶夫设计了一张表，展示了经济部门之间的"中间需求"交易（彼此之间买卖投入来生产产出）和流向家庭、企业、政府和净出口（出口减去进口）的"最终需求"销售。图 4.5 展示了一个简化的国民经济投入—产出表。这个投入—产出表包含一个经济体在特定时间段内（通常是一年）所有的购买和销售。公司被划分到各个部门，所有部门都被包括在这个投入—产出表中。图 4.5 是基于 7 个部门进行的分组。真正的投入—产出表要详尽得多，所涉及的部门有好几百个。无论分为多少个部门，投入—产出表都要覆盖整个经济体。

图 4.5 的行分为"生产者"和"增值"，列分为"中间需求"和"最终需求"。对于每行中的每一个生产者来讲，它展示了位于那一行所在行业的公司对其他行业的公司的销售额（以美元计），包括它所在的部门。每一行超出中间需求对应的阴影单元格以外的部分，展示的是针对不同类别的最终需求的销售额的条目。每行中最后的总量（T）展示了每个部门当年的总销售额。

纵向来看，生产者的一列展示了从各个部门的公司的购买额，包括它所在的部门。除了这些产业之间的购买，公司还要缴纳税收、领取补贴并支付员工工资。收入在减去资本设备的折旧后，就是企业拥有者的利

|  | | 中间需求 | | | | | | | 最终需求 | | | | 合计 |
|---|---|---|---|---|---|---|---|---|---|---|---|---|---|
|  | | 农业 | 采矿业 | 建筑业 | 制造业 | 贸易 | 运输业 | 服务业 | 其他 | 个人消费支出 | 国内投资总额 | 政府购买商品和服务的支出 | 商品和服务净出口 | 合计 |
| 生产方 | 农业 | | | | | | | | | | | | | |
| | 采矿业 | | | | | | | | | | | | | |
| | 建筑业 | | | | | | | | | | | | | |
| | 制造业 | | | | | | | | | | | | | |
| | 贸易 | | | | | | | | | | | | | |
| | 运输业 | | | | | | | | | | | | | |
| | 服务业 | | | | | | | | | | | | | |
| | 其他 | | | | | | | | | | | | | |
| 增值 | 政府 | 扣除补贴后间接公司税 | | | | | | | | 国内生产总值 | | | | |
| | 雇员 | 雇员报酬 | | | | | | | | | | | | |
| | 企业家和资本 | 利润和资本消耗补偿 | | | | | | | | | | | | |
| | 合计 | | | | | | | | | | | | | |

图 4.5 简化版投入—产出表

126

润。将利润的计算视为一种剩余，就能保证每个部门的行和列的总量永远是相等的。从图 4.5 的右下角可以看出，加总最终需求或者增值，就能计算出这个经济体的 GDP。

到目前为止这只是关于统计。列昂季耶夫的天才之处在于应用他的投入—产出表，创造了一个描述经济如何运行的模型。列昂季耶夫的模型是基于下述简单的假设，即在一个部门中的每一美元的产出都要求来自每一个部门恒定数量的购买额。通过将每个部门的购买金额除以该部门的总销售额，列昂季耶夫就得出了这些"投入—产出系数"。例如，如果汽车部门每年的产出是 10 亿美元，汽车部门购买了价值 5 千万美元的钢铁，那么生产汽车所需要的钢铁的投入—产出系数就是 0.05，即 5 千万美元/10 亿美元。

列昂季耶夫应用这些系数来评估满足任何特定水平的最终需求所需的每个部门的总产出。这个逻辑是很简单的。例如，如果所有家庭在一年内花费 5 亿美元购买汽车，那么汽车部门就需要购买价值 2500 万美元（0.05×5 亿）的钢铁。为了生产这么多钢铁，钢铁部门就需要根据投入—产出系数，从其他部门（包括其所在的部门）购买一定量的投入品。这还包括从汽车部门购买一些投入品，这又增加了对钢铁部门的钢铁的需求，如此循环往复，一轮又一轮。这些产业间的购买和销售发生在整个经济体中，所有部门都有可能从其他部门购买原材料。列昂季耶夫应用一些非常简单的数学，展示了产业间购买和销售的过程最终会终止，因为每一轮的购买量会越来越小，因此可以确定每个部门为满足最初 5 亿美元的汽车需求所需的产量。

尽管这里的数学相对简单，但是在 20 世纪 30 年代，同时为所有部门进行计算所需的计算量是巨大的。直到第二次世界大战之后出现了电子计算机，投入—产出模型才真正变得现实可用。一个有趣的历史注脚是，在冷战期间，构建投入—产出表的进程在美国被暂时搁置，因为"投入—产出表跟共产主义的'集中计划'有些相像"（Mill and Blair 2009, p.

732）。与此同时，在当时的苏联，投入—产出分析一直独立发展，投入—产出表也正是用来做"集中计划"的。美国之外的西方国家较少受到意识形态考虑的影响，它们继续开展投入—产出的分析，包括国家统计部门发表详尽的投入—产出表。

20世纪60年代，环境问题已成为公众关心的议题，一些经济学家意识到，投入—产出分析应该进一步包含经济和环境的互动。戴利就是其中一位经济学家（Daly 1968）[8]。戴利的目标是将纯粹的经济互动、纯粹的环境互动和经济与环境的互动融入一个综合框架。图4.6展示了这个框架最为简单的版本。

| 来源 | 去向 | |
|---|---|---|
| | 人类 | 非人类 |
| 人类 | （2） | （1） |
| 非人类 | （3） | （4） |

图4.6 总经济的投入—产出表现形式

戴利用下述方式对图4.6进行了描述：

> 单元格或者象限（2）是传统经济学的领域，也就是在"人类—人类"的方格里，研究各个子部门之间的投入和产出。单元格（4）代表了传统的生物学领域，即在"非人类–非人类"的方格里研究各个子部门之间的投入和产出。单元格（1）显示的是人类子部门的投入流向非人类的子部门，而单元格（3）显示的是非人类子部门的投入流向人类的子部门。单元格（2）中交换的物品都是经济商品，也就是说它们都有正向的价格。与此相反，单元格（1）（3）（4）中交换的所有物品也许可以被标注为生态商品，其中包含免费商品（零价格）和"坏商品"（负向的价格）。我们一般观察不到坏商品的负向价格，因为通常存在替代事物，会将坏商品输出到非人类经济，非人类经济不会

支付负向价格（也就是说，将"坏"从我们手中拿走的服务需要我们支付正向价格，就像"坏"被转移到人类经济的另外一个部门一样）。坏的生态商品只是对人类来讲是坏的，对于非人类的世界未必是坏的。然而，难点在于来自单元格（1）即人类经济的输出（并不是全部免费）同时是非人类经济部门的投入，因此强烈影响非人类部门的产出回到人类部门，也就是单元格（1）通过单元格（4）与单元格（3）联系在一起，单元格（3）直接影响人类福利……基本的视野仍然是一个"商品世界"，尽管如今是一个既包含经济商品［……在单元格（2）中］又包含生态商品［……在单元格（1）（3）（4）中］的更大的世界……单元格（1）（3）（4）是"经济学的生物物理基础"。

（同上，pp. 400~401）

图 4.7 是图 4.6 的一个更加详尽的升级版本。象限（2）是一个三部门的传统投入—产出表。在其他的三个象限中，我们能够看到戴利所深思熟虑的具体信息，象限（1）和象限（3）记录了经济和环境的互动，而象限（4）记录了纯粹的生态互动。戴利对图 4.7 第 10 行的描述预示着他多年后与杨、索洛和斯蒂格利茨就熵对于经济学重要性的辩论。"在第 10 行中，我们有一个初级服务部门，它为低熵的物质和能源提供了最终的源头，即太阳。同时第 10 列是巨大的热力学汇，最终被消费的高熵物质和能源都会进入汇，降级成为永久的魔鬼的尘埃。"（Daly 1968, p. 403）

戴利的表格是非常有用的，它阐明了人类世界中的生产和交换与其在生物和物理世界中的自然对应物之间的互相依赖性。相对于列昂季耶夫设计的投入—产出表，戴利的投入—产出表是一个有很大幅度扩张的统计框架，而列昂季耶夫的投入—产出表只是局限于戴利表中的象限（2）。但是，列昂季耶夫的投入—产出表有其现实的优势，即所有的条目都是用货币衡量的。这就使得列昂季耶夫能够通过将每个单元格的条目除以相关

| 来源 | 农业(1) | 工业(2) | 家庭消费(最终消耗)(3) | 动物(4) | 植物(5) | 细菌(6) | 大气(7) | 水圈(8) | 岩石圈(9) | 汇(最终消耗)(10) | 合计 |
|---|---|---|---|---|---|---|---|---|---|---|---|
| 1.农业 | ... | $q_{12}$ | ... | 象限(1) | | | $q_{17}$ | ... | ... | ... | $Q_1$ |
| 2.工业 | $q_{21}$ | $(q_{22})$ | $q_{23}$ | | | | $q_{27}$ | ... | ... | ... | $Q_2$ |
| 3.家庭消费(初级服务) | ... | $q_{32}$ | ... | | | | $q_{37}$ | ... | ... | ... | $Q_3$ |
| 4.动物 | ... | ... | ... | 象限(4) | | | $q_{47}$ | ... | ... | ... | |
| 5.植物 | ... | ... | ... | | | | $q_{57}$ | ... | ... | ... | |
| 6.细菌 | ... | ... | ... | | | $q_{76}$ | $q_{67}$ | ... | ... | ... | |
| 7.大气 | $q_{71}$ | $q_{72}$ | $q_{73}$ | $q_{74}$ | $q_{75}$ | | $(q_{77})$ | $q_{78}$ | $q_{79}$ | $q_{7,10}$ | $Q_7$ |
| 8.水圈 | ... | ... | ... | | | | $q_{87}$ | ... | ... | ... | |
| 9.岩石圈 | ... | ... | ... | | | | $q_{97}$ | ... | ... | ... | |
| 10.太阳(初级服务) | ... | ... | ... | | | | $q_{10,7}$ | ... | ... | ... | |

图 4.7 戴利扩展的环境投入—产出表

部门的总产出获得无量纲的系数，进而构建出投入—产出模型。戴利在其论文中表明，从他的环境扩展的统计框架中，我们可以用同样的方法来计算系数，他还用物理术语写了一个公式来表明如何做到这一点。问题在于，在他扩展的投入—产出表中，所有的条目都必须要有一个共同的物理单位，这样才能在每一行加总为总量。在一个例子中，戴利建议可以使用重量单位磅（同上，p. 403），但是这无论对于象限（2）中纯粹的经济交易还是其他象限中的环境条目，似乎都不能令人满意。

戴利并没有试图用实体经济中的数据来填充他的环境扩展投入—产出表，也没有构建和应用一个投入—产出模型。但是，很多学者做了这样的尝试，维克托（1972）是最早的践行者。最为常用的方法是将环境扩展的范围限制到象限（3）和（1），计算以每美元的物理单位表示的混合系数，如各个部门中每一百万美元的经济产出所释放的温室气体千克数。然后，当基于满足最终需求所需要的产出，按照常规方式对部门产出进行评估时，我们就可以应用这些混合系数来评估来自环境的物质和能源投入以及排放到环境中的废弃物，两者都用物理单位表示。这个步骤避免了将金融交易转化为物理术语，或者将环境流量转化为美元单位[9]。

# 本章结论

戴利的学术贡献几乎都是概念层面的。戴利挑战了新古典经济学的很多假设，他应用"目的—手段"光谱将经济学放到了其应有的位置。按照绝大多数经济学作品的衡量标准，戴利的著作和论文都是文学的瑰宝。戴利的作品是清晰的、易懂的，并且通常是有趣的，它们为接下来的工作指出了重要的方向。

在 20 世纪 60 年代，戴利将经济学视为一种生命科学，这对于一个年轻的科研工作者来讲是勇敢的一步。在过去的50多年里，经济学家们一直在努力地理解经济对环境的依赖性，戴利具有里程碑意义的论文也被广泛阅读，并且被引用了数百次。在他与杨和索洛/斯蒂格利茨的争论中，戴利清楚地说明，如果经济学家想要恰当地参与如今必然是跨学科的努力，经济学本身就必须发生改变。在乔治斯库-罗金的引领下，戴利努力地论证经济学应该充分考虑热力学第一定律和第二定律。没有它们，我们就无法理解生命和经济。

# 附录：柯布-道格拉斯生产函数不足之处的总结

## 不充分的概念基础

（1）柯布-道格拉斯生产函数并不是基于对生产的工程描述。经济学家钟爱柯布-道格拉斯生产函数仅仅是因为其数学特征。一个乘法函数预设了投入要素的可替代性，而这种可替代性是数学的产物，而非生产过程的真实反映。

（2）在柯布-道格拉斯生产函数中，投入品之间的替代被假定为是平滑的、立即发生的、可逆转的。在某一个时间点，关于投入选择的决定限制未来替代的机会方面，并没有什么路径依赖。

（3）柯布-道格拉斯生产函数不符合物理学定律。只依赖资本和劳动力，不可能有经济产出。经济产出需要物质和能量，而物质和能量在生产过程中，量虽然是不变的，但是质却不断降级。

## 加总的问题

（1）用货币来衡量各种产出和不同类型的资本加总，是有问题的。这也是长期未解决的"剑桥资本争议"（Cambridge Capital Controversy）的基础。在"剑桥资本争议"中，来自剑桥大学（英国）的经济学家与来自麻省理工学院（马萨诸塞州的剑桥市）的经济学家就资本的加总问题，展开了争论。英国经济学家的一个顾虑是，当用利率（一个价格）来计算资本的数量（价值）时，新古典经济理论中至关重要的资本价格和数量的明确区分，就被混淆了（Cohen and Harcourt 2003）。

（2）柯布-道格拉斯生产函数被用来描述单个公司、具体的经济部门和整体经济的生产，每一个后者都是前者的加总。然而，柯布-道格拉斯生产函数是不能够通过加总来获得另外一个柯布-道格拉斯生产函数的，除非它们之间是成比例的并且 $\alpha+\beta=1$（Bao Hong 2008）。这就意味着，如果柯布-道格拉斯生产函数被用来描述一个经济体中某一层面的生产活动，它就不能同样被用来描述另外一个层面的生产活动，例如一个地区或者一家公司。

（3）根据一个会计恒等式来判断，柯布-道格拉斯生产函数根本就不是一个生产函数，而是一个收入分配函数。柯布-道格拉斯生产函数只是反映了国民收入如何在劳动力和资本之间长期稳定地分配（Carter 2011, p. 258）。

**注释**

1. 戴利用"新古典""主流""正统的""传统的""标准的"等标签来指代一种优先考虑经济增长的经济学方法，这种方法中的经济增长过分强调了市场角色的作用。在本书中，上述这些标签都是同义词。
2. 这并不是完全正确，因为它忽视了循环所需要的时间。如果经济体在某一年所使用的物质和能量都能在第二年再次使用，那么经济体的产出就能年复一年地维持。但是，在任何一年中，经济体的产出总是有限的，稀缺性仍然是存在的，我们还是必须要做出取舍和选择。通过科学技术的进步或者经济产出组成的变化，经济中的物质使用率将得到提升，这在一定程度上会改善这种情况，但是也并非没有限制。

3. 根据瑞典的物理学家托马斯·科伯格（Tomas Kåberger）和本特·蒙森（Bengt Månsson）的研究成果，"乔治斯库-罗金广泛应用的物质熵和能量熵的区分（尤其是在他的'第四定律'的建议中）……是错误的。实际上只有一种类别的熵……"（Kåberger and Månsson 2001, p. 167）然而，在有争议的很多问题上，他们都是跟乔治斯库-罗金和戴利站在一起的，"物理学家发现了大量不变的自然法则。有些法则对社会科学来讲是特别重要的，其中最为重要的就是热力学第一定律和第二定律。"（同上，p. 166）

4. 九个行星边界是：气候变化、新的实体的出现（化学物质污染）、平流层臭氧损耗、大气气溶胶负载、海洋酸化、生物化学流（磷和氮）、淡水使用、土地系统的改变和生物圈的完整性（功能多样性和基因多样性）。（Steffen et al., 2015）

5. 柯布-道格拉斯生产函数最为简单的形式如下所示：

$$Y=AL^{\alpha}K^{\beta}$$

其中：

$Y$ 指的是在一段时间内所生产的全部商品和服务（以不变美元计算）；

$L$ 指的是劳动力投入（以人时来计算）；

$K$ 指的是资本投入（以不变美元计算）；

$A$ 指的是全要素生产率，它衡量的是与投入（劳动力和资本）无关的产出变化；

$\alpha$ 和 $\beta$ 分别代表劳动力和资本的产出弹性。

通常来讲，时间变量 $t$ 也会被考虑在内，从而解释说明投入随时间的变化。

（注：这里应用的单位美元仅仅是为了方便，实际上任何货币都可以取而代之。）

6. 替代弹性指的是生产中两种投入要素比值的比例变化除以它们的边际产出的比例变化。

7. 固定替代弹性生产函数（CES）是另外一个被广泛应用的生产函数，其中投入替代弹性是固定的，但是可以是任何值。当固定替代弹性值是 1 的时候，固定替代弹性生产函数就等价于柯布道格拉斯生产函数。

8. 其他人还包括坎伯兰（1966）、伊萨德（1969）、瓦西里·列昂季耶夫（1970）

和维克托（1972）。只有戴利和维克托在他们扩展的表格中包含了物质平衡，维克托还应用他的模型对加拿大的经济进行了实证研究。

9. 环境扩展投入产出表和模型现在已经被应用于多个地区，甚至被应用于全球层面。科提兹（2013）为环境扩展投入产出分析提供了有用的介绍，尽管他忽视了热力学、物质平衡和熵，而热力学、物质平衡和熵都是戴利（1968）的研究和其他早期研究的特点。联合国也进一步扩展了国民账户框架体系，其中纳入了环境维度，但是并没有达到戴利最初建议的全部程度（UN 2014）。

# 第五章　规模、分配和配置

> 我们都知道,"你不能用一块石头杀死两只鸟",至少在两只鸟独立飞行的时候不能。如果两只鸟正在一前一后地飞行或者都在同一个围栏上休息,那么或许可以实现一块石头杀死两只鸟。然而,如今的经济学理论告诉我们可以尝试用两块石头杀死三只鸟。
>
> ——赫尔曼·戴利

对政策的高度聚焦贯穿于戴利的作品。戴利的政策思路是将他的政策建议建立在清晰表述的原则上。在戴利最有影响力的原则中,他对规模、分配和配置的明确区分是其中的一个重要原则。规模是指相对于经济系统所处的生态环境系统,经济系统的物质规模的大小。分配是指根据不同的收入和财富水平,经济产出的所有权在人群(代内和代际)之间的归属。当确定规模和分配后,我们就可以决定配置了。戴利主张,三个政策目标有逻辑上的顺序,首先是可持续规模,接着是公平分配,最后是有效配置。戴利还说,根据简·丁伯根(Jan Tinbergen)的一个政策工具对应一个政策目标的原则(1952),上述三个政策目标应该分别有各自的政策工具。戴利认为,主流经济学家过分关注有效配置,从而忽略了可持续规模和公平分配,但这两者都不能由市场充分决定,必须设置为市场运行的决定性和前提条件。

在本章中,我们将探究戴利的"规模—分配—配置"三分法的背景、假设条件和理论支撑。相对于分配和配置，我们讨论规模更多一些，因为规模最容易被主流经济学所忽视，同时规模也是戴利在其作品中强调最多的主题。就像我们即将看到的那样，戴利关于规模的观点一直受到挑战和质疑，但他从不回避争论，正是在与哲学家马克·萨果夫（Mark Sagoff）和经济学家肯尼斯·阿罗（Kenneth Arrow）等著名学者的分歧中，戴利为有争论的议题提供了最为深刻的洞见。

> 经济体的规模、分配和配置在我试图理解印度尼西亚森林资源的开发和经济发展的可持续性之间的关系时，帮上了不少忙。
> ——马马特·拉赫马特（Mamat Rahmat）

## 从"空的世界"到"满的世界"

纵观几乎整个人类历史，人类社会及其经济规模相对于生物圈来讲是很小的，也就是说，人类的物质和能源使用以及土地利用转化规模一直很小。自从智人首次出现，在大约20万年的时间里，能够生存和繁荣发展的人类社会都是由当地和所处地区的自然条件所塑造的，根本不受任何全球层面的限制。自然深不可测，充满复杂的多样性，而人类则是渺小的。直到公元1000年，全球的人口规模还不到2.7亿（Maddison 2006，表B–10），几乎相当于现在印度尼西亚的人口规模，那个时候的建筑物都比较矮小简陋，每个人也没有多少财产。戴利将这段漫长的历史时期称为"空的世界"，主要是指人空。直到19世纪，也就是英国刚刚开始工业革命的时候，人类对生物圈的影响仍然是小的，这个世界仍然是空的。所有这一切在大约200年的时间内彻底改变了。在千禧年之际，"世界人口总量增长了 22 倍……人均收入增长了 13 倍,全球 GDP 总量增长了几乎 300 倍"(Maddison 2006, p. 19)。也许麦迪逊(Maddison)应该补充的信息是,在 20 世纪,全球的资源消耗量(生物量、化石燃料、工业矿石和建筑材料)增加了八倍,而且这种增长速度一直持续到 21 世纪(Klausmann et al. 2009),这些对于戴利提出的"满的世界"这一概念来说都是最基本的信息。克利和格拉德尔(2004)发现,截至 20 世纪末,对于大多数元素来讲,人类移动的量比自然移动得多。难怪地球科学家对全球层面的生态环境退化感到困扰,并督促人类在行星边界之内生活(Steffen et al. 2015)。全球的人口大约有 80 亿,其中很多人的消费水平远远超过了大约一个世纪以前除了最富有的人以外的所有人,第六次物种灭绝正在进行,地球上几乎没有一个角落没有人类的痕迹。因此,戴利有充分的理由宣称,我们已经生活在一个"满的世界"[1]。

从人类的视角来看,这个世界已经大不相同,"满的世界"呼唤不同的经济学。戴利认为,在空的世界,经济增长的制约因素是资本。一个经济体的物理资本存量(基础设施、建筑物和设备)是通过投资形成的。只要经济消费小于经济产出,我们在任何一年都能形成投资。今天没有被消费掉的东西可以用来投资,从而使得明天有更多的消费成为可能。如果一个社会中的大部分人只能维系温饱,没有多余的东西留存,那么形成投资就不那么容易了,甚至是不可能的。正是投资和资本存量积累,再加上政治和文化的变革,使得过去两个世纪非凡的经济增长成为可能;尽管这个经济增长过程在国家和地区层面是不均衡的,有时不均衡程度还很严重,而且经济增长的收益主要被一小部分人群享用,随之而来的是更加严重的不均等(Piketty 2014)。

自从戴利十几岁时第一次去墨西哥旅行以来,他就深深地意识到了这种不均等的经济发展模式。戴利一直反对经济的持续扩张是解决不均等问题的办法这一观点,其中的原因我们将在本章和之后的章节中明确阐述。戴利的观点是,我们已经生活在一个"满的世界",限制性要素从人造资本转变为自然资本。为了说明这个观点，戴利经常举捕鱼的例子，即如今的捕鱼已经不再受渔船太少的限制，而是受鱼太少的限制。戴利认为，自然或者本书中有时称作的"自然资本"，已经取代人造资本成为经济增长的限制性因素。这不仅仅是因为包含扩张经济体的生物圈本身不扩张，而且是因为经济增长已经耗尽了自然系统的再生能力，以及经济增长所依赖的地壳中的矿物质存量[2]。

戴利关于经济增长的限制性因素已经从人造资本转变为自然资本的观点，不是很容易被传统经济学家接受。传统经济学家关于经济生产最为根本的假设就是所有的投入要素都是可以彼此互相替代的。上述生产观点不同于跟资本储备、劳动力储备处理与转化物质和能源流有关的生产观点。不同的储备可以彼此替代，不同的物质和能源流也可以彼此替代，但是一般来说，储备和流量之间是不能互相替代的（Daly and Farley 2011, pp. 156～157）。储备和流量本质上是互补关系，即它们必须一起使用才能带来产出。一方的短缺所造成的问题不能由另一方的更大量的使用而得到解决。例如，充足的伐木设备和足够大的森林能够带来大量的木材供应；但如果伐木设备短缺，即使森林面积足够大，木材的供应仍将短缺；同样的道理，如果森林面积很小，即使伐木设备充足，木材的供应也会短缺；上述两种情况的不同之处在于，前者的限制性因素是人造资本，而后者的限制性因素是自然资本。戴利的观点是："空的世界"向"满的世界"的转变，导致了自然资本取代人造资本成为经济产出的限制性要素。[3]

当戴利在20世纪60年代写作《作为生命科学的经济学》的相关内容时，他似乎就清楚地意识到，外界条件的改变使得我们应该关注经济的规模问题。在这方面，戴利应该受到了生物学家约翰·伯顿·桑德森·霍尔丹（John Burdon Sanderson Haldane）的《关于合适的规模》（*On Being the Right Size*, Haldane 1926）这篇文章的影响。戴利很早就研读过这篇文章，后来当他意识到经济规模的重要性的时候又想起了这篇文章。在这篇文章中，霍尔丹解释道："每一种动物都有自身最合适的大小。如果某种动物的大小发生较大的改变，那么将不可避免地引起该动物的形态变化"（Haldane 1926）。戴利一直在思考，相似的变化是不是也适用于经济学。因此，戴利开始提出三个相关的问题：第一，经济有多大？第二，在不破坏生态基础的情况下，经济能有多大？第三，经济应该有多大？仅仅三个问题本身就引起了经济学界的轰动。而这三个问题的答案（有些答案尚不成熟），势必也将引起更大的波动。

# 目标的层次结构

1991年10月28日，戴利受邀到荷兰环境部发表演讲，在演讲中他首次提出规模、分配和配置的层次结构的思想。当时从美国飞到荷兰，戴利深受时差的影响，极度清醒、无法入睡，于是他围绕可持续规模、公平分配和有效配置三个目标的逻辑层次和政策顺序，重写了之前准备好的演讲稿。戴利的演讲以及与听众的讨论都进展得很顺利。也许是时差能激发创造性思考吧。戴利将演讲稿重新整理出来发表（Daly 1992b）。在这篇被引用了将近1000次的影响深远的论文中，戴利对规模、分配和配置做了以下定义：

> 配置：……资源流在不同生产用途之间的应用，如多少资源流用于汽车生产、鞋子生产、犁的生产、茶壶的生产，等等。
> 分配：……由资源流所生产的最终产品和服务在不同人群之间的相对归属。也就是说，有多少商品和服务属于你，属于我，属于其他人，还是属于子孙后代？
> 规模：……吞吐量的物理量，即物质和能源流（从环境中获取的低熵原材料和最终回归到环境中的高熵废弃物）……在可

持续的基础上，相对于生态系统再生原材料投入和吸收废弃物产出的天然能力……经济的规模相对于固定不变的生态系统来讲是很重要的。

（Daly 1992b, pp. 186~187）

根据上述的这些定义，戴利为规模、分配和配置分别设置了合理的政策目标，提供了规范性的标准：

配置：好的配置是指高效的配置，也就是根据个人支付能力决定的偏好，来决定资源在产品最终使用之间的配置。

分配：好的分配是公正的或者公平的分配，或者至少不均等程度被限制在某种可接受范围之内的分配。

规模：好的规模最起码是可持续的规模，不会随着时间的流逝，侵蚀环境承载能力。

为了完成他的分类法，戴利为实现配置和分配的政策目标，提供了相应的政策工具：

配置：实现高效配置的政策工具是相对价格，而相对价格由竞争性市场中的供给和需求决定。

分配：实现更加公平合理分配的政策工具是转移支付，即税收和福利支付。

戴利将可交易的污染排放权视为"解释规模、分配和配置三者之间的依赖关系和恰当关系的完美例子"。（Daly 1992b, p. 188）在举出这个案例时，戴利对实现合适规模的政策工具有了更加清晰的认识。戴利指出了任何排放交易系统的三个必要组成要素。例如，美国在1990年推出的应对酸雨的排放交易系统和欧盟在2005年推出的旨在减少温室气体排放的交易系统。对于任何排放交易系统来讲，规模都是第一要素，政府根据某一地区的具体排放源设定可以交易的排放总量。分配是第二要素。排放限额或者排放许可被分配到排放源。排放限额或者排放许可可以被赠予，也可以被拍卖，抑或是两者的组合。戴利更加倾向于拍卖的选项。配置是第三个要素。配置允许排放源交易它们获得的配额或者许可。对于那些能够以成本更低的方式减排的排放源来讲，它们有驱动力去交易配额，因为它们可以通过将多余的配额卖给减排成本更高的排放源来获利。对于那些减排成本更高的排放源来讲，只要新增加的排放配额的价格低于它们避免的减排成本，它们就能节省费用。排放配额的交易对于允许的排放总量没有任何影响，但却降低了减排的总成本，因此配置效率提升了[4]。

从上述的例子中，戴利得出两个主要结论，他认为这两个结论一般来讲是适用于"满的世界"的。第一个结论是，规模、分配和配置遵守一个逻辑顺序。基于较高水平的经济产出带来的收益和随之而来的环境和社会成本，我们必须首先确定经济的合适规模。给未来的子孙后代带来的影响也应该纳入考虑，尤其是枯竭的矿井和水井、生物多样性的减少、温室气体等污染物的积累带来的影响。一旦经济规模得以确定，接下来要考虑的就是经济产出的公平合理分配。在现代经济体中，经济产出的公平合理分配归根结底就是收入和财富的公平合理分配，而这可以通过税收和转移支付来调整。在可持续规模和公平分配被确定后，这个时候就可以利用竞争性的市场，在不同的市场目的之间配置资源，供给和需求决定的价格将在其中扮演重要的角色。需要特别注意的是，市场机制并不适用于自然垄断（如集中的电力生产）和非竞争性的商品（即一个人消费某种商品和服务并不会减少其他人消费的机会，如路灯和信息，这样的商品和服务就是非竞争性的）。

> 作为一名经济学的副教授，我把规模、分配和配置的概念作为我"原理"课程的首要分析框架。
>
> ——格尔达·凯斯（Gerda Kits）

# 政策目标和政策工具数量相等的丁伯根原则

紧接着规模、分配和配置的逻辑顺序，戴利就转向了他的第二个主要结论，即对于每一个政策目标，都需要一个政策工具。政策工具和政策目标数量相等的原则是由简·丁伯根（Jan Tinbergen）提出的，他也获得了诺贝尔经济学奖（1952）。丁伯根通过观察发现，通常来讲，任何旨在满足某一个具体政策目标的政策工具（无论是监管、税收还是补贴）也将会影响其他的政策目标。以所得税和碳税为例，两种税收都是政府提升税收收入的工具，这是一个政策目标，而两种税收都能降低碳排放，这是另一个政策目标。加拿大政府在2019年推出的碳税，使得其纳税主体有了减少碳排放的经济上的动力。碳排放越少，他们需要支付的碳税就越少。所得税会减少人们的消费支出，继而减少经济生产，最终减少碳排放。碳税和所得税都能为政府带来税收收入。因为这两种税会影响两个政策目标，所以仅仅依赖一种税收来既满足增加政府税收收入的目标，又满足降低碳排放的政策目标，几乎是注定要失败的。例如，旨在实现减排目标的碳税税率，不可能同时实现满足政府税收目标所需的税收。丁伯根表明，在这样有两种政策目标的情况下，很有必要应用两种政策工具，而且这两种政策工具都要能够影响这两种政策目标。推而广之，丁伯根表明，如果我们想要同时实现所有政策目标，那么任何数量的政策目标都需要同样数量的政策工具。

在确定了政策工具至少应该跟政策目标一样多的要求后，丁伯根进一步表明，政策工具和政策目标的匹配也非常重要。让我们继续讨论所得税和碳税的例子。设想一种有两个政府部门的情景：财政部负责增加政府税收，主要应用所得税这个政策工具，而环境部负责减少碳排放，主要应用碳税这个政策工具。尽管这两种税收都会影响这两个政策目标，但是丁伯根表明，即使财政部和环境部完全独立地设置两种税收的税率，这两种政策目标还是可以同时实现。通过一个学习和调整的过程，财政部和环境部将会不断地调整它们所控制的税种的税率，直到实现它们各自负责的政策目标。问题的关键在于实现政策工具和政策目标的匹配，这样，每个政府部门所负责的政策目标对于其所控制的政策工具的回应性都是最强的。

# 普拉卡什、古普塔与戴利的辩论以及施特文与戴利的辩论

戴利应用政策目标和政策工具数量相等的丁伯根原则，看起来似乎不会有什么争议。然而，戴利却因此在多个场合受到批评。

> 上述提出的简单方案存在诸多问题。如果一个政策工具影响不止一个政策目标会怎么样？……丁伯根的政策目标和政策工具的一一对应原则是非常容易引起争议的。
>
> （Prakash and Gupta 1994, p. 89）

> 将"独立"解读为有可能将规模议题和其他目标独立开来，是有致命错误的……所有的目标和工具都是相互影响的，必须一起实现，一起发挥作用。
>
> （Stewen 1998, pp. 122, 124）

戴利以他一贯令人尊敬的方式回应了这两种批评，这显示出戴利愿意参与讨论和辩论的意愿，甚至说是渴望参与。戴利承认在术语方面有点小问题，"也许我应该说三个可以分离的问题，而不是三个独立的问题"

（Daly 1994b, p. 90），但是他还是坚持政策目标和政策工具数量相等的立场。在回应施特文时，戴利说道，"在丁伯根的基础上，我想表达的是联立方程意义上的独立。"（Daly 1999a, p. 1）对于联立方程组来讲，基础代数要求我们为每一个未知数设立一个方程式，这恰恰是由变量之间的内部关系决定的。戴利紧接着说，少于三个政策工具不可能同时满足三个政策目标。"从政策的角度看，我们不能指望价格（一个政策工具）能服务所有三个政策目标。我们需要一个单独的工具来服务分配的政策目标，同时需要一个单独的工具来服务规模的政策目标。"（同上）上述结论是从政策工具和政策目标的互相依赖中得出的，戴利对此是完全认同的。戴利没有解释的是，当政策目标有等级关系时，就像戴利假定的规模、分配和配置关系那样，丁伯根分析中假设的同时相互依存是如何应用的。

在戴利1992年的论文以及他对普拉卡什和古普塔、施特文的回复中，他没有足够清楚地强调丁伯根的一个关键见解，即政策工具与其最具影响力的政策目标之间的匹配，就像上文解释的那样。戴利极力主张，我们不能从竞争性价格中获取公平分配，我们也不能从公平分配和高效配置中获取最优规模。戴利主张，按照相反的方向开展行动才是合乎逻辑的，即从规模到分配，从分配再到配置。2003年10月，在加拿大阿尔伯塔省贾斯珀市，戴利在给加拿大生态经济学会所作的主旨演讲中，对他的这一论点作了最好的解释说明。戴利提醒听众，"经济学家长期以来都认为，资源的最优配置（帕累托最优）及其导致的价格集都要求收入分配处于一定的水平。"（Daly 2007a, p. 99）最为高效的经济体是实现了帕累托最优的经济体，也就是在不致使至少一个人的处境变糟的情况下，资源的配置不能被改变。当所有双方都认同的贸易机会穷尽的时候，帕累托最优式的资源配置才能实现。戴利继而指出，"……存在不同的帕累托最优式的配置或者每种可能的收入分配"（同上），这也是主流的福利经济学的标准结果。因此，我们可以得出，价格不能独立地决定收入和财富的公平分配，因为价格反映了当前盛行的分配方式。而不同的收入和财富分配会产生不同的价格。

戴利将这个论述扩展到了规模。价格依赖规模，也依赖收入和财富的分配。

> 除非我们已经知道最优规模，否则我们不可能知道最优规模对应的新价格……根据价格衡量的边际成本等于边际收益来计算最优规模是一种循环，这其实就是假设我们刚开始就已经处于最优规模状态了。
>
> （同上，p. 101）

基于此，戴利总结到，获取最优规模时我们不能使经济规模超过边际收益等于边际成本的点，因此"除了价格、交换价值和边际效用的比值，我们还需要一些衡量收益和成本的指标"。（同上）戴利并没有指出其他的衡量方式应该是什么，但是他确实提出了这些衡量方式所应该基于的原则，即"生态可持续，包括代际之间的公正和物种之间的公正"。（同上，pp. 101~102）

经济相对于其所嵌入的生物圈的大小，即经济规模，是很重要的，因为生物圈的规模是有限制的。不仅如此，随着经济的物理规模不断扩大，生物圈提供经济所依赖的商品和服务的能力也会下降。戴利在很多场合多次重申这些观点。在加拿大贾斯珀的演讲中，戴利对于为什么经济规模至关重要又新增了两条理由。就像霍尔丹指出的那样，我们不可能按照相同的比例增加一个物理对象的所有维度，因此我们也同样不可能按照相同的比例增加一个经济体的所有维度。这对于价格会产生一定的影响。即使所有商品的数量都能按照同样的比例增加，但是这些商品的边际效用和价格不会按照同样的比例增加。戴利总结到，价格应该由规模和分配决定，而不是反过来。

主张规模、分配和配置之间有一个逻辑顺序，即从规模到分配再到配置，而不是相反，并不是指规模、分配和配置的目标能够而且应该孤立于彼此进行独立设置。"戴利的论文表明，目标之间严格的等级顺序是符合规范性要求的，'最优状态'的目标规划是有可能独立于彼此的，目标之间的取舍是微不足道的。"（Stewen 1998, p. 119）戴利考虑的首要问题是，规模在很大程度上被政策制定者和绝大多数经济学家所忽视，他们或明或暗地假设经济能够没有尽头地持续增长。在确认我们需要一个合适的规模政策目标后，戴利解释道，规模的政策目标不能从分配和配置中获取，而是应该由规模本身的具体情况决定，即相对于经济所在的生物圈的大小来定。与施特文相反，这并不意味着当深思熟虑一个规模目标时，规模目标对于分配和配置的影响就不重要、可以被忽略，因为只是基于自身的考虑不可能实现规模目标。

在他对戴利的规模、分配和配置的等级顺序进行批判性地评估时，施特文认为戴利保留了太多新古典经济学的框架。施特文引用经济学家费伊·达钦（Fay Duchin）的观点来支持他的论述，即戴利只是在"新古典经济学的范围内"增加了规模的问题，"并未触动新古典经济学的分析核心"。（Stewen 1998, p. 122）施特文反对将规模、分配和配置进行独立讨论，转而主张一个"共同进化"的观点。"戴利是在比较静态学（在不考虑一种状态到另一种状态的时间路径的前提下，比较不同的经济状态）的视角下讨论问题的。但是，在一个动态的、演变的世界中，戴利的模型和隐喻有一定的误导性。"（同上，p. 120）

施特文说道："巨大的危险就是忽视这个问题的复杂性……"（同上，p. 121）对此，戴利回复道：

> 说得有道理。但是，我更担心另一种相反的危险，即当我们足够幸运地发现这个简单性的时候，却没有寻找和利用它。引用《奥卡姆的威廉》（*William of Ockham*）的话就是："实体不应该超出必要的规模倍增……"共同进化的相互依赖性也不应如此，避免我们在行动之前就认为我们需要做所有的事情，从而导致我们无所作为。
>
> （Daly 1999a, p. 2）

施特文礼貌但又清楚地告诉戴利，戴利并没有从新古典经济学中脱离出来，因为他忽略了问题的复杂性和政治因素，这正是其他人指责戴利的地方（详见第十章）。戴利的回应是，在能发现简单规则的地方，强调简单规则的重要性，同时避免无能地认为改变要么是所有，要么是一无所有。戴利认为应用税收和转移支付来降低不均等程度是有价值的，他还提议最高收入和最低收入都能成为公共政策。戴利同时相信，市场在配置经济产出方面可以扮演有用的角色，前提是市场的竞争是合理的，并且要接受监管，从而避免市场力量、雇员和环境的滥用（Daly and Farley 2011，详见第十章）。在一定程度上，戴利和新古典经济学家在关于市场在配置中的优点上差异是不大的，但是当谈论到规模和分配的时候（尤其是规模），戴利和新古典经济学家的认知存在天壤之别。

# 萨果夫与戴利的辩论

1994 年，离开世界银行后，戴利加入了马里兰大学的公共事务学院，在那里遇到的其中一个人就是马克·萨果夫。这两位教授有很多共同点。萨果夫是一位久负盛名的哲学家，他对于经济和自然也有着浓厚的兴趣。萨果夫以对环境经济学的批评而著称，他常常批评环境经济学对待环境的工具性方法，并用货币对人类享用的环境服务进行评估。戴利当然也是一个环境经济学的批评者，但是他批评的原因与萨果夫不同。戴利也对哲学充满了兴趣。这本可以促成思想上的碰撞，甚至是富有成效的合作，但是事实并非如此。

戴利和萨果夫的分歧在 1995 年公之于世。在 1995 发表的一篇论文中，萨果夫将注意力转向了生态经济学，这篇论文特别关注了戴利，在文中提到戴利 29 次，并在 10 处引用了戴利的专著和论文（Sagoff 1995）。

一直以来，戴利和萨果夫分歧的根源都在于他们完全不同的哲学立场。萨果夫是一个康德学派的伦理学家，他对环境保护主义的看法与亨利·戴维·梭罗（Henry David Thoreau）和约翰·穆尔（John Muir）的看法接近。他们"关注的是自然的固有属性，而不是将自然的经济收益视为保护自然的理由"。（同上，p. 610）在他们看来，环境保护主义应该根植于精神属性，而不是建立在人类对自然的利用上，尤其是诸多用途之间的选择是基于成本-收益分析并用货币来评估时。

在他1995年的论文中，萨果夫批评生态经济学家试图"证明基于工具性理由进行环境保护是正确的"。（同上）我们尚不清楚萨果夫认为戴利在多大程度上对此负有责任，但由于萨果夫在论文中频繁提到戴利的作品并且知道戴利是生态经济学的奠基人之一，我们可以合理地假设，萨果夫指责生态经济学家和主流经济学家在结果主义道德伦理和工具价值方面几乎是没有差异的，而指责的对象一定是包括戴利的。

但将戴利和萨果夫区分开来的并不是精神性。在戴利的"目的—手段"光谱中，我们可以看到戴利崇尚一个更高层次和精神层面的最终目的，所有的中间目的（主流经济学关注的焦点）都应该为这一最终目的服务。对于戴利来讲，最终目的存在于"上帝的创造及其进化潜能"之中，最终目的是有固有价值的（Daly 1995b, p. 624）。为了保护和强化这个固有价值，戴利诉诸"对我们行为结果的成本和收益进行审慎推理"（同上）。在这种情况下，我们应该在更广泛的范围内理解成本和收益，而不是简单地理解为包含在传统成本-收益分析中的成本和收益，传统的成本-收益分析有其自身的概念性和方法论的问题。

为了揭示萨果夫哲学立场的弱点，戴利提出了好几个反问："好吧。现在我们站在你的哲学立场上，那么你告诉我人口规模应该有多大？人均资源消费的合适水平或范围是多少？我们能正当地占用多少其他物种的栖息地以供人类使用？"（同上，p. 621）戴利认为，萨果夫关于要做什么的观点，就是要做与自然固有价值内在一致的事情，而不是基于人类行为结果的理性评估来选择要做的事情。戴利认为,让萨果夫走到这一步的是技术乐观主义,这一点贯穿了他的论文。

> 技术乐观主义加上康德学派的道义论就是炼金术士的灵丹妙药。这意味着,我们并不需要严肃关注结果主义的道德伦理,因为科学技术总能够中和任何不幸的结果。因为所有抵消的负面结果都能被技术抹去,所以除了行为的内在正确性(基于哲学家直觉的权威性)之外,没有留下任何标准。
>
> (同上,p. 621)

戴利并不认同萨果夫所秉持的技术乐观主义。戴利认为,正是技术乐观主义让萨果夫基本上忽视了结果,因为如果有不好的结果,我们也能依赖科学技术找到解决方案。

萨果夫对生态经济学和戴利的批评所基于的特别议题就是承载能力。戴利在他的反问中暗示,萨果夫并没有对这个议题给出答案。地球支撑生命(尤其是人类生命)的能力是有限的,并且正在被超越,这一观点是戴利对经济规模感兴趣的根本原因。

萨果夫指出了他所批评的关于地球承载能力的五个命题。第一个命题是,生态经济学家声称熵限制了经济增长。地球接收到的太阳辐射量远远超过化石燃料燃烧产生的能量,而且能源效率有可能提升,因此萨果夫认为:"关于热力学第二定律如何限制经济增长,并不是很明显"(同上,p. 613)。萨果夫继续用他的第二个命题来批评生态经济学和戴利,即通过增加储备量、用稀缺性较小的资源作为替代以及更加高效地使用资源,知识、聪明才智和发明创造"总是有可能缓解资源稀缺"(同上,p. 611),主流经济学家也持有这个观点。

戴利认为,对于萨果夫来讲,"知识是关键,资源是微不足道的……"好像知识就是非物质的一样。但是戴利同时指出,"要让知识对经济发挥作用,它就必须要在物理世界中留下印记"。知识存在于书、大脑、字节等各种各样的物理结构中，没有一个是永恒不变的。"熵融化了这些物理结构，这就使得有必要从环境中持续输入低熵的物质和能源来维持物理结构……"（同上，p. 622）萨果夫将知识视为资源和生产性资本的替代品，而戴利将知识视为互补品。

> 尽管有诸多可能性可以用一种低熵源替代另一种低熵源，但是没有什么东西可以替代低熵本身……智能的替代和技术的适应不应使我们忽视根本性限制的存在，对于根本性限制来讲，智能和技术仍然只能是适应。
>
> （同上）

正如戴利所说，认为食谱（即知识）能够替代食材（即资源）是错误的，因为食谱和食材对于制作面包来讲都是必要的。戴利对制作东西实际上需要什么的敏锐意识，也许来自他在父亲五金店工作多年的经历。

萨果夫第三个批判性的命题是，生态经济学家用物质和能源吞吐量重新定义经济增长，而不是用 GDP（最终产出的货币价值）定义经济增长。戴利比任何人都坚持区分量的增长和质的发展。就像没有发展的增长是可能的一样，没有增长的发展同样是可能的。物理层面的增长就是戴利所指的规模扩张。萨果夫基于两个主要原因，反对进行增长和发展的区分。第一个原因是，如果生态经济学家衡量生活质量提升所用的指标跟传统经济学家使用的一样，那么生态经济学家所指的发展和主流经济学家所指的增长实际上没什么差异。第二个原因是，尽管萨果夫顺带承认了"增长在主流经济学中不是一个科学术语……"（同上，p. 614），但他还是认为增长通常指的是 GDP 的增长率。

戴利并没有被萨果夫的论证说服。戴利认为，增长（量）和发展（质）的区分"从字典上看都是很直接的，因此它并不像萨果夫宣称的那样古怪"。（同上，p. 623）同时，戴利指出，GDP 是增长和发展的混合体，将增长和发展混淆在一个指标中是令人费解的。首先来讲，GDP

隐匿了经济产出的物质部分。戴利认为经济产出的物质部分不能无限制地增长，这也让其他人辩称经济增长没有限制，因为他们考虑的是市场价格所代表的质的部分。尽管如此，就像戴利在其他作品中评论的那样（如 Daly and Cobb 1994，第三章），国家收入的统计人员在计算 GDP 增长时，是将价格保持不变的。这样，他们就可以用通货膨胀调整后的"真实"GDP 的变化作为量化增长的衡量指标。戴利认为，将真实 GDP 视为一个独立于物质维度的价值指标是错误的，因为这会导致我们得出错误的结论，即经济能够永远增长[5]。

萨果夫对承载能力会限制经济增长的思想发起的最直接的挑战聚焦在一篇论文上。这篇论文的作者是彼得·维托塞克（Peter Vitousek）领衔的一组生态学家，它相比于萨果夫 1995 年那篇批评生态经济学的论文，要早几年发表。维托塞克等作者评估发现：

> 地球上将近 40% 的潜在净初级生产力（Net Primary Productivity, 简称 NPP）都因为人类活动，被直接使用、指派或者摒弃了……净初级生产力为所有异养生物（消费者和分解者）的维持、生长和繁殖提供了基础；净初级生产力就是地球上的所有食物资源。
>
> （Vitousek et al. 1986, p. 368）

包括戴利在内的很多生态经济学家将这个评估解读为人类经济规模的一种衡量方式，并且从中得出结论，即随着人类占有光合作用净产出的比例越来越大，经济增长最终会受到限制，在这个过程中还会不断剥夺其他物种的栖息地和食物，进而将它们推向灭亡。

萨果夫反对维托塞克对数据的解读和所作的展望，他反而注意到 1950 年至 1989 年，全球的粮食产量与世界人口数量是同步增长的。这并不是更多农业土地投入使用的结果，而是农业产量提升的结果。萨果夫同时质疑经济增长需要征用越来越多的有机物质这一前提。他将服务业（信息产业、通讯产业、医疗科技产业、教育、金融等）描述为"经济增长的伟大引擎"（同上，p. 616），并且认为这些服务部门不依赖于净初级生产力。因此，萨果夫认为我们找不到净初级生产力限制经济增长的任何理由。另一方面，戴利主张，维托塞克和他的同事的计算"是一个合理的尝试，为人类经济规模相对于整体生态系统的大小赋予了数量化的维度"。（同上，p. 623）这一次，戴利并没有像以前一样指出，萨果夫所强调的食物产出增加主要是因为更多石油燃料的消耗，而由于有限的供应和气候变化，石油难以长期依赖。（Daly 1977a, p. 10）

萨果夫的第五个也是最后一个命题是，面对环境的不确定性时，生态经济学家支持使用预防性原则。他对这个听起来很合理的方法表示不屑的唯一理由是：生态经济学家提供了"很少的关于预防性原则意味着什么的说明。"（同上，p. 618）戴利的回应是将预防性原则和萨果夫的技术乐观主义进行比较，并利用此次机会推动将预防性限制应用到吞吐量上，"如果一个人是技术乐观主义者并且相信资源对于经济过程是无足轻重的，那么这个人就不应该反对限制资源吞吐量从而提升其价格的政策。这样的政策会带来有利于资源利用效率提升的技术进步，技术乐观主义者正是对这样的科学技术充满了信心"。通过这种方式，戴利试图在两个立场之间架起沟通的桥梁。采取预防性原则，限制吞吐量会提升自然资源的价格，鼓励各种技术变革，萨果夫坚信这将帮我们渡过难关。令人遗憾的是，戴利的尝试并没有奏效。对于戴利的尝试，萨果夫仍然无动于衷，之后的很多年他仍然使用许多与 1995 年相同的论点来批评生态经济学（Sagoff 2012）。尽管他们的观点长期存在分歧，但戴利发现自己很难不喜欢萨果夫，"他是一个喜欢争论的哲学家，在争论中持公平立场，愿意听取反对意见，他也很聪明，即使在他错了的情况下也能赢得辩论。"（与戴利的私下沟通）

## 阿罗等人与戴利等人的辩论

2007年,由经济学家和生态学家组成的两个阵营也进行了同样有趣且有建设性的观点交流,这场交流总体上是礼貌的。这是少有的几次机会,新古典经济学家足够认真地对待戴利,以书面的形式回应了戴利的观点。两个阵营中,一边是由肯尼斯·阿罗(Kenneth Arrow)领衔的,他是20世纪最有成就的新古典经济学家之一,另一边就是由戴利领衔。在使阿罗获得诺贝尔经济学奖的诸多学术贡献中,有两项是以他的名字命名的。第一个学术贡献出自他在1950年发表的博士学位论文,即广为人知的"阿罗不可能定理"(Arrow Impossibility Theorem,Arrow 1951)。阿罗感兴趣的是,在什么样的条件下,社会层面的备选方案排序能够从社会内个人备选方案的排序中获取。阿罗证明,如果任何选举系统满足了一系列与民主相关的非常合理的条件,如允许所有选民决定所有备选方案的排序以及不存在独裁者,那么就不可能从这样的选举系统中获取备选方案的"社会"排序。

以阿罗名字命名的第二个学术贡献就是"阿罗-德布鲁一般均衡模型"(Arrow–Debreu model of general equilibrium,Arrow and Debreu 1954)。阿罗和他的同事——经济学家杰拉德·德布鲁(Gérard Debreu)共同证明了:在一定条件下,市场中一些供给等于需求的不同商品会同时标有许多不同的价格。这个证明至今仍然是新古典主义经济学竞争性市场分析的理论基石。

21世纪初,阿罗与10位著名的经济学家和生态学家一起讨论了"人类对地球资源的使用是否正在威胁子孙后代的经济可能性"这个话题。(Arrow et al. 2004, p. 147)。他们的目标之一就是协调悲观的生态学家和乐观的经济学家之间的"直觉冲突"。生态学家的悲观主义是基于戴利在描述"满的世界"时所使用的同一类信息。按照索洛和斯蒂格利茨开发的论证路线（见第四章），乐观的经济学家还是在强调人造资本、人力资本和科学技术进步在弥补不断减少的自然资源方面的潜力。

阿罗所在的群体提供了评估消费的两个不同标准：①效用现值的最大化标准；②可持续标准。在第一个标准中，"效用"（即福利或者幸福）是从消费中获取的。他们所定义的消费"广泛地包含了所有产品和服务（包括生物多样性），无论是否在市场中交易"。他们继续说道，消费"并不能体现增进福祉的所有因素，如陪伴和团体精神"（Arrow 2007, p. 1365）。在对消费进行定义之后，他们对不同时期的消费进行"贴现"，这样在比较不同的消费路径时，当代人和未来子孙后代长期享受的消费就会在今天被赋予较小的权重。从数学上讲，这是通过将任何人在任何时候从消费中获取的效用除以贴现系数来实现的，贴现系数随时间呈现指数化增长。贴现就是将从当前消费中获取的效用流转化为无限的未来，然后再加总为对等的现值。

阿罗所在的圈子寻找了一个能使消费效用现值最大化的消费路径，从而判断如今的消费与最优路径相比，是否超过了消费水平。"换句话说，如果降低现在的消费水平并增加对资本资产的投资（或者减少撤资），能够提升未来的效用，来足以补偿（即使在贴现后）现有效用的损失，那么现在的消费就是过量的。"（同上，p. 149）基于效用现值最大化的标准，阿罗等人对于"我们是不是消费得过多"这个问题给出的答案是，"好几个因素——不能完美地集合风险、对资本收入征税和自然资源定价过低，都导致了过量的消费……在这些缺陷中，自然资源定价过低对我们来讲是最为明显的……虽然证据还远不够充分，但我们还是找到了一些证据来支撑下述观点，即经济产出中的消费份额可能大于效用现值最大化标准计算出来的份额。"（同上，pp. 159~167）

阿罗等人所引用的支持上述结论的实证证据并不是那么直接，因为

"没有人能够认真地宣称可以准确指出一个实际经济体当前消费的最优水平"。(同上,p. 155)他们在理论模型中考虑了好几个要素,如贴现率、缺少完整的期货市场、税收以及上述要素随时间的变化对消费和投资的可能影响。然而,他们忽视了营销行业和消费的其他社会压力的影响,这些影响在阿罗等人的消费理论和真实生活的假设之间又增加了新的变数。

对于"基于效用分析,我们是不是消费了太多?"这个问题,主要的理论回答与阿罗等人应用实证证据和可持续标准做出的回答有很大差异。在这种情况下,阿罗等人明确指出,每一代人从广义的消费中获取的福祉必须等于或者大于之前一代人的福祉。他们推断出,这种条件要求"经济的生产基础必须得到维持,但这并不一定要求在任何特定时间维持任何特定的资源集合"。(同上,p. 151)

维持生产性资源总价值的要求被称为"弱可持续"。"弱可持续"基于一个假设,即人造资本能够容易地替代自然提供的任何东西。"弱可持续"和"强可持续"形成鲜明对比。在"强可持续"中,根据是否可以被替代,生产基础中的组成要素被明确区分。这就跟戴利和乔治斯库-罗金的立场密切相关,即一般来讲,储备(如人造资本)和流量(如资源)是互补关系,而非替代关系,这与强可持续一致,与弱可持续不一致。

为了检验弱可持续,阿罗等学者应用了世界银行对真正财富的评估,该评估最近才能从世界银行获取。真正财富就是"所有资本资产的会计价值"(同上,p. 152),也就是所有资本资产的货币价值。其中要对自然提供的所有没有价格的产品和服务进行"影子"价格的评估和应用。不同寻常的是,阿罗等学者在计算真正财富时还包括了人口因素,他们赋予人口一个"影子"价格,由此来统计人口规模随时间的变化。评估真正财富所需要的假设(即人是可替代的"资产",是经济生产性基础的一部分)和评估"人力资本"(即教育支出)所应用的数据都不支持评估结果的可信度。

至于生产性资产价值不降低的可持续标准,阿罗等学者认为:

> 我们……发现，有证据表明，全球有几个国家没有达到可持续发展的标准，它们对人力资本和人造资本的投资不足以弥补和抵消自然资本的损耗。在世界上一些最为贫穷的国家，这种投资问题似乎最为严重。
>
> （同上，p. 167）

阿罗等学者还提到，"富裕国家的高消费水平可能促使贫穷国家的资源过度退化，这将危及贫穷国家的福祉。"（同上，p. 166）这就意味着，根据生产性资产不降低的可持续标准判断的富裕国家可持续，可能是贫穷国家不可持续的一个原因。除了评论"富裕国家消费带来的消极副产品并没有在现有的人均财富变化的衡量标准中体现出来"（同上，p. 166），这个洞若观火的观察没有得到进一步探索。

发表阿罗等学者论文的《经济展望期刊》(*Journal of Economic Perspectives*)不能发表评论，因此戴利等学者在其他期刊上寻找机会，发表他们的观察并提出反驳意见。戴利等学者在《生物保护》(*Conservation Biology*)这个期刊上找到了发表评论的机会，他们对阿罗等学者的观点提出了一些批评，主要是关于规模的问题。(Daly et al., 2007) 戴利等学者开篇就问道：

> 对于地球上的其他部分来讲，我们是不是消费了太多？换句话说，人类经济的规模相对于包含经济的生物圈是否很大，以至于人类经济取代了生物圈的一些功能，而这些生物圈功能在边际上比新增的生产和消费更重要？
>
> （同上，p. 1359）

戴利多年以来，甚至几十年以来，都在琢磨这个问题。戴利认为阿罗等学者以错误的方式提出了正确的问题：

> 在阿罗等学者的分析框架中，询问我们是否消费得太多只

是意味着,"消费相对于投资是否太多",也就是总产出(无论总产出可能是什么)是否在各种用途之间实现合理配置,尤其在消费和投资之间?消费-投资决策其实是在现有规模下的配置问题,并不会影响现有的规模,因为投资和消费同样都是资源密集型。但是,它确实会影响经济增长。对于新古典经济学家来讲,经济规模永远不会太大。但是,如果投资相对于消费过多,经济就能过快地增长吗?

(与戴利的私下沟通)

戴利等学者继续他们对阿罗等学者的评论。戴利等学者坚称,规模的问题与配置的问题是截然不同的。新古典经济学的关注点"并没有意识到任何有关最优规模的问题……实际上,人类经济的规模是否最优,甚至是否可持续,都是一个问题。而被转化的物质的量在现在消费和投资之间的配置是否最优,则是第二个完全不同的问题。"(同上)戴利等学者甚至更加尖锐地指出:

> 对于阿罗等新古典经济学家来讲,过度消费并不意味着生物多样性的减少或者资源的过量使用,他们也没有意识到过度消费会带来一些很明显的后果,如生态服务的减少、污染的增加甚至是对庸俗"垃圾"的广泛购买。阿罗等新古典经济学家的意思只是说,如果想要分配资源,旨在最大化或者至少维持从现在一直到永远的社会中绝大多数尚未存在的、个人的、观测不到的主观效用(从理论上讲,个人主观效用的加总就是社会的主观效用),那么现在的消费相对于投资来讲就太多了。

(同上,p. 1361)

阿罗等学者回应了这个关键的评论,认同"戴利等人提出的最根本的批评就是我们的分析框架没有考虑他们所说的经济规模"。(Arrow et al.

2007, pp. 1363~1364）阿罗等学者主张，为了满足他们的"可持续标准，经济不能允许社会福利的跨期指数下降，这就反过来要求经济的生产性基础，也就是无限期生产物质和非物质商品和服务的能力，保持不变"。（同上，p.1364）阿罗等学者发展了下述思想：

> 社会的生产性基础是一个社会的真正财富，也就是经济中所有资产集合的社会价值，其不仅包含可再生资本（道路、建筑物、机器等）和人力资本（知识、技能、健康等），还包含自然资本［各种不可再生资源（如化石燃料和矿物质）和各种各样的可再生资源（如森林和生物多样性）］。
>
> （同上，p.1363）

这是一个十分典型的弱可持续视角，也是阿罗等学者跟戴利等学者交流中的主要争议点。然而，阿罗等学者确实承认，"会出现某一个时间点，彼时再多的可再生资本投资量也无法抵消自然资本的进一步下降。"（同上，p.1364）他们这样说，其实就是允许自然资本在边际层面被替代，但在总量层面并不一定，这就向强可持续的方向前进了一步。然而，他们没有清楚地表明我们是否已经达到了这种情况，但是他们指出，未来不同类型资本的影子价格变化的可能性将会揭示"进一步替代不可能的时间点"（同上，p.1364），暗指这种情况尚未到来。

这次观点交换表明了，关于经济和生物圈关系的判断，新古典经济学家将真实或者评估的"影子"价格视为最好（如果不是唯一的话）的信息源。这与戴利不知疲倦地推广在生态经济学中更多地使用生物物理数据（用自然单位表示，而不是用货币表示）的做法，有着显著差异。在没有发表的笔记中，戴利进一步反驳说："阿罗等学者在回复中宣称，他们最初论文的灵感是来源于对规模和规模组成的关注，这是很虚伪的，因为他们那个时候根本就没有讨论过经济的规模问题。"

戴利等学者提出的批评是，效用现值最大化的标准"没有提供任何线索以说明'跨时期社会福利'标准对相对于生物圈的最优经济规模这个更大的问题意味着什么"。在对上述批评的回应中，阿罗等学者仍然坚持他们的新古典经济学立场。他们认同戴利等学者的立场，即"代际平等是可持续发展的基石之一"，但是他们又宣称"由于对代际平等的判断就是比较尚未存在的个人的主观效用，因此我们还不能理解他们的方法学立场跟我们有什么不同"。（同上）

阿罗等学者没有看到彼此立场差异的一个原因在于，他们在回应中忽视了戴利等学者对真实的、物质的自然资源与效用的明确区分。有机的自然资源有增长率，因此有贴现的合理性，而效用与自然资源则不同。不能把今天的效用放置在一边，然后期待它明天会变得更大。因为物质可以遗赠，而效用不能，所以戴利等学者主张，基于真实的有形资源（而非效用）来考虑代际平等更有意义，效用更多只是"一种心理现象"。（Daly et al. 2007, p. 1360）

阿罗等学者和戴利等学者之间的辩论能够圆满结束主要归功于阿罗和戴利，他们分别是各自群体的学术带头人。尽管他们之间的差异是很大的，但是他们无论是在公开发表的观点交换中还是在私人信件中，都很认真地对待彼此的立场。2005年，阿罗在给戴利的信的结尾写道："非常感谢您给我的灵感"，而戴利在回信中则写道："祝您新年快乐！非常感谢您的耐心。"考虑到新古典经济学家和生态经济学家之间一般是不相容的，两方的友好互动也许代表了一种更高层次的交流。

## 本章结论

戴利对规模、分配和配置的明确区分被视为生态经济学的基础性成果。尽管如此，戴利还是面临一些批评。例如，乔治斯库-罗金的另外一名卓越的学生约翰·高迪就认为戴利的区分太"机械化"。高迪指责戴利，"没有提到资本主义经济的不均等、增长、积累和动态是如何交织在一起的"，并且指出，"只是关注经济规模（实际上，戴利并非如此），将经济规模视为只需要小修小补就能高枕无忧的事物，我们所处系统的基本属性还是没有变化，这就使得生态经济学往一个非常保守，甚至是新古典经济学的方向发展。"（Gowdy 2016, p. 81）

从普拉卡什/古普塔和施特文对戴利1992年论文的评论中，我们可以看出，戴利对规模、分配和配置所做的区分，并没有如他所期待的那样被很好地理解。规模、分配和配置是独立的，因为它们都需要各自的政策工具。但是，正如丁伯根在1952年所说，规模、分配和配置又是互相联系在一起的，因为每种政策工具都会同时影响这三个维度。丁伯根和戴利的不同之处在于，丁伯根的分析认为政策目标是同等重要的，而戴利认为规模、分配和配置是有层次和顺序的，这种差异也许会解释我们的一些困惑。

戴利坚持规模的重要性，这主要是源于他对世界已经由空转为满的观察。人类规模和人工制品还在继续扩张，维持它们运转的能源和物质也在继续扩张，然而我们生活的地球的大小却没有变化。如果我们不关注经济规模，或者如果我们继续认为通过市场价格就可以令人满意地解决经济规模问题，那么我们就要"期待"会收到大自然"馈赠"的日益严重的后果。这就是戴利50年来的警告，此类的证据还在不断增加。

如果经济规模是重要的，那么我们衡量经济规模的能力也很重要。我们选择衡量什么以及如何衡量，都取决于我们对想要衡量的东西的理解。一方面，新古典经济学家（本章的阿罗和上一章的索洛和斯蒂格利茨）的观点是用GDP这一价值指标来衡量经济规模。另一方面，戴利这位生态经济学家认为，经济规模首先要用物理单位来衡量。上述的不同观点都将在下一章再次出现。下一章将主要关注戴利在经济衡量方面的贡献以及他给予其他人在其思想基础上继续努力的灵感。

## 注释

1. 在这个意义上讲，戴利并不是第一个观察到世界已经变得"满"了的人。约翰·贝拉米·福斯特（John Bellamy Foster）引用了动物学家、演化生物学家和生态学家先驱埃德温·雷·兰克斯特（Edwin Ray Lankester）在《人类王国》（*The Kingdom of Man*, 1911）中的观点："这个世界（地球的表面）实际上已经满了，也就是说被完全占据了。"（Foster 2020, p. 63）

2. 将自然命名为自然资本并非没有问题，尤其是当用"影子"价格对自然进行货币化估值时。（Victor 2020）

3. 在生物学中，限制性因素的原则是非常常见的。它指的是，"供给（限制性）最短缺的要素（如某种特殊的营养物质、水或者阳光）将限制有机体或者生物群落的生长和发展。"（Oxford Reference 2017）

4. 碳排放交易体系还有很多其他的特点。经济合作与发展组织是碳排放交易的一个很好的信息来源。

5. GDP 还可以用一个经济体的新增价值的总和来衡量。戴利说，"我们必须更多地关注'增值的东西'"，这句话指的是"……新鲜的自然资源流（已经成为）……限制性生产要素"。（Daly 1995c, p. 451）

# 第六章　衡量经济

> 如果 GNP 是一根香烟,那么可持续经济福利指数(ISEW)就是一根装有木炭过滤器的优质香烟。如果你有烟瘾,那么最好还是抽一根带木炭过滤器的优质香烟。如果你沉迷于数量化的福利衡量,那么最好还是应用 ISEW。
>
> ——赫尔曼·戴利

本章致力于呈现戴利关于衡量经济规模的思想以及其他人受其思想影响和启发进行的工作。经济规模从根本上来讲是一个数量化问题。经济的规模就是大小,通常来讲是一个物体相对于另一个物体的大小,如一张地图的大小或者一个飞机模型的尺寸。戴利提到经济规模的时候,他指的是经济系统相对于生物圈或者生物圈的一部分的大小。他提到经济规模大小的时候,通常指的是物质和能量的吞吐量,或者是包含在人类自身及其积累的人工制品中的物质存量,有时候是两者都有。当然,吞吐量和存量是密切相关的。吞吐量是流量,用单位时间内的物质和能源衡量。存量是物质随着时间的积累形成的,在某一个时间节点衡量。

不管是地区经济、国家经济还是全球经济,对经济规模的衡量会自然地引起我们的思考:一个经济体是否存在最优规模。如果有,并且某一经济体的规模增长已超越了最优规模。戴利认为,这样的经济增长是"不经济"的,也就是说此时经济增长带来的边际收益很可能少于其带来的边际成本[1]。在实践中,很难判断经济增长是否超过最优规模,尤其是当经济增长的收益和成本在时间和空间上是由不同的人群来享受和承担时。在短期内,一个国家经济的最优规模在地区或者全球层面很可能是次优的,或者从更长时间范围内来看,很可能是次优的。就像乔治斯库-罗金所说,今天更多的凯迪拉克汽车也许意味着明天更少的人口(Daly 1996, p. 196)。

戴利认为,因为GDP不能系统地区分收益和成本,也不能区分量的增长和质的发展,所以我们不能应用GDP来判断经济增长是否退化为"非经济"增长。戴利是可持续经济福利指数(Index of Sustainable Economic Welfare,简称ISEW)的创始人之一,该指数旨在纠正应用GDP作为经济的标准衡量指标产生的一系列问题。我们将评估ISEW在这方面的成功程度,并将公平分配纳入讨论。公平分配在戴利提出的可持续发展三个目标中位列第二,第一个和第三个分别是可持续规模和有效配置。

# 衡量经济规模

在全球层面,经济规模的大小是相对于整个地球来讲的。戴利讨论人类从空的世界过渡到"满的世界"时,所应用的经济规模就是这个意思。在国家或者地区层面,经济规模的大小是相对于国家或者地区的生态环境或者占全球生态环境的比例来讲的,虽然戴利并没有明确说明这一点。

在新古典经济学中,经济规模通常是指具体经济活动的规模。当投入的增加相应地带来更大比例的产出时,就会出现"规模收益递增"的经济学现象。例如,一辆更大的载货卡车会降低每单位货物的运输成本。但是,新古典经济学家很少考虑经济的整体规模。戴利认为有两方面的原因(Daly 2017, p. 90)。第一个是新古典经济学假设我们拥有几乎无限的生态环境。例如,海洋中的鱼是足量的;森林看似是一望无际的;生态环境有足够的能力吸收人类废弃物;巨大的太阳能流量远大于我们从化石能源燃烧中获取的能量;以及早期的新大陆储藏着大量未探索和未开采的资源。站在18世纪末和19世纪初欧洲的立场上来看,当时亚当·斯密和大卫·李嘉图奠定了古典经济学的基础,上述观点也许是一个看待世界的合理视角。但是,这个观点在今天以及过去的几十年里都是不合理的,尽管新古典经济学家尚未清醒地意识到这些已经变化了的外部环境。

第二个假设是新的科学发现和科技进步能够应对可能出现的物质、能源和环境吸收能力的短缺问题,这种信念使得绝大多数经济学家忽略或者极少关注经济的规模。尽管在19世纪,有越来越明显的证据和事实说明,环境不是无限的,但是人类在科学和技术方面的惊人成就让很多人(包括经济学家)相信,人类的创新和聪明才智会让任何的环境限制都成为短期现象,人类一定会克服和战胜这种短缺。虽然没有明确表示,但是上述两个假设,无限的环境和科学技术创造的无限可能性,使得绝大多数经济学家能够继续他们的工作,并且基本上忽略了经济的规模问题。无论如何,这都是戴利整个职业生涯的主要观点。还有一个假设也很重要,即人类的欲望是无限的,单个商品受制于边际效用递减规律的约束,但是一般的商品则不受此规律约束。我们将上述三个假设结合起来,就会理解戴利的结论,"因为经济学家认为人的欲望是无限的,环境也是无限的,所以他们认为经济增长也将是永恒的。"(Daly 1980b, p. 83)

## 国内生产总值(GDP)

对规模缺乏兴趣并不代表对大小缺乏兴趣,事实上却截然相反。戴利观察发现,在非常基础性的议题上有不同观点的经济学家,比如绝大部分马克思主义经济学家和新古典经济学家,在谈论到经济增长的议题时,他们的观点是一样的。(Daly 1991a, p. 196)他们都认为经济能够并且应该没有限制地增长。最为常见的经济增长衡量方式就是经通货膨胀调整后的实际 GDP 的增加。GDP 是所有最终交易的商品和服务的价格乘以数量的总和。最终交易的意思是，这些商品和服务不是为了生产其他用于再销售的商品和服务。为了避免重复统计，"中间的"交易不再统计在 GDP 之中。GDP 包含家庭和政府购买的商品和服务，也包含企业和政府对新建筑项目、新设备和新软件的投资。GDP 还包含出口，因为出口的商品和服务是在 GDP 所统计的国家生产的。但是，GDP 并不包含进口，因为进口的商品和服务是在其他国家生产的。这就是 GDP 中"国内"的意思。GDP 中的"总值"的意思是，GDP 并没有减去资本的折旧和贬值，即使资本的折旧和贬值是生产成本。尽管商品和服务的衡量单位不尽相同，如苹果用千克衡量，汽油用升衡量，但是在 GDP 中，不同商品和服务的数量乘以它们的价格，使得加总所有商品和服务成为可能，从而得到一个用货币衡量的经济规模。

对 GDP 和经济规模的同等衡量方式是加总所有附加价值，也就是生产过程中每一个环节的劳动力和资本支付的加总[2]。戴利认为这个 GDP 定义特别实用，因为它促使我们进一步询问：附加价值是针对什么来讲的？戴利给出的答案是，附加价值是相对于资源吞吐量来讲的。正如戴利所说，"低熵的物质和能量是我们的最终手段，没有低熵的物质和能量，我们就无法满足任何一个目的，包括生存的目的。"(Daly 2007, p. 89)由于将经济中所有的价值归功于资本和劳动力，这个 GDP 统计惯例忽略了来自自然的任何贡献。"无论是在我们的生产理论还是价值统计方法中，忽略来自自然的必要贡献是个重大的错误。"(Daly 2007, p. 89)正如戴利反复阐明的那样，随着我们从人造资本是限制因素的空的世界过渡到自然资本成为限制因素的"满的世界"，这个重大错误在不断扩大。

为了避免经济产出的增长是因为价格的提升而不是数量的增加，当我们比较不同年份的 GDP 时，我们通常将价格限制为不变。比较 GDP

时，我们一般还是基于最终支出的总额计算得出的 GDP。计算经过通货膨胀调整后的真实 GDP 并不像表面看起来那样简单，但是这里陈述的基本原则已经足以帮助我们理解为什么 GDP 不是一个从纯粹的物质角度衡量经济规模大小的令人满意的指标。少量的高价商品和大量的低价商品在 GDP 中是一样的。这就是为什么主流经济学家在生产、交易和消费的物质对象的物理量减少的前提下，仍然认为 GDP 能够不受限制地无限增长。主流经济学家认为 GDP 构成的变化使得经济在资源使用量和废弃物产生量保持不变或者下降的前提下，还能够不断增长，尽管他们并没有明确表示增长能够持续多长时间。

在戴利看来，上述结论既没有合理依据，也没有被历史记录所证实。自从工业化开始以来，尤其是自 1900 年以来，随着 GDP 增长，我们消耗的物质和能源总量也大幅增加（Krausmann et al. 2018）。此外，人造资本中含有的物质也大量增加，一项评估显示其仅在 20 世纪就增长了 23 倍（Krausmann et al. 2017）。至于能源消耗，在 1930—2017 年，全球的能源使用量和 GDP 几乎保持同样的增速（Keen 2020）。

即使最聪明的大脑也会误入歧途

戴利向我们展示了，依赖 GDP 作为衡量经济规模的指标，即使最聪明的大脑也会误入歧途。在 19 世纪末的经济学"边际革命"以前，有一个常见的悖论，即水是生命之源，很重要但却很便宜，而钻石只能起到装饰作用，但是却很昂贵。边际分析将注意力聚焦在效用和成本增量变化带来的价值，而不是总效用和总成本带来的价值，这为"钻石–水"悖论提供了一个很好的解释，因为价格是由边际效用决定的，而不是由总效用决定的。根据边际效用递减规律，一个人在一定时间内，所消费的每一增量单位的商品所带来的边际效用是递减的。在热天吃冰激凌就是一个好例子。吃第一个冰激凌时是非常美妙的，吃第二个冰激凌时也许还是令人愉快的，但是第三个、第四个、第五个……带来的快乐就越来越少了，在某个时刻，冰激凌带来的快乐就为零了，继而再吃冰激凌，快乐就为负值了。如果某样东西，比如水，相对充足，那么其边际效用和价格都会比较低。相比之下，钻石是稀缺并且令人稀罕的，因此钻石的边际效用就像其价格一样要比水高得多。然而，作为生命之源的水的总效用要比钻石的总效用高很多，无论钻石多么光彩夺目。"重点是，尽管边际是最大化总量的可靠手段，但是在评估总量时，边际是非常不靠谱的手段，任何思索'钻石-水'悖论的学生都必须要意识到这个问题。"戴利继续发出警告：

> 任何一种经济命理学，如果要坚持掩饰这种欺骗，都应该在乔纳森·斯威夫特（Jonathan Swift）的《一个温和的建议》（A Modest Proposal）的讽刺酸性中彻底地浸泡一下……在《一个温和的建议》中，斯威夫特应用交换价值（价格）的计算，合乎逻辑地证明了吃孩子的"经济可取性"。

（Daly 1968a, p. 395）

在写完上述话近半个世纪之后，戴利发现有必要详细讨论三位著名的经济学家，尽管他并没有提及斯威夫特。戴利的目标是威廉·诺德豪斯（William Nordhaus）教授、威尔弗雷德·贝克曼（Wilfred Beckerman）教授和托马斯·谢林（Thomas Schelling）教授。诺德豪斯和谢林都是诺贝尔经济学奖的获得者，而贝克曼是一位卓越的、有影响力的英国经济学家。三位教授独立地评论气候变化对于经济产出总价值（用 GDP 或者等价的统计方式衡量）的可能影响程度[3]。以农业为例，三位教授做了相同的计算。他们观察的出发点都是，美国的农业产出价值大约占美国总产出价值的 3%。

关于气候变化的影响，诺德豪斯推断出"它不可能对美国经济产生非常大的影响"，贝克曼认为"即使农业净产出到 21 世纪末下降 50%，那也只占 GNP 的 1.5%"，而谢林则认为"生活成本会上升 1 或者 2 个百分点，但是与此同时人均收入将很有可能翻一番"。（Daly 2014a, pp.

107～108)

我们很难找出比"钻石—水"悖论更好的例子了。正如戴利指出的那样，食物的总价值不能由每种食物的总量乘以其市场价格来计算。市场价格反映了边际单位的价值，如果供给量充足且获取成本低，那么食物的价格可能非常低。但如果气候变化导致食物供应短缺，那么食物的市场价格将会急剧上升，农业产出价值对于 GDP 的贡献也会急剧上升。"确实是这样，美国的农业产出只占 GDP 的 3%，但是其他的 97% 正是基于农业的 3%"（同上，p. 108）。戴利做了一个极其贴切的比喻，"一个建筑物的地基也许只占其高度的 3%，但是这并不意味着我们只要将建筑物顶部的旗杆高度增高 3%，就可以减掉地基。"（同上）

戴利考虑了好几个可能的原因，来解释为什么这些著名经济学家会犯这样的根本性错误。一个原因是，假设国家产出的所有部分都是可以互相替代的，因此更多的信息服务能够弥补食物的短缺。另外一个可能的原因是，他们忽略了农业产出的减少对所有以农业产出为投入要素的部门的影响，如餐馆、宾馆和医院。还有一个戴利没有提到的假设是，国家粮食生产的任何不足都能够通过从没有受到气候变化影响的其他国家进口食物来弥补。戴利总结道："在这三种情况下，这么糟糕的论证其实就是在更大程度上捍卫经济增长的一部分。"（同上）

这又将我们带回了戴利关于经济学是生命科学的观点。如果诺德豪斯、贝克曼和谢林能够理解经济学是一门生命科学，那么我们就应该怀疑他们是否还会得出下述结论：因为农业的市场价值只占 GDP 很小一部分，所以农业产出的减少就微不足道。食物对所有生物物种来讲都是必需，包括人类。正如薛定谔解释的那样，这用于对抗熵是很有必要的。纵观历史，村庄、城镇和城市都是依赖农场的剩余粮食生产来维持生计和生存。充足和安全的食物供给是文明的基础。在粮食丰收的平静时代，我们很容易忽视粮食在经济中的基础重要性和价值。如果我们认为农业对于经济产出的贡献只不过是衡量 GDP 的统计误差，那么我们就会错过问题的关键。

## 经济的普利姆索尔线

戴利在 1992 年发表了关于规模、分配和配置的思想。在此之前的很多年里,戴利曾将船上的普利姆索尔线(Plimsoll Line)和经济的规模做过类比。普利姆索尔线是画在船身的一条线,以其提出者塞缪尔·普利姆索尔(Samuel Plimsoll)命名,在 19 世纪末期提出(1873)。只要这条线仍然可见,那么这条船就没有超载,也就没有在汹涌大海中沉没的风险。戴利相信,对于经济来说,考虑到经济对自然的依赖,我们也需要一个类似于普利姆索尔线这样简单易懂的衡量方式,从而判断经济规模是否超过了合理范围。就像在一艘超载船的甲板上移动货物不能解决超载问题一样,戴利认为,只是改变经济中的资源配置方式也不能克服经济的过度规模问题。就像一艘船的货物限载量一样,经济规模应该是首先决定的事项,其次才是分配和配置。

普利姆索尔和戴利的区别是,普利姆索尔提出的超载线容易理解,而且只要有足够多的巡视员,具体实施和执行起来就很容易。相比之下,戴利提出的经济规模并不是很容易来定义和解释,衡量经济规模所需要的信息也不充分,推行较为容易执行的经济规模限制也是很复杂的,需要进行多方面考虑。戴利关于经济规模的这些方面并没有考虑得十分周到。但是,一些与戴利在经济物质基础方面持相同观点的学者,为经济规模的衡量做出了十分有价值的贡献。我们在这里列出两个群体的贡献。第一个群体是由玛丽娜·菲舍尔-科瓦尔斯基(Marina Fischer-Kowalski)、赫尔穆特·哈伯尔(Helmut Haberl)和弗里多林·克劳斯曼领衔的物质流账户研究团队,他们主要是在奥地利的维也纳社会生态学院开展工作。玛丽娜·菲舍尔-科瓦尔斯基、赫尔穆特·哈伯尔等人早期发表的关于"社会新陈代谢"的一些作品参考了戴利的研究。另一个群体是由马希斯·瓦克纳格尔（Mathis Wackernagel）和威廉·里斯（William Rees）领衔的全球和国家生态足迹评估团队。马希斯·瓦克纳格尔供职于美国奥克兰的全球足迹网络，威廉·里斯在加拿大的温哥华工作，两位关于生态足迹的研究也都受到了戴利的启发。

物质流统计

分析经济体的物质吞吐量的想法由来已久。1969年，罗伯特·艾瑞斯（Robert Ayres）和阿兰·尼斯（Alan Kneese）修正了多部门经济的瓦尔拉斯–卡塞尔理论模型［该模型以其提出者里昂·瓦尔拉斯（Leon Walras）和古斯塔夫·卡塞尔（Gustav Cassel）的名字命名］，从而使其与物质平衡的原则相一致（Ayres and Kneese 1969）[4]。物质平衡是质量守恒定律（热力学第一定律）在物理系统中的应用。艾瑞斯和尼斯认为，产品的"消费"思想会带来误导。他们说，生产就是物质转化的过程，有些物质最后出现在产品中，有些物质最后变成了废弃物（也许是在回收利用和循环使用之后）。根据产品的类型和用途，它们能够在经济中存留一段时间，但是最终也要变成废弃物。戴利在将经济学描述为一种生命科学时以及他在一个扩展的投入产出框架中描述经济学时，都表达了同样的思想。"基于物质–能量守恒定律，生命过程按照物理单位衡量的话，也有一个平衡公式。"（Daly 1968a, p. 395）[5]

戴利本人并没有进行物质吞吐量和能源吞吐量的估计，反而是依赖其他人的工作，如世界资源研究所的 Adriaanse et al.（1997）和 Mathews（2012）。近些年来，物质流统计发展得很快。经济和社会系统的"新陈代谢"已经成为研究的焦点，物质流统计的原则也已经建立起来并且编辑成册。（OECD 2008; Eurostat 2018;[6] UN 2020）应用物质流统计的很多实证研究已经在全球层面、国家层面和次国家层面展开。Krausmann et al.（2018）就评估了1990—2015年的全球物质流和物质存量。

图6.1展示了一个物质流统计框架，其中把物质存量（用矩形表示）

和物质流量（用箭头表示）进行了明确区分。我们可以很容易地看出图6.1和戴利较早的构想（图4.2）之间的相似性，这种相似性并不是巧合。戴利的工作对维也纳社会生态学院有深入的影响，对他们开发的衡量经济物理规模的量化方法和指标也产生了很大的影响。

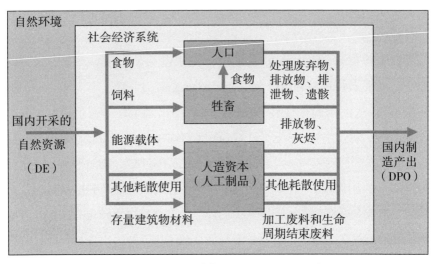

图 6.1　物质流统计框架（1900—2015 年）

应用图 6.1 展示的框架，克劳斯曼等学者非常详细地评估了全球经济在 1900—2015 年每年的物质流和累计的物质流。物质流包含物质开采、使用、废弃物产出和废弃物排放。他们将物质流划分为几种应用类别，即食物、饲料、能源物质（化石燃料、木材燃料和农作物燃料）、其他耗散使用（如种子、肥料矿物和盐）和建筑材料。他们还将物质流划分为几种产出类别，即人类的食物与牲畜的饲料、能源废弃物、建筑材料／人造资本、其他耗散用途以及加工过程中与最终产出的废弃物。图 6.2 展示了全球经济在 1900—2018 年评估的累积物质流，其中包括资本存量（存量建筑物）中含有的物质。这样的资本存量一直在快速增长，在 1980—2020 年翻了一番，并且达到了一个临界点，即所评估的"人类物质量"开始超过全球所有的有机生物量，而在 1900 年，"人类物质量"只占全球所有有

机生物量的3%。(Elhacham et al. 2020)

通过多年的专注研究，克劳斯曼和合作者评估了由乔治斯库-罗金、博尔丁、戴利等人构想出来的经济体的物质吞吐量。这表明用纯粹的物理单位衡量经济体规模的做法是可行的。在1990—2015年，全球物质开采量从1990年的每年12吉吨增加到2015年的每年89吉吨，进一步佐证了戴利关于人类已经从空的世界进入"满的世界"的论述。相对于原始资源的投入来讲，废弃物的流出量（2015年是每年58吉吨）增加得慢一些，因为有些物质积累在基础设施、建筑物和设备的存量中。（Krausmann et al. 2018, p. 131）

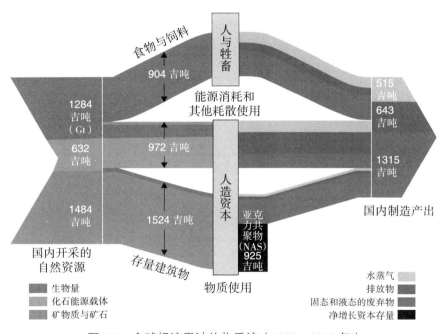

图6.2　全球经济累计的物质流（1900—2018年）

毫无疑问的是，赫尔曼·戴利的工作对维也纳社会生态学院产生了重要影响，也对我们在开发衡量经济物理规模的方法和指标（相对于主导性的货币化工具）方面所做的努力产生了重要影响。从整体上讲，戴利关于经济的热力学视角是社会或工业新陈代谢的整体概念和物质流分析工具发展的一个重要背景。

——弗里多林·克劳斯曼

如图6.3所示，一系列的桑基图对"空的世界"转变为"满的世界"进行了有力的说明。图6.3与图6.2相似，但用的是年度数据。

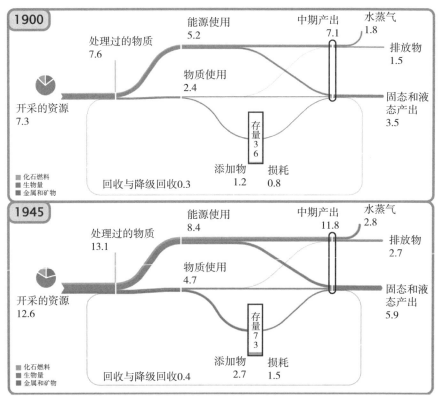

图6.3 全球社会经济的化石物质流、生物量流和金属与（非金属）矿物质流（1900—2015年）

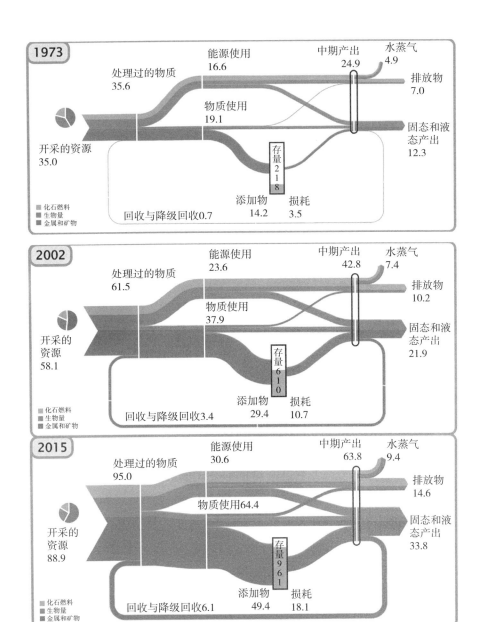

继图 6.3　全球社会经济的化石物质流、生物量流和金属与（非金属）矿物质流（1900—2015 年）

生态足迹

衡量经济规模的一个不一样的但互补的方法就是生态足迹。生态足迹是对维托塞克等人在20世纪80年代开发的"人类对光合作用产物的占有"指标的进一步发展。20世纪90年代初，戴利在他的好几篇论文中数次引用"人类对光合作用产物的占有"这个指标，以此来证明经济子系统在一个有限的全球生态系统中不断扩张（见第五章）。

生态足迹统计可以被视为"衡量对自然的需求和自然本身的供给"。（Global Footprint Network 2020）全球层面、国家层面和地区层面的经济体的生态足迹提供了衡量这些经济体规模的一种方式，生态足迹衡量了这些经济体对自然系统的需求。为了衡量经济规模，生态足迹的衡量单位是标准化的全球公顷。为了比较不同土地类型的生产力，一全球公顷指的是加权的有生态生产力的一公顷。

如果我们比较生态足迹和生态承载力，我们就可以知晓一个地区在多大程度上对其自身生态承载力的需求是满的。一些地区可以通过贸易利用其他地区的生态承载力，但是这在全球层面并不可行。目前，全球200多个国家每年都会发布"国家生态足迹账户"。戴利经常引用威廉·里斯（William Rees）和马希斯·瓦克纳格尔（Mathis Wackernagel）对生态足迹的基础性研究（1996），从而说明人类经济正在超过地球的承受能力。

图6.4展示了1961—2017年的全球生态足迹和生态承载力。两者都有所增长，但是原因不同。全球生态足迹增加，是因为全球人口规模的扩张和物质消耗水平的提高。全球生态承载力的增长速度要慢很多，这反映了生产方式变化带来的生产力提升，尤其是在农业领域，随着机械化的应用以及能源、农药、化肥和转基因生物用量的增加，每英亩的产出不断增加。图6.4表明，全球的生态足迹在1970年超过了全球的生态承载力，这主要是因为二氧化碳排放量的不断增加，而自然系统无法完全吸收它们。满足人类对于自然的过量需求都是以生态系统的破坏为代价的，也注

定是不可持续的。有证据表明，一些行星边界正在被人类超越，这一点日益清晰。(Steffen et al. 2015) 正如戴利一直主张的，经济规模很重要。

图 6.4　全球的生态足迹和生态承载力（1961—2017 年）

## 经济是否有最优规模？

经济在不断扩张，但是生物圈固定不变，甚至因为过度开采物质和排放废弃物造成的生态恶化还导致了生物圈缩小的现象。上述事实促使我们思考，经济是否有最优规模？如果有的话，如何确定经济的最优规模？我们已经明白，戴利区分了量的增长和质的发展（见第五章），因为混淆了增长和发展，所以 GDP 并不是一个衡量经济规模大小的合适指标。戴利的观点与绝大部分经济学家不同，他们对应用 GDP 作为衡量经济规模大小和 GDP 作为社会福利的标准指标感到十分满意。例如，在由来自 16 个国家的 18 位一流学者，其中包括两位诺贝尔经济学奖得主——罗伯特·索洛和迈克尔·斯宾塞（Michael Spence），完成的《增长报告》(*The Growth Report*) 中，有一段关于 GDP 的论述：

> GDP 是一个既熟悉又十分了不起的统计指标。它在统计

数据浓缩方面实现了令人惊奇的壮举,将人们辛辛苦苦的劳作和国家经济复杂的方方面面浓缩成一个随着时间不断增加的数字……不断增长的GDP就是一个社会集体行动胜利的证据。

(Commission on Growth and Development 2008, p. 17)

戴利对上述论述的评价很有启发意义:

GDP 同时也是一个社会消耗其维持生命的自然资本,并且将耗竭的自然资本统计为当前收入的证据。GDP 也是不对称账目的证据,即 GDP 将为了应对破坏性事务的防御性支出(如清除污染)纳入统计范围,却并没有减去使得这种应对成为必要的破坏性事务本身(污染)。GDP 也是将家务劳动转向货币市场的证据,因为夫妻两人现在都成为了挣钱养家的人,额外的工资也进一步提升了GDP。另外,由于GDP 统计的是总量而不是净投资,现存人造资本的折旧和更新换代都会使 GDP 增加。如果纠正了上述的统计异常,也许我们能够将现在的7%增长率俱乐部的成员都降级为 0% 增长率俱乐部的成员。GDP 统计也没有考虑分配不公平的问题。

(Daly 2008a, p. 514)

对于理解 GDP 如何计算的经济学家来讲,他们非常清楚 GDP 的不足之处,然而他们也许还是会认为这些缺陷并不会带来什么实质性后果。对于绝大多数政府和经济学家来讲,GDP 增长仍然是经济政策的首要目标。为了使增长更加具有合理性,如今,增长前面有时会加上一些形容词,如"包容性""绿色的""清洁的"或"可持续的"。戴利对此有不同的看法。对于戴利来讲,GDP 是一个很容易被误读的统计数据,在经济是如何服务于整个社会的利益方面,GDP 为我们提供了错误的信息。戴利认为,当GDP 增长带来的收益被其带来的成本所超过的时候,GDP

增长就成为"非经济的"。更何况，收益和成本是不成比例的，通常只有一部分人享受收益，而成本则要不成比例地强加给其他人。戴利认为，当用传统方式（即 GDP）衡量的经济增长变得"非经济"的时候，经济增长就达到了最优规模。为了阐明这个主张，戴利以一种非常规的方式应用了传统的经济学思维，但这一尝试基本上未能成功说服主流经济学家。

图 6.5 说明经济生产和消费的边际效用是如何随着经济增长而递减的。戴利认为边际效用递减的原因很简单，不管个人还是集体，大家一般都是先满足他们最重要的需求，继而满足次要的需求。从图 6.5 可以看出，经济生产和消费的边际负效用是不断提升的，这主要是因为随着经济在非增长的生态圈中不断扩张，人们所享用的生态服务不断缩减。戴利应用这张图，来区分增长极限的三个概念。（Daly 2017）

第一个概念是"无效极限"。"当经济生产的边际效用降低为零的时候"，"无效极限"就会出现。"在一定时间内，即使没有生产成本，我们能够消费多少，享受多少，仍然是有限制的。"（同上，p. 94）戴利也意识到，这个世界上还有很多人生活在极度贫困之中，对于他们来讲，"无效极限"还非常遥远。但是，"新古典经济学的'永不满足'假设正式否认了'无效极限'的存在，无论对多富有的人而言都不存在……即使现在已经有研究表明，超过某一个阈值，自我评估的快乐（即总效用）不再随着 GDP 的增加而增加。"（同上）

戴利将增长的第二个极限称为"生态灾难极限"。"在'生态灾难极限'中，一些人类活动，或者人类活动的各种组合，会引发连锁反应，会触发临界点，并且引发生态位的崩溃"。（同上）从图 6.5 急剧上升的边际成本曲线，我们就能看出"生态灾难极限"的存在。但是在戴利看来，这条边际成本曲线仍然比现实乐观得多。"现实中的边际成本曲线很可能是 Z 字形，上升和下降都是不连续的……因为我们可能在牺牲一个小的生态系统服务之前，无知地牺牲掉了一个非常关键的生态系统服

务。"（同上）

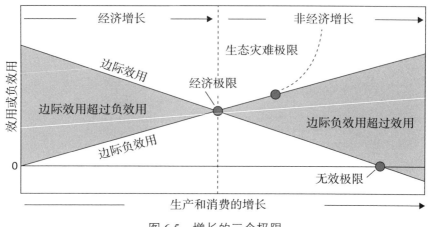

图 6.5 增长的三个极限

第三个同时也是最为重要的极限是"经济极限"。当经济生产和消费的边际成本等于边际收益的时候，"经济极限"就出现了，这个时候经济生产和消费的净收益实现了最大化。"'经济极限'好的一方面是，它会是我们遇到的第一个极限，它肯定在'无效极限'之前出现。就像图 6.5 展示的那样，'经济极限'也有可能在'生态灾难极限'之前出现，尽管这充满了不确定性。"（同上）

众所周知，尤其是在 GDP 的批评者中，GDP 的创始人从来没有认为 GDP 是衡量福利水平的合适指标。西蒙·库兹涅茨（Simon Kuznets）做了很多关于 GDP 的早期工作，他曾在 1934 年对美国国会说，"我们很难从一个衡量国家收入的指标中获取一个国家的福利信息。"（国家收入本质上与 GDP 相同）38 年之后，罗伯特·肯尼迪（Robert Kennedy）总结了他对 GNP（GDP 加上从国外获得的净收入）的批评："GNP 既没有衡量我们的机智，也没有衡量我们的勇气；既没有衡量我们的智慧，也没有衡量我们的学识；既没有衡量我们对国家的同理心，也没有衡量我们对国家的忠诚；简而言之，GNP 衡量了所有事物，但唯独没有衡量那些让我们的

生活充满价值和意义的事物。"（Kennedy 1968）

## 可持续经济福利指数（ISEW）

在罗伯特·肯尼迪发表这些言论不久之后，经济学家就开始研究 GDP 的改进版本，从而使其与福利更加一致。戴利和小约翰·柯布及其儿子克里福德·柯布共同开发了可持续经济福利指数（Index of Sustainable Economic Welfare，简称 ISEW）。他们认可了 Zolotas（1981）的贡献，尽管佐洛塔斯（Zolotas）没有考虑可持续的问题。他们同时还认可了威廉·诺德豪斯和詹姆士·托宾（James Tobin）的贡献，后者虽然考虑了可持续问题，但是没有考虑环境问题。1989 年，戴利和小约翰·柯布在他们的著作《为了共同的福祉》中发表了第一个版本的 ISEW，其中极大地认可了克里福德·柯布在编写 ISEW 的附录方面"艰苦卓绝的工作和领导力"。ISEW 就是戴利在联合国环境规划署和世界银行共同举办的研讨会上概述的思想的具体实施，该研讨会是在过去六年举行的一系列研讨会的基础上进行的（Daly 1989）。1994 年出版的《为了共同的福祉》第二版中发表了 ISEW 的改进版本，这个改进版本是基于几位著名经济学家对 ISEW 初级版本的大量评论[7]。考虑到 GNP（扩展开来的话还有 GDP）是衡量经济福利的较差指标背后的原因，戴利和小约翰·柯布开始着手研究可以与 GNP 进行类比的统计指标。这个统计指标"相对于 GNP，会给那些对提升经济福利有兴趣的人更好的指引"。（同上，p. 443）不管是独立研究，还是一起合作，戴利和小约翰·柯布就福利的很多方面做了许多工作，但是他们从来没有将 ISEW 的使命限定为衡量"经济福利"。剑桥大学的经济学家阿瑟·庇古（Arthur Pigou）在其经典著作《福利经济学》（*Economics of Welfare*）中曾对"经济福利"下过一个定义，即"经济福利是社会福利的一部分，它可以直接或者间接地跟货币标尺联系起来"（Pigou 1920）。因为 ISEW 中的所有因素都是用货币来衡量的，所以 ISEW 可以理解为衡量以这种方式定义的经济福利的一种尝试。

> 我经常向我的学生和同事推荐戴利的作品，因为我认为他是所有环境科学领域中最聪明的思想家和作家之一。我认为 ISEW 是可能取代 GDP 的最重要的可供选择的指标。
>
> ——杰伦·范登博格（Jeroen van den Bergh）

构建 ISEW 始于从国家账户中获取的每年消费支出[8]。ISEW 中的消费支出考虑到了不均等因素，相对于富人，穷人的消费支出被赋予了更大的权重。与经济福利相关的三个因素的货币化估值被加进这个经过不均等调整的消费指标中：

- 家务劳动
- 高速公路和街道提供的服务
- 用于福利的公共健康和教育支出的部分

考虑到耐用消费品提供的服务要跨越很多年，ISEW 中减去了耐用消费品的支出，同时加上了耐用消费品每年提供的服务的货币化估值。

ISEW 计算的下一步就是减去对经济福利产生负面影响的因素的货币化估值。关于这些负面因素，戴利和小约翰·柯布列出了一长串名单：

- 关于健康和教育的防御性个人支出
- 通勤成本
- 个人污染控制成本
- 汽车事故成本
- 水污染成本
- 空气污染成本
- 噪音污染成本
- 湿地损失

- 耕地损失
- 非可再生资源的耗竭
- 长期的环境破坏
- 臭氧损耗的成本

戴利和小约翰·柯布计算 ISEW 的最后一步就是加上新增的人造资本的货币化价值和外国投资的净值。将上述所有数值加总就可以获得 ISEW，而 ISEW 除以人口总量就可以获得人均 ISEW。因为 ISEW 和人均 ISEW 都是用货币衡量的，所以两者可以直接与 GDP 和人均 GDP 进行对比，或者就像戴利和小约翰·柯布选择的那样，与几乎相等的 GNP 和人均 GNP 进行对比。做比较时，他们的发现令人沮丧。美国在 1951—1990 年，人均 GNP 以年均 1.89% 的速率增长，而人均 ISEW 以年均 0.39% 的速率增长。如图 6.6 所示，我们把 1951—1990 年以十年为期划分为五个阶段，可以发现，人均 GNP 和人均 ISEW 的增长率从 1960—1970 年开始连续降低，人均 ISEW 的增长率在 1980—1990 年转为负值。

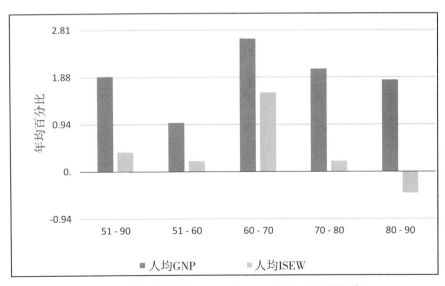

图 6.6 美国的人均 ISEW 和 GNP 的年人均增长率

尽管人均 ISEW 的同比增长率每年都有浮动，但是人均 ISEW 还是有一个长期趋势，即从 20 世纪 70 年代末一直到现在，人均 ISEW 的增长率都是不乐观的。近十年来，经济福利水平一直在降低，主要是因为收入不均等加剧、资源枯竭，以及不可持续地依赖海外资本支付国内消费和投资……就可持续的经济福利而言，最根本的问题是能源资源质量的下降，能源资源的质量可以用能源产出和能源投入的比值来衡量。

（同上，p. 507）

戴利应用人均 ISEW 增长率是负值的事实，来支撑他关于"非经济增长"的观点，即由于美国的经济增长正在减少而不是增加美国人民的经济福利，美国的经济增长已经转变为"非经济增长"。如果戴利是正确的，那么根据图 6.5 所示，这意味着美国已经越过了增长的"经济极限"。或者，戴利也许会说，在没有"适时停止规则"的情况下，美国经济已经超过了其最优规模。"很明显，现在最重要的问题是，我们的国家是继续努力地增加经济总产出，还是将我们的注意力转移到可持续的经济福利提升上面？政府的公共政策是继续由 GNP 指引，还是由其他的经济福利指标指引？"（同上）

> ISEW 为美国各州在 GPI 方面近 20 年的工作奠定了基础，包括努力在佛蒙特州将 GPI 纳入法律。戴利的规模／分配／配置框架对我的生态经济学教学影响很大，正如他对乔治斯库-罗金和"目的—手段"光谱的扩展一样。
>
> ——乔恩·埃里克森（Jon Ericson）

戴利和小约翰·柯布提出的问题仍然切中要害，即使他们对 ISEW 评估仍然有很大的提升空间，或者即使 ISEW 本身会被一个或者多个范围和结果相似但较少依赖货币化评估的指标替代。在任何情况下，评估一个国家随时间变化的经济福利都是充满困难和挑战的，戴利和小约翰·柯布意识到了这个问题，同时他们也想让其他人注意到这个问题。他们指出，ISEW 的构建是从个人消费支出开始的，他们也是这么做的。但是，这种做法是有问题的，因为它假设人们只要消费得越多，就会自动变得越来越好。戴利和小约翰·柯布质疑这个假设，并指出有研究表明，超过某一个临界点，一个人的相对收入或者相对消费水平对他们来讲比绝对水平要重要得多。ISEW 中包含的收入不均等权重可以在一定程度上解决这个缺陷。虽然收入不均等权重反映了对于富人来讲的收入边际效用递减的规律，但是对于整体人口的总收入增加来讲，总收入增加的边际效用递减的事实却没有被 ISEW 考虑和纠正。如果 ISEW 能考虑和纠正总收入边际效用递减的事实，那么 ISEW 和 GDP 之间的差距将会进一步扩大。

戴利和小约翰·柯布提醒我们，ISEW 评估中遇到的第二个重要问题，即影响经济福利的很多因素，不管是积极因素还是消极因素，都会因为数据的缺失和需要高度主观的判断而被忽略。这些被忽略的因素包括未报告的收入、工作条件的改变和对垃圾食品、烟草产品、色情产品以及"无以计数的对真正的经济福利的贡献存疑的事物"的支出。（同上，p. 460）

ISEW 评估的另一个局限之处在于其"英雄般的假设"，即 ISEW 必须包含一些因素，如人类引起的气候变化所带来的长期环境破坏的成本。人们最近才开始意识到气候变化是一个重要威胁。但是，戴利很早就意识到了这一点。在气候变化成为公共议题很久之前，戴利就在 1968 年发表的一篇论文《作为生命科学的经济学》中指出：

> 自工业革命以来，大量的碳燃料消费导致了大气层中的二氧化碳含量不断增加。二氧化碳增加了大气层的保暖性，从而提升了平均温度。工业革命给人类带来的最终影响也许就是极地冰盖的消融和世界上大部分地区的淹没。

（Daly 1968a, p. 399）

在 1989 年和 1994 年发表 ISEW 之后，大量研究比较了美国之外的其他国家的 ISEW（或者相近指标）和 GDP，结果都显示经济福利水平出现停滞和下降。这说明，戴利和小约翰·柯布报告的在美国出现的经济福利水平出现停滞和下降趋势，并非个案。澳大利亚、奥地利、比利时、德国、意大利、荷兰、新西兰、瑞典等国家也都出现了相似的结果（Pulselli et al. 2008; Kubiszewski et al. 2013）。2020 年 6 月，维基百科列出了针对全球不同国家及地区的 115 个关于 ISEW 和 GPI（Genuine Progress Indicator）的研究。

还有一些学者针对如何提升和完善 ISEW 提出了建议，如迪兹和诺伊迈耶（2006）就针对 ISEW 提出了若干具有建设性的批评意见。克里福德·柯布继续研发与 ISEW 密切相关的真正进步指数（Genuine Progress Indicator），并且据此在旧金山成立了一个名为"重新定义进步"（Redefining Progress）的非政府组织。马希斯·瓦克纳格尔还在"重新定义进步"工作过一段时间，从事生态足迹的研究，这可不光是一个巧合。

除 GDP 之外，人们对衡量经济的指标越来越感兴趣。联合国、世界银行、经济合作与发展组织、欧盟统计局等重要国际组织都在寻找 GDP 的替代指标，但是这些组织通常都旨在用新的指标来补充 GDP，而不是取代 GDP。各种各样的委员会也在开展或者授权他人开展重要的研究，来寻找比 GDP 增长更好的衡量进步的方式。戴利和小约翰·柯布的工作对于衡量经济的影响是显而易见的，尽管这种影响并不总是能获得应有的承认。其中一个例子就是经济绩效和社会进步衡量委员会。法国总统萨科齐对经济和社会领域的现有统计信息不满意，在他的推动下，该委员会应运而生。该委员会由斯蒂格利茨（Stiglitz）、森（Sen）和菲图西（Fitoussi）三位著名教授领导（2009），委员会的使命就是研究经济绩效和社会进步的衡量问题，并就此发布报告。戴利并没有受邀参加这个委员会，也没有受邀向委员会表述自己的观点。在该委员会发布的报告中，其文献列表囊括了《为了共同的福祉》第一版，并非最新的第二版；在 300 页的内容中只是提到了《为了共同的福祉》一次，即其"进一步推进了"诺德豪斯和托宾在 1972 年提出的经济福利指标（Stiglitz, Sen and Fitoussi 2009, p. 239）。这里的"进一步推进"指的是，《为了共同的福祉》提出的 ISEW 考虑到了环境因素。如果一个经济福利指标旨在将可持续纳入考虑范围，那么任何人都会认为忽略环境因素将是一个严重的疏忽。尽管如此，《为了共同的福祉》及其提出的 ISEW 很明显不值得在委员会的报告中进行详细描述。

第二个例子是关于戴利对经济增长以及如何衡量经济增长的观点是如何被主流经济学界所忽视的，戴利本人对此有详细的描述（Daly 2014a, pp. 59~62）。我们在本章的前面部分引用过戴利的一段话，那段话批评了主要是由世界银行资助的增长和发展委员会对 GDP 增长的解读。戴利的这段话出自他对该委员会发布的一份报告的评论，无奈戴利的评论被刻意地忽视了（Daly 2008a）。戴利关于这份报告提出的主要问题是，"增长是否仍然是按照字面的意思仍然是经济的呢，还是已经变得非经济了？"戴利认为这个问题很明显不是一个小问题。戴利期待他的批判性评论能够引起争论，但是这样的争论并没有如约而至。戴利之前在世界银行工作时的同事出于对他的认可和同情，将他的评论送到委员会报告的作者面前，并且暗示戴利正在等待一个回复。即便如此，仍然没有任何答复。更有甚者，发表戴利评论的期刊的编辑向他们抛出第二次橄榄枝，表示愿意发表他们的回复，他们还是无动于衷。

戴利认为报告作者的沉默主要有几个可能的原因。第一个原因可能是作者忙于回复针对该报告的其他评论。但是，实际上这样的评论不是很多，并且绝大多数评论是描述性的，不是批判性的，并不要求答复。戴利认为第二个原因更有可能，即：

> 也许他们做了政治上的利益考量和优劣对比……这个由一流专家组成的小组被认为是正确的，尤其在捍卫增长方面，而

一个单打独斗的批评家肯定会被认为是错误的。为什么要冒险用一个回复去推翻这个默认命题呢？

（同上，p.6）

显然，对于他所批评的观点，没能得到相关方的回应，戴利感到失望、沮丧和生气。戴利从不刻意回避学术争论，常常以典型的南方谦谦君子的姿态参与学术争论。但是，戴利却一直无法让绝大多数主流经济学家回应经济增长的问题。对于生态经济学家、更宽泛意义上的非正统经济学家、其他学者和大量的公众与活动家来讲，经济增长的问题是很值得争论的。2008年，有一个意想不到的声音出来支持戴利的立场，他就是索洛，曾经极力鼓吹替代和科技进步是应对环境压力的途径。索洛说道：

美国和欧洲很可能会发现……持续的经济增长对环境的破坏性将是巨大的，他们过于依赖稀缺的自然资源。或者说，他们会发现，他们宁愿以休闲的方式应用不断提升的生产力……

（Stoll 2008, p.92）

如果索洛将他想法的改变归功于戴利的劝说，那么我们也许可以看到，经济学家对这些国家的经济增长变得"不经济"这一命题越来越感兴趣。但是，这一切尚未发生。

## 分配的衡量

相对于GDP，通过将不均等权重纳入消费支出，收入分配会对ISEW/GPI产生影响。这显然与经济福利相关，但又不足以完全体现收入和财富分配不均等的重要性，分配是戴利的规模、分配和配置的分析框架中的第二个要素。

规模的衡量，尤其是用物理单位来衡量规模，仍然是相对新的研究主题。与规模相比，收入和财富的分配作为实证衡量和研究的主题，已经发展了几十年甚至更长的时间。戴利本人深受简·佩恩（Jan Pen）有关收入分配的专著的影响，其中包含佩恩设想令人难忘的英国收入者游行（Pen 1971）。佩恩设想，每一位收入者的身高都与其收入水平成比例，拥有平均收入的人也拥有平均身高。佩恩描述了一场持续一个小时的游行，人们按照次序，从最低身高（最低收入）到最高身高（最高收入），依次经过一位观察家。在这一小时的绝大部分时间里，低于平均收入的人的身高都是非常矮的。拥有平均身高的人大约花了 45 分钟才能经过。之后，游行队伍中的人就开始变得非常高了。在还剩六分钟的时候，收入最高的 10% 的收入者开始出现了。几分钟后，20 英尺高的医生、律师和高级公职人员经过了，之后就是公司高管、银行家、股票经纪人快速经过，他们的身高也从 50 英尺增加到了 100 英尺，最后增长到了 500 英尺。游行队伍中压轴出场的是几个娱乐明星、非常成功的企业家和皇室成员，只持续了短暂几秒。队伍的最末尾是约翰·保罗·盖蒂（John Paul Getty），他是美国石油大亨，也拥有英国国籍。他非常高，没有人知道他到底多富有，他的头已经高耸入云。

2014 年，随着皮凯蒂（Piketty）出版了专著《21 世纪资本论》（*Capital in the Twenty-First Century*），人们对收入和财富分配的研究兴趣迎来了一个大爆发。这本专著中包含了大量关于收入和财富分配的数据，皮凯蒂和同事继续更新这些数据，并且把这些数据发表在"世界不平等数据库"的网站上。

作为皮凯蒂研究工作的一个例子，从"世界不平等数据库"网站上获取的图 6.7 显示在 1913—2018 年，美国收入最低的 50% 和收入最高的 1% 的税前收入所占的税前国民总收入的比例变化。很多评论员注意到，21 世纪第二个十年结束时的收入分配情况，与 1929 年华尔街崩盘之前的情况相当，1929年的华尔街股灾正是20世纪30年代经济大萧条的前夜。

戴利关于分配的观点是，分配是公共政策的一个合适主题，不应该完全交给市场机制来决定。这个观点虽然没有普遍接受，但也得到了广泛认同。第二次世界大战后，美国和许多国家一样，通过税收、转移支付和福利国家的其他措施，收入不均等程度降低了很多，如图6.7所示。20世纪70年代，收入不均等程度开始上升。从1980年开始，收入不均等程度急剧上升，当时正是里根和撒切尔夫人执政的时期，新自由主义经济政策大行其道。这就是一个有力的证据，证明了政策确实会显著影响收入分配和财富分配。

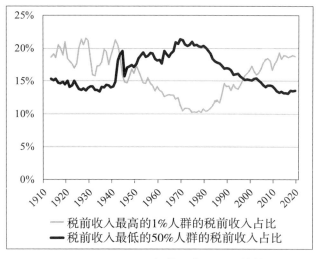

图6.7 1913—2018年美国收入不平等情况

在分配这个议题上，戴利和其他人不同的是，他认为，旨在解决不可接受的不均等水平的政策工具，应该辅之于旨在解决过大规模和低效配置的政策工具。公平分配和有效配置，尽管都值得赞赏，但是两者都不足以解决规模的问题，无论是国家层面的规模还是全球层面的规模。戴利进一步指出，在政治上有一种趋势是通过扩大规模间接解决分配问题。如果每一个人都变得越来越富有，那么按照这种逻辑，我们就能避免再分配可能衍生出的冲突。如果规模受到了限制，我们就不得不直接处理分配问题，从而确保分配能够满足一个合理性的公平标准，最低收入和最高收入都要有所限制，收入的差异范围既要起到激励作用，但又不足以导致财阀统治。（Daly 2017, p. 101）有时，戴利在柏拉图的理论基础上建议最高收入和最低收入的比例是 4∶1，基于政府服务、军队、大学和日本经济的收入范围，建议最高收入和最低收入的比例是 10∶1，对于那些偏爱不均等的人，他提出的最高收入和最低收入的比例是 100∶1。这些数字有助于开始讨论收入不均等的最大理想程度。但是，对戴利来讲，他最感兴趣的是限制收入不均等的原则，而不是确切的收入不均等的范围。

谈到财富的公平分配问题，戴利借鉴了英国的约翰·洛克与约翰·斯图尔特·密尔和美国的托马斯·杰斐逊与其他开国元勋设计的原则（Daly 1977a, pp. 53～56; Daly and Townsend 1993, pp. 332～335）。上述这些人主要关注的是私人财产，在他们所处的时代，私人财产主要是土地和农具（不要忘了可恶的农奴制）。他们坚信，财产理应属于在土地上付出劳动的人，这些人将土地和土地的产物归为已有，但这也是有极限的。例如，洛克把极限限定为"任何人都能在生活变坏之前，充分地利用生活中的任何好处，这样才有可能尽可能多地通过自己的劳动来获取资产。超过这个限度的任何东西，就超过了他的份额，都属于其他人。"（同上，p. 333）戴利对此评论说，"很明显，洛克明白关于财产的一些最大限制，即使在没有一般性稀缺的前提条件下。"（同上）如今最激进的财产权捍卫者已经忘掉了这一点。

这种对私人财产的看法有好几层含义。"财产应该通过个人努力获取……财产意味着个人控制和个体责任……财产是相对于人的需求而言的。"[同上，p. 333 中引用的麦克劳里（McClaughry）的观点]。很明显，今天所谓的财产要比以前时代的哲学家和社会活动家最初设想的范围要大得多，而且如今的财产分配也是极不公平的。例如，在美国，"前 1% 人口所占的财富份额从 1980 年的 22% 上升至 2014 年的 39%。这种不均等的增加，主要是由于前 0.1% 的财富拥有者的财富增加。"（Alvaredo et al. 2020）

财富分配中的这种不均等程度不仅是不公正的，而且有违私人财产制度设立者的初衷和目的，即避免剥削。如果你拥有自己的土地和工具，或者像铁匠和面包师一样只拥有工具，那么通过你的劳动，你就能拥有自己生产的东西，你可以消费或者销售它们。在这种情况下，剥削并非不可能，但是确实很困难。戴利提醒我们：

> 根据密尔的观点，私人财产在法律上被界定为防止受到剥削的堡垒。但是，只有在每个人拥有的财产多于某个最低值时，这才能成真。否则的话，如果一些人拥有大量的私人财产而其他人拥有非常少的私人财产，那么私人财产就会成为进行剥削的工具，而不是避免剥削的保障。
>
> （Daly and Townsend 1993, p. 332）

为了解决财富分配的极度不均等问题（甚至比收入不均等更加严重），财富分配的衡量就变得尤为重要。

## 本章结论

戴利关于经济衡量的首要贡献就是主张规模很重要，经济规模对于公共政策来讲是一个单独和截然不同的议题。基于此，戴利对使用 GNP 和 GDP 衡量经济规模的大小进行了尖锐的批评。GNP 和 GDP 没有区分量和质，混淆了好和坏，并且忽视了与经济福利相关的很多因素，如环境和收入分配。戴利和小约翰·柯布及其儿子克里福德·柯布紧密合作，共同开发了 ISEW，并且多年来评估了美国的 ISEW 的演变。他们的评估结果显示，美国的人均 ISEW 在 20 世纪 80 年代进入停滞期，之后开始下降，这表明美国的经济增长已经转变为非经济增长。

凭借其独有的洞察力，戴利批评了增长和发展委员会的报告。尽管戴利本人和其他人都在力促得到一个回应，但是他的批评还是被忽视了。经济绩效和社会进步衡量委员会也好不到哪里去，同样忽视了戴利。在戴利的职业生涯中，主流经济学家不愿意与他深入交流和互动是一个再平常不过的事情。在之后的章节中，我们还会再次谈到这样的事情。幸运的是，戴利的影响在研究者、学生和活动家中一直是巨大的。他关于经济规模重要性的观点启发了其他人开发不同的衡量经济规模的新方法，物质流账户和生态足迹就是其中两个典型案例。

戴利对经济规模的兴趣来源于他对经济是生物圈的子系统的理解。经济系统一直在扩张，而生物圈却不变。基于上述事实，我们不难看出经济增长是有限制的，这进一步促使我们提出公平分配的问题。我们不能再基于每个人都能从持续的经济增长中获益的假设，而忽视公平分配的问题或者将这个问题搁置一边。近些年来，收入分配和财富分配的衡量取得了明显进步，同时人们对基本收入、就业保障等政策措施重新产生了兴趣。戴利强调公平分配应该作为有效配置的前提条件，这与在如今这个非常不公平的世界中，公平分配日益受到重视的情况非常一致。

## 注释

1. 罗兰·麦肯恩（Roland McKean）是第一个在这个意义上应用"非经济增长"一词的经济学家（McKean 1973, p. 207）。但是，戴利不知道麦肯恩应用了这个术语，他独立地提出了"非经济增长"的概念，学术界也认为是戴利推广了这个概念并且探索了其多个维度的含义和影响。
2. 加总最终支出是计算 GDP 的三个等价方法之一。GDP 是"①一个生产的总和指标，等于所有参与生产的常驻机构单位的增加值总额（对于未被包含在其最终产出价值中的产品，要加上所有税收，同时减去所有补贴）；②以买方价格衡量的商品和服务的最终使用（除中间消费外的所有使用）的价值总和，再减去进口商品和服务的价值；③常驻生产单位分配的主要收入之和"（OECD 2001），即 GDP 是新增价值。

3. 诺德豪斯指的是"国家产出"；贝克曼指的是 GNP，也就是 GDP 加上来自国外的净收入；谢林指的是"国家收入"，意思大概也是指 GNP。

4. 市场经济的瓦尔拉斯–卡塞尔模型与第五章提到的阿罗–德布鲁一般均衡模型相似。

5. 维克托（1972）首先将国民经济生产和消费的物质平衡等式纳入环境投入—产出分析中，并应用于实证评估。

6. 欧盟统计局提供了欧盟成员国物质流的网络数据库。

7. 此处有一个对批评者异常礼貌和大度的例子，小约翰·柯布和克里福德·柯布将 ISEW 的最初版本发给了很多公认的专家，征求他们的批评意见，并向他们支付酬金；之后，小约翰·柯布和克里福德·柯布将他们收集到的批评意见编辑成册，连同最新版的 ISEW（即《为了共同的福祉》第二版中的版本）一起发表，其中要么采纳了这些批评和意见，要么解释了为什么没有采纳（Cobb and Cobb 1994）。这些批评和意见的反馈者包括罗伯特·艾斯纳（Robert Eisner）、E. J. 米珊（E. J. Mishan）、简·丁伯根和其他国家账户专家，然而他们的评论却很少受到关注。戴利并没有参与《为了共同的福祉》第二版的编辑工作，那个时候他正忙于世界银行的离职手续，准备转去马里兰大学工作。戴利认为，小约翰·柯布和克里福德·柯布在那个阶段并不需要他的帮助，而且他的反增长的名声可能会阻碍一些主流经济学家参与这一客观的技术评审（与戴利的个人沟通）。

8. 计算美国 ISEW 的全部细节见 Daly and Cobb（1994）的附录。

# 第七章 经济增长有什么问题？

> 此时此刻，增长狂热分子通常会向"科技神"求救，就像过去一样，科学技术还将继续"指数级增长"，因此经济增长当然可以无限持续下去。这很明显是在避重就轻。
>
> ——赫尔曼·戴利

戴利对经济增长的不满可谓是根深蒂固。无论在理论上还是在实践中，戴利对经济增长的批评都是其职业生涯的共同主题，这从之前的章节中就能很明显地看出来，在接下来的章节中，这一点将更加明显。在戴利所有的作品中，几乎都可以发现他对经济增长的批评，通常还伴随着对提倡经济增长的个人和组织的批评。在最近几年，戴利对经济增长的批评还包括对绿色增长、包容性增长、可持续增长、智能增长、广泛基础的增长、清洁式增长、共享式增长、韧性增长、亲贫式增长、气候友好型增长等各式各样的增长的批评。这些增长之前的形容词虽然五花八门，但增长就是增长，现实中的增长很可能没有上述这样的"花式"增长。戴利提出的经济增长的替代形式是全新的。从20世纪70年代开始，戴利就一直在力推稳态经济。稳态经济是物理维度不增长的经济，我们在下一章将会深入研究稳态经济。本章作为一个序曲，总结戴利对经济增长的批评是很有用的，因为这些批评是戴利推崇稳态经济的根本原因。

> 戴利最重要的贡献就是他对经济增长坚持不懈的批评，他刚开始批评经济增长的时候，经济学家对这个问题还闻所未闻。当我们参加争论的时候，戴利的论点为我们提供了非常重要的支持。
>
> ——英格·罗普克

戴利先后三次写下他对"经济增长怎么了"的总结，即《有关增长谬论的教义问答》（A Catechism of Growth Fallacies, Daly 1977a）、《经济增长争论：一些经济学家已经学到，但还有许多经济学家没有学到的东西》（The Economic Growth Debate: What Some Economists Have Learned But Many Have Not, Daly 1987）和《对增长经济学的进一步批评》（A Further Critique of Growth Economics, Daly 2014a）。三篇论文都是综合性的，但它们的写作目的和强调重点不同。三篇论文都是富有教益的。第一篇论文中，戴利描述了关于经济增长的可行性和必要性的不同观点的谬误。第二篇论文中，戴利就经济增长的生物物理限制和社会伦理限制两方面，总结概括了他对经济增长的批评。第三篇论文中，戴利解答了关于经济增长的一些困惑。当然，上述三篇论文的内容难免有重合之处。戴利在三篇论文中提出的很多具体观点也会在本书的不同部分出现。尽管如此，为了较为完整地理解戴利在稳态经济学方面的工作，有必要了解促使他这样做的原因。首先，也是最重要的因素，就是他对经济增长的批评。

## 定义经济增长

戴利发现经济增长的第一个问题就是它的定义方式。不同的经济增长定义贯穿戴利对增长经济学的批评，因此我们首先讨论这个问题。

戴利对经济增长的定义非常明确：

> 说起"增长"，我指的是经济物理维度的规模的量化增加，即经济的能源和物质的流量（从环境中获取的原材料和向环境排放的废弃物）以及人类本身和人工制品存量的量化增加。说起"发展"，我指的是物理存量和流量的结构、设计和组成成分的质的提升，质的提升主要得益于人类在技术层面和意识层面的知识增加。简单来说，增长是物理维度的量化增加，而发展是非物理特征的质的提升。
>
> （Daly 1987, p. 323）

戴利关于经济增长的定义与绝大多数经济学家、政府和国际组织（如世界银行和经济合作与发展组织）的定义不一致。上述个人和组织都是用真实 GDP 来衡量经济增长，真实 GDP 是用货币来衡量的，而不是戴利常用的物理量。上一章我们已经讨论了应用真实 GDP 衡量经济增长带来的很多问题，有些问题还将再次出现在接下来的"有关增长谬论的教义问答"中。在接下来的讨论中，为了避免因定义的不同造成混淆，我们要明确指出，当使用经济增长这个术语时，我们指的是真实 GDP（或者简称 GDP）的增加，或者戴利所说的物理规模的量化增加，当定义的不同不会带来实质性影响的时候，我们就说一般的增长。尽管戴利认为在定义上区分 GDP 增长和吞吐量增加对于清楚地思考增长非常重要，但是他注意到，在现实中两者是紧密联系在一起的，即"GDP 增长和吞吐量增加是正相关的……在一些经合组织国家，虽然单位美元 GDP 所需要的吞吐量在最近几年有所下降，但是吞吐量的绝对水平仍然是随着 GDP 的增加而增加"。（Daly 2007a, pp. 88, 90）关于真实 GDP 和吞吐量的关系，戴利提出了一个更加明确的观点，即"真实 GDP……是衡量总资源吞吐量的最佳指标"。（Daly 2014a, p. 63）

# 有关增长谬论的教义问答[1]

戴利在用词方面一向小心谨慎。在这种情况下,"教义问答"这个词的选择别有一番含义。《韦氏词典》将"教义问答"(catechism)定义为"通常用问题和答案的形式,对宗教教义进行总结"。戴利的方法就是质疑关于经济增长的主张,并且讨论这些主张所基于的谬论。戴利选择这样一个宗教术语表明,对这些主张的执着更多是基于信仰,而不是基于事实或者理性论证。

戴利关于增长谬论的教义问答可以很方便地分为两类:一类是关于处理增长的可行性,另一类是关于处理增长的必要性。

## 经济增长的可行性

持续的前后矛盾和避重就轻(pp. 102~103)

戴利写道:"增长主义者永远在宣称,他们和其他任何称职的经济学家从来没有混淆过GNP(或者GDP)和福利。"戴利提到了诺德豪斯和托宾的例子,两位都是诺贝尔经济学奖的获得者。诺德豪斯和托宾说道:"GNP不是一个衡量经济福利的指标……GNP最大化并不是经济政策的合适目标……经济学家都知道……"在同一篇论文中,他们继续说道:"尽管有各种缺点,但是国民产出大概是已经构建的唯一一个有广泛基础的经济福利指数。"正如戴利所说:"GNP(或者NNP[2])要么是一个福利指数,要么不是。"

尽管有相反的声明，但是如果经济学家和政治家认为经济增长（以增加的 GDP 和 GNP 来衡量）不是一件好事，那么让经济增长得到广泛的认可是很困难的。他们认为的好事，大概是指经济增长要么可以直接衡量经济福利，要么和经济福利高度相关。尽管自戴利 1977 年发表了关于增长谬论的问答后，有少数政治家（如冰岛、新西兰、苏格兰和威尔士的福利经济政府，具体参见 https:// wellbeingeconomy.org）和一些经济学家开始偏离上述立场，但是 GDP 增长还是经济政策的优先选项，几乎所有与经济相关的其他事物都是唯经济增长马首是瞻并以此为判断依据。

### 大楔子也有薄边（pp. 104～105）

在 20 世纪六七十年代，保罗·埃利希的专著《人口爆炸》（1968）一书是对快速扩张的人口规模给予极大关注的几本著作之一。全球人口花了数万年的时间才使得人口规模在 19 世纪初达到了 10 亿。第二个 10 亿新增人口用了 125 年，第三个 10 亿新增人口只用了 30 年（到 1960 年），第四个 10 亿新增人口只用了 14 年，第五个 10 亿新增人口只用了 13 年，第六个 10 亿新增人口只用了 12 年（到 1999 年），第七个 10 亿新增人口也是只用了 12 年（到 2011 年）。第八个 10 亿新增人口预计到 2023 年完成，届时全球人口将达到 80 亿[3]。

当埃利希预测到 20 世纪七八十年代即将发生大规模饥荒时，一些批评者说埃利希错了。但是，他提醒我们，面对快速扩张的人口，我们在提供足够的食物、衣物、住房和所有体面生活应配备的便利设施方面将会面临困难，难道这也错了吗？尽管关于地球在短期和长期内能养活多少人的问题还有很大的争论空间，但是大部分人都会认同诺德豪斯和托宾在 1972 年的论文中提出的观点，即"我们都知道，人口不可能永远增长"（Nordhaus and Tobin 1972, p. 18）。

戴利很高兴与诺德豪斯和托宾在人口增长方面观点一致，但是事情并没有到此为止。不仅人口规模应该停止扩张，而且人工制品的数量也应该停止增长，原因大致是相同的。更多的人再加上更多的人工制品，决定了人类经济对物质和能源的需求。如果人类对这些需求的增长不停止，那么他们将不可避免地遇到地球的生物物理限制，实际上已经遇到了。

戴利将人口称为"体内资本"。体内是指一个生物体的身体内部。人类和其他物种的区别是"体外资本"的积累。戴利解释道：

> 汽车和自行车延伸了人的腿；建筑物和衣物延伸了人的皮肤；电话延伸了人的耳朵和声音；图书馆和电脑延伸了人的大脑等等。对于维持和享受生活来讲，体内资本和体外资本都是必要的。两者都是物理开放系统，它们都是通过持续地从环境中摄入低熵的物质和能源，并向环境输出高熵的物质和能量，以稳态的形式维持自身的存在。换句话说，体内资本和体外资本都需要物质的吞吐量来进行短期的存量维持和长期的新旧替换或者出生和死亡的替换。体内资本和体外资本依赖环境的方式几乎一样。生物物理约束会限制生命有机体的数量，同样会限制生命有机体的延伸（人工制品）。如果我们承认第一个限制，那么我们怎么能够否认第二个限制呢？

这一个有力的论证，可以追溯至戴利对经济学作为一门生命科学的理解（见第四章）。人类、物质资本以及两者生产的耐用消费品都是开放系统。它们的运行和维持都依赖低熵物质和能源的投入。它们的数量受限于它们本身和它们的结构所需的低熵物质和能量的可获取性。尽管人类和人工制品的具体低熵源是不同的，如人类需要食物，而人工制品需要燃料和电力，但是两者的低熵源也有明显的重合。举例来说，人类食物的生产需要石油制品，没有这些食物的话，如今近80亿人中的许多人就很难存活。同样，如果没有柴油或者汽油作为燃料，世界上绝大多数的交通设备也不能正常运转。

将人工制品数量和人类进行对比分析是很有启发意义的，但是却没有戴利想象得那么直截了当。其中一个区别是，人类是相对同质的，而我们的人工制品是极其多样化的。这就使得对它们总量和测量的概括变得复杂。另外一个差异是，人类在体内资本的意义上是手段，又因为人类为体内资本和体外资本提供了服务的目的，所以人类也是目的。然而，戴利主要的观点还有很有价值的。与人类数量一样，人工制品在物质和能源方面消耗的总量不可能再持续增长，否则将会给地球带来不断增加的伤害，也会给所有生物带来负面影响。就像我们在上一章看到的那样，在1990—2015年，全球每年的物质开采量增加了七倍多，能源使用量增加得更快，因此我们正在越过一些地球边界，并且在不久的将来很有可能还要越过其他地球边界。快速而广泛的技术进步确实带来了一些改变。然而，正如我们将要在下一个谬论中看到的那样，技术进步并没有总是按照其倡导者期待的方向发展。

## 错位的具体和技术拯救（pp. 105～107）

在第三章中，我们了解了阿尔弗雷德·诺尔司·怀特海通过他的"潜在不一致"（基于确定性机制的科学和对自我决定有机体的信念之间的结合）对戴利产生的影响。怀特海影响戴利的另外一种方式是通过"错位的具体"的谬论，怀特海（Whitehead）将之定义为"误把抽象当作具体的偶然性错误"（Whitehead 1925, p. 51）。在很多情况下，戴利都是用这个谬论来批评新古典经济学的，这在《为了共同的福祉》一书中最为明显（Daly and Cobb 1989, 1994）。《为了共同的福祉》第一部分的五个章节的标题中都有"错位的具体"：第一章是关于经济学和其他学科中的"错位的具体"的谬论，接下来的几章是关于市场中的"错位的具体"、衡量经济成功的"错位的具体"、经济人（经济学中经常使用的抽象的人类概念）假设中的"错位的具体"和土地中的"错位的具体"的谬论。戴利和小约翰·柯布在讨论国际贸易、货币、债务与财富以及交换价值与使用价值时，他们举出了更多有关"错位的具体"谬论的例子。

乔治斯库-罗金（Georgescu–Roegen）说，"毫无争议的是……标准经济学的罪恶就是'错位的具体'谬论"（Georgescu–Roegen 1971, p. 320）。每当我们误将抽象概念当作它们所代表的现实时，"错位的具体"谬论就会降临到我们身上。在他的"有关增长谬论的教义问答"中，戴利应用"错位的具体"谬论，来批评与科学技术相关的经济增长。

> 科学技术是增长主义者建造他们教堂的基石……这里就把科学技术说成是可以量化增长的事物了。基于此，我们不由地就要发问，科学技术这种事物，是否像很多其他事物一样，可以指数化增长？如果就此问题我们咨询计量经济学的"魔法"，就会发现它确实如此！

显然，为了抵消经济增长导致的资源耗竭和环境污染的指数化增长带来的影响，我们正需要科学技术的指数化增长（不管这意味着什么）。戴利举了下述例子来说明科学技术确实呈指数化增长："科学技术进步没有任何减缓的迹象。最好的计量经济学评估表明，科学技术确实正在指数化增长"（Passell et al. 1972，戴利引用）。为了公平地对待计量经济学家，戴利承认其他人在评估科学技术进步对经济生产的贡献时，更加谨慎小心，因为科学技术的贡献无法直接衡量。只有索洛宣称，在一个生产函数中，经济增长在数据统计上不能用劳动力和资本解释的部分就可以归功于科学技术的进步。但是正如戴利所观察到的那样，在生产函数的计量评估中，很多对经济增长（即 GDP 增长）有贡献的因素通常都被忽略掉了，如物质和能源，因此谁又能说清楚到底有多少贡献能够归功于科学技术呢[4]？

戴利也质疑通常出现在支持增长立场上的一个假设，即"技术进步仅仅是解决方案的一部分，而不是问题的一部分"。戴利在 1977 年就指出这种观点"从表面上看就很荒谬"，并且引用巴里·康芒纳（Barry Commoner）的观点来支持自己。康芒纳曾经写过科学技术对环境有危害的文章（Commoner 1971）。最近由休斯曼（Huesemann）所著的《科学技术于事无补》（*TechNo-Fix*, Huesemann and Huesemann, 2011）一书，大量记录了科学技术在"拯救我们或者环境"方面，过去遭遇的失败以及未来可能面临的失败。看来，戴利对我们能从科学技术中期待什么的怀疑态度是有坚实依据的，我们应该更多地关注科学技术的类型，关注它对地球的潜在负担，并且建立一个"制度的筛子，让生态环境友好型的科学技术通过，同时阻断对生态环境不友好的科学技术"。

免费资源和储备组成的两因素模型几乎可以完全替代流量（pp.107～108）

早在20世纪90年代戴利与索洛和斯蒂格利茨进行辩论之前（此处不再赘述，可参见第四章），他就一直批评只有资本和劳动力的两因素生产模型。在乔治斯库-罗金的基础上，戴利批评的本质是，劳动力和资本是储备的概念，它们作用于物质和能量流来生产经济产出。储备并没有出现在最终的经济产出中。储备的工作就是利用能量来处理物质。从这个角度来讲，资本和劳动力可能是彼此的替代物，物质和能量可能也是彼此的替代物，但是正如乔治斯库-罗金和戴利所说，资本和劳动力是物质和能源的互补品，而非替代品。

> 资本是储备，而物质和能源资源是流量。储备处理流量，是将物质和能源流从原材料转化为商品的工具。很明显，资本与物质和能源流在任何科技状态下都是互补品。

戴利在这里聚焦资本，是因为通常蕴藏在新资本中的新科技会被错误地视为原材料流的替代品。

戴利继续写道：

> ……即使考虑到科学技术进步，也不能改变储备和流量之间的关系。扩大（或者再设计）资本储备的通常原因是处理更

大而不是更小的资源流，这样会让我们猜想资本和资源是否具有替代关系。蕴藏在新资本中的新科技可能也会允许资本处理不同的物质。但是，这只是一种资源流替代另一种资源流，并不是一种资本储备替代另一种资源流。

扩张或者再设计资本也会给劳动力带来影响，在大多数情况下会替代劳动力。

当戴利写道"即使考虑到科学技术进步，也不能改变资本储备和流量之间的关系"时，他是正确的，因为没有物质流，资本储备是不可能有任何物质产出的。如果我们再考虑到更大规模的和/或更强大的科技进步还会增大物质流，那么戴利的正确性就更加不言自明了。例如，一个新的炼油厂（相对于旧的炼油厂来讲）或汽车组装厂中一个更大、更快的设备，都是为增加吞吐量而设计的。就资源开采而言，引进新的科技就是旨在提升资源开采率，即资源流量。但正如戴利所指出的，这些科技通常会减少未来的资源流。商业捕鱼和石油开采就是证明上述情况属实的例子。

但是，这并不是唯一的可能性。增加隔热设施是对建筑物资本存量的补充，是为了专门减少用于供热和制冷的能源流。在这种情况下，将隔热设施描述为资本对能源流的替代，难道不合理吗？同样，如果一个更加有效的设备在处理物质流时，降低了每单位物质流产生的废弃物，那么把这种情况描述为资本对物质流的替代，是否也合理呢？戴利认为都不合理，因为这样做就掩盖了真正发生的事情：一个资本设备替代了另一个资本设备，从而导致了物质流的减少。替代是发生在资本之间的，替代的结果是物质流减少。

至于最终的结果是不是物质流绝对量的减少，这取决于替换的新设备所带来的总产出。如果通过降低生产成本，产品价格随之降低，销售额也许会大幅度上升，因此即使每单位物质流的废弃物减少，物质和能源流的总量却会增加。这就是大家熟悉的"杰文斯悖论"或者反弹效应，即效率的提升最终导致能源和物质使用量的增多，而不是像预期认为的那样降低。也许，戴利坚持要对更加高效的设备替代低效的设备时发生的情况（即资本之间的替代所带来的流量效应）进行更加精确的描述，以降低杰文斯效应被忽视的可能性。

这些例子说明，在科技进步的情况下，戴利也许过分强调了资本不能替代资源。从总体上说，戴利并没有错，在过去的一个多世纪里，科技进步确实伴随着物质和能源流的增加。数据能够非常清楚地说明这一点：在历史上科技革新最迅速的时期，生物量、化石能源、工业矿物质、建筑材料四种主要物质和能源流的全球开采量增加了很多倍。（Krausmann et al. 2018）上述全球物质和能源流的增长幅度并没有全球 GDP 的增长幅度大，这表明科技进步对物质和能源流的增加有减缓效应，但绝不是决定性的作用。当然，科技进步的减缓效应也不足以证明将物质和能源排除在经济的总体生产函数之外是合理的。

生产函数忽略资源流是因为"隐形的假设是，可再生资本几乎可以完全替代土地和其他可耗竭的资源"（Nordhaus and Tobin 1972，戴利引用），戴利认为这是严重的误解。他不仅认为比较不同维度的因素（储备和流量）是不合适的，也认为可再生资本是由资源生产的，因此可再生资本不可能完全替代生产它的东西[5]。正如戴利所说，标准的总体生产函数忽视物质和能源资源的原因是：

> 这里的假设是，总的资源是无限的，用完一种资源马上就会有另外一种资源，科学技术总能找到低成本的方式来开采下一种资源……只要经济增长模型继续忽视物质和能源流的绝对稀缺性……，当代的增长经济学就与现实世界脱钩了，也就变得无足轻重了。糟糕的是，增长经济学还在为我们提供盲目的指引。

### 但是资源只是 GNP 很小的一部分（pp. 109~112）

戴利推测生产函数忽略资源的另外一个原因是，资源所代表的 GDP 价值很小。这就是诺德豪斯、贝克曼和谢林最近独立提出的观点：即使农业产出因气候变化减产 50%，也很难引起重视，因为农业产出的价值只占 GDP 的 3% 左右（见第六章）。在有关增长谬论的教义问答中，戴利就上述观点提出异议，他指出，因为"劳动力和资本是两个强大的社会阶层，而有充分的理由表明资源的拥有者不属于强势阶层"，所以资源的定价过低。这与戴利对诺德豪斯、贝克曼和谢林在农业和气候变化问题立场上的批评尽管是一致的，但也不尽相同，他们三人都忽略了食物供给下降对食物价格的影响。相反，戴利应用了阶层分析来解释资源的较低定价，他还引用了马克思的观点来支持自己。

> 资本和劳动力是生产和分割公司产品的两个社会阶层。资本和劳动力有根本的冲突，但是也必须共同存在。它们通过增长和将增长引起的收益递减的负担转嫁给资源生产率的方式，来使它们之间的冲突最小化……资本是动态的控制性因素。我们的经济系统被称为"资本主义"而不是"资源主义"，不是没有原因的……通过将纵向一体化的"内部操作"中的资源核算价格保持在如此低的水平，使得资本的回报率保持在高位，相比之下，即使是廉价的定制废弃物也没什么吸引力。

### 现值和正反馈（pp. 113~114）

戴利反对下述观点，即市场会"通过向有远见的投机者提供高利润（投机者全部买进资源物质，之后再以更高的价格售出）"的方式，自动地保护资源物质。戴利的反对基于两个理由。第一个是，"资源物质开采的指数化增长会导致'意想不到'的突然耗竭"。这个主张在《增长的极限》一书中，以百合花池塘之"谜"得到普及。在一个池塘中，如果百合花的规模每天增长一倍，那么只需要 30 天百合花就会覆盖整个池塘。问题来了，百合花需要多久才能覆盖池塘的一半呢？答案是 29 天。由于经济规模的恒定增长率就是指数化增长，戴利认为百合花池塘的逻辑也可以应用到资源开采上，并质疑即使是最精明的投机者的远见："对于线性趋势来讲，过去是未来的良好指引。但是，对于指数化增长，过去是对未来的欺骗性指引。"

第二个理由则更加微妙。这个理由涉及投资者的现值计算，投资者必须决定是将资源留在地下，期望未来有更高的价格，还是现在就开采资源，然后将从资源中获取的利润投资到收益率更高的领域。戴利主张：

> 基于高且递增的当前耗竭率，高且递增的当前增长率会导致应用于未来价值的高且递增的折现率。最后的条件反过来又导致保护物质资源的动力不足，这又会带来当前的高耗竭率、高增长率、高折现率，等等。因此，现值计算有正反馈的要素，从资源保护的角度来看，这是不稳定的。

经济增长率、资本回报率、现值计算中用于确定利润最大化的资源耗竭率的折现率，以及由此产生的短期资源开采的过量水平之间的这种动态关系，是我们在面对绝对稀缺的情况下，不能依赖市场来调节经济规模的另外一个理由。这与新古典经济学所倚重的通常的均衡假设背道而驰。类似的、自身的不稳定性也是金融市场的特点，第十章有关货币和银行的内容将会进一步讨论这一点。

## 自然资源生产率指数化提升的谬论（pp. 115～118）

假设资源存量没有全部消失，只要资源生产率提升的速度快于剩余资源存量减少的速度，那么资源基础不断减少给无限经济增长带来的任何威胁就都是可以克服的。戴利列出了索洛的观点，即"我们有理由认为，自然资源的生产率随着时间可以大致以指数化的形式增长"。（Solow 1973, p. 45）戴利说，如果真的能这样，那就意味着吞吐量的限制就会与GDP的持续增长完美契合，"因此这并不是一个非常激进的提议"。但是，戴利并不认为这是真的。戴利回顾了1977年的证据，发现"根本没有支持资源生产率指数化提升的一般化证据"，更没有证据支持索洛的观点，即"这个世界实际上可以在没有自然资源的情况下正常运行"。（Solow 1974, p. 11）关于自然资源生产力的最新数据进一步支持了戴利的怀疑态度。虽然"随着时间的推移，绝大多数国家提升了它们的物质生产率（GDP/物质量）"，但是这跟指数化提升还相去甚远。"从2000年左右以来，全球的物质生产率一直在下降。相对于世纪之交的时候，现在全球经济的每单位GDP需要更多的物质"（UNEP 2016, p. 26，黑体为作者标记部分）。

### 不断扩张的服务业和"天使化的GNP"（pp. 118～119）

组成GDP和GNP的支出可以分为两部分：商品的支出和服务的支出。因为商品在定义方面讲就是物质的，所以商品在整个供应链中都是需要资源和能源的，同时也会对环境产生影响。在商品被使用和重复使用后，商品就成为废弃物。一些废弃物还可以被循环利用，但是所有的商品最终都将变成需要处理的降级物质。然而，服务是不同的。服务是一些人（例如理发师和机械师）为了造福他人而开展的活动，而不是物质商品的生产。戴利说："经济增长的提倡者常常呼吁我们要认识到服务业日益增长的重要性。他们通常假设服务业可以无限地增长，因为服务活动大概不会造成污染和消耗。"

戴利基于两方面理由不认同上述观点。首先，所有的服务都需要一些实实在在的资源。理发师要使用理发推子、剪刀、烘干机、洗发水、空调、电，等等。机械师也要使用很多工具、替换配件、油，等等。有些服务（如国际航空旅行）的资源密集程度要高于某些商品（如本地生长的食物）。正如戴利所观察到的，服务部门的从业人员也会购买商品和服务。没有人能够仅仅依靠服务生活。

关于以服务业为基础的经济可以永恒增长的观点的第二个缺陷是，服务部门已经显著增长了，在一些国家服务业的产值已经超过了 GDP 的 80%，然而经济消耗的总物质还是在持续增长。戴利引用了美国国家物质政策委员会在 1973 年的一份报告，进一步明晰了上述缺陷。报告提到："以不变美元计算，1969 年，生产一美元的 GNP 所使用的物质量只是 1900 年的一半。然而，在同一时期，总的物质消耗提升了 400%。"

看待这个问题的另外一种方式就是要意识到，所有的消费最终都是对服务的消费。"服务（净精神收入）是经济活动的最终受益。"（Daly 1974, p. 36）我们需要商品，其实也是为了获取这些商品提供的服务，例如，食物（获得营养补给的服务）、牙膏（获得清洁牙齿和口气的服务）、汽车与自行车（获得出行的服务）、豪华汽车与自行车（获得地位和出行的服务），等等。因此，商品和服务的差异更多的是程度上的差异，而非种类上的差异，这与它们各自对物质和能源的需求以及提供服务的模式有关。无论在统计时被归类为商品还是服务，任何有用的东西都需要消耗吞吐量（从资源的开采一直到废弃物的处置），也都受制于热力学定律。

关于配置不当和增长的误导性观点（pp. 122～124）

戴利的发现贝克曼（1974）和其他经济学家提出的观点存在很多问题。即要证明 GDP 增长是过度的，就必须证明投资是过度的。正如戴利所解释的，经济学意义上的过量投资意味着，当前的消费被牺牲，以换取未来超过最优水平的更多消费，最优水平是由计划储蓄和投资的等值决定的。戴利将这种观点称之为"没有考虑任何生态限制的**行为均衡**，生态限制对于维持**生物物理均衡**是很有必要的"。

通过其子学科环境经济学，新古典经济学告诉我们，生态成本可以通过调整市场价格而内部化。戴利认为，如果将调整市场价格看作是一项应对环境退化的综合性战略，这是一项"一个不可能完成的任务"。"即使承认可以完成生态成本内部化这个不可能的任务，那么所有这些只是意味着，所有的相对稀缺都得到了合理的评估。增长还可以继续，绝对稀缺也变得越来越显著。"当我们意识到下述情况时，问题就变得越来越糟糕。

> 市场不能在跨越一代人的时间里配置商品。事实上，当涉及不同的时代（不同的人）时，议题就变成了分配，而非配置。未来的人口不能在当代的市场中出价……所有时间和空间的互相依赖都不能适应于不受限制的价格系统的普罗克汝斯忒斯之床。

热力学第二定律呢？（pp. 124～126）

如第三章所述，从戴利的"目的—手段"光谱的视角可以看出，传统经济学聚焦在用中间手段来满足中间目的。传统经济学家很少关注最终手段，即生产中间手段的基本物质和能源，也很少关注最终目的，即一个人生命的意义或者中间目的应该服务的一般生活。戴利对主流经济学大部分的批评都源于其过于狭隘的关注点，最终导致忽略了热力学第二定律与经济增长的相关性。

举例来讲，戴利引用了哈佛大学理查德·泽克豪泽（Richard Zeckhauser）的观点。1973年，也就是石油输出国组织的成员国实施石油禁运期间，理查德·泽克豪泽写道，"循环不是解决石油问题的方案，因为可供选择的核能发电技术更便宜"（戴利引用）。戴利对此评论道：

> 这句话的意思十分清楚，即将石油作为能源循环使用是可行的，只是这样不经济，因为核能更便宜。石油中的能量不能循环的真正原因当然是热力学第二定律……这个荒谬的陈述不

只是一个小的疏漏，小的疏漏我们尚可以更正和遗忘，但这反映了对生命的物理事实的根本性忽视。

戴利提供了两个更加糟糕的例子，来说明经济学家对生物物理系统的忽视，经济增长是在生物物理系统中发生的，物理定律也是通过生物物理系统发挥作用的。一份被广泛引用的1976年的经济学环境调查开篇就写道，"人类可能总是担心环境，因为人类曾经完全依赖环境。"（Fisher and Peterson 1976，戴利引用）如今在很多地方都不难发现相似的观点。就像戴利所指出的那样，这个观点的含义是，我们如今不再完全依赖于环境，这大概是因为科学技术的进步。这样一种观点违背了下述事实，即人类和经济都是开放系统，都从环境获取物质和能源，然后将物质和能源转化为经济产出，最终将降级后的物质和能源返还给环境。"人类和环境是如此完全地互相依赖，很难说一个在哪里开始，另一个在哪里结束。无论科技如何进步，这种完全的互相依赖没有减弱，未来也不会减弱"。

戴利选择的第二个例子来自一本有影响力的专著《稀缺性和增长》（*Scarcity and Growth*, Barnett and Morse 1963），这个例子用来进一步强调经济学家可以安全地忽视热力学第二定律这个谬论。"基础科学的进步使利用物质和能源的均匀性成为可能。"（同上）戴利对此回应道：

> 然而，并不是物质和能源的均匀性造就了有用性。恰恰相反，正是物质和能源的非均匀性，即浓度和温度的差异，使得其有用性得以实现。如果所有的物质和能源都均匀地分布在热力学动态平衡中，那么由此产生的"同质资源基地"就不会再有任何资源。

目前为止，我们专注于讨论戴利问答中主要关于经济增长可行性的增长谬论。在不同的方面，这些谬论都可以归结为没有意识到经济是生物圈的子系统，以及由此产生的经济对物质和能源吞吐量的依赖性。这些都是戴利前分析经济学视角的主要切入点。现在我们要将注意力更多地转向讨论经济增长的必要性而非可行性的增长谬论上了。

> 超越增长……对我来讲是一次令人激动的经济学救赎——在经历了长达一年的经济学101课程的折磨后,我曾经就放弃了学习经济学……经济与环境/能源没有关系,经济学没有植根于当代现实世界中的经济事务,经济学忽视了公平正义(将失业视为"自然现象"),经济学也没有显示各种各样的经济学品牌,如果有的话,每个人都应该至少能找到一种反映他们价值观的品牌。
>
> ——埃里克·米勒(Eric Miller)

## 无限经济增长的必要性

不能获取足够的美好事物(pp. 99~100)

如果某样东西、任何事或者任何东西,有收益与成本、利益与损失、优点与缺点,但是人们在做评估的时候只留意收益、利益和优点,那么就会自然而然地得出多即是好和越多就越好的结论。这是戴利批评经济增长的要点,尤其是当经济增长被定义为GDP增长的时候,GDP没有系统地区分收益和成本。

> 当递减的边际收益等于递增的边际成本时,GNP/GDP增长就应该停止了……但是,我们并没有旨在衡量GNP/GDP成本的统计数列。这就是增长狂热,也就是说没有统计经济增长的成本。但是,实际的情况更加糟糕。我们用防御性支出来衡量GNP/GDP增长的真实成本,防御性支出是保护我们免受生产

的不必要的副作用而产生的支出。我们把这些防御性支出加进GNP/GDP，而不是从中减去。我们把实际成本算作收益。这就是超级增长狂热。

基于美国经济学家欧文·费雪对资本和收入的定义（Fisher 1906），戴利认为解决上述问题的方式就是让统计机构设立并且维持三个单独的账户。这三个账户分别是：物质和能源吞吐量的价值指数账户，它是维持或者增加现有资本存量的成本；记录人力资本和物质资本总存量随时间产生的服务价值的账户；统计资本存量本身的账户。

解宿醉的酒（pp. 100～101）

"咬你的那条狗的毛发"（The hair of the dog that bit you）是一个非正式的表述，指的是为了减少宿醉影响而喝的酒。就像喝更多的酒是对宿醉的糟糕治疗方法一样，戴利认为，更多的 GDP 增长不能有效解决经济增长带来的问题。这是一个标准的论述：经济增长能够解决其产生的环境问题。正如我们在上一章所看到的那样，如果 GDP 增长带来的收益被新增的成本所超过，那么 GDP 增长就是"非经济"的。戴利认为，"非经济"增长的可能性随着 GDP 增长而变大，因为人们倾向于首先满足最迫切的需求和欲望，然后再满足不那么重要的需求和欲望。相反，随着经济增长需要越来越多的物质和能源量，环境成本也随之上升。戴利强调，更多的经济增长不可能解决增长带来的问题。

来自近代的玛丽·安托瓦内特的鳄鱼的眼泪（pp. 103～104）

在法国国王路易十六的统治期内发生了一次饥荒，国王的妻子玛丽·安托瓦内特（Marie Antoinette）了解到很多农民因为没有面包吃而饿肚子时，她差点脱口而出"让他们吃蛋糕啊"，但是，她并没有说出来。根据她的传记作者安东尼娅·弗雷泽（Antonia Fraser）的说法，说出这样的话不符合她的性格，如果她真的说了，她就不会是第一个这样做的人。虽然如此，上述国王妻子的话仍然是会在不同情景下反复出现的一种情绪表达，从而更好地传达某一种观点。戴利应用这个例子来批评"想要回避分配议题的传统增长主义者"。例如，"增长是收入均等的替代。只要有增长，就有希望，同时增长还会使我们能够忍受更大的收入差异"（Wallich 1972，戴利引用）。对戴利来讲，对增长的沉迷是基于对收入和财富的巨大不平等的沉迷。"穷人该怎么办呢？让他们吃'增长'啊！更好的是，让穷人以未来能吃到'增长'的希望为食！"

在第五章我们看到了关于规模、分配和配置的讨论，戴利呼吁为了实现公平分配的目标，我们需要单独和不同的政策措施。戴利认为增长可以替代公平正义的思想是欠考虑的，应予以谴责，尤其是被一些特权阶层用来为收入和财富的巨大不平等辩护时。戴利的立场是，在像美国这样的富裕国家，解决不均等的方案是再分配，而不是更多的增长。

### 青年文化和沮丧的金字塔攀登者（pp. 114~115）

作为一名经济学家，戴利对人口学异常敏感。戴利观察到，在既定的预期寿命条件下，一个不断扩张的人群的平均年龄要低于一个稳定人群的平均年龄。由此，我们就可以得出结论，随着人口的增长，晋升的机会能够更早地到来。然而，"稳定的人口是稳态经济的一部分。"戴利没有将此视为经济增长和人口增长的合理理由，而是指出了一个稳定人口的积极影响。

> 更多个人将会尝试在等级组织之外寻求个人的自我实现。在这样的等级组织内部，越来越少的人会自动晋升到与他们能力不相符的级别……也许巨大的官僚机构甚至会开始瓦解，生活将在一个更加人性化的层面上进行重组。

通过措辞中的"将要重组"而不是"将要被重组"，戴利预见了系统理论家的工作，以及他们使用"涌现性"来描述自动的、计划外的系统变化，如2020—2021年的新冠疫情带来的变化，这与自上而下的决策形成鲜明的对比。

重新审视帕斯卡的赌博（p. 115）

17世纪的法国哲学家布莱士·帕斯卡（Blaise Pascal）主张，一个理性的人应该相信上帝，因为如果上帝真的存在，那么收益将是巨大的，即永远在天堂，同时能够避免巨大的损失，即永远在地狱。如果上帝不存在，那么信仰上帝可能带来的损失也很小（忽略生活在谎言中的精神创伤，并假设上帝不会发现）。戴利将帕斯卡对上帝的信仰与增长主义的立场进行了比较，"增长主义的立场是建立在以下假设的基础上的，即科学技术进步能够完全解决问题，而不是带来问题，随着资源的耗竭，科学技术的进步能够持续不断地发挥更令人印象深刻的作用。"

正如戴利所说，就像帕斯卡的赌博一样，"我们可以按照两种方式犯错：第一种方式是，我们接受科学技术无所不能的假设，然后发现这个假设是错误的；第二种方式是，我们拒绝接受这个假设，然后发现它是正确的。"戴利继而问道，"哪一种错误是我们最想避免的呢？"对于这个帕斯卡式的问题，戴利的答案是，最好现在就采取行动，就好像科学技术不能通过我们现在有意减少对生物圈物质和能源的需求，来解决资源耗竭和其他环境问题一样。如果上述答案是错误的，技术乐观主义者是正确的，那么这种情况下的损失将是可控的。"如果我们后来发现科学技术无所不能的假设是正确的，那么我们可以随时恢复经济增长。"另外一种情境是，假设科学技术会拯救我们，我们就会全力以赴追求经济增长，却在后来发现自己错了，那么结果将是灾难性的。

"更多即是更好"的效率概念（pp. 121～122）

通过引用经济学家阿瑟·奥肯（Arthur Okun）的论述，即"效率就是从既定投入中获取最多的产出"，戴利开始批评"更多即是更好"的效率概念。奥肯指出，这意味着"只要'更多'中包含人们想买的东西，那么'更多'就是更好"（Okun 1975，戴利引用）。戴利很快就给出了一个等价的效率定义，即"用更少的投入获取同样的产出"，这就意味着当"更少中包含人们想要避免购买的东西时（如果大家能够避免）"，更少即是更好。换句话说，当效率被定义为产出和投入的比值时，我们就可以通过提升分子或者降低分母的方式来提升效率。戴利认为，真正重要的是，效率中的分子和分母分别代表什么。

奥肯接受消费者主权的原则是：无论人们买什么都是好的，因此越多越好。但是，戴利认为"除非我们能知道可供选择的替代方案，否则消费者的选择就不能很好地反映福利。经济增长通常会缩小选择的范围"，尤其是经济增长伴随着显著的环境和社会成本的时候。在保持产出不变的前提下同时降低成本（支付费用或者不支付费用），可能是利用效率提升来增进福祉的一个更好方式。在广泛的经济层面这样做，正是稳态经济所要做的事情。正如我们将在下一章看到的那样，戴利关于稳态经济学中的效率还有很多观点要表达，而不是简单地假设效率的提升会自动带来"更多即是更好"的结论。

## 零增长和大萧条（pp. 126）

经常被重复的一个增长谬论就是以下假设，即周期性的经济衰退是"零增长的真实生活试验"（Fortune 1976, p.116，戴利引用）。"《财富》（Fortune）将稳态经济视为一个失败的增长经济。"我们还可以发现很多类似的陈述都表达了同样的谬误论点。正如戴利所说：

> 没有人否认，增长经济的失败会带来失业和痛苦。我们正是要避免一个失败的增长经济所带来的痛苦……因此我们才要推广稳态经济……即使当增长经济的失败成为其自我辩护的理由时，增长狂热仍然占据着至高无上的地位！

到这里我们就结束了对戴利在 20 世纪 70 年代写的《有关增长谬论的教义问答》的讨论。尽管在 20 世纪七八十年代做了最大的努力，但他还是未能在他所学习的经济学学科上留下很深的印象。后来，这种情况开始有了改变，部分原因归功于戴利持续不断地解释"经济增长有什么问题？"这个议题。

## 经济增长争论：一些经济学家已经学到，但还有许多经济学家没有学到的东西[6]

在戴利首次总结反对经济增长的案例十年后，他在 1983 年举行的一次圆桌会议上提交了一篇批评经济增长的论文。该论文提出了一个问题："增长的极限：我们学到了什么？"（Daly 1987）。与会的其他人员都是美国著名的经济学家，包括罗伯特·平狄克（Robert Pindyck）、托马斯·谢林、威廉·诺德豪斯和艾伦·曼恩（Allan Manne）。据戴利所说，这些经济学家"对他所提出的观点并不是很认同"，这也许是一种礼貌的轻视。作为少数派，戴利在会议上处于被动和防御的状态，但他在谢林和诺德豪斯身上看到了打开缺口的可能性，他试图利用这个机会。谢林主张，未来是非常不确定的，关于气候变化及其影响，还有很多未知数，是好是坏，我们只能边等边看。诺德豪斯应用他的 DICE（Dynamic Integrated Climate-Economy）模型，对几十年来气候变化对经济增长的影响进行了十分精确的估计。基于这些估计，他进一步评估了现在值得投入多少资金来缓解气候变化的影响。戴利表示，听他们讨论彼此之间的差异很有意思（同时也减轻了他的一些压力）。诺德豪斯说戴利搞错了有效数字，完全没有抓住重点，而谢林对这个评论保持沉默，戴利对此感到很失望。尽管戴利付出了大量努力用专业的经济学观点来批评经济增长，但结果是，没有人跟戴利进行真正的互动，也没有人提出观点来反驳他，当然也没有人真正关注增长的极限。这些著名经济学家不愿意认真对待他的论点，而他也无力说服他们，所以戴利最终非常生气和沮丧地离开了。在戴利的职业生涯中，这其实是很常见的事情。

出席圆桌会议的其他经济学家对哪些内容不感兴趣或者觉得不可信呢，亦或是两者都有？在为这个圆桌会议准备的论文中，戴利刚开始就写到了现在大家熟知的增长（量的增长）和发展（质的发展）的概念，本章前面也引用了这两个概念。这篇论文的主要内容聚焦在"经济增长的两类限制（生物物理限制和社会伦理限制）以及当增长逼近这两个极限时所带来的福利损失的本质"。

在上一章中，我们提到了庇古对经济福利下的定义，"经济福利是社会福利的一部分，经济福利可以直接或者间接地跟货币衡量联系起来。"（同上，p. 11）庇古最终的兴趣是整体福利，他意识到经济福利的增加很有可能是以非经济福利的减少为代价的，"如果这真的发生了，那么我们结论的实用价值就被彻底毁坏了。"（同上，p. 12）庇古的这个观察常常被忽视。庇古进一步说，"我们绝对不能死板地将对经济福利的影响直接扩展到对整体福利的影响。"（同上，p. 20）

> 庇古基于概率论的判断，进一步对经济福利的原因研究做出解释，即……关于经济原因对经济福利影响的定性结论同样也适用于对总福利的影响。当经验表明，经济原因带来的非经济影响有可能很小的时候，这个假设就尤为有力。

庇古进一步说："在任何情况下，提供证据的负担都会落在那些试图推翻假设的人身上。"（同上）

戴利大部分工作的本质就是接受这个提供证据的挑战。戴利的观点是，在富裕的国家，增长已经成为非经济的了，直接原因就是这些国家经济增长的边际成本已经大于其边际收益。戴利用不同的方式表述了这个观点，并且基于不同考虑和支持性数据强调了不同的重点。在1987年的论文中，戴利将这一观点建立在增长极限的基础上。

> 我们越接近增长的极限，我们就越不能假设经济福利和总福利在同一个方向上移动。相反，我们必须学会定义并明确解释福利的其他来源。当经济增长逼近极限时，经济增长往往会抑制和侵蚀福利的其他来源。
>
> （Daly, p. 324）

经济增长的生物物理限制（pp. 324～327）

伟大的老师曾经也是伟大老师的学生，这并不罕见。戴利的伟大老师就是乔治斯库-罗金。庇古的伟大老师是阿尔弗雷德·马歇尔。阿尔弗雷德·马歇尔是剑桥大学的经济学教授，也是《经济学原理》（*Principles of Economics*）的作者。在上世纪之交，《经济学原理》是经济学最重要的教科书，共有九个版本之多。马歇尔曾经明确地认可热力学第一定律及其与经济学的关系。马歇尔写道：

> 人类不能创造物质……人类的努力和牺牲精神改变了物质的形式或者安排方式，从而使其能更好地满足人类的需求……因为物质产品的生产本质就是物质的再安排，这使得物质有了新的效用，所以人类对物质的消费本质上就是对物质的分解，这样就减少或者毁灭了物质的效用。
>
> （Marshall 1920，戴利引用）

上述这段话是马歇尔在《经济学原理》第一版中题为"生产"的一章的开头语。这段话明显表明，热力学第一定律及其与经济增长的关系并没有进入马歇尔费尽心力构建的新古典经济学理论的主体部分，这是一件很奇怪的事情。

戴利慷慨地说:"经济学家似乎已经认识到热力学第一定律(物质和能量守恒定律)及其带来的限制。现在的生产函数有时需要遵守物质守恒的限制。"戴利引用了一篇 Ayres and Kneese(1969)的重要论文,该论文将物质守恒定律纳入经济体的瓦尔拉斯-卡塞尔一般均衡模型。但是,总体来讲,经济学家在多大程度上将热力学第一定律融入自己的科研工作,是需要画一个问号的。就像戴利指出的那样,在任何情况下,如果经济增长只受热力学第一定律的限制,那么情况将会截然不同。"我们只需要不断地重新排列和打乱坚不可摧的建筑积木。没有东西能够用得完。"

但是,当我们不得不考虑热力学第二定律时,一切就变了。物质可以再使用,也可以循环,但在每个阶段物质都有不同程度的衰退。因此,即使没有经济增长,我们也需要新的物质供给。能量可以更加高效地利用,但是每一次能量做功之后,能量进一步做功的能力就逐渐减弱了,直至能量完全失效:

> 因为物质的重构是经济过程的核心物理事实,所以我们必须要问,哪些因素决定了重构物质的能力?这种能力会像物质和能量一样保存下来吗?还是会消耗殆尽?所有物质被重构的能力是一样的吗?热力学第二定律可以回答上述问题……如果我们把从货币循环流模型中得出的结论,应用到物质和能源的线性吞吐量主导的问题上,那么这就是"错置的具体性"谬论的典型案例。

戴利承认,"人们可能会承认经济增长的生物物理限制是真实存在的,但是仍然会怀疑它们是否真的迫在眉睫"。戴利提到人口增长,并且指出:"有证据表明,全球基本可再生资源系统(森林、渔场、耕地和草原)的人均产量都已经达到峰值,并且开始下降"。在气候变化进入公共议程之前,戴利就指出,"随着化石能源补贴的逐步取消,可再生系统的生产力下降速度将会加快"[7]。这很有可能会给野生生物的栖息地和物种减少带来更多的压力。这其实是戴利所指出的经济增长的另一种生物物理极限。"经济增长的生物物理极限不仅是真的,而且迫在眉睫,这并不是'末日预言家'的谎言。"相较于戴利此次评论自然状态的时候,1987 年之后关于增长的生物物理极限的证据更加充分,这使得戴利的结论在今天更加站得住脚(见 Victor 2019,第五章和第六章)。

经济增长的社会伦理限制(pp. 327～336)

如果是在 20 世纪早期,庇古的观点也许是正确的,即"产生的非经济影响有可能非常小"。但是,到了 20 世纪末,时代已经改变了。这个世界已经变得满了。即使增长在生物物理层面上仍然是可能的,戴利认为,其他因素也许会限制增长的必要性,尤其是在富裕国家。戴利在 1987 年的论文中,列出了增长的社会伦理限制,并且描述了其中的四个。

以资源耗竭为代价的增长的必要性受到强加给子孙后代的成本的限制(pp. 328～330)

戴利认为"当代人的基本需求应该总是优先于未来子孙后代的基本需求……但是,当代人不切实际的奢侈品需求不应该优先于未来子孙后代的基本需求。"这是戴利已做好充分准备要捍卫的一个道德判断,戴利也用这个道德判断来劝告一些经济学家。这些经济学家"会避免这样的道德判断,他们通常会诉诸市场,在市场中每个人(指的是现在活着的人)的偏好都很重要,当然收入水平的不同会让偏好的分量也不同。"塔尔博特·裴吉(Talbot Page)曾采用罗尔斯(Rawls)的方法来看待代际之间的分配问题(Rawls 2005)。戴利在裴吉的基础上指出:"想象一个由每代人的代表参加的大会,与会代表事先都不知道他们所代表的那代人在时空序列中的位置,只有这样的大会决定出来的代际之间的分配才能被视为是公平的。"

戴利还提到了我们在第四章就遇到的论点,即"为未来的子孙后代做准备在某种程度上讲是一种公共物品,随着人们对未来的展望越深入,其公共物品的属性就越明显"。每增加一代人,我们共同的子孙后代的数量就会呈指数化增长,这个事实使得上述论点更加有力。

> 无论我们对子孙后代(如我们的孙子)负有什么样的责任,这些责任都必须通过集体的措施而不是个人主义的市场行为来实现。总之,对未来子孙后代的责任和义务为我们提供了一个资源耗竭率的道德上限,并间接地限制了经济增长率。

由接管栖息地资助的增长的必要性受到栖息地消失的有灵性亚人类物种的灭绝或者数量减少的限制(pp. 330~331)

戴利意识到,"亚人类"物种既有其固有的价值,也有其工具性价值。戴利"并没有因为使用'亚人类'物种这个术语而感到歉意,且他也意识到一些生态平等主义者反对使用这个术语。"戴利借鉴了边沁(Bentham)的观点,边沁曾经说:"问题不是他们能理性思考吗?也不是他们能说话吗?而是他们能受难吗?"戴利利用他的宗教信仰做为其他物种内在价值的基础,这就解释了《圣经》里的论述,即"一个人抵得上很多麻雀"。这句话的意思是说一只麻雀一定是有价值的(Matthew 10:31)。戴利认为:"也许更加不易察觉和难以捉摸"的是"上帝赋予他创造出来的事物的价值和上帝创造世间万物的目的……而不仅是最大化如今这一代企业家的现值。"戴利拒绝了下述"明显荒谬"的观点,即对栖息地的破坏和"亚人类"物种消失的限制可以由市场来解决:"就像为遥远未来做准备一样,亚人类物种的保护也是一个公共产品,必须由集体行动来提供。"决定对栖息地接管的限制以及随之而来的对经济增长的限制是"一项重大的哲学任务",不应交给"一些更聪明的计量经济学家来决定,他们不会逃避将隐含的影子价格归因于麻雀的任务"。

总增长的自我抵消效应带来的限制

总增长的必要性会随着增长而减少,很多学者都已经探究过这个命题。戴利在此引用了约翰·斯图尔特·密尔的观点,"我们并不渴望变富裕,而是想要比其他人更富裕。"相对收入的重要性,而非绝对收入的重要性,是一个人福祉的主要来源,这就是后来被称为伊斯特林悖论(Easterlin Paradox)的核心内容。1974 年,经济学家理查德·伊斯特林(Richard Easterlin)发现,"在一个特定的国家,在特定的时间,我们可以发现收入和幸福是正相关的……但是,在收入水平迥异的不同国家,国家之间的自我评估的幸福差异是很小的。"伊斯特林得出结论,相对收入而不是绝对收入,对于居民的幸福是最重要的,尤其是在富裕国家。由于经济增长是绝对收入的增长,它对总体的幸福、福祉、福利、满意度(这都是伊斯特林使用的同义词)的贡献很小或者几乎没有。这一结论引起了很多争论,伊斯特林回应了他的批评者,并基本上重申了他最初的立场(Easterlin 2016)。

戴利还借鉴了经济学家弗雷德·希尔斯(Fred Hirsch)的研究成果。希尔斯将经济增长的自我抵消效应建立在"地位性商品"的概念上(Hirsch 1976)。地位性商品的价值是根据该商品所代表的社会地位来判断的。一个人较高的社会地位是以其他人较低的社会地位为代价的,地位性商品不可能提升总体的福利水平。因为经济增长中地位性商品所占的比例越来越大,所以经济增长也不会提升居民的整体福利。

戴利引用的另外一个研究经济增长的社会伦理限制的学者是斯蒂芬·林德(Stefan Linder, Linder 1970)。林德注意到,消费需要时间。随着经济增长,人们试图消费的商品和服务越多,消费所带来的压力也就越大。现在来讲,多重任务已经成为常态:"随着我们的商品越来越多,我们的时间却越来越少，能参加的时间密集型活动也越来越少，如照顾老人、病人和孩子以及承担家务劳动。"戴利对此总结道："总之，总增长只是将稀缺的负担转移给了时间和相对地位……这些自我抵消效应意味着，经济增长对于人类福利来讲并没有我们此前认为的那么重要。"

道德资本耗损给经济增长带来的限制（pp. 333～336）

戴利第四个经济增长的社会伦理限制是所有限制中最关乎伦理道德的："增长的必要性受到促进增长的态度（如美化自我利益和科学主义－技术官僚的世界观）对道德标准的腐蚀性影响的限制。"戴利称赞希尔斯指出了亚当·斯密的观点，即除了指引"人人自私、社会得利"的看不见的手之外，从宗教、习俗和教育中获取的道德限制也在一定程度上确保了更广泛的社会能从贸易中获益。福利经济学专家以斯拉·米珊（Ezra Mishan）也意识到，建立在个人主义精神之上的经济增长削弱了经济增长的社会基础。米珊比希尔斯思考得更深远，主张如果道德共识建立在对其神圣起源的信仰之上，它的影响就会强大得多。这跟戴利所理解的"目的—手段"光谱中的最终目的非常接近（详见第三章）。

戴利对生物学家爱德华·奥斯本·威尔逊（Edward Osborne Wilson）等人并不是很认同。他们承认"客观先验价值"的信念所发挥的作用，但是又认为达尔文的进化论排除了"客观先验价值"的存在。不管怎样，有神论者和无神论者都面临着尚未解决的两难困境。有神论者必须要与相互矛盾的有神论教义所带来的困境作斗争，每种教义都被其信奉者视为上帝的箴言；无神论者并没有可以作为判断依据的不容置疑的道德准则。但是，这重要吗？所有人都认同，道德在维系社会运转方面扮演着重要的、甚至是必不可少的角色。用戴利的话说：

在最低限度上，可持续问题需要完整地保持从过去继承过来的道德知识或者伦理资本。事实上，可持续确实要求我们增加知识，既要增加技术层面的知识，又要增加目的层面的知识，从而尽可能地抵消物理世界不可避免的退化。

上述陈述的真实性并不取决于从过去继承过来的道德伦理知识或者伦理资本的起源。戴利认为，这在逻辑上是正确的。一个命题的真实性并不取决于它的起源。但是，戴利想知道，命题的真实性到底取决于什么呢？

假定的道德知识可能来自当代无神论和唯物主义哲学家。但是，他们是基于自己的想象或者直觉，还是基于进化的基因自然选择，亦或是基于未被承认的、或许是无意识的文化残留（这些文化残留是继承过去普遍存在但逐渐消逝的有神论）？哪一种基础的权威性更强呢？对于来自未来的目的的说服性诱惑，哪一个更容易被接受呢？我认为最后一个更有说服力，尽管我不能证明这一点，就像其他人不能证明其他选项更有说服力一样。对于这样一个长期存在的深层次问题，我认为并没有压倒性的论据。但是在我看来，说服力也有重要的程度，尽管善良的人和理性的人的观点可能各有千秋。如果我相信生命的创造完全是无穷小概率乘以无穷多次尝试的随机结果，或者类似的结果，我会发现很难为保护和呵护生命而努力工作。

（与戴利的私下沟通）

戴利第二次尝试总结的反对经济增长的论据发表的那年，正值美国道琼斯股票价格指数经历了最大的单日跌幅。美国经济在1990年进入了衰退，因此当时没有人对批评经济增长有兴趣，经济增长被视为解决方案，而不是问题本身。但是，这并不是事情的全部。1989年，基于戴利的研究成果，国际生态经济学会成立了。国际生态经济学会在全球有11个地区性分会，每两年举办一次大会，并且出版了非常成功的学术期刊《生态经济学》。两年之后，戴利被授予"改善世界秩序思想的格文美尔奖"，这是他在20世纪90年代至21世纪获得的第一个奖，在此期间，他几乎每年都会获奖。戴利的工作得到越来越多的认可，他的影响力也与日俱增，尽管戴利的工作和影响力还未冲破传统经济学的壁垒。

# 关于经济增长的11个混淆[8]

在发表《有关增长谬论的教义问答》37年之后，在探索经济增长的生物物理限制和社会伦理限制27年之后，戴利再次整理了他对经济增长的批评。这一次，戴利打算揭示和理清对经济增长的混淆点，涉及的内容与之前基本相同，因此我们在这里只做简短讨论。

## 我们几乎总能找到既可取又可行的增长（pp. 62～63）

在戴利看来，这是总增长和再分配的混淆。"总增长是一切事物的增长……相反，再分配意味着有些事物增多了，同时有些事物减少了，从减少的事物中释放出来的资源被转移给增多的事物……再分配既是可行的，又是可取的，但是这一事实并不意味着总增长既是可行又是可取的。"另外，戴利在其他地方也已经明确表示，任何非物质的事物，例如公平正义、和平、理解、知识、智慧和爱，是没有限制的，它们确实可以永远增长。

## 由于GDP是用价值衡量的，因此它没有物理极限（p. 63）

戴利认为，这个常见的混淆忽视了一个事实，即虽然GDP是一个衡量商品和服务的价值指标，但是它所衡量的商品和服务是有物理维度的。"我们讨论的增长是指真实 GDP 的增长，它排除了价格水平变化的影响。真实 GDP 是衡量真实吞吐量总量变化的价值指数……真实 GDP 的衡量单位并不是美元，而是'美元的价值'。一美元价值的汽油是一个物理量……"

## 基于过去的总量，而不是当前的边际，会产生一个更加微妙的混淆（pp. 63 ~ 64）

戴利承认过去经济增长带来的收益，人们很可能会说这些收益超过了与之相伴的成本，至少从历史角度看，从过去一直到最近都是这样的情况。但是，伴随财富一起到来的还有"病富"（illth），这个术语是戴利从维多利亚时代最著名的文艺评论家约翰·罗斯金（John Ruskin）那里借鉴而来的。戴利认为现在随处可见的环境退化和激增的债务就是"病富"的典型例子。展望未来，真正重要的是进一步增长的收益是否会超过成本。戴利的答案是"不会"，将来也"不会"，尤其是在美国。

## 即使在理论上有可能，在某一天增长的边际成本将要超过边际收益，但是现在并没有实证证明这种情况已经发生了（pp. 64 ~ 65）

戴利反对这个观点。戴利参考了可持续经济福利指数（ISEW）和其后续的真正进步指数（GPI）："两者的研究都表明，对于美国和一些富裕国家来讲，GDP 和 GPI 在大约 1980 年之前是正相关的，之后伴随着 GDP 的继续增长，GPI 趋于平缓"（见第六章）。

## 我们衡量 GDP 的方式使得 GDP 增长自动成为经济政策的可靠指引（pp. 65~66）

上述想法是基于下述假设，即愿意参与交易的双方一定认为他们能从交易中获益，否则他们不会进行交易。戴利认为，这个假设会让一些人得出结论，即类似交易总额的增加，也就是 GDP 的增加，自动标志着经济的提升。戴利给出好几个理由来说明上述结论是错误的。上述结论忽视了那些没有参与交易但却受到交易影响的人，通常是受到负面影响的人，环境污染就是这些外部成本中最为显著的例子。还有就是，资源消耗并没有作为成本从产出价值中剔除。"如果我们今年把整片森林全部砍光，并且全部卖掉，那么销售额就会被视为今年的收入……耗竭资本意味着将来的生产和消费会减少"，但是这些并没有被纳入 GDP 的考虑。第三个问题是，GDP 包含了"防御性支出"，如为了应对日益恶化的环境而进行的减少污染的支出和精神健康治疗的支出。如果这样的 GDP 增长被解读为我们的状况正在不断改善，戴利认为这是不合逻辑的。

## 随着自然资源的日益稀缺，我们可以用人造资本替代自然资源，因此增长还会继续（pp. 66~67）

这就是戴利跟索洛和斯蒂格利茨争论的命题（详见第四章）。这个命题归根结底还是索洛和斯蒂格利茨这一方缺乏合理的论证和回应，对于新古典经济学来讲，这也是个常见的命题，即"对经济生产的现实分析性描述"。这个命题也没有注意到"……自然资源和人造资本（或劳动力资本）是属性不同的两种因素：资源流实际上被转化为产品流和废弃物，而人造资本和劳动力储备是转化的中介或者工具，它们本身并没有被包含在产品中"。一旦我们意识到这些，一切就会清晰起来，即"资源流和人造资本（或劳动力资本）储备的基本关系是互补关系，而不是替代关系"。

## 知识是最根本的资源，因为知识的增长是无限的，所以知识将有助于经济的无限增长（pp. 67～68）

戴利"渴望知识在最大程度上替代物质资源"，因此他一直提倡采取有力措施，来使资源更加昂贵（如开采税），使知识更加便宜（如专利制度的改革）。但是，知识也有它本身的限制。戴利说，"如果我饿了，我希望盘子中有真实的食物，而不是网络上成千上万的食谱"。"知识是耗竭自然的，而无知是可再生的……主要是因为无知的婴儿会持续不断地替代有学问的长者"，戴利对此也很困扰。戴利进一步说道，"……腐烂、火灾、洪水、爆炸、书虫等因素的存在，使得大量记录在案的知识被毁灭了……"，戴利同时担心知识的数字化存储也是脆弱的。即便如此，"知识必须存储在人类的大脑中……否则知识就是没有活力的。"戴利并没有指出，人工智能和深度学习是否正在给没有活力的知识带来新生，这也许会让我们追忆起弗兰肯斯坦博士。

知识并不是一直增长的。"一些旧知识被新知识证伪或者抵消，而一些新知识正在带领我们发现经济增长新的生物物理极限或者社会极限……对于增长经济来说，新知识并不是总是令人愉悦的惊喜……例如，温室气体带来气候变化的新知识……当新知识的内容还必然地充满不确定性和意外时，我们又怎么能够希望新知识成为救世良方呢？"

## 如果没有经济增长，我们就会面临失业的惩罚（p. 68～69）

为了纠正这个混淆，戴利提醒我们，当美国和其他很多国家在20世纪40年代中期将完全就业作为政策目标时,"经济增长当时就被视为实现完全就业目标的手段"。后来,经济增长和完全就业的关系"逆转"了,即"经济增长成为了目的。如果说实现经济增长这个目的的手段——自动化、离岸外包和过度移民,导致了失业的话,那么只能说这是'我们'为实现经济增长的最高目标不得不付出的代价"。不难看出,"如果我们真的想要实现完全就业,就必须逆转目的和手段的倒置"。为了实现这个逆转,戴利提出了几个政策建议,"只有当国内劳动力真正匮乏的时候,我们才可以诉诸自动化、离岸外包以及放宽移民政策……另外,我们还可以通过缩短工作日、每周或每年的工作时间来实现完全就业的目标,并且以此来换取更多的闲暇时间,而不是更多的GDP。"

戴利用阶级分析来解释他坚决反对的趋势,即"公司都是非常渴求便宜劳动力的,它们一直在抱怨劳动力短缺……这些公司真正想要的是劳动力过剩,工资下降,这样生产力提升带来的收益就会变成利润,而不是工资。因此,精英阶层支持自动化、离岸外包和对本国移民法律的宽松执行"。戴利这些别具一格的评论,再加上其他发表作品中的类似评论,都表明戴利并没有被单一、狭隘的理论框架所围困,他更愿意在他认为各种理论相关的时候,借鉴政治经济学、生态学、物理学、社会学和神学的价值。

## 我们生活在全球化的经济体中,因此我们别无选择,只能在全球经济增长的赛跑中竞争(pp. 69)

戴利对这个主张的回应与之前关于增长和就业的回应一脉相承。戴利认为,全球化就是"许多之前相对独立的国家经济体被精心整合为一个紧密联系的全球经济体"。戴利将全球化视为对二战后布雷顿森林体系的目标的扭曲,布雷顿森林体系"旨在促进国家间的贸易……促进能让各个国家互惠互利的国际贸易"。正是世界贸易组织、世界银行和国际货币基金组织实际上放弃了他们的布雷顿森林体系宪章，才使得追求自由的资本流动和全球一体化成为常态，而自由的资本流动和全球一体化本不是布雷顿森林体系的一部分。

一段时间以来，戴利一直认为，互惠贸易所基于的比较优势理论假设国家间的资本是不流动的。当资本在国家间自由流动时，专业化和贸易的理论根据就成了绝对优势（也就是利润率最大的地方），贸易中的互惠也就不能再得到保证了。

全球化是不可避免的："全球化是我们积极追求的政策……通过将跨国公司从国家政府的权威中抽身出来并且进入一个并不存在的'全球社区'，全球化增强了跨国公司的力量，促进了其扩张"。戴利提醒我们，全球化在过去和现在都只是一个选择。由于新冠病毒疫情暴露出对关键医疗品进口的过度依赖，以及各国容易受到出于政治目的实施的贸易制裁带来的影响（第十三章将会进一步讨论全球化和比较优势），使得我们开始怀疑全球化这个选择。

## 遥远边界的太空使得我们不受地球有限性的约束，并为增长提供了无限的资源（pp. 70~71）

我们是否能够发射地球的通讯卫星？答案是"是的"。我们能否进行太空殖民？答案是"不能"。简而言之，这也是戴利对外太空能为地球上现在和不久的将来的人类居民提供什么的评估。"天文距离和时标的惊人数字，实际上打破了太空殖民主义的美梦"。戴利进一步反问道，"地球是我们天然的栖息地，也是包容我们的家园……如果我们尚不能限制地球上的人口规模和经济生产，那么我们凭什么认为我们能够像外星人一样在一个更加局促和包容性差的太空殖民地中生活呢？更何况是一个布满废石的寒冷的真空环境。"

## 如果没有经济增长，一切进步都会终结（pp. 71）

戴利说，"恰恰相反，没有经济增长（如果正确衡量的话，其实是'非经济增长'），我们最终才有机会实现真正的进步。"在回应关于经济增长的最后一个混淆时，戴利重申了他的好几个关键主题。增长是数量增加，发展是质量提升。"没有超过地球承载能力的增长的发展才是真正的进步。"这就意味着要应用"资源效率的技术改进"作为对通过限制实施的较低资源吞吐量的一种自适应响应。发展同时意味着"我们欲望和优先事项的道德提升"。

无论是用 GDP 还是用物质能源流来衡量，增长都已经成为非经济的了。"但是，很显然绝大多数经济学家不会承认增长是不经济的，甚至他们都不承认经济增长可能是非经济的。他们似乎决心已定，不会讨论与非经济增长相关的论点或者证据。"

> 戴利是我了解到的第一个从根本上反对经济增长的经济学家，他的勇敢无畏给我留下了深刻的印象。如今的我比在 20 世纪 90 年代中期的时候，更加欣赏戴利的先锋角色。
>
> ——玛丽娜·费舍尔-科瓦尔斯基
> （Marina Fischer-Kowalski）

## 本章结论

本章开篇讲到了增长谬论的教义问答，继而考虑了经济增长的生物物理限制和社会伦理限制，最后又讨论了经济增长的 11 个混淆。30 年以来，我们看到戴利一直在非常努力地尝试使人类摆脱一种文化，甚至说是一种文明，就是将追求经济增长作为长期发展路径。对于上述目标能否在没有"关心它的意愿和灵感"的情况下实现，戴利是悲观的。戴利认为，"关心这个目标的意愿和灵感"不可能来自"我们的生活……是一个没有目的的偶然事件"的观点，这也是戴利对新达尔文主义的解读（见第三章）。

在讨论经济增长的 11 个混淆的最后，戴利提到了"决策精英"，"精英拥有的媒体、公司资助的智库、高等学术机构的经济学家、世界银行……高盛集团和华尔街……这些决策精英也许已经默认经济增长已经成为不经济的了。"但是，当这些决策精英已经搞清楚"如何将递减的新增收益据为己有，同时与穷人、子孙后代和其他物种'共享'爆发式增长的新增成本时"，他们又何必担心呢？

**注释**

1. 除非另有说明，这一部分所有的页码索引都是指戴利（1977）中的页码。戴利（1977）是基于一篇相同论题的更早的论文，即戴利（1972）。
2. NNP（Net National Product）是 GNP（Gross National Product）减去资本的折旧，而 GNP 是 GDP（Gross Domestic Product）加上来自国外的净收入。在早期的作品中，戴利使用当时更常用的 GNP，但是最近他更多地使用 GDP。本书在直接引用中保留了 GNP，而把 GDP 放到了括号中，以表明评论同样适用于两者。

3. 所有的人口数据都来自 Worldometers: www.worldometers.info/world-population/#milestones，2020 年 6 月 30 日访问。

4. 罗伯特·艾瑞斯和沃尔（2010）评估发现，放射本能（能量做功的能力）可以解释不能归因于资本和劳动力的大部分的 GDP 增长（如果不是所有的话）。

5. 如果以资本、劳动力和资源作为投入要素的资本生产函数替代以资本、劳动力和资源作为投入要素的生产函数中的资本，那么资本就完全消失了。"通过资本替代来解决资源耗竭问题的任何可能性都消失了。"（Victor 1991, p. 198）

6. 除非另有说明，这里所有的页码索引都是指戴利（1987）中的页码。

7. 戴利并没有详细解释化石燃料补贴的减少和可再生系统生产力的下降之间的联系。推测起来大概是，如果取消对化石燃料的补贴，那么对于可再生替代物（例如，用作化石燃料的生物量）的需求就会增加，这可能会超过可持续的产量。

8. 除非另有说明，这里所有的页码索引都是指戴利（2014a）中的页码。

# 第八章　稳态经济学

> 除非潜在的增长范式及其支持性价值观念得到改变，否则世界上所有的技术能力和操纵别人的"聪明"都不能解决我们的问题，事实上，这些只会让问题变得更加糟糕。
>
> ——赫尔曼·戴利

在戴利对生态经济学的诸多贡献中，他对稳态经济的分析和推崇产生的影响最大，也最为持久。就像他的很多工作一样，戴利的稳态经济分析也是建立在前辈们工作的基础上，尤其是约翰·斯图尔特·密尔、弗雷德里克·索迪和尼古拉斯·乔治斯库-罗金。但是，戴利充分运用了自己的想象力和洞察力，以及用简单术语表达复杂思想的卓越能力。公平地说，戴利几乎是凭借一己之力，使我们在讨论经济、社会和环境的未来时，让稳态经济成为一个选项。

本章首先追踪稳态经济的主要历史线。这看起来似乎有些离题，因为它主要是描述他人对于稳态经济的贡献。但是，为了完整理解前人工作对戴利的核心研究（稳态经济）的影响，追踪历史线是十分必要的。同时，这对于评估戴利在稳态经济学方面做了多少贡献也很有必要。现在，稳态经济学已经对增长的正统观念构成严峻而及时的挑战。我们将会发现，在戴利之前，大部分对于稳态经济学的贡献都是描述性的，而不是分析性的。相较于他人，戴利发展了稳态经济学的一整套原则，使之可以与其他思想学派的经济原则进行比较和对照。

# 稳态经济的简要历史 [1]

约翰·斯图尔特·密尔并不是第一个研究稳态经济的经济学家（他使用的术语是"稳定的状态"），但是与亚当·斯密、托马斯·马尔萨斯和大卫·李嘉图之前反感地思考稳态经济不同，他是第一批积极地思考稳态经济的经济学家之一。亚当·斯密等人奠定了古典经济学的基础。古典经济学解释和促进了首先出现在 18 世纪的英国，之后扩展到其他国家的经济增长新现象。

在《政治经济学原理》（*Principles of Political Economy*）这本专著（1848 年初版）中，密尔用一整章的篇幅来阐述稳定状态，指出"资本和人口的稳定状态"并不意味着"人类提升的稳定状态"（Mill 1848, p. 116）。戴利在很多作品（如 Daly 1973a, 1977a, 1991a, 1996, 2014a）中都引用了这一章的内容。根据密尔所述，"在最富裕和最繁荣的国家，如果生产艺术不能再进一步地提升，同时如果资本从这些国家向地球上尚未开发地区或者开发落后地区的溢出出现停滞"，那么稳定状态很快就会随之而来（Mill 1848, p. 111）。

密尔将稳定状态的前景视为一种积极的发展而不是消极的发展。密尔给出的理由至今都能引起反响，并且如今在戴利等学者的作品中仍然在讨论。密尔用他被广泛引用的雄辩语言写道：

> 我并不迷恋有些人所坚持的理想生活，他们认为人类的正常状态就是不断奋斗、力争上游；踩踏、挤压、肘击和踩烂彼此的脚后跟，这形成了社会生活的现有类型，也是人类最向往的全部，或者绝对不是工业进步的一个阶段所表现出来的令人讨

厌的症状……人类本性的最好状态就是没有人贫穷，没有人想要变得更富有，也没有任何理由害怕被其他人的奋力向前挤到身后。

（同上，pp. 113, 114）

密尔谨慎地注意到，"在落后国家……增加生产仍然是一个重要目标"，并且主张"在最发达的国家，经济上需要的是更好的分配，其中一个不可或缺的手段是更严格的人口限制"（同上，p. 114）。然而，密尔并没有详细描述这样的人口限制如何实施。

密尔继续为稳定状态辩护，强调人口太多会带来一系列不利因素，即使他们都能享受较高的物质生活标准：

人口也许太多了，尽管所有人都能享有充足的食物和衣物。人类在任何时候都必须要跟他的同类在一起，这是不好的。一个无法独处的世界，是一个非常糟糕的理想世界……

（同上，p. 115）

如今的世界有大约 80 亿人口，且数量还在增加，这个世界布满了电子通讯和监控，这重新定义甚至是消除了孤独本来的意思。我们都很想知道，如果密尔面对今天的世界，他会有何感想。

密尔还写了与稳定状态相关的科学技术（他称之为"工业艺术"）和工作时间。通过写作这部分内容，他期待之后的学者：

生活艺术还有同样大的提升空间，当人类的大脑不再被出人头地的艺术所占据时，生活艺术提升的可能性就会更大。即使是工业艺术也有可能得到认真而成功地培育，唯一的差异是，工业改进能够产生合法的效果，即节约劳动力，而不仅仅是增加财富。

（同上，p. 116）

如果说密尔预测到了关于稳态经济的环境争论,这是最近稳态经济研究者的一个核心争论,那么这就是一个极大的推测。然而,生态足迹(Wackernagel and Rees 1996)、人类对净初级生产的占有(Haberl, Erb and Krausmann 2007)等现代化分析工具提醒我们,密尔的下述表述是有可能成为事实的。

> 想到将来可能发生的事情,我就忧思重重:这个世界已经没有留给自然的自发性活动的空间;每一寸土地都被用来耕种,土地可以生产人类需要的食物;每一片遍布鲜花的荒地或者天然草场都被人类开发利用;所有的并非供人类使用的驯养的四足动物或鸟类都因为缺少足够的食物而灭绝;每一个矮树篱或者多余的树都被连根拔起;几乎没有地方可以让野生灌木或者野花自由生长,因为人类都会以改良农业的名义把它们作为杂草铲除掉……
>
> (同上,p. 116)

在关于稳定状态的这一杰出篇章的最后,密尔提出了他对未来的设想。他写道:"为了子孙后代,我真诚地希望人口总量能够满足于一种稳定状态,否则将来现实会迫使他们这样做。"(同上,p. 116)

相比起关于稳态经济学的观点,卡尔·马克思更多地是因为他对资本主义的分析和对资本主义最终将要崩溃的预测而闻名于世。19世纪中期,当时的主流经济学家都在关注单一和多维度市场的静态平衡的条件和影响,而马克思将主要精力用于研究资本主义的动态演变上。马克思应用了"再生产"的概念,即一个经济体,更广泛地说是一个社会在每个生产阶段末期,重新创造下一个阶段能够继续生产的条件的过程。对于一个不断扩张的资本主义经济体,马克思通过对资本积累和递减的利润率的分析得出如下结论:资本主义最终将不能再生产出其持续存在所需的条件。

作为上述分析的前奏,马克思分析了"简单再生产"的要求,即工人的工资要足够其进行自身的再生产,资本的持有者更新废旧的资本,但不扩张资本，同时把经济中产生的所有剩余价值都用于消费。然而，在资本主义的条件下，马克思认为简单再生产会让步于扩大再生产，即增长，因为资本家的本性就是积累资本。保罗·伯克特（Paul Burkett）认为，马克思清楚地意识到简单再生产所需要的"自然条件"，并不认同有些人指责马克思跟主流经济学家一样，忽视了经济对生物圈的依赖（Burkett 2004）[2]。在更大范围的稳态经济讨论中，我们从马克思那里了解到，辨别哪些经济、社会和环境条件受再生产影响，哪些条件可以浮动变化，是很有价值的。除了解释为什么简单再生产必须让步于扩大再生产之外，马克思对这种经济没什么特别的兴趣。在这方面，马克思主要的观点是，一个可行的经济系统自身应该能够再生，但是必须以与相当稳定的社会和环境系统相一致的方式实现再生。

戴利还讨论了稳态经济的制度，这个主题在《稳态经济学》一书中占据了整整一章（Daly 1977a, 1991a，第三章）。尽管戴利的观点与马克思并不完全一致，我们还是可以看出，戴利在读完马克思的著作之后，才写出关于人口、贫穷和发展的观点（见第十二章）。戴利甚至讲授"马克思主义经济学"，并且指出"马克思一定有很多重要和非常有用的深刻见解"（与戴利的私下沟通）。

跟马克思一样，凯恩斯也是在没有明确提出稳态经济这一名称的情况下，对稳态经济进行了深入的思考。但凯恩斯又与马克思不一样，他认为，对于生活在2026—2050年的人来讲，也就是在他写下《我们孙辈的经济可能性》（*Economic Possibilities for our Grandchildren*）这篇文章的100年之后，稳态经济是一个非常真实的可能性（Keynes 1930）。考虑到自1580年德瑞克（Drake）从西班牙盗窃珍宝以来英国的经济增长，凯恩斯总结道："假设没有重大的战争，人口也没有显著增加，在100年之内，我们也许就可以解决**经济问题**，或者至少看到解决的希望。"（同上，pp. 365～366，黑体为原文斜体部分）凯恩斯没有明确指出"重要的战争"和"显著的人口增加"是什么意思，但是第二次世界大战可能称得上是"重要的战争",自1930年以来世界人口总量是之前的三倍多可能称得上是"显著的人口增加"。因此,我们也许可以将他对解决经济问题的时间预测一直延伸到21世纪。但是,这其实并不是重点。相反,正是凯恩斯预测到了科学技术进步带来的经济产出的大幅增长,并且意识到"如果我们展望未来,就可以发现,这个经济问题并不会成为**人类前行的永久问题**。"(同上,p.366)

凯恩斯关于稳态经济的观点很丰富,但是无论在哪一个方面都不是对使经济体跟自然的其他部分处于某种平衡状态的需要的回应,而这个需要正是密尔早在100年前就讨论过的,这也是戴利的根本立场。但和戴利一样,凯恩斯对经济生活的道德和社会维度也感兴趣。他对经济增长与道德规范的关系,以及稳态经济所允许(虽然不能保证)的提升机会的观察,跟戴利的观察并无不同。凯恩斯写道,"各种影响财富分配和经济奖惩分配的社会习俗和经济实践,无论它们本身多么令人讨厌和不公正,只要它们对促进资本积累大有用处,我们如今都会不惜一切代价地维持这样的社会习俗和经济实践。但是终有一天,我们能够自由地抛弃它们。"特别是:

> 爱钱作为一种财产,这与将爱钱作为享受生活乐趣和现实的一种手段截然不同,前者将被认为是令人作呕的病态,是一种半犯罪和半病态的倾向,大家都非常害怕地将这种病态和倾向交给精神病专家来处理。
>
> (同上,p.369)

很久之前,经济学被称为"忧郁科学",部分原因至少是马尔萨斯人口论(即人口增长速度快于食物生产)没有成为现实,最起码没有马尔萨斯预想的那么严重。如今,公平地说,相对于经济学家,自然科学家更愿意相信,由于资源和环境的限制,经济增长最终会结束。这对于有生命科学背景的自然科学家来讲尤其正确,在生命科学中,承载能力是一个广泛使用的概念，承载能力被视为生物种群扩大的一个限制因素。人类当然属于一个生物物种，因此人类也必须要受某种承载能力极限的约束。至于这是否适用于经济增长和人口数量，则是一个复杂的问题。就像我们已经看到的戴利跟索洛、斯蒂格利茨、朱利安·西蒙（Julian Simon）等传统经济学家的争论一样（Daly 1999b），上述问题的答案取决于：如何正确定义增长；所有可能变得稀缺的要素之间替代的可能性和激励性；以及对于人类来讲，科学技术在强化承载能力方面的角色。

一位对稳态经济的讨论做出贡献的自然科学家是地质学家马里恩·金·哈伯特（Marion King Hubbert），戴利在一些作品中引用了他的观点和发现（如 Daly and Cobb 1994, p. 408; Daly 2007, pp. 122, 123）。哈伯特最为人所知的是他关于石油峰值的研究，他在1956年发表的预测称，美国海拔较低的48个州的石油产量会在1970年达到峰值（Hubbert 1956）。1974年，哈伯特出席了美国众议院内政和岛屿事务委员会的环境小组委员会的听证会。在他的证词中，哈伯特说道，"当一个系统的各组成部分不随时间发生变化，或者周期性地固定重复变化，那么这个系统就达到了稳态。"哈伯特将稳态跟"瞬时"状态进行了对比，"瞬时"状态是指"各种组成元素在数量、大小和规模上正在进行非周期性的变化，或增或减"。哈伯特应用这些概念，描述了人类社会通过化石能源的使用，实现了从稳态到"瞬时"状态的历史转型（Hubbert 1974）。

从长远来看，从过去5000年到未来5000年，哈伯特宣称，"煤、油、天然气、含油砂、油页岩"等化石能源总量的80%将在大约300年的时间内消耗完，而我们已经进入了这个短暂的历史阶段："化石能源时期可能只是一个短暂的历史事件。然而，在人类作为生物存在的漫长时间段内，到目前为止，这个历史事件对人类产生了最显著的影响。"

哈伯特继续说道，"在过去的几个世纪，主导人类活动的工业增长的指数化增长阶段就要接近尾声了……因为无论是在物理层面上还是在生物层面上，任何物质要素或者能源要素都不可能再维持指数化的增长了……

物质要素和能源要素的量多次翻番,并且绝大多数可能的翻番已经发生了。"有意思的是,在众议院的证词中,哈伯特承认他已经改变了基于裂变的核能能够替代化石能源的想法,因为"就潜在的灾难性影响而言,基于裂变的核能代表了人类历史上最危险的工业化操作"。

哈伯特最后总结道,"因为我们的制度、法律体系、金融体系以及我们最珍视的社会习俗和信念,都是建立在经济持续增长的基础上……所以,随着经济在物理层面增长率的放缓,文化层面的调整将不可避免。"然而,也许就像密尔一样,哈伯特并不清楚他是否乐于接受这些文化调整或者他是否真的认为这些文化调整是不可避免的。无论实际情况如何,非常清楚的是,哈伯特对这些问题的观点与戴利后来详述的观点在很大程度上是一致的。他们两人后来都发现了这一点。1989 年,在参加了戴利给华盛顿一个非政府组织作的讲座后,哈伯特主动向戴利介绍了自己,这让戴利很高兴。他们两人还去宇宙俱乐部喝了一杯,哈伯特刚好是这个俱乐部的会员。在他们的谈话中,戴利确认了来自得克萨斯州的哈伯特是为专家管理有限公司(Technocracy, Inc.)编写的一部教科书的作者,这本书是大萧条之后的一项运动的产物,该运动寻求将经济学建立在能源价值理论的基础上,用工程师取代经济学家。这场运动是由一位富有号召力的工程师霍华德·斯科特(Howard Scott)领导的,哈伯特为此提供了一些科学帮助。鉴于大萧条让人们非常热切地想寻找一个更好的系统,这场运动在一段时间内很受欢迎。但是,这场运动并没有持续下去,原因人人皆知。然而,这本写作精良的教科书是一个将热力学定律和经济学联系在一起的早期例子。

对戴利产生直接影响的还有一位经济学家,即肯尼思·博尔丁。在《作为生命科学的经济学》一文中,戴利写道,"在当代的理论家中,似乎只有肯尼思·博尔丁……尼古拉斯·乔治斯库-罗金有认真对待马歇尔的倾向,他们在经济学中更喜欢用生物类比法,而不是机械类比法"(Daly 1968a, p. 393)。在帮助我们理解经济对其所处的生物圈的依赖性方面，博尔丁做出了几项贡献。博尔丁（Boulding）的影响深远的论文《关于即将到来的宇宙飞船地球的经济学》（On the Economics of the Coming Spaceship Earth, 1966）最广为人知，也确实名副其实，因为这篇论文提供了后来成为生态经济学框架的简明大纲。在该论文中，博尔丁写道"未来的封闭地球需要的经济原则与过去的开放地球需要的经济原则有些不同，"（同上，p. 9）这其实是间接提到了稳态经济学。博尔丁在这篇论文中探索了一些未来的封闭地球需要的经济原则，并且在一篇专门讨论"稳定状态"的论文中进一步发展了他的思想，他还将"稳定状态"描述为"'经济想象力'不可或缺的一部分"（Boulding 1973）。博尔丁强调，"稳定状态的质量几乎完全取决于将存量和流量联系起来的动态功能的本质……当然，所有存量没有必要同时处于稳定状态"（同上，p. 92）。博尔丁还区分了一些"准稳定"状态，也就是系统中有些元素处于稳定状态，有些元素没有处于稳定状态。在回顾密尔的研究的基础上，博尔丁将"稳定的人口和稳定的资本存量……同时伴随着资本存量特点的变化"描述为稳定状态（同上），这与戴利所描述的稳态经济很相近。

也许博尔丁在稳定状态研究方面最重要的观点是，"无论系统中的哪个元素是稳定的……关键问题是保持其稳定的控制机制的本质。"（同上，p. 92）这样的控制机制也许是严厉的（如强制的人口控制），或者更加消极，甚至是自发性的。据博尔丁所述，更有甚者，这些控制机制可能有助于滋生"黑手党类型的社会，在这种社会中，政府主要就是一个将收入再分配给强势群体而非弱势群体的机构。"（同上，p. 95）当我们从讨论稳态经济的基本原理转向讨论稳态经济的实施时，这是一个需要我们警惕的问题："在政治和宪法层面构建防止剥削的措施可能会成为稳态经济的主要政治问题。"（同上）先于哈伯特，博尔丁尖锐地评论了现有制度及其与稳定状态的兼容性，并借此总结了他对制度考虑的评论，即"正是因为现有的政治、经济、教育和宗教制度在一个非常快速进步的社会中展示出了生存价值，然而它们在一个慢社会或者稳定社会中是否还有生存价值，还值

得商榷。"（同上，p. 100）

《增长的极限》一书也是一个为稳态经济学的诞生做出贡献的作品，该书是戴利在稳态经济学思想形成的那年发表的，它对戴利和稳态经济学都产生了持久的影响。这部篇幅不长的专著描述了一个"世界系统"的仿真模型。这个仿真模型产生了若干个方案，其中包括有几个方案中的"世界系统"会在21世纪的某个时间崩溃。其中一种情况就是"标准"世界模型，"该模型假设历史上主导世界系统发展和行为模式的物理、经济和社会关系不会发生重大改变……这个系统很明显将出现过冲和崩溃。"（同上，p. 124）基于不同的假设，其他方案展示了"世界模型"如何实现稳定状态，至少在该模型运行期间（即一直到2100年）实现稳定状态，这就趋近于稳态。

《增长的极限》遭受了大量的批评，在今天也经常会被不假思索地忽视，事实已经证明这种批评和忽视是不正确的（更多讨论见 Victor 2019, pp. 169~174）。在将自《增长的极限》发表以来世界发生的真实情况与书中描述的方案进行对比分析后，格雷厄姆·特纳（Graham Turner）非常清醒地总结道："将数据趋势和模型动态联系起来就会发现，崩溃的早期阶段会在十年之内发生，甚至可能正在发生。"（Turner 2012, p. 124）

## 戴利引领稳态经济学议程

戴利从20世纪60年代开始写作有关稳态经济的内容，并且一直持续到现在。1996年，戴利写道："在超过25年的时间里，稳态经济的概念一直是我思考和写作的中心。"（Daly 1996, p. 3）在跟伯纳德·昆克尔（Bernard Kunkel）的一次访谈中，戴利将他对稳态经济学的兴趣与他儿时得过小儿麻痹症的经历联系起来。

那个时候我就意识到，有些事情真的是不可能的。当时，普遍的观点是，如果你得了小儿麻痹症，你就应该战胜它。如果你更加努力，那么没有什么事情是不可能的。在某个时刻，我意识到我被一堆善意的谎言所包围，因为有些事情真的是不可能的。于是我对自己说，当你遇到一件不可能的事情时，最好的适应方式就是勇敢面对，并且把精力投向那些仍然可能的、好的事情上……现在，你可以直接从这段经历跳跃到我后来的经济学理论：因为无限经济增长是不可能的，所以让我们来一起适应发展稳态经济的需求。我从来没有有意把这两者联系起来。但是，回想起过去的一切，就算是带我去看精神科医生，心理分析师也很可能认为这两者有关。

（Kunkel 2018, pp. 83~84）

戴利第一次提到稳态经济是在耶鲁大学"人口零增长"分会的一次演讲中。演讲中他讲到了吞吐量极限、熵、增长极限等思想。当时在场的一位物理学家约翰·哈特邀请戴利为他正在联合编辑的一本书写一章内容。在和哈特及其联合编辑共进午餐后，戴利接受了邀请。戴利也为《耶鲁校友杂志》写了上述章节的编辑版本。很多重要校友都会读《耶鲁校友杂志》，其中一个碰巧是哈里森·索尔兹伯里，他在《纽约时报》工作。索尔兹伯里阅读了戴利的文章，并且打电话给戴利说："您是否可以就同样的主题写一个专栏？"戴利爽快地答应了。该专栏顺利发表，标题为"金丝雀沉默了"。这是戴利在《纽约时报》上发表的唯一一篇文章，这篇文章产生了一定影响。当时正在写作《增长的极限》（Meadows et al., 1972）一书的作者之一——丹妮斯·梅多斯读了戴利这篇文章。梅多斯的反应是，"哇哦，这跟我们正在做的事情非常接近。"他写信给戴利，建议"我们应该碰面讨论一下这个问题"。他们同意在纽约的美国科学促进协会会议上见面。在那里，梅多斯询问戴利，"您关于……的设想是怎么样的?"戴利说,"我并没有设想。"但是,他们讨论了一个可能的设想是什么样的。戴利紧接着给梅多斯发送了一些他写过的材料。《增长的极限》的第五章"全球均衡状态"就引用了戴利的观点:

> 好几个理由的存在使得我们相信,对于静止状态来讲,重要的事情是分配,而不是生产。如果我们诉诸经济增长,那么相对份额的问题将不可避免。只要每个人财富的绝对份额增加(不用考虑相对份额),那么就会幸福快乐的观点已经不再成立了……静止状态对于我们的环境资源要求得更少,但是在道德上对我们的要求要多得多。
>
> (Meadows et al. 1972, p. 179)

在上述引用中,戴利使用了术语"静止状态",这是他从古典经济学家那里学到的。有批评指出"静止状态"听起来很像停滞,人们不会喜欢这个词,所以,戴利将"静止状态"更换为"稳态"。戴利从自然科学和人口学中引入"稳态"这个术语,认为它可以在不改变意思的情况下在不同的科学领域引起共鸣,但他忽视的是,在新古典经济学中,"稳态"通常是指资本和劳动力以相同速率增长并保持相同的比例,但是其中有正向的经济增长。戴利使用"稳态"这个概念来表达不同的意思,引起了一些困惑;回顾过去,戴利认为这也许是个错误,也许应该仍然沿用"静止状态"这一词或者选择一个完全不一样的术语,比如"动态平衡"。(与戴利的私下沟通)

一系列偶然事件表明了机缘巧合是如何在一个人的生命中扮演一定角色的。如果戴利没有受其导师乔治斯库-罗金的影响,那么他也许会继续埋头研究北美洲的经济发展,而不会意识到增长的生物物理极限。如果戴利没有在耶鲁大学发表演讲,他的思想也没有对他人产生那么大的吸引力,那么他也许会朝着一个不同的方向发展。事实上,戴利确实认识到,如果他的观点和几乎所有人的相左,那么他也许错了。由此,戴利一遍遍地改进他的思想，尝试收到更多批评。

刚开始，戴利认为他讨论的内容都是经济学的范畴，他希望他所研究的内容能够得到经济学家同行的合作与支持，这是非常重要的，但是戴利对他研究的问题也没有得出全部答案。戴利所知道的是，增长不会永远持续下去，一个寄希望于永远增长的经济体将会在各方面失败。因此，戴利认为我们应该尝试不同的发展模式，并且这个发展模式应该重视生物物理极限。他知道经济学就是围绕"限制"展开的。在我跟戴利私下沟通时，戴利说，"我们都知道稀缺性是经济学这门科学的基础。我只是为稀缺性赋予了新的含义。我们面临的稀缺性体现在更广泛的层面上。我们是更大系统中的一部分，这个更大系统也包含稀缺性。我认为这理解起来并不难。但是，事与愿违。"

戴利解释道：反对声音来源于这样的理念，即经济增长是贫穷的解决方案，没有增长的话，贫穷的唯一解决方案就是分享，而对于分享，人们还远远没有做好准备。在早期，戴利就发现再分配和限制人口规模在政治上是禁忌，稳态经济也是禁忌。如今戴利发现，一方面是政治上的不可能，另一方面是生物物理上的不可能，这两个不可能是冲突的。相对于政治上的不可能，生物物理的不可能更加强烈，并且永远不会消失。

在论文《经济增长的世界动态：稳态经济学》中，戴利开篇就写道："因为现在这个'新经济学'只包含了稳态经济的定义、稳态经济的必要性和稳态经济的可取性的一些论据，以及关于稳态经济的合适制度和转型问题的一些严谨推测，所以我的题目看起来有些自大"（Daly 1974, p. 15）。从这句开场白中，我们可以很好地了解戴利刚开始探索研究稳态经济学时的情况。在1973年，戴利将一些论文收录到《迈向稳态经济》（Daly 1973a）这本专著中，其中包含乔治斯库-罗金关于熵增定律的研究、埃利希关于人口增长的研究、博尔丁关于"宇宙飞船"经济的研究，以及其他几位至今都很知名的学者的研究。这本专著中包含了戴利完成的长篇幅引言，引言主要描述了"稳态的本质和必须性"，引言之后就是戴利本人的论文《稳态经济：迈向生物物理平衡和道德增长的政治经济》(The Steady-State Economy: Toward a Political Economy of Biophysical Equilibrium and Moral Growth)。

《迈向稳态经济》后来又改了两个版本（Daly 1980a; Daly and Townsend 1993）。《迈向稳态经济》1973年的版本是《稳态经济学》(Daly 1977a)这本专著的前身，是第一部专注于研究稳态经济的专著。《迈向稳态经济》的第二个版本（Daly 1991a）现在仍然是对稳态经济研究最为全面的专著，随着时间流逝，其价值越来越明显[3]。

> 我上过几门经济学课程。我对这些经济学课程未能解决我左思右想的关键议题总是感到困惑，例如环境退化、贫困和几乎不考虑福利的经济。有人推荐我读一读稳态经济学，它解决了如今经济学所缺失的所有议题。
>
> ——汤姆·格林

## 戴利的稳态经济定义

专著《稳态经济学》的副标题为"生物物理平衡和道德增长的经济学"，这个副标题揭示了戴利的稳态经济学的本质。戴利将稳态经济定义为：

**通过低水平的持续性"吞吐量"，人口规模和人工制品存量能够保持恒定并且维持在理想的充足水平的经济体。** 也就是说，该经济体通过最低的可行的物质和能源流维持，从生产的第一阶段（消耗来自环境的低熵物质和能源）到消费的最后一个阶段（用高熵的废弃物和外来物质污染环境）。我们应该牢记，稳态经济是一个物理概念。如果某个事物是非物理的，那么也许它可以一直增长。

（同上，p. 17，黑体为原文斜体部分）

我们可以更加简洁地定义稳态经济。戴利说，"在密尔的基础上，我们也许可以将稳态经济定义为拥有恒定人口规模和资本存量的经济体，该经济体依靠在生态系统的再生和吸收转化能力范围以内的低水平吞吐量维持。"（Daly 2008b, p. 4）这个定义聚焦在用低水平的吞吐量来维持恒定的人口存量和人工制品存量之上，低水平的吞吐量不能超过环境产生资源和吸收废弃物的有限能力。统计人口数量是容易的。通过人口普查，我们定期统计人口数量，因此我们也不难知道人口数量的变化。然而，从物理重量的角度来看人口存量的话，就显得有些复杂，因为营养不良和肥胖的趋势在不断发生变化。统计人工制品就完全是另外一回事了。数据统计部门并没有关于人工制品的系统的、完整的清单。在一定程度上，数据统计部门通常通过应用市场价格，将人工制品存量汇总成货币总量，当然这种做法也有自己的问题。通过坚持主张稳态经济是一个物理概念，戴利避免了将资本存量汇总成货币总量的问题。但是，从物理概念出发，维持恒定的人工制品存量又是什么意思呢？如果只是将人工制品的重量或者体积简单相加，那么我们将很难看到人工制品存量上的质的改进及其构成的变化。

戴利关于稳态经济的定义还有另外一个问题，即既然稳态经济要维持资本存量恒定，那么资本究竟包含哪些呢？近年来，有些人越来越普遍地将资本的概念扩展到实际上能经历岁月打磨的所有事物上。例如，对于自然来讲有自然资本，对于人来讲有人力资本，对于机构来讲有社会资本，对于思想来讲有智力资本，当然还有更加常见的金融资本和人造资本。戴利在他的写作中经常提到自然资本，并且在批评声中捍卫自然资本的概念。戴利也意识到一些问题，尤其是在用货币化的方式对自然资本进行估值这一方面（Daly 2020a）。"对自然资本进行货币化估值的危险来自其强加的假设，即不同形式的资本一旦进行货币化估值，就是可以互相替代的，就像钱是可以互相替代的一样。"（Daly 2019b, p. 1）很明显，戴利关于稳态经济的定义是基于要用最少的吞吐量来维持恒定的资本存量，这就将资本的定义从人工制品限制为人造资本，这样最起码避免了跟自然资本相关的问题。

也许在一定程度上是为了避免资本衡量带来的问题，戴利提供了另一个操作性更强的稳态经济定义，这个定义聚焦于流量而非存量。"我们也许可以将稳态经济定义为稳定并且可持续（低水平）的吞吐量。吞吐量从资源消耗开始，到污染排放结束。只要保证吞吐量是稳定并且可持续的，其维持的人口规模和资本存量可以自由地调整到任何水平。"（Daly 2008b, p. 3）如果仔细分析，我们就可以发现戴利关于稳态经济的两个概念本质上是一样的：定义一是在将资本存量维持在理想水平的基础上，最小化吞吐量；而定义二是在不超过理想的吞吐量的基础上，最大化其所维持的资本存量。如果基于第一个定义所得出的吞吐量被用来计算第二个定义中的资本存量，那么就会发现不管是哪个定义，资本存量是一致的。如果我们考虑到戴利不断提到的两种感兴趣的存量，即人力资本存量和人工制品存量，事情就会显得有些复杂，因为维持这两种资本存量需要不同水平的吞吐量。但是，我们仍然可以合理地认为戴利的这两个定义是等价的，尽管两个定义的政策含义不同。

关于戴利的第二个定义，衡量问题就从资本转向吞吐量，即流入经济系统的物质能源流和流出经济系统的物质能源流。除非我们严格地用重量衡量物质流、用统一单位衡量能量，否则我们就不能判断物质和能源流是否在增加、下降或者维持恒定。这样高度的综合性有助于评估宏观方面的变化，但是也有风险，即忽略了等量的物质和能源流所带来的截然不同的资源稀缺性变化和环境影响。

相对于吞吐量所建设的资本存量的规模，我们也许可以更为容易地获取关于吞吐量物理维度的综合信息，但是戴利并没有明确表示他更倾向两个定义中的哪一个。然而，需要说明的是，设置吞吐量的目标（使得资本存量变化）比设置资本存量的目标（最小化吞吐量）更加可取。戴利稳态经济基本原理的一个重要方面就是使得经济系统与包含经济系统的生态圈实现一种合理的平衡。经济系统和生态圈的主要连接方式就是吞吐量，即经济系统从生态圈获取物质（包括化石能源），向生态系统排放废弃物。一般来说，较大的资本存量需要获取较大的物质量来生产建设，并且需要较多的吞吐量来运营和维持。资本存量本身也会有不小的环境影响，如鸟类因碰撞事故而死亡，建设导致的肥沃土壤流失、栖息地减少，干扰动物迁徙路线。但是，资本存量本身对环境的影响比起物质与能源的开采、使用与处置（即吞吐量）带来的环境影响要小得多。因此，相对于固定资本存量和最小化吞吐量所需要的资本存量建设、维持和运营，为吞吐量设置政策目标并且让资本存量的设计和使用存在弹性的方案，对于限制经济系统的环境影响会更加合理和有效，戴利本人也认同上述观点（与戴利的私下沟通）。

就像对 GDP 的传统依赖一样，戴利所定义的稳态经济在实践中也产生了具体作用。其中一个标志就是，欧盟统计局（欧盟的数据统计部门）现如今公布的欧盟整体以及各个会员国每年的物质流（总量和分类）和人工制品的积累量（不包括人口数）的衡量单位是吨。图 8.1 展示了欧盟在 2018 年的总物质流。进口量（就像商品一样）和从欧盟国家境内开采的自然资源量相加的总量等于出口量、空气排放量、水源排放量、垃圾填埋量、耗散物质流和物质积累的总和。循环和回填能够减少对原始物质的需求，从图中也可以看出两者都重新为"被处理物质"提供供应。还有一个重要的反馈回路在图 8.1 中没有体现出来。戴利指出是"物质积累"（大部分可以看作资本存量的扩张）和对"直接物质投入"的未来维持性需求之间的反馈回路。为了防止这个反馈回路打破稳态经济想要实现的经济系统和生态圈之间的平衡，戴利提倡要为吞吐量设置极限值。

戴利强调经济的物理维度以及热力学第一定律和第二定律对于经济的重要性，但这并不意味着他忽略了传统经济学中的那些核心概念。（在下一章中，我们将会看到戴利受到了一些人的批评，认为他使用了太多传统经济学中的概念，即新古典经济学。）这些重要概念的其中之一就是效率。但是，它在戴利这里被赋予了完全不同的含义。

> 稳态经济的概念在两个方面对我大有启发。第一个方面是，稳态经济与大家狂热的共同信念（即经济增长本身能够解决所有的发展问题）形成鲜明的对比，戴利教授是少有的坚决反对狂热增长的经济学家之一。第二个方面是，甚至在反对盲目追求经济增长的反对者中，很少有人能真正地从单纯批评迈向系统构建一个解决问题的分析框架，这就是为什么戴利教授的稳态经济理论像一只独角兽一样引人注目。
>
> ——季曦（Ji Xi）

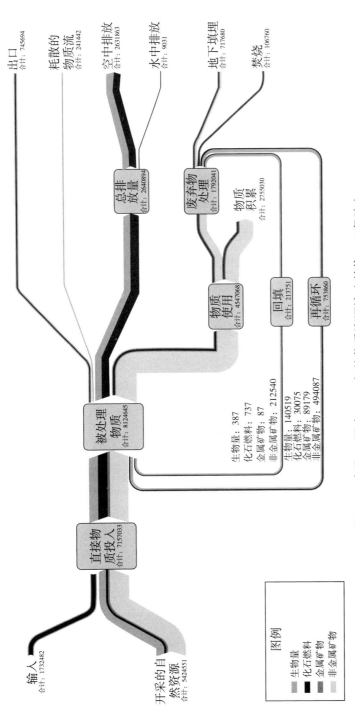

图 8.1 欧盟 27 国在 2018 年的物质资源流（单位：10 亿吨）

# 稳态经济中的效率

在新古典经济学中，效率的概念占据重要的位置，效率也是评估不同经济安排的主要规范性标准。更加确切地说，福利经济学中的效率，也就是新古典经济学中的规范性原则，就是"帕累托效率"（Pareto efficiency）。维尔弗雷多·帕累托（Vilfredo Pareto, 1848—1923）是一位意大利的工程师、经济学家、政治科学家、社会学家和哲学家，他用他的名字赋予效率特殊的含义。帕累托效率或者帕累托最优指的是，在一个经济体中如果不使得其他人的境况变坏，那么不可能使得至少一个人的境况变好，当然好还是坏应该由当事人来判断。帕累托效率的提升，即在不使其他人的境况变坏的前提下，使得至少一个人的境况变好，又叫帕累托改进。帕累托效率可以理解为所有的互利交易机会都穷尽的一种情况。从理论上讲，竞争性经济带来的结果就是帕累托有效。在标准的经济学理论中，广为人知的是，竞争性经济中的每一种收入和财富分配都对应一个不同的帕累托有效结果。戴利不反对用这些视角来分析一个竞争性经济在配置方面的优点（详见 Daly 1991a, pp. 82~86 和 Daly and Farley 2011 的第八章），但他不满足于止步于此。由于避免不了价值判断或者"人与人之间的效用比较"，新古典经济学家之所以没有宣布某一种分配比另一种分配好，是因为不同的收入和财富分配必然涉及不同的获利者和失利者。由此可见，收入和财富的强制再分配不会带来帕累托改进，这是因为一些人的收益伴随着其他人的损失。就像第五章所解释的那样，戴利有不同的观点。正是因为不同的收入和财富分配伴随着不同的帕累托有效结果，所以戴利主张公平分配必须被设置为有效配置的前提条件。与那些认为市场决定的配置可以带来公平分配的人不同，戴利坚定地认为，为了使得市场决定的配置有规范性价值，集体决定的分配必须被设置为市场配置的前提条件。正是基于此，戴利建议对收入和财富设置最低和最高限制额。

当研究稳态经济时，戴利就将效率分析建立在投入和产出关系的基础上。如果同样的产出可以用较少的投入生产出来，或者如果相同的投入可以生产出更多的产出，那么将投入转化为产出的过程就更有效率。投入和产出也可以理解为"收益和成本的比值"（同上，p. 78）。通过一个简单的恒等式，戴利用这种方式定义的效率来区分量的增长和质的改进（Daly 1974）[4]：

$$\frac{服务}{吞吐量} = \frac{服务}{存量} \times \frac{存量}{吞吐量} \qquad (8.1)$$

$$\quad\ (1) \qquad\ (2) \qquad\ (3)$$

戴利认为，服务是经济活动的最终受益，而"吞吐量（熵增的物质流）是经济活动的最终成本……或者更准确地说，吞吐量引起的生态服务损失是最终成本。"（Daly 1977a, 1991a, pp. 36～37）戴利解释，"吞吐量并不能直接产出服务，吞吐量必须首先积累和转化为有用的人工制品的存量（资本）。"（Daly 1977a, 1991a, pp. 36）在这里需要强调的是，戴利指的是物质方面的吞吐量，因为能量是不能积累的，除非积累的量非常少。"存量处于中心的位置，因为存量承上启下，非常重要。正是存量直接产出服务（比值2），并且存量需要吞吐量来维持和替换。"（Daly 1977a, 1991a, p. 37）

等式（8.1）中三个比值都可以理解为效率的衡量方式。三个比值并不是彼此独立的，比值（1）是由比值（2）和比值（3）决定的。戴利用等式（8.1）进一步解释他对增长的定义，即"增长就是在等式（8.1）中右边的两个比值保持恒定的前提下，通过吞吐量和存量的提升来提升总服务水平"（同上，p. 77）。在这个增长的定义中，服务比存量和存量比吞吐量这两个效率指标保持不变，这就意味着服务水平只是伴随着吞吐量的增加而增加，同时存量也会随着吞吐量的增加而自动增加。至于发展，存在着三种可能性：第一，吞吐量保持不变，存量随着比值（3）的提升而提升；第二，存量保持不变，吞吐量伴随着比值（3）的提升而降低；第三，吞吐量和存量都保持不变，这个时候比值（2）提升就是发展。

上述简单的分析框架使得戴利关于增长和发展的区分更加清晰。由于上述分析框架能够应用到经济分析的各个层面，也为我们提供了一个在各个层面分析经济的备选框架，从个人生产单位一直到整体宏观经济。当研究一个稳态经济体的时候，戴利的主要兴趣是在宏观层面。戴利用下面的效率定义来更深刻地探索宏观效率的含义：

$$效率 = \frac{收益}{成本} = \frac{增加的人工制品服务}{损失的生态系统服务} \quad (8.2)$$

戴利预测到会有异议，即除了损失的生态系统服务之外，我们还有其他成本。因此，在欧文·费雪的基础上，戴利减去副效用或者"人工制品服务的劳动力伤害……将分子设置为增加的净人工制品服务"（同上，p.78）。戴利下一步的效率分析就是将"增加的人工制品服务比损失的生态系统服务"分解为四个比值，如（8.3）所示：

$$\frac{新增的人工制品服务}{损失的生态系统服务} = \underbrace{\frac{新增的人工制品服务}{人工制品存量}}_{(1)} \times \underbrace{\frac{人工制品存量}{吞吐量}}_{(2)}$$

$$\times \underbrace{\frac{吞吐量}{损失的生态系统存量}}_{(3)} \times \underbrace{\frac{损失的生态系统存量}{损失的生态系统服务}}_{(4)} \quad (8.3)$$

正如戴利所解释的那样，比值（1—4）各自代表了效率的不同维度（同上，pp. 78~79）：

（1）人工制品的服务效率：一定量的人工制品存量满足需求的效

率……取决于人工制品存量在不同的人工制品需求间的配置和使用情况……以及人工制品存量在不同人群之间的分配情况。例如，对于一定的住房存量来讲，我们有两种使用方案。第一种是由大家共享；第二种是只由一个王室家庭独占，其他人都住在棚户区。很显然，第一种方案可以带来更多的住房服务。

（2）人工制品的维持效率：实质上是人工制品存量的周转或者更新时间……人工制品的维持效率可以通过用最少的吞吐量来维持一定的人工制品存量的方式来提升。这个效率可以理解为耐久性。相对于一幢一直处于维修状态的建筑物，一幢设计良好、建造结实的建筑物能够用较少的吞吐量来维持。

（3）生态系统的维持效率：反映了生态系统能够在多大程度上保持吞吐量的可持续供给，而且是在没有自然存量耗竭的情况下。这个效率取决于生态环境的源与汇的可替代性或者可再生性。例如，相对于在完全砍伐且没有再植的情况下获取木材，从可持续的森林中获取木材相对应的生态系统的维持效率就会更高一些。

（4）生态系统的服务效率：就像比值（1），该效率取决于配置和分配，但是……这里指的是损失而不是收益的配置和分配……这些成本主要是通过市场之外的生态相互依赖网络来进行配置和分配。为了获取经济所需的吞吐量不得不损失一定的生态系统存量时，生态系统服务的相关损失就取决于生态系统是哪一部分受损。这些生态系统服务的损失是集中在某一恢复机会很少地点，还是分散的并且可以更加容易地被替代的地点？例如，商业捕捞能够通过耗竭鱼类存量的方式毁灭一个渔场，但是如果同样规模的商业捕捞在好几个渔场开展，那么影响就会小很多。

戴利应用这四种类型的效率解释科技在稳态经济或者任何经济中的影响。科技通过两种方式提升效率，即基于既定的投入（分母）提升产出（分子），或者在既定产出的前提下减少投入，但是两种方式都有极限。"比值（1）受递减的边际效用所限。"在住房的例子中，当房屋存量被更加公平地分享时，总效用就会提升；但是，对于任何一种既定分配情况来讲，更先进的科技带来的每单位的住房存量提升对福利提升的贡献将会越来越小。"比值（2）和（3）受熵增定律的限制：任何东西不可能持续到永远"。对于比值（2），还是用住房的例子来说明，更先进的科技可以用同样的吞吐量来建设和维护更多的房屋存量。通过改善木材获取方法和造林方法，科技也能够提升比值（3）。"比值（4）受递增的边际成本定律所限，生态的阈值和复杂的互相依赖网络所造成的不连续性使得这种限制变得更加复杂。"（同上，p. 79）科学技术可以改善生态系统的管理，并且进一步减少由生态系统存量减少引起的生态系统服务的损失。但是，由于缺少关于原因和结果的知识和内在不确定性的存在，辨识这些最好的机会非常困难。

戴利处理效率的新颖性在于他用常识来理解效率，即将效率理解为投入和产出的关系，并且将从人工制品中获取的服务跟相关的生态系统服务损失联系起来。戴利提议将稳态经济作为一种途径，来寻求新增的人工制品服务和损失的生态系统服务之间长期的平衡，这跟过分强调人工制品服务扩张、低估生态系统服务损失增长的范式形成鲜明的对比[5]。

# 社会中的人

在学科的分类中，经济学被视为一门社会科学。社会科学就是应用科学的方式和方法来研究社会、研究人与人之间的关系。每一门社会科学都会聚焦研究这个广泛领域的某一部分，每一个从业者都根据他们的个人爱好和他们领域内的知识传统在不同程度上关注自己学科之外的思想。在构建世界经济学的过程中，戴利大量借鉴自然科学中的物理学与生态学和人文学科中的哲学与神学；戴利还借鉴了各种各样的经济学思想学派，其中包含哈耶克、凯恩斯和马克思的思想，古典经济学家斯密、马尔萨斯、李嘉图和密尔的思想，非正统经济学家乔治斯库－罗金和博尔丁的思想以及一些主流的新古典经济学家的思想。

> 戴利和柯布更具社会基础的"经济人"概念似乎要比新古典经济学的标准概念更加站得住脚。
>
> ——罗勃·史密斯（Rob Smith）

在主流的新古典经济学中，主要研究的人与人之间的关系，也就是市场中的买卖产品和服务的关系。大部分的主流经济学理论都假定，这些市场交易是在大量匿名的个人之间开展，这些个人在交易中都寻求自身效用的最大化。这些交易可能是面对面完成的，也可能是通过机构完成的，尤其是通过那些以利益最大化为主要目标的企业完成的。这些个人和机构的总和，再加上个体行为和个体在群体中的行为，就组成了市场经济。如果经济生产中使用的土地、劳动力和资本主要是由私人拥有，那么这样的市场经济就是资本主义市场经济。

我们的兴趣点在于关注经济交易中的个人特点，大部分主流经济学也是基于个人特点。"这里的关键假设跟理性经济人有关，也就是和对人类本质的理解有关。"（同上，p. 5）"理性经济人"或者经济人的概念由约翰·斯图尔特·密尔的批评者提出，他们在贬义的层面用经济人的概念反对密尔的抽象理论。"经济人也激起了维多利亚时代道德家的愤慨，他们对这种赤裸裸的自私假定感到震惊。"（Persky 1995, p. 222）为了专注于研究人们积累财富的意愿，密尔发现对人们行为的多方面进行抽象概括是个有用的办法，因为密尔假定人们"能够判断实现某一目标的不同方法的相对优势。"（同上, p. 223，引自密尔）戴利和乔什·法利合著的教科书对"理性经济人"进行了较为详尽的描述：

"理性经济人"……从功利主义的学科基础中而来,它包含了以下几个特点:

(1)不满足……越多总是越好,消费是效用(即福利)满足的主要来源。

(2)完全理性……每个人都倾向稳定和外生决定……面临时间、收入等因素的既定约束,每个人都能做出满足其倾向的最佳选择。

(3)完全自利。个人(或者最起码是家庭)并不在意他们的选择如何影响他人,同时他们也不会受他人的效用体验的影响。社会交往和互动只有在一定程度上影响个人消费、消遣和财富时,才会有所价值。

(Daly and Farley 2011, p. 233)

戴利和法利评论到:"尽管绝大多数经济学家都意识到,'理性经济人'的假设在某种程度上是对人真实行为的夸张,但是这些假设还是成了传统微观经济学理论的核心支柱之一。"(Daly and Farley 2011, p. 234)通过借鉴和应用19世纪基于原子互动的物理学分析方法,他们所描述的极端个人主义已经成为经济学的一部分(Mirowski 1989)。随着"理性经济人"成为主流经济学的核心概念,"理性经济人"很少在更加完整的意义上考虑其社会属性。例如,"理性经济人"没有涉及决定个人偏好的社会因素〔如他人偏好、教育、广告(其主要目的就是改变人的偏好)和文化〕。根据"理性经济人"的假设,人好像天生就是完全成熟的成年人,根本不会受其他人的影响,也感受不到文化、阶层和性别的差异,这使得人"在不同的时间段和文化中,都有很强的可预测性。"(同上,p. 233)"理性经济人"的问题……就是假设人在和其他人互动时都是原子式的个人,事物之间也只有外生关系。(Daly 2014a, p. 159)

外生决定和偏好固定是不现实的假设,然而这个假设对于主流经济学中的首要规范性标准,即满足人们偏好的程度,是有根本性价值的。偏好固定的假设已经融入福利经济学理论,常用它来评估经济效率是否改善。"理性经济人"的假设也多用于成本收益分析的实践,以评估项目提案和规则提案。"用'理性经济人'描绘人的做法是非常错误的。人是由人与人之间的关系所组成的……经典的'理性经济人'假设完全背离了社会现实。"(Daly and Cobb op cit., p. 161)通过让经济更加具有竞争力或者通过建造一座新桥是评判人们能够在多大程度上满足自己的偏好的标准,但如果人的偏好随着时间不断变化,那么这个标准就会失效。这个标准取决于随着时间改变的偏好是否用于决策和判断。主流经济学中的任何议题,像增长本身改变了人的偏好之后,经济增长是否让人生活得更好,同样的标准也适用。

"理性经济人"的另外一个局限性在于将个人视为一个消费者,忽略了个人作为工作人员或者市民的角色。因为工作被视为副效用的一种来源,所以工作人员需要一定的补偿。这很显然与下面的论述相冲突,即工作、工作类型和工作的物理与社会条件都是提升个人福利的重要因素。"以社会为核心的经济学目标,就是一方面要提供足够的商品和服务,另一方面要提供有意义的和个人满意的工作,两方面同等重要。"(同上,p. 165)

虽然戴利和小约翰·柯布对"理性经济人"假设以及基于该假设的经济理论和实践进行了尖锐的批评,但是他们还是认为"经过历史检验的古典经济学和新古典经济学的很多原则,将会在基于'理性经济人'的不同模型(即社会中的人)的经济学中发挥作用"。换句话说,他们没有完全拒绝"理性经济人"的概念,而是强调应将个人置于更宽广和更丰富的社会情境中,而不仅仅是市场。戴利和小约翰·柯布继续解释,在这个新的模型中,一个社会的福利或者说关系类型是:

最起码跟拥有商品一样重要……社会人的模型不仅呼吁为

个人提供商品和服务,而且呼吁建设一种新的经济秩序,这种经济秩序能够支持成立一种有助于社会构建的个人关系类型。

(同上,pp. 164~165)

戴利和小约翰·柯布没有将经济体仅仅视为自利、理性和有充足信息的个体之间进行的交易和货币化互动,而是提出一个"理性经济人"的新形象,即"社会人"。戴利和小约翰·柯布解释道:"我们不仅是社会的成员,而且更重要的是我们还深受社会特征的影响。人类存在的社会特征是最重要的。"(同上,p. 161)他们继续说道:

但是,之前传统的模型所忽略的是和对于这个新的人类模型同样重要的是,我们需要意识到一个社会整体的福利也是每个人福利的组成部分。这是因为每个人都是由他人的关系组成的,这种关系类型最起码和拥有商品同样重要……因此,社会人的模型不仅呼吁为个人提供商品和服务,而且呼吁建设一种新的经济秩序,这种经济秩序能够支持成立一种有助于社会构建的个人关系。

(同上,pp. 164~165)

社会不仅仅是个体的总和。社会有:

既包容又排他的边界。我们作为社会人,是由我们和认识的人和地点的关系,和拥有共同历史、语言和法律的人的关系定义的。这些关系并不包含跟地球上所有人的可能关系,除非在极其抽象和脆弱的层面上……有助于我们理解我们是谁的"社会人",意味着我的福祉更多地依赖于定义我的所有关系的质量,而不是我买或者消费商品所带来的外部关系。

(Daly 2014a, pp. 158~159)

戴利认为社会对于人的福利意识很重要的观点，被大量社会科学的研究所证实，其中的很多研究都对在 2020 年发表的《世界幸福报告》（*World Happiness reports*）第八版产生了影响。《世界幸福报告》的第一版发表于 2012 年。《世界幸福报告》的作者都是经济学家，他们说道"为了构建一个人人都很幸福的社会，在组织层面建设一个值得信赖的、运转良好的政府，在文化层面让居民都有一种社会和共同体的意识，是最重要的途径和步骤"（Helliwell et al. 2020, p. 140）。更加具体地来说，"在文化层面上，可以说最重要的因素就是在居民之间产生社会、信任和社会融合的意识。一个分裂的社会很难提供一种让广大居民过上更加幸福的生活的公共产品。在一个分裂的社会中，人们通常对各种各样的福利项目的支持力度较小，因为大家担心这些福利项目也将使'其他'群体获益。人与人之间的关心和信任将为公众提供各种公共产品和福利项目，提供一个更为稳固的基础。"（同上）而戴利在 30 年前就表达了完全相同的观点。

# 稳态经济学的原则

通过量化定义稳态经济，戴利已经超越了前人对于稳态经济纯粹的描述性方法。戴利开辟了实证评估世界上的经济体是在多大程度上靠近还是远离稳态经济的实证道路（O'Neill 2012）。虽然戴利的贡献没有得到充分认可，但是因最近对于循环经济的兴趣高涨，戴利对于经济体的物质属性的强调被借鉴和采纳了。在一个循环经济体中，物质流的减少可以通过不断增加的分享、再利用、商品耐用性、恢复、回收等方式来实现（Ellen McArthur Foundation 2013）。

戴利强调，如果稳态经济学想要挑战主流的增长范式，那么定义稳态经济只是第一个重要步骤，我们还需要为稳态经济制定一整套的原则。

实际上戴利关于这些原则已经写了很多，只是没有把这些原则集中呈现在一个地方。本小节的目的是把这些原则集中呈现，并且借此来进一步理解戴利对稳态经济贡献的广度和深度。有一部分原则是从前面的章节中获取的，还有一些原则在本章和之后的章节中会讨论。以下所列为戴利稳态经济原则的清单，参照本书其他部分或者戴利的作品都可以找到有关这些原则的详细讨论。

## 前分析视角或者范式

（1）经济系统是生物圈的子系统。经济分析中必须包含有限和复杂的生物圈给经济系统带来的限制（详见第四章）。

（2）经济系统和所有的经济活动都受制于热力学第一定律和第二定律。热力学定律从生物物理层面界定了稀缺性的根源（详见第四章）。

（3）经济系统越接近于整个地球的规模，经济系统就越必须遵守地球的物理行为模式。这个行为模式就是稳态，一个允许质的发展而不是总体量的增长的系统（Daly 2008b, p. 1）。

（4）社会人。新古典经济学是基于经济人假设。经济人是自私利己的、贪得无厌的、原子式的抽象个体，其与他人的联系单单是通过外部的交易式关系。在稳态经济学中，一个个体的重要性是在社会的情境下体现出来的，除了交易关系，其他社会关系也是很重要的。"一个人的自我认知是由其在社会中和他人的内在关系组成和决定的。"（Daly 2014a, p. 159）

## 分析：经济结构

（5）经济包含三个等级有序的维度，即规模、分配和配置（详见第五章）。

①每一个维度都有一个主要的规范性目标：
- 最优的规模
- 公平的分配
- 有效的配置

②三个维度的目标值应该按照顺序来决定，首先是规模，其次是分配，最后是配置。上述顺序相反的话就没有意义。

## 分析：宏观经济学

（6）我们应该限制资源吞吐量的总规模，从而确保经济规模（人口总量与人均资源使用的乘积）能够维持在地区承载能力范围以内，避免侵蚀自然资本（Daly 1990）。

（7）增长是数量增加，发展是质的改进。在一个稳态经济体中，我们需要的是没有增长的发展（详见第八章）。

（8）当经济规模增加的边际成本等于其边际收益时，此时的经济规模是最优的。超过最优规模的经济增长是非经济的（详见第六章）。

（9）公平分配，无论是代内还是代际，都应该根据建立在"无知之幕"基础上的罗尔斯原则来判断。"无知之幕"是指在一个集体决策过程中，每一个成员的地位都是未知的，并在此基础上设立基本的社会原则和规范。公平分配包括最高和最低的收入以及最多的财富（第七章，Daly 1977a, 1991a, pp. 80~82）。

（10）有效配置的制度安排取决于商品或者服务的特点，即竞争性、非竞争性和拥挤型，以及排他的和非排他的。举例来说，面包是竞争性的（如果一个人吃了面包，其他人就只能少吃）和排他的（面包可以被某个人所拥有，拥有者有权利不让其他人吃他的面包）。拥挤型是指一个公园或者一条道路在人少（不拥挤）的时候是非竞争性的，但是当越来越多的人同时使用它的时候，它就转变成竞争性的（拥挤的）。新鲜的空气和路灯的照明都是非排他的，也是非竞争的。在上述特征的六种可能性组合中，只有竞争和排他的组合能够满足通过竞争性市场实现有效配置的条件。我们可以通过价格机制来限制对拥挤型服务的获取，但是只适用于高峰使用期（Daly and Farley 2011, pp. 168～169）。对于其他组合，我们需要不同的制度安排。

（11）可再生资源：收获率应该等于再生率（可持续的产量）（Daly 1990）。

（12）丁伯根原则：即政策工具的数量最起码应该与政策目标相同，且应该得到应用（详见第四章）。

（13）我们应该维护三个独立的账户，即物质和能源流的价值指数账户（物质和能源流是维持或者增加现有资本存量的成本）；人力资本存量和物质资本存量的总和随着时间产生的服务价值的记录账户；统计资本存量的账户（详见第七章）。

（14）把耗竭自然资本统计为国民收入的做法应该停止了（Daly 1996, p. 88）。

（15）我们应该对劳动力和收入少征税，同时对资源吞吐量多征税（Daly 1996, p. 88）。

# 分析：微观经济学

（16）经济生产是由储备（如资本和劳动力）所承担的，储备加工处理物质和能源流（详见第四章）。

（17）储备之间可以是互补关系或者替代关系。流量之间也可以是互补关系或者替代关系。储备和流量之间主要是互补关系（详见第四章）。

（18）高效的经济生产要求最大化限制性要素的生产力。限制性要素已经从人造资本转变为自然资本（Daly 1996, pp. 78~80）。

（19）通过投资，人造资本应该在最优水平保持不变（Daly 1990）。

（20）我们应该倾向于投资提升资源利用效率（发展）的科技，从而从每单位的资源中获取最大化的价值，而不是投资促使资源吞吐量本身增加（增长）的科技（Daly 1990）。

（21）我们对不可再生资源开发的投资应该伴随着对其可再生替代物的补偿性投资（Daly 1990）。

（22）废弃物的排放率应该等于接收废弃物的生态系统的自然吸收同化能力（Daly 1990）。

## 货币和银行

（23）商业银行的百分百准备金要求。创造货币是财政部的专属特权，其旨在稳定价格水平，而不是为了影响利率。现有的投资水平应该基于过去的储蓄水平决定，而不是基于超出公众自愿作为资产持有的新增货币量的货币创造决定（详见第十二章）。

## 国际化而不是全球化

（24）相对于全球化，我们更应该支持国际化。在国际化中，基本的社会单位和政策单位还是国家，即使国家之间的联系和不同国家的人之间的联系变得越来越有必要和重要。在全球化中，很多国家经济之前通过自由贸易、自由资本流动和不是那么重要的、容易的、不受控制的移民，在经济上被整合成一个全球经济。我们应该在贸易流动中寻求多边的平衡，避免国际债务的积累（详见第十三章）。

## 人口

（25）在满足美好生活的人均消费水平的基础上，我们应该实现人口累计数量最大化。更多的人总比更少的人好，但是如果所有人都生活在一个时代，那么更多的人就不可取了。我们应该尝试去平衡出生加上迁入人口数和死亡加上迁出人口数（详见第十一章）。

## 机构

（26）指导性原则是"在个人自由牺牲最小化的前提下提供必要的社会控制，在允许微观变化的前提下提供宏观的稳定性，有机结合宏观的静止和微观的动态"（Daly 1977a, 1991a, p. 51）。

（27）在真实的环境负载和最大的环境承载能力之间，我们应该维持相当大的空间。真实的环境负载越接近最大的承载能力，我们犯错的余地就越小（Daly 1977a, 1991a, p. 51）。

（28）"向稳态经济转型……逐步形成强化限制的能力，将现在的初始状态设为出发点，而不是不切实际地假设一个空白的历史记录"（Daly 1977a, 1991a, p. 51）。

以上 28 条原则就是戴利稳态经济学的核心。严格来讲，28 条原则有一些冗余，因为有些原则就是从其他原则中衍生出来的。但是，当我们对这些原则进行总结和分类时，我们更多地倾向于这些原则的包容性和清晰性，而不是原则之间严格的逻辑。

> 赫尔曼·戴利对于人类迎接一个全球经济可持续的新范式、避免我们所知道的文明崩溃，产生了非常大的潜在影响，这一点都不夸张。

> 赫尔曼·戴利的作品和思想是建立在一个人道、公正和平等的人类视角基础之上的。
>
> ——罗伯特·科什(Robert Coish)

# 稳态经济最为重要的十大政策[6]

深思熟虑的政策都是建立在原则基础上的。戴利提出的向稳态经济过渡的十个政策也不例外。这十个政策建立在戴利为稳态经济所设置的原则上:

(1)通过为更加具有限制性的资源开采或者环境污染设置配额,从而限制经济系统的生物物理规模。我们可以通过拍卖配额,获取用于公平再分配的稀缺性租金。

(2)生态税收改革:将现有的税基从增加值(劳动力和资本)转移到"增加价值的东西",即熵增的资源吞吐量(从自然中开采资源和向自然排放污染物的量)。

(3)通过设置最低收入和最高收入,我们应该限制收入分配中的不均等程度。

(4)自由设置工作日、工作周和工作年份的长度,允许更大的自由度来选择兼职或者单独工作。

(5)重新监管国际商贸,远离自由贸易、自由资本流动和全球化。

(6)对世界贸易组织、世界银行和国际货币基金组织进行降级。

(7)将银行部分准备金制度转变为100%准备金制度。

(8)不要将稀缺的东西当作免费的东西,同时也不能将免费的东西视为稀缺的东西:把剩余的可以开放获取的有竞争性的自然资本公共品

（如大气、电磁谱和公共土地）存入公共信托之中，通过最高限额、拍卖、交易系统或者税收系统为这些自然资本定价。与此同时，摆脱私人圈地，为非竞争性的知识和信息的共同财富定价。

（9）稳定人口规模。

（10）改革国家账户，将现在的GDP细分为一个成本账户和一个收益账户。

## 增长范式的其他替代方案

在戴利开始写稳态经济相关书籍后的一段时间，增长经济的其他替代方案也不断地涌现出来。这些替代方案也是受很多跟戴利一样的顾虑所激发，这些方案的提出者经常引用戴利的作品，尽管他们对于未来不同的经济和经济研究范式也许或者应该是什么样的观点不尽相同。在占主导地位的增长范式的其他替代性方案中，有些方案更加著名，在这里列出一部分：可持续发展（World Commission on Environment and Development 1987）、循环经济（Ellen McArthur Foundation 2013）、福利经济（wellbeingeconomy.org）、减增长（D'Alisa, Demaria and Kallis 2015）和"甜甜圈"经济（Raworth 2017）。以上的替代性方案都借鉴和吸收了戴利的稳态经济学，之后的章节将会反复提到。

## 本章结论

自从约翰·斯图尔特·密尔以赞许的姿态书写稳态经济已经过去160

多年了。戴利基于对增长范式的深刻批判，逐字逐句地写出有关稳态经济的专著，并且开始建立一整套有关稳态经济的定义、概念、原则、分析方式和政策建议，距现在也有 40 多年了。与此同时，经济增长高速向前。自第二次世界大战结束，经济增长一直是各国政府的首要经济政策目标。对经济增长持批评态度的人士不断增多，戴利一直冲在最前沿，他不断提出增长范式的替代性方案。戴利的工作鼓舞了很多人，包括那些还不能完全脱离追求经济增长、转而追求更加绿色和更加包容性的增长的人士。回顾他 50 多年的职业生涯和他的稳态经济思想所收到的各种各样的反馈，戴利有些欣慰，因为他有关稳态经济学的作品扩大了他的影响，他的影响又使得大家对于经济增长的态度有所和缓。但是，戴利还是非常清醒地意识到，他长期为之艰苦奋斗的范式转变，才刚刚开始。为了实现范式转变这个目标，戴利提供了一个列表，列出了"一些不是那么新颖的议题"，他说："在我看来，这些议题是这个重要的未竟事业的一部分。我希望其他人将来最起码能够毅然决然地推进这个未竟事业，我也不敢奢求他们能够完成这个未竟事业。"（Daly 2019b, p. 1）

## 注释

1. 这个简短的历史是维克托（2016）修订版本中的一部分。
2. 维克托（1979）进行了类似的论述，而福斯特（2000）则进行了更加详尽的论述。
3. 相对于第一个版本的《稳态经济学》，第二个版本的不同之处在于第三部分新增了关于可持续经济学的文章，第一个版本中使用的副标题也被拿掉了。两个版本中的前两个部分并没有发生改变。
4. 恒等式就是永远正确的等式，无论其中的数值如何变化。
5. "增长范式……指的是经济增长是好的、迫切需要的，本质上是无限的以及涉及一系列社会问题主要解决方法的命题。增长范式似乎是无处不在的，甚至是自然的，但是它也是独特的现代化产物。"（Dale 2012）
6. 这十个政策都是基于戴利（2013b）总结出来的。

# 第九章　为稳态经济辩护

> 我与其他经济学家之间的问题并不在于他们不断表示不同意我的观点，而是在于他们对正在毁灭我们的基本政策几乎一致表示支持。学术界现在听不到针对重要问题的批判性讨论，只能听到那些深陷教条主义睡眠的懒散经济学家们的齐声鼾声。
> 
> ——赫尔曼·戴利

20世纪60年代是改变和转型的十年。美国和苏联之间的冷战如火如荼。作为冷战的一部分，美国赢得了太空竞赛，其标志就是尼尔·阿姆斯特朗（Neil Armstrong）成为在月球上行走的第一人。登月的成就已经成为一个标杆，其他社会目标的成就都是与之作比较的。"如果我们能够登上月球，那么我们也一定能够……"，还有其他类似效果的话语。技术乐观主义，也就是任何问题都能用合适的科学技术解决的思想，已经较为普遍，尤其在美国。这次成功的登月只是进一步强化了这个文化基因。

甚至在阿姆斯特朗完成地月之旅之前，从太空俯瞰的地球图像就已经开始转变我们在宇宙中位置的观点。自从哥白尼解释地球是围绕太阳旋转的，我们就在知识层面清醒地认识到，我们没有生活在太阳系的中心，更没有生活在宇宙的中心。但是，对于大部分人来讲，地球是巨大的，我们的体验也告诉我们地球是平的，而不是圆的。只有当我们看到地球这个蓝色的星球孤悬在太空时，那么渺小、那么孤单，我们才开始真正地从情感和理智两个层面意识到在一个像"宇宙飞船"的地球上生活意味着什么，所有的供给都在"宇宙飞船"上，但是我们所有的生命都依赖于太阳。

这个宇宙观的转变还远远不够彻底，部分原因在于宇宙观转变带来的影响还没有与科技成功带来的科技崇拜相一致。保罗·埃利希在1968年出版的《人口爆炸》使得人口规模快速扩张这一现象进入公共视野，再加上世界上很多地方消费水平快速上升，使得一些人怀疑这样的趋势是否会持续下去，或者会持续多久。作为乔治斯库-罗金的学生和路易斯安那州立大学的一位年轻教授，戴利就是持怀疑态度群体的一员。相对于技术乐观主义，戴利更多地受到了地球有限性和热力学的约束定律的影响，这使得戴利开始质疑他所学到的新古典经济学中对技术和人类的假设。这最终使得戴利创建了稳态经济学。稳态经济学本质上是基于对地球有限性的认同和地球有限性对人类意味着什么的更加完整的认识。特别重要的是，这使得戴利成为经济增长的批评者和稳态经济的提倡者。

> 我钦佩赫尔曼·戴利跳出新古典经济学并且推进稳态经济的勇气，尤其是在稳态经济仍然被视为极端边缘的时候。多亏有戴利，让像我这样的人可以利用一个经济学家的作品，来批评资本家驱动的经济增长及其对于生态系统和社会的破坏性影响……这个逻辑是无可辩驳的，学生很快就可以领会。
>
> ——劳里·阿德金（Laurie Adkin）

## 范式变迁

在戴利的职业生涯中，他大多数时间都在热情、温文尔雅、意志坚定地提出棘手的问题，并且主动进攻。就像我们已经看到的那样，戴利写的大量内容都与经济增长问题相关，他还与感兴趣的人深入讨论经济增长的必要性和可行性，并且将稳态经济视为一个更合适甚至是不可避免的替代经济形式。当阅读到托马斯·库恩（Thomas Kuhn）在1962年出版的著作《科学革命的结构》（The Structure of Scientific Revolutions）时，戴利就意识到，刚开始对他来讲只是关于经济增长的简单探索，现在已经演变为呼吁经济学的范式变迁，即经济学的根本性的前提假设的改变，或者按照熊彼特所说，经济学的"前分析视角"的改变（Daly 1977a, 1991a, p.14）。

范式变迁从来不会轻易而至，甚至是在自然科学领域。即使自然科学理论主要是解释我们观察到的各种现象，其范式变迁还是不容易成功的。新范式的崛起将不可避免地挑战现有的主流范式。根据库恩的术语，"常规性科学"受到"革命性科学"的威胁，并且因此遭到抵制。社会科学和自然科学之间有一些差异，因此社会科学的范式变迁的难度要小一些。其中一个差异是，社会系统（包括经济系统和政治系统）能够快速改变，因此当研究的对象系统发生改变时，之前奏效的系统行为的解释性理论就会很快过时。亚当·斯密研究的经济跟今天的经济相似性很小，然而牛顿研究的物理世界跟爱因斯坦研究的是一样的。

为了研究因果关系，自然科学中常常会用控制实验的方法。但是，在社会科学中，用控制实验的方法就会困难得多。当他还是一个学生的时候，戴利就了解到计量经济学（对经济数据用统计方法，以评估变量之间的关系）有助于在不同的经济理论间作出取舍，但是很显然，计量经济学并没有完成它的使命。

能区分社会科学和自然科学的另外一点是，社会科学中的研究对象是拥有自己思想的准独立的个人，这使得社会科学中的范式变迁更加复杂。不同于没有生命的原子和分子，为了回应解释人们行为的理论，人们很可能会因此改变他们的行为。例如，股票市场价格的预测会影响股票交易，并且会进一步导致出现与预测值不一样的各种价格。这是不是意味着预测股票价格的理论是错误的和需要改变的呢？天气预报也会影响人们的行为，但是人们的行为并不会影响天气预报的准确性。更加显而易见的是，一系列糟糕的天气预报往往意味着其所基于的理论和数据都是有缺陷的。

尽管自然科学和社会科学之间存在一些差异，但是两个领域的从业者都抗拒对现有范式的挑战。很多时候，由于新范式缺乏令人信服的证据，这种对新范式的抗拒就是一种简单的理智防备。然而，在其他的时候，这种对新范式的抗拒是因为新范式会被现有范式中的既得利益者（学者）视为一种威胁。随着戴利的思想不断传播、影响力不断变大，他也已经领教了经济学内部对范式变迁的抵抗。当戴利开始创作稳态经济相关书籍不久之后，稳态经济就成为众矢之的。先后有三个群体批判稳态经济，首先是捍卫经济增长观点的传统经济学家（见第四章和第五章），其次是包括戴利导师乔治斯库-罗金在内的非传统经济学家，最后是包含提倡减增长和马克思主义者在内的意识形态光谱左端人士。

在本章和下一章中，我们将会看到其中一些批评者的言论，看看他们对于戴利的稳态经济学发表了什么样的观点，以及戴利是如何回应这些批评者的。就像我们将要看到的那样，这些批评和戴利的回应都远不止是一时的兴趣。2007—2008年的金融危机、新冠疫情、日益扩大的不平等和日益确凿的人类引起气候变化的证据，让很多人质疑当代经济系统的可行性和主流经济学解释当代经济系统的充分性。我们需要思考经济学和经济体的新形式，而且也已经有人提出一些经济新形式，如甜甜圈经济学、福利经济学、后增长经济学、减增长和再生经济学等，都很明显受到了戴利提出的稳态经济的影响。如果戴利的稳态经济学从根本上讲是有缺陷的，那么上述所有另辟蹊径的尝试也是脆弱的。但是，如果这些批评是站不住脚的，或者这些批评可以为与戴利的稳态经济学相关但又不同的经济学形式所驳斥，那么这对未来也是大有裨益的。

> 在应该如何参与科学话语方面，没有比赫尔曼·戴利更好的榜样了。
>
> ——罗伯特·科斯坦萨

# 戴利第一次为稳态经济辩护[1]

戴利在 1972 年发表了一篇名为《为稳态经济辩护》(*In Defense of a Steady-State Economy*) 的论文（Daly 1972），这篇论文是本着"最好的防御是进攻"的精神写下的。戴利意识到稳态经济会遭到一些反对，于是就对经济增长发起了一波批评，他所用的论据后来被整理发表为《有关增长谬论的教义问答》（Daly 1977a, 1991, 见第七章）。戴利对稳态经济学第一次真正的辩护出现在 1980 年专著的章节"后记：关于稳态经济的一些常见误解和进一步讨论的议题"中（Daly 1980a），戴利对针对稳态经济的直接批评进行了回应。戴利选择写作的议题在后来的几十年间都以不同形式卷土重来。

戴利在 1980 年对稳态经济的辩护开始于对术语问题的讨论。戴利解释道，他"从物理科学和生物科学中借鉴而来的术语'稳态'"指的是"人口和资本存量都不增加的经济"（同上，p. 358），然后进一步强调量的增长和质的改进的差异。之后，戴利将注意力转移到否定稳态经济、并将稳态经济称为"绝望的劝告"的论调。威廉·诺德豪斯是提出这个论调的人，他在职业生涯的早期就开始研究环境问题，但是完全是从新古典经济学的视角出发的。作为总统经济事务委员会的一员，威廉·诺德豪斯也承认："衡量或者内化我们经济活动的不良后果的政治和社会阻力已经大得难以管理。"（戴利曾引用，同上，p. 359）诺德豪斯认为将稳态社会视为一个选择方案就是"绝望的劝告"（同上，p. 359），戴利强烈反对这个观点。戴利回顾了密尔对稳态经济的非常积极的描述，回顾了密尔为"稳定状态的资本和人口并不意味着人类进步处于静止状态"给出的所有理由。（戴利曾引用，同上）戴利认为，"稳态本身并不是目的，而是一种手段，是由公平正义、可持续和参与性强加的限制，也是由包含经济的总生态系统近似稳态的本质强加的限制。"（同上，p. 360）

在 1977 年的专著《稳态经济学》中，戴利做了引人入胜的观察，即"科学最为基本的定律就是陈述不可能性……也许科学的成功就在于拒绝尝试不可能的事情"。（同上，p. 6）戴利提到了经济学中的几个不可能定律：首先是阿罗不可能定律，即在满足一些合理条件的情况下，不可能通过投票系统从个人偏好中获取社会偏好；在竞争性市场中，不可能拥有超过一个的均衡价格和数量。在《增长的极限》发表不久之后，由阿贡国家实验室组织召开的《增长的极限》专家咨询会议上，戴利发表了演讲，其中提到了在函数中尽量最大化多个变量的重要性，正如边沁的名言"为最多数人谋取最大的利益"。在专家咨询会上，一位哈佛大学的经济学家指出戴利是错的，他说在经济学中我们经常最大化不止一个变量。在茶歇期间，来自阿贡国家实验室的一位数学家对戴利说："应该有人站出来，让来自哈佛大学的那位经济学家直接最大化不止一个变量。"戴利同意并且暗示这位数学家应该去做这件事情，毕竟一位数学家站出来会有更大的权威性。这位数学家也确实这么做了，戴利发现这对于搞清楚一个数学问题是非常有益的。

作为他捍卫稳态经济的一部分，戴利提出了另外一个不可能定律："美国式的高资源消耗标准对于一个有 40 亿人口的世界来讲是不可能的……对于为支撑不断扩大的人口规模而不断提升的人均消费标准来说更加不可能。"（同上，p. 361）戴利认为美国的消费水平不可能在全球层面实现的原因是：

> 地壳中集中存储的矿物质储量，和生态系统吸收大量低质废弃物和热量的能力限制了有多少人能在"发达状态"下生活多少年。"发达状态"就是美国如今的样子。
>
> （Daly 1977a, p. 6）

对于那些想要依赖人口转型来控制人口增长的想法，即收入水平的提升将带来出生率的降低，戴利往往缺少耐心。他引用了1974年在布加勒斯特召开的联合国人口会议上经常听到的口号，即"发展是最好的避孕药"。（同上，p. 363）戴利将上述论点进一步延伸到文化和公共健康项目中去，并反问道，为什么不直接通过和发展的自动关联，像依赖一个"文化转型"来解决文盲的问题？如果那些项目就因为它们有助于发展而有意义，那么人口控制的项目也有意义。戴利认为，如果没有看到这个逻辑，就会否认下述的不可能性，即通过忽略"人均消费水平提升和资本减少"之间此消彼长的关系，让几十亿人的收入水平都能像美国收入水平那样不断提高。（同上，p. 364）正如我们即将在第十二章看到的那样，戴利在人口问题以及相关移民问题上的立场，甚至他的支持者也有一定的异议。

针对稳态经济的另一个批评经常在经济萧条的时候被提出来。正如《财富》杂志的编辑在20世纪70年代所指出的那样，"美国在1973—1975年经历过真实的零增长。然而我们不会将这段时期视为零增长的时期，只会将其视为20世纪30年代以来最严重的经济萧条。"（同上，p. 365）对于将经济衰退或者经济萧条视为稳态经济的指控，戴利坚决反对。戴利认为将"失败的增长经济"和稳态经济混淆是一个严重错误。"倡导稳态经济的主要原因正是为了避免失败的经济增长所带来的苦难。"（同上，p. 364）"正如固定翼飞机和直升飞机是不同的一样，增长经济和稳态经济也是不同的。"（同上，p. 365）在空中时，固定翼飞机（像增长经济一样）必须向前飞行或者爆炸解体，而直升飞机（像稳态经济一样）却可以在运转良好的情况下保持不动。

对于经济增长是完全就业的必要条件的论调，戴利予以反对。戴利给出的理由是，对不均等的限制也是稳态经济的一大特色，能降低总体的储蓄，并且能"提升整体的需求和就业率"。（同上，p. 366）限制物质和能源的吞吐量"将会提升能源和资源相对于劳动力的价格"（同上，p. 366），这将鼓励在生产中更多地使用劳动力。稳定的人口和劳动力规模（尽管实现这个目标需要时间）也将有助于促进就业。除了上述戴利在1980年所提出的论据，我们还可以在没有经济增长的情况下通过缩短工作时间来进一步保证完全就业（Victor 2019, pp. 248～249, 327～330）。

反对戴利的稳态经济的很多论点都和市场经济的运转有关。"除非我们消除创新和投资的市场激励，或者通过进一步稀释资源的私有产权来缩小市场力量范围，否则我们就一定会面临一个真正的长期资源危机。"（戴利对经济学家 G. Anders, W. Gramm 和 S. Maurice 的引用，同上，p. 365）就在最近，有人指出稳态经济的倡导者是错误的，因为人们是"解决问题者，他们能够在设置合理机构（即安全的产权体系和市场价格的自由形成体系）的前提下，克服资源带来的限制"（Niemietz 2012）。换句话说，戴利对这些批评进行了总结："只要我们是基于自由市场价格做出决策，长期顾虑的资源限制就会消失。从这个角度来讲，我们不需要受任何生态层面或者道德伦理层面决定的总资源流的限制。"（同上）

如果市场能够在一个更大的体系中找到自己合适的位置，那么戴利乐见其成。"在服务财富和收入分配既定情况下的既定人口规模方面，市场价格是在不同用途之间高效地配置来自自然的既定资源流的非常好的手段。"（同上，p. 365）这就是为什么戴利认为市场在稳态经济中是一个重要角色。在市场中，任何经济体中的配置都是一个至关重要的功能。但是，市场和市场价格在其他功能方面也是合适的，尤其是在决定：

> 经济和生态系统界面之间的物质和能源流动率，或者决定资源在不同人群之间（或者在代际之间，当然也是不同人群）

的分配。第一个方面必须是一个生态决策,而第二个方面是一个道德伦理决策。这些决策当然将会和应该会影响市场价格,但是重点是这些生态和道德伦理决策是决定价格的,而不是被价格决定的。很多经济学家没有抓住这个重点。

(同上,pp. 365~366)

在戴利和肯·汤森发表由13篇论文汇总而成的专著第三版之后,戴利发现没有必要再对稳态经济的辩护进行修改了。针对稳态经济的批评没什么变化,戴利的回应也没有什么变化。事实上,对于这些主流的经济学家来讲,这些批评直到现在也没有发生变化。主流的经济学家将有些问题视为微观经济学的问题,认为通过产权和价格的调整就能解决,而戴利和有相同思想的生态经济学家以及自然科学家却将这些问题视为系统层面的宏观规模问题。这反映了范式的巨大差异,尽管戴利在说服其他经济学家相信稳态经济的优点时应用的是微观经济学的概念,即经济规模的边际收益和边际成本。在微观经济学中,递减的边际效用和递增的边际成本可以用来决定任何一种经济活动的最优水平,如一个公司的产出水平或者一个大坝的大小。戴利认为同样的逻辑应该也能够适用于经济的总体规模,即"仍在讨论的经济活动,即增长,只能进行到边际成本等于边际收益的时候"。(Daly 1977a, 1991a, p. 28)如果一个经济的增长超过这个水平,那么戴利认为这时增长就是"非经济的"(见第六章)。后来,戴利提到宏观经济学中缺少"什么时候停止"的规则:"微观经济学的基本准则是,当边际成本等于边际收益时,就实现了最优规模……,这实际上被称为'什么时候停止'的规则,也就是什么时候停止增长。在宏观经济学中,让我们很好奇的是,没有'什么时候停止'的规则,也没有宏观经济的最优规模的概念。宏观经济学中默认的规则就是'永远增长'。"(Daly and Farley 2011, p. 17)

戴利认为,当最优规模在微观经济学中处于核心地位的时候,宏观经济学中没有最优规模的思想就是一个逻辑上的失败。微观经济学研究经济系统的组成部分，而宏观经济学描述经济系统的整体。微观经济学的逻辑是部分的逻辑，而宏观经济学的逻辑是整体的逻辑。因为宏观经济是生物圈的一部分，所以宏观经济也不能回避微观经济学的部分逻辑。宏观经济在有限的生物圈中不断扩张，必然会带来经济扩张的机会成本，这就像在微观经济学中，当一个公司或者一个产业扩张到宏观经济的其他部分时，就会带来最优规模的问题。因此，戴利问到，从微观到宏观的综合过程中，微观经济学中"什么时候停止"的规则在哪一个点就不再适用了呢？主流的经济学对这个问题并没有作答。

# 后果

戴利应用微观经济学的思考方式来进行稳态经济的宏观经济学论证，这种方法有两点不妥之处。这样的方式不仅没有说服传统的经济学家，而且还成为非传统的经济学家批评的一个焦点，即戴利过多依赖新古典经济学的思考方式（见第十章）。这同样没有给路易斯安那州立大学经济系的同事们留下深刻印象。戴利在路易斯安那州立大学工作，并且慢慢有了力拥稳态经济的名声。1965年戴利作为经济学的助理教授加入了路易斯安那州立大学，之后便快速地晋升，1970年晋升为终身副教授，1973年晋升为正教授。戴利的晋升主要是因为其出色的发表量和被引用记录，同时也因为他是一名受欢迎的教师和一位讨人喜欢与友善的部门管理贡献者。戴利在个人层面跟经济系绝大多数同事都相处得很好，跟整个大学的同事也相处得很好，他在好几个系都有朋友。

路易斯安那州立大学非常认可戴利的工作和越来越多的声誉，先是授予戴利"杰出研究大师奖"，后来又授予戴利校友教授的荣誉，然而这都没有令戴利所在的经济系高兴。多年以来，戴利本人和经济系都改变了，戴利向着一个方向改变，而经济系却向着相反的方向改变，经济系越来越执着于新古典经济学，同时对异议者也越来越缺乏包容度。戴利在经济系就慢慢成为一个不受欢迎的人，这对他本人和家庭都有很大影响。戴利的夫人玛西娅在一个社交场合遇到一位戴利同事的妻子，她对玛西娅说道："哎呀，你和戴利生活在一起肯定很不好过吧，他的思想太疯狂了！"玛西娅大吃一惊，回复道："你什么意思呢？""哦，我是指他的书，里面的内容太疯狂了。"玛西娅继续问道："那你读过他的书吗？""哦，那倒没有读过。""那也许你应该读读他的书。"玛西娅说完，转身就离开了。

> 赫尔曼·戴利的贡献是巨大的，尽管他一直以来都被他自己所在的学术圈所排挤。
> ——马希斯·瓦克纳格尔（Matnis Wackernagel）

玛西娅不仅仅在社交场合感受到其他人的不满，有时，当戴利在外出差时，她还收到过匿名的恐吓电话，虽说对方不肯表明身份，但戴利对打匿名恐吓电话的人有自己的猜测。这种社会关系的紧张变得越来越频繁，戴利在经济系也越来越被孤立，这就使得戴利实际上不可能再指导和监督他的研究生。这种情况越发明显，因为他指导的任何一个学生要完成学业都会非常艰难，以至于戴利被迫辞去一些非常聪明的学生组的博士研究生监督委员会主席的职务，这样的话经济系就能让这些学生毕业。随着情况不断恶化，戴利变得愈发沮丧和生气。戴利当时已经决定要早早地从路易斯安那州立大学退休。然而，在1988年，一个机会不期而至，戴利可以作为资深经济学家加入世界银行的环境部门，于是他辞掉了路易斯安那州立大学的终身教授的职位，转身离开了。

> 在根深蒂固的传统观念面前,赫尔曼·戴利的坚持是勇敢且鼓舞人心的——我知道,当传统系统受到挑战时,传统系统的反扑是多么得猛烈,人们对于持有异见的人是多么得刻薄。
>
> ——凯瑟琳·特雷贝克(Katherine Trebeck)

一段时间之后,戴利才意识到他太单纯了。戴利本以为,他对经济增长的批评和他倡导的稳态经济都是来源于古典经济学的学术思想,它们可以像其他学术思想一样引起经济学家的兴趣,引起讨论和争论。戴利没有意识到的是,通过挑战标准经济学的范式,尤其是挑战标准经济学强调增长的这一观点,他已经威胁到了那些毕生都在研究标准经济学的经济学家的身份认同和自尊心,因此这些经济学家认为戴利冒犯了他们。很不幸的是,在路易斯安那州立大学发生的事情只是一个更大故事的缩影,这个更大的故事至今还在上演。如今,学生研究生态经济学的机会已经很少了,批评经济增长的经济学家能继续开展他们事业的机会也很少。

> 我非常想成为一个像赫尔曼·戴利一样诚实、坚定和严谨的知识分子。我十分感谢他跟传统经济学家进行了一场论战。这场论战是很艰难的,但他顶住了压力,坚持了自己的立场。
>
> ——乔格斯·卡里斯(Giorgos Kallis)

## 乔治斯库-罗金、戴利和稳态经济

你也许会认为,如果一个人在书面上正式主张经济学应是生命科学、主张热力学定律对于经济学非常重要,那么我们会假设这个人一定是知道没有什么东西能够永久持续,动物、生态系统、公司、经济体、星球或者宇宙等都不可能永久持续。你也许还会认为,做出这个假设的人一定是真正学习到这些知识的人。然而,当谈到戴利所喜欢的是稳态经济而不是追求非经济增长时,戴利的导师乔治斯库-罗金却不这么看待问题。如果不是受到减增长倡导者的关注,戴利和乔治斯库-罗金之间的观点交流在今天来看似乎已经不那么重要了。减增长的一些倡导者认为戴利和乔治斯库-罗金的观点之间有着显著差异(如 Bonauiti 2011),他们比较喜欢把乔治斯库-罗金视为"减增长的死后守护神"(Kunkel 2018, p. 25),并且低估戴利的贡献。如果我们认真审视他们对戴利的不认可,我们就会进一步明确戴利在稳态经济上的立场。在接下来的一章中,我们将会从几个非传统视角讨论对稳态经济的批评和戴利的回应。

1972 年,乔治斯库-罗金在耶鲁大学做了一场讲座。一年之后,乔治斯库-罗金为自然资源和矿物资源委员会写了一份工作材料,戴利也是这个委员会的一员。1975 年,乔治斯库-罗金发表了《能源和经济迷思》(*Energy and Economic Myths*)的第三版(1975)[2]。其中一个迷思,或者乔治斯库-罗金说的"表面海市蜃楼",指的是稳态经济的长久性:"稳态经济的关键错误在于,没有认识到增长、零增长状态,以及不致命的下滑状态都不可能在一个有限的环境中持续到永远。"(同上,p. 367)乔治斯库-罗金继续说,"与一些稳态提倡者的说法截然不同的是,相对于物理定律,稳态并不会处于一个优越地位",他引用了戴利 1971 年在阿拉巴马大学关于稳态经济的演讲,说到"想要通过稳态实现救赎的提倡者必须承认,这样一种稳态只能持续有限的时间"。(同上)乔治斯库-罗金反对戴利的观点,即"因此稳定状态的经济是一个必然选择"(同上),并且他还认为戴利基于"密尔的视角"所给出的稳态经济定义是不合格的,因为"就像戴利所明确承认的……稳态经济的定义并没有为大致上决定人口和资本的最优水平提供分析基础"。(同上,p. 368)在发表他 1975

年的论文不久之后,乔治斯库-罗金就在其他的论文中再次表达了相似的反对意见(如 1977a)。乔治斯库-罗金承认:"戴利坚持'稳定'和'静止'的差异……前者的'稳定'允许变化,就像他区分增长和发展的方法一样,并且将'稳定'描述为'通过稳态经济实现生态救赎的合理化的中心'。"乔治斯库-罗金继续说道:

> 古典经济学家,尤其是密尔和后来的戴利,所设想出来的稳定状态是非常有弹性的,以至于这种稳定状态可以不太费力地调整到与几乎任何论点的必要性相接洽……学术界的责任就是减弱人类与环境以及与其自身的抗争……不能欺骗性地引导他人相信能超越人类科学力量的思想。
>
> (同上,1977a, p. 267)

这些尖锐的批评来自著名经济学家、戴利之前的老师乔治斯库-罗金。但是,这些尖锐的批评都是缺少根据的。当戴利写下"由于熵增定律的存在,稳态经济不可能持续到永远"时,他就已经非常明确地说明,稳态经济不是永恒的。用短短的一句话,戴利就表明,在这个问题上没有什么东西能将他和乔治斯库-罗金分开。后来戴利又补充到,"无论是从十分严格的意义上讲,还是从包容性较强的意义上讲,稳态经济都是不可能的……稳态经济不可能持续到永远,但是增长性经济或者衰退性经济也不可能持续到永远。"(Daly 1980a, p. 369)戴利将经济和蜡烛进行了类比,指出"点燃蜡烛之后和蜡烛熄灭之前,我们可以将大部分火焰生命描述为稳态,但这绝不意味着蜡烛的生命能够持续到永远"。(同上)如果我们希望:

> 我们可以将我们的资源蜡烛转化成罗马蜡烛。我们可以非常快速和无度地燃烧完,也可以试图将稳定的蜡烛火焰维持较长的时间,或者在蜡烛燃尽之前吹灭火焰。稳态的视角提倡中

间的选择。

（同上）

这些明确的陈述应该能彻底否定任何宣称戴利和乔治斯库-罗金在关于稳态经济持久性问题上存在根本差异的观点。事实上，如果乔治斯库-罗金能够进一步认真阅读戴利写的章节"稳态经济：迈向生物物理均衡和道德增长的政治经济"（Daly 1973a），或者了解这个章节的起源，即戴利1971年在阿拉巴马大学的讲座（乔治斯库-罗金还在其1975年的论文中引用过这场讲座），那么两人之间的争论也许就能够避免。在戴利1973年写的章节中，他问道："要求人口和财富保持恒定不变的最佳时间段或者核算期是多少？"（同上，p. 155）仅仅通过提出这个问题，我们就可以发现，戴利并没有假设人口和财富能够在一个稳态经济体中永远保持恒定。戴利紧接着说，"一旦我们设定了一个核算期，也许有人要问，整体的稳态体系能够持续几个核算期啊"（同上），这再一次表明稳态经济的寿命是有限的。戴利对于最后一个问题的回答如下：

> 生态系统当前的能力不仅仅取决于需要维持的存量规模和需要最小化的吞吐量维持速率，而且取决于存量能够维持的时间长度……和……不可再生资源的既定禀赋。
>
> （同上，pp. 155～156）

如果我们想要进一步确认戴利是否接受稳态经济体在本质上是有限的这个观点，我们可以看看戴利在1977年发表的一封信。信中说，"在严格的热力学意义上讲，真正的稳态经济是不可能存在的。"戴利补充到，"我不认为稳态经济的目标是生态救赎。相对于其他经济形式，稳态经济只是为修正政策提供了一个更好的目标和更好的范式。"（Daly 1977b, p. 770）戴利指出，稳态的人口这个概念长期以来一直由人口学家使用，但人口学家也没有说人类是永恒的。借此，面对乔治斯库-罗金的批评，戴利继续捍卫他对稳态经济概念的使用。戴利非常清楚，热力学和经济学能在多大程度上决定稳态的人口应该是多少和稳态人口对应的生活水平应该是怎么样的，"这些都是道德伦理问题，无论是从经济学还是从热力学的实证研究中都不能得出结论。"（同上）

令人吃惊的是，乔治斯库-罗金公开了他对戴利来信的回复。他说，"我对赫尔曼·戴利为稳态经济提出的令人信服的论据和他投入的热情，表示极大的钦佩，我对他的钦佩是无人能超越的。"（Georgescu-Roegen 1977b, p. 771）乔治斯库-罗金不再直接对戴利的观点提出异议，而是反对密尔的思想，即"一个稳态的社会就足够让人类不再像狼一样对待彼此。"（同上）乔治斯库-罗金关于人口问题有自己的观点，并且提出了一个重要问题，即"这样的稳定人口能够存活多久呢？"这再一次表明，乔治斯库-罗金提出的问题并没有背离戴利所写的任何内容。最后，乔治斯库-罗金反对技术乐观主义，米考伯（Micawber）等技术乐观主义者假设，总有新的科技会出现来应对自然资源不断下降的质量，从而使得稳态经济的长久性免受威胁。乔治斯库-罗金反对技术乐观主义也跟戴利的观点非常一致，这转了一圈又回到了戴利对乔治斯库-罗金观点的认可，即"在严格的热力学意义上讲，一个真正的稳态经济是不可能的"。（同上，p. 770）

在戴利和乔治斯库-罗金关于稳态经济的多次争论达到顶峰时，《稀缺性和增长的再讨论》（*Scarcity and Growth Reconsidered*，Smith 1979）出版了。这本专著进一步证明了，在熵增定律对于稳态经济的影响方面，乔治斯库-罗金和戴利的认知差异非常小。《稀缺性和增长的再讨论》是未来资源组织（Resources for the Future）在1976年10月18日组织的一次会议上所提交的论文，旨在对经典研究《稀缺性和增长》（Barnett and Morse 1963）进行再次讨论。未来资源组织是一个非营利组织，其宗旨是"在自然资源的发展、保护和使用以及环境质量的提升两方面进行研究和教育"（同上）。未来资源组织所支持的绝大部分的环境经济学和资源经济学的研究都是基于新古典经济学，但是这次会议却吸收了更为宽泛领域的研究，同时也包括戴利的贡献。在这次会议上，巴奈特（Barnett）坚决捍卫最初的研究，但是在场的钱德勒·莫尔斯（Chandler Morse），他不是讲演人，却放弃了更加极端的新古典经济学的立场。一位来自康奈尔大学的莫尔斯之前的学生塔尔博特·裴吉，当时正在未来资源组织工作，也在场，他很支持戴利和乔治斯库-罗金的立场。戴利和裴吉成为了朋友，并且很多年来一直保持着联系。能源理论家布鲁斯·汉农（Bruce Hannon）也在会场，他和戴利一直是志趣相投。戴利对没有得到与会者阿兰·尼斯的支持而感到失望。在20世纪六七十年代，阿兰·尼斯是一位著名的环境经济学家。

《稀缺性和增长的再讨论》包含了乔治斯库-罗金对戴利的一篇论文和斯蒂格利茨的一篇论文的评论，我们在本书的第四章还专门讨论了斯蒂格利茨在1974年发表的一篇论文。乔治斯库-罗金的评论非常清楚地表明，相对于他对斯蒂格利茨的尖锐批评（斯蒂格利茨对自然资源经济学的分析是基于新古典经济学），他和戴利的认知差异就不值一提。乔治斯库-罗金写道：

> 鉴于我自己在自然资源在经济过程中的关键角色的立场，再来回答我非常认同两篇论文中的哪一篇也许是多余的，因为答案是不言自明的。然而，我有必要从一开始就说明，我非常不认同约瑟夫·斯蒂格利茨处理这个研究主题的方式。
>
> [ Georgescu-Roegen in Smith (ed.) 1979, p. 95 ]

在指责斯蒂格利茨"为捍卫一个很多合格经济学家仍然坚守的带有原罪的一个立场，而进行各种各样但无效的攻击"之后（同上，p. 95），乔治斯库-罗金又把他的注意力转向了戴利。乔治斯库-罗金的第一个观察到的是，"这篇论文比起戴利之前的辩解有了一定的提升"（同上，p. 102），这篇论文让我们期待戴利已经公开放弃了他的假设（实际上戴利从未做过此假设），即稳态经济使得永久的生命成为可能，这篇论文还承认了其他错误，提出了支持稳态经济的新论点。相反，我们发现乔治斯库-罗金对戴利提出的"目的—手段"光谱大加赞扬。"目的—手段"光谱是戴利在1973年首次发表的，并不是什么新鲜事物，只是之前一直被乔治斯库-罗金忽视。不过，乔治斯库-罗金对"目的—手段"光谱的正面评价，表明戴利和乔治斯库-罗金在目的和手段的层级性与学科的相关性问题上是非常契合的。然而，乔治斯库-罗金又出于三条理由与戴利分道扬镳，乔治斯库-罗金声称"戴利基于这三条理由为稳态经济绘制了蓝图，同时也正是因为这三条理由，使得我对于稳态经济仍然持有不容动摇的怀疑态度。"（同上，p. 103）

第一条理由是，乔治斯库-罗金认为戴利做了以下假设，即"仅仅稳定状态就足以清除个人之间或者尤其是社会阶层之间所有的巨大冲突。事实上，过去的准稳态社会已经证明它们跟增长型社会是一样脆弱的"（同上）。在乔治斯库-罗金评论的论文中，戴利并没有提出上述假设，乔治斯库-罗金也没有引用戴利有可能提出上述假设的其他任何公开发表的作品。在乔治斯库-罗金引用的这篇论文中，戴利确实说过的是，"因为总体增长不能再被视为贫穷的'解决方案'，所以我们必须直接面对分配议题，通过设立分配制度的方式将不均等程度限制到某种合理的、能使社会正常运转的程度。"（Daly 1979, p. 85）戴利将均等化的收入和财富分配视为稳态经济必要组成部分，但他从来没有认为，这比规模目标和配置目标更容易实现。

第二条理由是，"戴利的稳态经济模式并没有帮助我们，哪怕粗略地制定'美好生活'的合适标准，更糟糕的是，它也没有帮助我们决定合适的人口规模。"（同上，p. 103）这是乔治斯库-罗金又一次的夸张表述，或者最起码是与戴利原文的不一致。乔治斯库-罗金赞扬戴利将"目的—手段"光谱纳入这篇论文之中，但是却没有赞扬戴利将中间手段（人工制品存量和劳动力）服务的中间目的（如健康、教育、舒适等）与伦理道德、宗教和最终目的联系起来,将中间目的、伦理道德、宗教和最终目的综合起来就是戴利的美好生活概念。

至于合适的人口规模,我们可以参照戴利的陈述,即"如何来回答最优人口规模这个老问题?目前为止没有人给出一个确定答案,当然我也不能"。(Daly 1973a, p. 154)紧接着,在乔治斯库-罗金之后的批评提出之前,戴利说道:

> 有时候人们会说,除非你可以具体指出能够让人口成为稳定状态的最优人口水平,否则提倡一个稳定的人口规模是徒劳无益的。但是,我认为上述的表述被颠倒了。恰恰相反,除非你首先愿意接受一个稳定的人口规模,在发现最优人口规模后能够并且愿意停留在这个最优水平,否则提出最优人口规模水平就是徒劳无益的。不然的话,知道这个最优人口水平只会让我们经过最优水平时,跟最优水平说再见。
>
> (同上)

在1976年的论文中,戴利更进一步地呼吁人口规模"要足以过上美好生活,并且在长期来讲还是可持续的……这就意味着,出生率和死亡率要在很低的水平上保持相等,只有这样预期寿命才能长"。(同上,p. 79)

第三条理由是,"非常需要澄清的是戴利资本存量的基本概念,戴利稳态经济中的资本存量要保持量的稳定,但是尽管如此也许还要经历质的改变。"(同上,Georgescu-Roegen, p. 103)这是乔治斯库-罗金关于稳态经济的诸多顾虑中最为合理的一个,我们在第八章中已经详细地讨论了这一顾虑。在第八章中,我们提到了戴利的另一个稳态经济定义,即稳定吞吐量和存量可以变化,这就避免了稳定资本存量的问题。然而,这并不能责怪乔治斯库-罗金有这一顾虑,毕竟戴利在1976年的论文中并没有包含另一个稳态经济定义,戴利当时也没有在其他地方公开发表这一定义。我们现在只能猜想,如果乔治斯库-罗金知道了稳态经济的另外一个定义，他是否还会保留他的"不容动摇的怀疑"。也许最为重要的是，乔治斯库－罗金提出的对稳态经济"不容动摇的怀疑"的理由并没有包含戴利的下述假设，即稳态经济在某种程度上是不受熵增定律影响的，稳态经济因此可以永远持续，这才是乔治斯库－罗金和戴利产生分歧的原始基础。

上述分歧如果曾经真的存在的话，也应该在看到戴利下面的一段话后就终止了。戴利写道，"当然，从长期来看，没有任何事物能够保持稳定不变，因此我们的稳态经济概念是一个中期概念，其中存量只是在几十年或者几代人之间保持稳定不变，并不是指几千年或者永远。"（Daly 1976, p. 80）。在乔治斯库－罗金批评戴利的稳态经济的一年之后，他送给戴利一本书，即《经济学中的演进、福利和时间：致敬尼古拉斯·乔治斯库–罗金的论文集》（*Evolution, Welfare and Time in Economics. Essays in Honour of Nicolas Georgescu-Rogen*, Tang, Westfield, Worley eds. 1976）。在这本书中，乔治斯库–罗金附有一段手写的题词，即"致赫尔曼·戴利，我唯一的追随者，认识你我感到十分自豪，我最温暖的思念永远伴随着你。"这段题词下面的署名是尼古拉斯·乔治斯库–罗金，日期是1976年10月27日。任何质疑乔治斯库–罗金和戴利立场相近的人，都应该再考虑一下了。

# 可持续发展和稳态经济

关于乔治斯库－罗金的题词的唯一合理解释是：尽管他不同意戴利在稳态经济上的观点（不管他有没有充分根据），但是他还是认为戴利是他的追随者，并且仍然是唯一的追随者，他为戴利感到自豪。然而，在乔治斯库－罗金生命的末期，他再次批评了戴利的稳态经济。但是，这次批评的内容是当时新流行的概念，即可持续发展。

1983年成立的联合国世界环境与发展委员会在1987年发布了一份报告。因为这个委员会的主席是格罗·哈莱姆·布伦特兰（Gro Harlem Brundtland），所以这份报告也被称为《布伦特兰报告》（*Brundtland Report*）。虽然可持续发展这个术语早于这个委员会的成立，但是《布伦特兰报告》让可持续发展得到广泛的应用。尽管这个委员会用好几种方式界定可持续发展，但是只有一个强调代际之间均等的可持续发展概念广为人知，即"满足当代人的需求，但同时不减弱后代人满足其需求的能力的一种发展"。（World Commission on Environment and Development 1987, p. 43）

如果没有一个精确的定义，那么不同的人和组织有可能会以最有利于自身利益的方式定义可持续发展。在《布伦特兰报告》发表20年之后，联合国世界环境与发展委员会的秘书长、首席设计师和《布伦特兰报告》的主要作者吉姆·麦克尼尔（Jim MacNeill）评论道：

> 有些政府在法律上和有些产业在政策上宣称，它们已经是"可持续发展"，这让我感到惊讶。只有在汉普蒂·邓普蒂（Humpty Dumpty）的充满奥威尔式的胡言乱语的世界中，可持续发展这个概念才能按照某些人想要的方式理解。
>
> （MacNeill 2006, p. 167）

然而，该委员会的任何一个可持续发展定义都没有对经济增长进行否定。"我们看到了……一个新的经济增长时代的可能性，这必须要以维持和扩大环境资源基础的政策为基础。"（World Commission on Environment and Development 1987, p. 1）

在本书的第二章中，我们描述了乔治斯库-罗金对戴利的误导性指责，即戴利是可持续发展的设计师、可持续发展对罗马尼亚是有坏处的、戴利应该被世界银行解雇。事实上，戴利对于可持续发展讨论和争论的贡献与乔治斯库-罗金的认知是截然不同的。罗伯特·古德兰是戴利在世界银行的导师和领导,他当时意识到,在巴西举办的联合国环境与发展会议上,应该大量关注《布伦特兰报告》。古德兰带领一个团队,试图影响会议上关于可持续发展的讨论,这个团队包括戴利,同样来自世界银行的萨拉赫·埃尔塞拉菲和来自联合国教科文组织的伯纳德·冯·德罗斯特(Bernard von Droste)。他们共同编辑了一个论文集,其中收录了两位获得诺贝尔经济学奖的经济学家——特里夫·哈维默(Trygve Haavelmo)和简·丁伯根的论文。两位环境部长还为这本论文集写了序,他们分别是印度尼西亚的环境和人口国务部部长埃米尔·萨利姆(Emil Salim)阁下和巴西的环境部长何塞·卢岑伯格(Goodland, Daly, El Serafy and von Droste 1991)。论文集中的论文作者阅读、讨论彼此的章节后,他们得出一个共识,即他们的贡献"不仅仅与彼此兼容,而且还互相强化"。(同上,p.9)他们一致认为:

> 我们不能再将按照传统方式理解和衡量的经济增长视为经济发展政策中不容置疑的目标……我们的地球最终将转型为可持续,问题是我们需要在两个选项中做出抉择:第一个选项是通过社会规划,有序地进行转型;第二个选项是让物理限制和环境问题主导转型的时间和路径……期待贫穷国家消减或者中止它们的发展,既不符合伦理道德的要求,也是对环境无益……因此,富裕国家……必须在可持续这方面起到引领作用。对于发展中国家来讲,减少贫困将需要大量的增长和发展。但是,生态限制是真实存在的,贫穷国家的更多增长必须伴随着富裕国家吞吐量的负增长。

(同上,pp.10~14)

在本书中,戴利的影响是显而易见的。八篇论文中的六篇论文直接引用了戴利,戴利的名字在这本只有100页的书中出现了40次。在他自己的论文《从空的世界经济学到"满的世界"经济学:意识到经济发展的一个历史转折点》(From empty-world to full-world economics: Recognizing an historical turning point in economic development）中，戴利强调人造资本和自然资本是互补关系（而非替代关系），自然资本已经成为经济发展的限制性要素，因此我们应该更多地投资于自然资本。自然资本耗竭再也不应该被统计为收入了。(Daly 1991a)

一段时间以来，埃尔塞拉菲（El Serafy）的研究重心就是对 GDP 进行调整，从而避免将资源耗竭统计为收入这种错误。埃尔塞拉菲是一个简单公式的作者，这个公式基于储存量和现在开采量的比值以及利率，将不可再生资源的销售收入拆分为可以无限维持的真正收入和不能无限维持的资本耗竭（1989）。戴利经常在自己的写作中提到埃尔塞拉菲提出的公式。不出意料，埃尔塞拉菲在其对 1991 年出版的书贡献的论文中描述了戴利的建议，而且还写了稳态的思想，借鉴了戴利的思想，毫无疑问也得到了戴利的祝福。

> 如果我们真的想要拯救我们的地球，我们必须要让富裕的经济体追求稳态，而贫穷的经济体还可以继续增长和发展，这样的话贫困才能根除，收入不均等才能降低。收入不均等是很多环境破坏的根源。
>
> （同上，p. 66）

埃尔塞拉菲继续讨论由戴利启发的主题，说道："显而易见的是，如果稳态的经济活动，包括恒定的吞吐量水平，想要在发达国家中成为主流，社会组织和工业组织中必须发生急剧变化，国际关系的形式也必须发生大的改变。"（同上，p. 67）

埃尔塞拉菲的陈述得到戴利的认可。陈述中显而易见的是，可持续发展对于富裕国家和贫穷国家的影响是不同的。因此，我们很难理解哪些因素促使乔治斯库－罗金就可持续发展问题对戴利进行尖锐批评，尽管这些批评都是在他的一些个人信件中表达出来的，不是公开出版的。在写给经济学家真弓浩三（Kozo Mayumi）的一封信中，乔治斯库－罗金指出："对于孟加拉国来讲，稳态经济就意味着要持续忍受现在所遭受的苦难。"（Letter from Georgescu-Roegen July 18, 1992 in Bonauti 2011 p. 232）在写给詹姆斯·贝瑞（James Berry）的一封信中（Letter from Georgescu-Roegen 20 May 1991 in Bonauti 2011, p. 232），乔治斯库－罗金基本表达了同样的意思。在由博纳伊蒂所挑选的几封信中，乔治斯库－罗金将可持续发展描述为"万应灵药……比稳态经济还要有迷惑性"。博纳伊蒂认为这毫无疑问批评的是戴利。（同上，p. 42）

乔治斯库－罗金对于可持续发展的顾虑跟他对稳态经济的认知有关，即他认为稳态经济将会置很多人于无穷的贫困之中。我们可以发现，乔治斯库－罗金的认知已经彻底远离了戴利的初衷或者古德兰等人于 1991 年出版的专著中其他贡献者的初衷。也许乔治斯库－罗金写信时还未曾读过这本书，但是他也应该知道戴利早在 1973 年就在其稳态经济的作品中区分了富裕国家和贫穷国家。在《迈向稳态经济》的引言中，戴利写道：

> 关于平稳的、稳定的或者非增长经济和其对立的经济形式（也就是财富和人口都增长的经济形式）的相对优势的任何讨论，我们必须意识到富裕国家和贫穷国家以及国家内部的富裕阶层和贫穷阶层之间有一些重要的量和质的差异。
>
> （Daly 1973a, p. 10）

戴利描述了这些差异，并且总结道：

> 这些差异导致的结果就是，对于贫穷国家来讲 GNP、GDP 的增长仍然是好事，但是对于富裕国家来讲也许是一件坏事……随之而来的是，我们就只讨论富裕的经济体，如美国。
>
> （同上，pp. 1~12）

与其他人或组织（包括布伦特兰委员会）不同，戴利不满意将可持续发展不充分地定义为达成某种虚假共识的方式。戴利在寻找更加清楚地界定可持续发展的方式，也就是他认为的通过区分量的增长和质的发展就能实现的可持续发展。戴利曾经希望，"《布伦特兰报告》中的明显矛盾，即世界经济能够增长 5 倍或者 10 倍，同时还能控制在生态极限以内……能够在之后的讨论中得到解决。"（Daly 1990, p. 1）戴利认为布伦特兰委员会的主席格罗·哈莱姆·布伦特兰（Gro Harlem Brundtland）为"可持续发展演变的合适概念提供了一个政治上的开端"，在这方面她做出了重要贡献，但是戴利对她接下来转向自我矛盾的"可持续增长"，即"经济增长 5 倍或者 10 倍是可持续发展的必要组成部分"这一言论，戴利感到失望。（同上，pp. 1~2）布伦特兰"出于政治的必要性，要把充满矛盾的派系团结在一起"。与她截然不同的是，戴利直接"接受了挑战，即赋予可持续发展一个逻辑一致和操作性较强的内容"。（同上）在一篇被引用两千多次的、影响很多个人和组织的短篇论文中，戴利提出了一些可持续发展的"操作性原则"。（Daly 1990）戴利的原文如下：

> 对于可再生资源的管理……再生和同化的能力应该被视为自然资本……被维持……在最优水平：
> 
> （1）收获率应该等于再生率（可持续产出）。
> 
> （2）废弃物的排放率应该等于接收废弃物的生态系统的自然同化和吸收能力。
> 
> （3）让人造资本和自然资本在最优水平上保持不变，人造资本和自然资本主要是互补关系，替代性非常小。
> 
> （4）对不可再生资源的准可持续利用要求意味着任何不可再生资源开采利用的投资必须要伴随着对可再生的替代物的补偿性投资。这要求将从不可再生资源中获取的净收入分为两部

分：一部分为每年可以消费使用的收入，一部分为必须投资到可再生替代物的资本。

（5）如果我们要将科技视为可持续发展的法则，那么我们就必须强调和推崇提升资源生产率（即发展）的科技，也就是从每单位的资源中获取更多的价值，而不是强调和推崇增加资源吞吐量本身（即增长）的科技。

（6）从一个宏观经济的视角进行分析，经济的规模（人口量和人均资源使用量的乘积）必须在该地区的承载能力以内。也就是说，人类经济的规模应该维持在不消耗资本的基础上……这就意味着要限制一个地区的人口规模和人均资源使用量，并且在人口规模和人均资源使用量之间进行取舍。

（7）不能接受人均资源使用量减少的贫穷国家就必须要集中精力进行人口控制。对于人均资源使用量较高和人口增长率普遍较低的国家，它们必须更多地进行消费控制而不是人口规模控制，尽管人口规模控制在任何国家都不应该被忽视。

（同上，pp. 3~5）

戴利对他提出的可持续发展的操作性原则进行了总结，"如果没有经济增长，那么战胜贫困将会困难得多。发展能够有所帮助，但是如果真的要实现减贫，我们就必须要进行人口规模的控制和限制财富不均等的再分配。"（同上，p. 5）

尽管戴利在论文中并没有明确指出，但是我们可以看出他提出的可持续发展的操作性原则是基于他提出的稳态经济的大量原则（见第八章）。也许是因为戴利写作这篇论文时还在世界银行工作，所以戴利不想明显地表明稳态经济和可持续发展之间有联系，这样的话就能够较少受到他所预估的政治考量的掣肘。

> 这就是赫尔曼·戴利的工作如此重要的原因：尽管我们如今所处的这个经济范式有很多缺陷，他仍然拒绝放弃经济学、拒绝放弃考虑社会的经济学思考方式。他对于经济学研究有一种坚决的严谨性，很遗憾这种严谨性往往在那些更加传统的同行身上是看不到的。通过这种坚决的严谨性，戴利为很多经济问题指出了解决方案……当戴利的稳态经济学和传统的经济学相比较时，我们会发现两者并没有竞争。
>
> ——蒂姆·杰克逊（Tim Jackson）

## 本章结论

戴利本来并不打算挑战经济学的原有范式。但是，他观察到我们生活的世界已经由空变满，他凭借稳态经济必要性的信念，最后决定挑战经济学的原有范式。戴利稳态经济的研究很快引来了主流经济学家的批评，这促使他不断打磨他的稳态经济思想，他的导师乔治斯库-罗金也对他的稳态经济思想进行了批评。在20世纪八九十年代，对可持续发展的兴趣给了戴利在不同表现形式下进一步推广稳态经济的机会。戴利提出的可持续发展原则被广泛引用，帮助我们理清了实现真正可持续发展的道路。但是，美中不足的是，这些可持续发展原则在很多方面是不完整的。例如，这些原则没有包含任何为了保护栖息地而限制土地使用的规定，这些规定也没有包含实施这些原则和监管实施结果的衡量指标。但是，戴利首次提出这些原则是在论文《关于可持续发展的一些操作性原则》（Toward Some Operational Principles of Sustainable Development, Daly 1990）中，我们可以明显地看出，戴利知道他给后人留下了足够多的工作，可以继续探索其他的原则。就像我们已经看到的那样，如可持续发展的衡量指标，自那以后他都已经做了很多工作（见第六章）。

另外，戴利的稳态经济研究缺少对稳态经济体的政治经济学部分的关注，这招致了一些批评，尤其是一些非正统经济学家的批评。这些批评和戴利的回应是下一章的主要内容。

**注释**

1. 除非另有说明，这里所有的页码索引都是戴利（1980）里面的页码。
2. 因为《能源和经济迷思》的第三个版本是乔治斯库-罗金的三个版本中阅读量最大的版本，大概也是受戴利稳态经济立场影响最大的版本，所以本章的评论就是基于第三个版本。

# 第十章 针对稳态经济的非传统批评

> 稳态经济的推崇者常被右翼的新自由主义者攻击。比较新奇的是,左翼的新马克思主义者也开始攻击稳态经济,因此也需要对他们的批评进行回应。简单来说,马克思主义者都是痛恨资本主义的,他们认为稳态经济学从本质上讲是资本主义经济学。
>
> ——赫尔曼·戴利

戴利提倡的稳态经济并没有被主流的经济学家很好地认可,他们仍然执着于增长范式。非传统的经济学家,甚至是一些认可戴利环境观点的非传统经济学家,尽管他们的理由与主流经济学家不同,但也对稳态经济提出了批评。这些批评者包括减增长的提倡者、马克思主义者以及反对戴利的稳态经济某些具体方面内容的各类人群等,尽管这些批评者总体上还是同情和支持戴利提倡的巨大变革。在本章中,我们将对这些"误伤"和戴利的回应进行讨论。

## 减增长和稳态经济

乔格斯·卡里斯是减增长研究领域最高产的学者之一。卡里斯

（Kallis）开设了一个"定义减增长"的专栏，其中写道："从生态和经济视角，可持续的减增长可以定义为社会吞吐量的社会可持续和均等化减少，并且吞吐量最终实现稳定。"（Kallis 2011, p. 874）他之后引用戴利的话来解释吞吐量的含义，引用乔治斯库-罗金的话来说明物理学定律的重要性以及吞吐量最终减少的重要性。卡里斯还写道："吞吐量减少跟进一步的经济增长不兼容，将极有可能要求经济（GDP）的减增长"（同上），这非常像戴利的口吻。卡里斯认同戴利关于GDP减少不是目标而是减增长的可能结果的这一观点。

那么，减增长和戴利的稳态经济又有什么差异呢？卡里斯从三个方面列出了可持续的减增长如何在"熟悉稳态经济学的生态经济学家的'旧酒'"的基础上更进了一步。（同上，p. 875）第一个方面是，减增长"是否可以主要通过经济改革过渡到稳态"。第二个方面是，"减增长使我们展开了有选择性地减少人造资本规模的讨论"。第三个方面如下：

> 选择性的减增长为我们开启了一个政治争论话题，即哪些"开采、生产、消费"活动需要减增长，哪些活动需要增长。这些选择不能简单地留给市场力量决定……这不仅仅是一个道德伦理的考量，而且是政治可行性的考量，因为这需要大众的支持……
>
> （同上）

在减增长意义扩大化方面，有一个要素让减增长跟戴利的稳态经济明显区别开来，即政治维度的变革对于减增长是非常重要的。戴利主要关注通过政策的改变来实现稳态经济。与戴利不同的是，减增长的倡导者强调权力动态以及文化和意识形态的改变等政治方面的变革。瑟奇·拉图什（Serge Latouche）对此有非常清楚的表述。他是现代减增长运动的发起人和知识领袖之一，曾说过"减增长不是一个概念……减增长是有理论影响力的政治口号"。（Latouche 2010, p. 519）通过比较，我们也许会说，戴利的稳态经济不是一个政治口号,而是一个有实际意义的经济概念。

尽管上文强调减增长和稳态经济是有差异的,但是我们并不能由此认为减增长和稳态经济是冲突的。相反,我们更容易把稳态经济和减增长视为彼此互补和互益的天然伙伴。这是乔格斯·卡里斯、克里斯蒂安·克施纳(Christian Kerschner)和琼·马丁内斯-阿利尔在谈论减增长经济学时得出的结论。他们说:"在减增长的文献中,没有人在永远宣扬减增长。正如克施纳(2010)所示,关于减增长和稳态经济的争论(可以追溯到乔治斯库-罗金对赫尔曼·戴利的过分指责)是错误的:减增长是实现较低水平稳态经济的转型路径。"(Kallis, Kerschner, Martinez-Alier 2012, p. 173)戴利基本上也认为减增长和稳态经济是这样的关系。

> 因为没有人主张负增长是一个永久的过程,所以稳态经济和减增长之间实际上并没有什么冲突;也没有人试图在如今不可持续的人口和消费的规模上维持稳态。但是,很多人确实提倡继续维持如今超越过量规模的正增长。这些人现在都是掌握权力和资源的人,我们需要团结一致反对他们!
>
> (Daly 2014a, pp. 234~235)

正是因为自己站在掌权者的对立面,戴利和提倡减增长者之间的差异才最为明显。戴利主张发展和推广政策思想和机构建设,实现经济体向稳态经济过渡,并维持在他后来称为"动态均衡"的状态。(同上,p. 234)然而,这对于减增长的提倡者来讲是远远不够的。例如,卡里斯写道:

> 这些威胁要"伤害"经济的政策(即戴利所提出的政策类型)越来越不可能在现有的市场经济框架下实施,市场经济的基本机构(金融、财产、政治和再分配机构)都依赖经济的持续增长,并且要求经济一直持续增长。为了将减增长视为一个

积极的社会发展，并改革那些将增长视为必要事情的机构，我们需要彼此交融的文化和政治变革。因此，可持续的减增长不仅仅是一个结构化的概念，而且是一个激进的政治项目。这个政治项目为社会融合提供了一个新的故事和集会口号，代表了人们想要构建一个消耗得更少但生活得更好的社会愿景。

（Kallis 2011, p. 873[1]）

按照这种方式理解，减增长可以视为戴利稳态经济的扩展和延伸，而不是对稳态经济通常意义上的批评。减增长和稳态经济都寻求经济和社会的转型。戴利及其拥趸认为，稳态经济将会由政策和机构的变革引领。其他人更多地强调通过政治和社会行动实现社会变革，并且坚信社会变革的活力及其对政治进程的有效干预。他们说，如果没有社会变革，只依靠政策是不够的。

博纳伊蒂认为减增长和戴利的稳态经济学的差异远比上文说的大，宣称"戴利所持有的立场和乔治斯库－罗金与拉图什的立场是截然不同的，他们的不同立场深植于他们不同的前分析视角"。（同上，Bonauti, p. 43）这个说法很显然无法令人信服。我们已经了解，戴利和乔治斯库－罗金关于稳态经济的认知差异源于时间范围上的差异，两者都不认为稳态经济会持续到永远，都认同一个根本的前分析视角，即经济包含在生物圈之内并且经济受制于热力学定律。

然而，即使博纳伊蒂是正确的，减增长文献中提出的具体建议和戴利为稳态经济提出的建议也是非常相似的。卡里斯比较了他本人、戴利、拉图什以及欧洲议会绿党的西班牙党员提出的政策建议。卡里斯总结道："上述学者在有效推进减增长的公共政策方面有广泛共识。"（Kallis 2018, 表5.1）帕里克（2019）进一步强化了上述结论。在这本860页的关于减增长的政治经济学专题论文集中，帕里克对减增长的政策建议进行了更为综合的比较分析，但是文中没有包括戴利等人提出的政策建议清单。戴利等人提出的政策建议清单在名称中没有包含"减增长"这一词,尽管这些政策建议"大致上与减增长的思想是一致的"。例如,帕里克提到了戴利为稳态经济提出的十个政策(Daly 2013b)[2]。

在来自政策改变而不是成为必要前提条件的根本性社会变革的可行性这个问题上,帕里克的观点是:"小的改革总是比没有改革好,我们应该考虑特洛伊木马式的政策和垫脚石式的政策,而不是孤注一掷的政策议程。"(同上,p. 511)毫无疑问,戴利也会同意该观点。

> 无论是过去还是现在,我都十分赞赏赫尔曼·戴利解释经济是嵌入在社会新陈代谢之中的能力。他能用较为简单的术语解释乔治斯库－罗金的思想。戴利1973年的专著《稳态经济学》是如今减增长争论的基础,尽管这一点并非总是得到认可。
>
> ——琼·马丁内斯－阿利尔（Joan Martinez-Alier）

## 马克思主义者对稳态经济的批评

在过去,经济思想史、经济历史和比较经济制度的课程都是经济学研究生的标准课程。如今,这些课程就算开设的话,也会被视为专项课程,它们已经被强调数学和统计学的课程所取代。因为戴利接受了更加传统的经济学训练,所以他非常熟悉马克思,但他没有按照他所希望的那样接受较好的数学训练,戴利也是第一个这样承认的经济学家。甚至在20世纪70年代的早期,戴利还在路易斯安那州立大学讲授了好几年的马克思主义经济学课程。戴利在自己的学术作品中,还非常频繁地吸收马克思关于资本主义分析的内容,尽管并不总是以完全肯定的方式。例如,戴利引用了马克思一个非常著名的篇章，并以极现代的术语描述了资本主义下的生产是如何剥削土地和工人的：

> 资本主义生产……阻碍了人类和土地之间的物质循环。换句话说，资本主义生产阻碍了人类以食物和衣服的形式消费的土地元素回归到土地之中；因此，资本主义生产违反了土地持续肥沃的必要条件……此外，资本主义农业的所有进步都是技术的进步，不仅仅是剥削劳动者的技术进步，而且是剥削土地的技术进步；在一定时间内，增加土壤肥力的所有进步都是毁坏土壤肥力的长期之源。一个国家的发展越早地建立在现代产业的基础上（如美国），其破坏进程就会越快。因此，资本主义生产发展了科学技术，并且只是通过侵蚀所有财富的最初源泉，即土地和劳动力，就将各种各样的进程汇总成一个社会整体。
>
> （Daly 2014a, p.31 对马克思《资本论》第一卷的引用）

戴利并不完全认同马克思对资本主义农业特征的描述。"马克思看到资本家既剥削土壤，也剥削劳动力。我们分析发现，资本和劳动力将剥削的对象转向土壤和其他自然资源，从而维持一种不太稳定的联盟"（同上）。然后，戴利继续说道，马克思也许会意识到，如果资源价格因某个新的制度影响下的公共政策而得到提升，"那么劳资冲突会再一次变得糟糕；因此，生态危机带来了根本性的影响，我们也需要某种分配性的制度"（同上）。

在戴利大量发表的成果中，戴利引用马克思的同时也引用了很多其他深刻的思想家，如亚里士多德、亚当·斯密、约翰·罗斯金、温德尔·贝瑞、约翰·斯图尔特·密尔、查尔斯·达尔文、卡尔·波普尔和埃尔温·薛定谔。戴利学术成果（尤其是关于稳态经济的研究）的优点之一就是，其所依据的知识基础十分广泛。这并不意味着戴利与任何上述思想家都保持完全一致。戴利认可马克思关于阶级斗争和不均等的分析，并且同意"有权势阶层和无权势阶层之间的交换常常只是在名义上是自愿的，很容易就能证明是剥削的面具，尤其是在劳动力市场上"（Daly 1977a, p. 54）。但是，戴利不假思索地否定了马克思的经济决定论，认为"经济决定论无论在学术上还是政治上都是失败的"，同时也否定了物质决定论。物质决定论认为"经济增长对于提供压倒性的物质富足是至关重要的，而物质富足是新型社会主义者崛起的客观条件"（Daly 1991a, p. 196）。这样的观点使得戴利要面对那些来自更倾向于马克思的资本主义分析的人士的批评。有些批评可以被形容为友好的，有些批评毫无疑问是不友好的，还带有指责意味。

举例来讲，对戴利的稳态经济学进行友好批评的马克思主义者约翰·贝拉米·福斯特（John Bellamy Foster），一位美国的社会学教授，也是支持社会主义立场的《每月评论》的编辑。福斯特的写作涉猎较广，对于资本主义的政治经济和马克思主义视角下的环境有着深刻的洞见。在他的作品中，福斯特经常引用和提及戴利的稳态经济。福斯特和戴利两人都借鉴了同样的一些早期资本主义批评者的思想，其中一个例子就是古典经济学家詹姆斯·梅特兰·劳德代尔（James Maitland Lauderdale）在1819年写的内容：

> 劳德代尔在"公共财富"和"私人财富"之间进行了关键的区分。劳德代尔引起我们对于下述悖论的重视，即私人财富不断扩张，而公共财富不断缩减，仅仅是因为之前拥有巨大使用价值但没有交换价值的丰富物品已经变得稀缺了，因此后来获得的交换价值自此以后都被统计为私人财富。
>
> （Daly and Cobb 1989, 1994, p. 147）

随着这个世界变得越来越满，公共财富却变得日益稀缺，"之前免费的商品转变为稀缺的资源"（同上），产生了正向的交换价值（价格）和不断增加的GDP。约翰·贝拉米·福斯特也曾就"劳德代尔悖论"发表过观点:"公共财富和私人财富之间是相反关系,私人财富的增加经常导致公共财富的减少。"(Foster and Clark 2009, p. 1)

埃尔克·皮格迈尔(Elke Pirgmaier)是另外一位马克思主义经济学家,她认为戴利将市场融入他的稳态经济提议是有问题的。皮格迈尔指责戴利试图"将新古典经济学塞进生物物理和伦理道德的紧身衣"。(Pirgmaier 2017, p. 52)戴利以其一贯恭敬的方式给皮格迈尔写了一封电子邮件,内容如下:

> 您基于"紧身衣的类比",忽视了规模和分配的宏观限制的重要性,从而将您的批评聚焦在配置上。但是,"紧身衣的类比"并没有实现其既定目的。一件紧身衣只是改变了外表,没有改变实际情况。通过最高限额 – 拍卖 – 交易系统或者吞吐量税收来限制规模,更多的像节食而不是紧身衣,其能够真正地减少体重。同时,最高收入和最低收入的限制改变了限制饮食的吞吐量的真正分配。因此,一件紧身衣确实可以塑身,但是紧身衣的作用仅限于此,如果只是集中关注塑身的话,那么我相信您的类比会产生误导。
>
> (Daly 2016)

为了回应皮格迈尔的顾虑,即戴利过于依赖新古典经济学,戴利写道:

> 在依赖市场解决配置问题方面(一旦市场不再决定规模和分配之后),重要的是要记住,就算是新古典的价格理论也意识到垄断的罪恶性,并从一开始就将市场配置局限在竞争性和排他性的商品上。非排他的竞争性商品会引起"开放获取公共资源的悲剧";而非竞争性的排他商品(如知识产权)会引起"公共资源的窃取"问题。这些概念都是新古典经济学的"孤儿",

生态经济学"收养"了这些"孤儿",也接受了市场。如果不接受市场,那么您怎么解决配置问题呢?通过集中计划吗?您提到过"社会供应",但是又没有详细解释。

(同上)

尽管皮格迈尔批评戴利为了配置目标将市场纳入考虑范围之内,但是皮格迈尔仍然认为"市场在协调生产、分配和交换决策方面,承担一定的角色",这对市场角色的认定比戴利设想的还要宽泛。(同上,p. 54)

戴利并没有公开发表对于皮格迈尔的回应。但是,戴利的合著者经济学家乔什·法利(Josh Farley)和环境科学家海顿·华盛顿(Haydn Washington)却公开发表了一个回应。他们对皮格迈尔的论文进行了详细的分析(戴利也认同分析的内容),并总结道:"皮格迈尔对于稳态经济的批评是错误的、混乱的。她错误地理解了稳态经济及其与新古典经济学的关系。"(Farley and Washington 2018, p. 442)[3]

## 针对戴利稳态经济的其他批评

除了主流经济学家、减增长的倡导者和马克思主义者的批评,戴利的稳态经济还引起了一些评论者的回应。一般来说,这些评论者都接受戴利对于经济增长的批评和认可人类需要减少给环境带来的负担,但是认为戴利提出的稳态经济方案是有缺陷的。接下来,我们将会简短地提到一些评论者和他们的批评。

考虑到减增长的概念有些模棱两可和令人困惑,经济学家杰伦·范登博格(Van den Bergh)主张"A 增长",意思是对经济增长持中立立场(2011)。范登博格讨论的经济增长是指真实 GDP 增长或者真实人均

GDP 增长，他还认为真实 GDP 和真实人均 GDP 都是社会福利的不完善指标。范登博格的观点是基于他的下述信念，即通过避免实施明显减增长战略，我们能够更容易地获得一揽子政策的持续支持。经济学家凯特·拉沃斯在其著作《甜甜圈经济学》（2017）中持有几乎相同的立场。在该著作中，拉沃斯探索了如何使联合国可持续发展目标确定的社会目标与约翰·洛克斯特罗姆（Johan Rockström）等人（2019）所确定的地球承载极限相协调的问题。

范登博格和拉沃斯试图回避关于环境和增长的争论的初衷是好的，但也是有问题的。他们讨论的增长指的是 GDP 增长，而不是戴利所定义的增长，即物理存量增长、物理吞吐量增长或者两者兼有的增长。因为他们都认同戴利的主张，即量化增长应该停止（最起码在富裕国家），物理存量和吞吐量应该降低到可持续水平，所以他们实际上就是承认了 GDP 和人均 GDP 有可能继续长期增长，同时物理的存量和吞吐量还有可能下降。这是主流经济学和一些绿色增长倡导者的立场，但是很有可能这并不是他们能共情的立场[4]。

经济学家克莱夫·斯帕什（Clive Spash）宣称："戴利从来没有解决下述矛盾，即维持资本积累的社会和经济结构的制度同时会颠覆经济增长的核心支撑，即能源、物质吞吐量和资源开采。"（Spash 2015, p. 378）这种批评与减增长倡导者和马克思主义者所提出的批评非常相似，戴利对这种批评进行过回应，但是似乎没有令这些批评者满意。斯帕什和其他人的不同之处在于，斯帕什是一位生态经济学家，写过几篇关于生态经济学的认识论和哲学方面的论文。在其中一篇论文中，斯帕什区分了三个生态经济学研究阵营：新环境实用主义者、新资源经济学家和社会生态经济学家。斯帕什将戴利划分为新资源经济学家。按照斯帕什的说法，将戴利划分为新资源经济学家是因为他的研究方法是多学科的，而不是交叉学科或者跨学科的，戴利也会认同这种描述。在一篇较新的论文中，斯帕什承认戴利在 1972 年就否认了"增长范式"，称赞他引入了"增长范式"这个术语（Daly 1972），且还评论道："截至 20 世纪 80 年代现代生态经济学崛起之前，在经济学家这个群体中，赫尔曼·戴利几乎是以一己之力在坚守反增长堡垒。"（Spash 2020, p. 2）但是，斯帕什对戴利将市场引入他的稳态经济提议这一举措还是感到不安。（Spash 2013, p. 356; Spash 2020, p. 8）实际上，关于稳态经济中的市场，戴利主张市场发挥作用局限在竞争性和排他性的商品和服务的配置上，前提是市场要受到公开设置的规模和不均等极限的限制，并且竞争要在市场中的销售者之间普遍存在。

经济学家约翰·高迪（John Gowdy）是戴利的一位老朋友、老同事，同时也是乔治斯库-罗金的一个学生，他和斯帕什有同样的担忧。与乔治斯库-罗金不同，戴利"没有提到资本主义经济的不均等、增长、积累和动态是如何交织在一起的"。（Gowdy 2016, p. 81）高迪引用长期研究经济思想的历史学家和哲学家菲利普·米洛夫斯基（Philip Mirowski）的一篇论文，区分了戴利的"机械式"分析和乔治斯库-罗金的"复杂演进式"分析。这个区分也许是有理有据的，但是并不完全是米洛夫斯基的区分类型（1988）。

在戴利和法利的生态经济学教科书中，他们在该教科书的开篇部分，花了好几页的篇幅来讨论共同进化经济学的问题。他们将共同进化经济学定义为"经济和环境相互适应的研究。经济活动引起环境的改变，而环境的改变反过来也会以一个持续的演变过程，引起经济的进一步改变"。（Daly and Farley 2011, p. 462）他们引用了卡尔·波兰尼的《大转型》，在其中，波兰尼解释到，经济是人类文化的组成部分，"就像我们的文化一样，经济也是一直处于演进的状态。"（同上）戴利和法利继续对人类经济从狩猎采集经济到工业经济的演化进行了简洁的描述，并且将他们吸收利用和认可的"很多基本思想"归功于经济学家理查德·诺加德（Richard Norgaard）。

从戴利的视角来讲，稳态经济学和共同进化经济学是互补的，这正是因为人类系统和自然系统的结合奠定了稳态经济合理化的基础。

> 进化和共同进化正是自然世界运转的方式,作为子系统的经济必须随着世界进化而共同进化。但是,我们之前在空的世界中共同进化的增长战略,已经与如今继续进化但不增长的"满的世界"不相适应。稳态经济看起来像是一个更加有希望的共同演进战略。
>
> (Daly 2015b)

诺加德对此有一些不同的看法:

> 我们的差异总是微妙的。但是,就像他的导师尼古拉斯·乔治斯库-罗金一样,我对戴利应用热力学第二定律来为稳态经济正名而感到沮丧,戴利有时候似乎还暗示科学家能够界定经济运行的极限范围。戴利的观点强调自然是可以远离人类的,绝大多数自然科学家对戴利的观点感到满意。然而,我的共同进化的理论框架非常认同人类长期以来和自然互动并且改变自然的观点。相对于永久增长,稳态是一个更好的指导性原则。但是,关于可持续发展内容的争论长达35年,最终,是对人与自然耦合发展的系统思维逐渐扩张的兴趣将我们引入了一种更为深刻、更为周全、科学合理的思维方式。
>
> (与戴利的私下沟通)

经济学家英格·罗普克(Engel Røpke)极力主张"为了提供可持续转型的基础",在经济学的入门课程如何彻底进行重新设置方面,我们应该进行一个转型(Røpke 2020)。这并不是对戴利的稳态经济学的批评,其更多的是对如何教授经济学的批评。罗普克并没有像其他人一样反对新古典经济学,但是她认为我们可以在不认同新古典方法的前提下展示它们,就像戴利和法利在他们的教科书中写的那样(Daly and Farley 2004)。罗普克认为可以理解戴利和法利的做法,"因为让生态经济学思想进入主流课程的第一步，就是要仔细审视主流的环境经济学教学。"（同上）罗普克如今认为，情况已经改变了，"我们应该试图避免赞成新古典经济学的基本思考方式，虽说让经济学教师（甚至是非传统的经济学家）放弃教授他们做学生时努力学习的东西也许是有些困难的。"（同上）如果戴利的经历值得我们借鉴，那么我们就会发现尽管这不是一件容易的任务，但是戴利毫无疑问还是会表示支持。

## 本章结论

如果说被批评总比被忽视好，那么戴利的稳态经济就取得了很大的成功。在一项关于戴利及其影响的网络调查中，四分之三的被调查者将稳态经济以及热力学与经济学的关系视为戴利作品中影响力最大的两个方面。除了主流的经济学家不认同用不断增加的真实 GDP 定义的经济增长将不能和不应无限持续下去这一观点，所有的戴利稳态经济的批评者都认同戴利的一个立场，即经济是生物圈的一个子系统，这个子系统已经扩张得太大了。他们还认同，为了纠正这种境况，我们的经济需要进行非常显著的改变，要将国家之间在收入、财富和责任方面的巨大差异考虑在内。这些批评者与戴利的分歧在于以下的几点，这些分歧也许是真的，也许是想象出来的：戴利对于经济是复杂系统这一点缺乏认识；戴利没有考虑到资本主义增长至上的属性；戴利过多地依赖新古典经济学作为解释依据和解决方案；戴利几乎没有意识到意识形态、文化和政治因素。还有一些人对戴利主张的限制人口增长、限制私人银行借贷和抵制全球化与"自由"贸易观点持有不同的观点。这些议题在多年前戴利第一次写出来时很重要，在今天也是同样重要，这些议题在接下来的章节中将会相继讨论。

在戴利与其批评者之间还有一个差异。戴利稳态经济的一些批评者认为他们的反对意见侵蚀了整个稳态经济的大厦，却认为没有必要提出替代性的思想或者方案，更别说提出更好的思想或者方案了。戴利的看法与他们不同。对于戴利来讲，他的问题分析和所提方案的弱点和缺陷是进一步提升和合作的机会。即使面对他最为尖锐的批评者，戴利也是如此认为。以帕格迈尔（Pergmaier）为例，戴利在给他的邮件中写道："虽然我们有一些不同看法，但是我认为您的论文很有启迪价值。我希望您能继续研发更好的替代方案，您的这篇论文开了一个好头。"（Daly 2016）

戴利在其作品中经常提到的"野蛮事实"表明世界在多大程度上变得满了。这些"野蛮事实"需要一个回应，这个回应不是增长，也不是更多的增长。在稳态经济中，戴利提供了一个回应，一些开明的批评者和贡献者选择在这个回应的基础上讨论问题，而其他人则选择视而不见。相对于戴利的稳态经济，这些批评者和贡献者也许发现了更为完整的和更为具体的回应，但是他们的可行回应与所基于的前分析视角不一致是极不可能的。

**注释**

1. 卡里斯明确不认同戴利的一个研究领域就是移民（见第十二章）。
2. 考虑到减增长文献对于政治语境重要性的强调，我们会很吃惊地发现，帕里克认为针对法国、西班牙、比利时、德国和芬兰所提出的减增长议程的差异性很小。
3. 从一个马克思主义的立场，特洛伊·维特兹（Troy Vettese）对戴利的稳态经济也进行了批评（Vettese 2020）。尽管这篇论文的论证并不充分，但是戴利还是对其进行了尖锐的回应。与此同时，戴利也承认"他从阅读中有所收获，尽管特洛伊·维特兹与一些马克思主义者和生态社会主义者的观点不同"，这里的一些马克思主义者和生态社会主义者就是指约翰·贝拉米·福斯特、保罗·伯克特（Paul Burkett）等学者（Daly 2020b）。

4. 拉图什也写过"A增长"的内容,但是赋予其不同的含义:"严格来讲,我们最好还是谈论'A增长',就像谈论无神论(而不是不可知论)一样。'A增长'的意思实际上是非常具体明确的,即舍弃一个宗教——一个经济、增长、进步和发展的宗教。"(Latouche 2010, p. 59)

# 第十一章　人口、移民和外来移民

> 更多的人（还有其他生物）总是比更少好，但是前提是他们不要都生活在同一个时代。
>
> ——赫尔曼·戴利

戴利的稳态经济定义（用最少的吞吐量维持恒定的资本存量）既包含恒定的人口总量，又包含恒定的人工制品存量，即基础设施、资本设备和耐用消费品。戴利解释说这个稳态经济定义是："对人口学家的恒定人口模型的延伸，这个定义包含了非生物的人工制品数量，要求生产率等于折旧率，同时这个定义也要求出生率等于死亡率。"（Daly 2015, p. 106）

在没有净移民的假设条件下，人口量稳定的唯一要求就是出生率等于死亡率。出生率和死亡率可以同时高，也可以同时低，在这两种情况下人口都将保持恒定，但是对于单个个体来讲，两种情况的差异就会非常明显。如果出生率和死亡率都很高，那么人的平均寿命将会较短；同理如果出生率和死亡率都很低，那么人的平均寿命将会较长，两种情况下人均寿命的差异还是非常明显的。因为人们通常天然地喜欢更长的寿命而非更短的寿命，所以戴利更加倾向于低出生率和低死亡率。戴利认为对于人工制品来讲也是如此。如果人工制品更加耐用、更容易维修、较少地受到时尚界奇思妙想的影响，那么人工制品的寿命就能够得到延长，毕竟只需要较少频次的更换和较少的吞吐量就能维持其有用性。但是，在一个追求高GDP增长率的经济体中，这样的人工制品是不会受到欢迎的。戴利认为，在一个稳态经济体中，一切都会而且应该有所差异。稳态经济体的一个重要目标就是在吞吐量能够维持人类美好生活所需的足够的人口数量和人工制品水平的基础上，使吞吐量最小化。

上述内容争议不大。它在逻辑上所依据的是两个稳态经济概念中的第一个，即在维持资本存量恒定的前提下使吞吐量最小化（见第八章）。在戴利第二个稳态经济的概念中，即在资源和环境上吞吐量保持恒定，资本存量可以在恒定吞吐量的基础上变化，戴利并没有讨论人口的问题。在这些条件下，第二个稳态经济概念中的人口规模可以随着时间上下波动，不管是向上波动还是向下波动。再一次，这几乎也没有争论。当控制人口规模的政策提出时，尤其是跟避孕、流产和移民相关的政策，人口规模就会发生上下波动。戴利一贯的风格就是从不回避讨论这样的人口政策，他总是清楚地表明自己的立场。正如我们即将在本章中看到的那样，戴利的观点并不是总被顺利接受，即使一些在经济和环境方面的观点跟戴利一致的人也没有很好地接受他的观点。但在我们讨论戴利的人口政策之前，我们首先要了解一下戴利在人口方面的早期工作。这些早期工作甚至早于他稳态经济的第一批作品，毫无疑问也影响了他后来的思考。

## 巴西东北部的人口问题

戴利在职业生涯的早期就开始对人口问题感兴趣。1967—1968年，戴利在福特基金会的资助下，去巴西东北部的塞阿拉州立大学作经济学访问教授。在此期间，戴利就巴西东北部的人口问题写了一篇高度原创的论文（Daly 1969）。这篇论文是用他已经甚为熟悉的葡萄牙语完成的，并且在瓦加斯基金会（Fundação Getúlio）的会议上进行了展示，最终该论文也发表了（Daly 1968b）。从巴西返回美国后，戴利利用他在耶鲁大学作研究助理的一年时间，完成了这篇论文的英文版本。这篇英文版本的论文在1970年发表在一本学术期刊上（Daly 1970a），并且在墨西哥以西班牙语再次印刷出版，因此这篇论文的影响范围是很大的。

这篇论文的英文版本曾经是耶鲁大学经济增长中心的讨论论文，这提醒我们戴利刚开始也是一位增长经济学家。戴利当时相信，正如很多经济学家至今都相信的那样，经济增长本身是可取的，如果本身不可取，最起码对于其他目标的实现是必要的。正是基于这个原因，即使面对大量的无限经济增长不可行的证据，甚至在最富有的国家，反对经济增长的观点还是会遭到抵制。

当戴利在1969年写作关于巴西东北部人口问题的论文时，全球当时的人口量只有36亿，相对于戴利出生时的1938年增长了56%。此后，全球人口的年增长率持续增长了20年，使得全球食物供给能否满足不断增长的全球人口的需要这一问题引起了极大的关注（Ehrlich 1968）。戴利在20世纪60年代末生活过的巴西东北部的面积占巴西总面积的18%，人口为2700万，人口的年均增长率大约为3.1%，年人均收入为150美元（相当于2020年的大约1000美元）。戴利意识到，除非该地区的人口增长减缓，否则让数百万极度贫穷人口提升生活质量的希望是很渺茫的，于是他开始着手具体地分析巴西东北部的人口情况。

为了理解人口增长和收入增长的关系，戴利应用了：

> 将产出增长和人口增长联系在一起的最简单分析框架……即哈罗德–多马关系（Harrod–Domar Relationship），当代增长理论的主体就是基于该分析框架打造的……该公式简单指出，人均收入增长率大约等于总收入增长率减去人口增长率。
>
> （同上，p. 540[1]）

戴利应用哈罗德–多马关系来区分提升人均收入增长率的三种途径，即提升储蓄率和投资率以提升人均收入增长率、提升资本生产率以提升人均收入增长率和降低人口增长率以提升人均收入增长率。基于当时可以获取的最好的数据，戴利总结道：

> 巴西东北部已经尽其所能来吸收资本和科学技术，这带来了高经济增长率，但是其减少人口增长的能力还有很大的提升空间。此外，**高人口增长率还是资本和科学技术的吸收能力和储蓄潜力提升的主要社会制约因素。**
>
> （同上，p.542，黑体为原文强调部分）

这使得戴利为巴西东北部提出了"'人口政策'的第三发展阶段"概念。（同上，p.537）第三发展阶段是对前两个发展阶段的补充，而非替代。前两个发展阶段主要强调用当时盛行的"资本、科技、计划"的方式来战胜20世纪50年代以来发生的周期性干旱。

关于他为巴西东北部提出的强调生育控制的人口政策，戴利总结了十个主要原因：

（1）如果没有生育控制，模式收入不可能提升（很可能下降），这意味着经济增长的收益不会覆盖大众。这些没有享受增长收益的大众已经占到了巴西东北部人口的大约90%，并且该比例还将继续扩大。

（2）生育控制政策将大幅减轻大众教育的负担，为现代科技和民主发展奠定基础。事实上，如果没有人口控制，文盲的比例大概还将继续提升。

（3）生育控制政策将通过降低抚养比率，提升储蓄潜力。

（4）生育控制政策将为引进高生产率农业生产方法创造便利条件。当农场的剩余劳动力较多且工资较低的情况下，高生产率的农业生产方法很难实施。上述逻辑同样适用于工业自动化。或者说，当自动化方法比维持生计的劳动力更具成本优势时，生育控制政策将会缓解"技术失业"的问题。

（5）生育控制政策也是避免臃肿的城市发生"爆炸"的必要条件。

（6）下层民众想要生育控制，尽管他们没有清楚地表达，而上层民众已经践行了生育控制。

（7）对于提升人均收入来讲，花费在生育控制上的一美元的边际作用要比花费在传统发展项目上的一美元的作用大很多。

（8）出生率和死亡率最终将不可避免地相等。如果没有某种形式的生育限制，那么死亡率将最终上升到与出生率相等的水平，也就是大约千分之四十八的水平，这预示着民众出生时的预期寿命只有21岁。

（9）该地区并不能支撑其现有的人口，其高出国移民率、高文盲率、高生病率和高婴儿死亡率都说明了这一点。

（10）高出生率促进了结构型通货膨胀的发生，这就给 $k$（边际资本比产出率）和 $s$（年储蓄率占年产出的比值）带来了负面的影响。（同上，pp. 550～551）

上述结论进一步为贫穷地区经济发展研究领域大量增加的文献量做出了贡献，大多数经济学家会对上述结论及其所依据的理论分析和历史分析感到满意，但是戴利并没有感到满意。在论文中的历史分析部分之后，戴利继续讨论了"人口问题的意识形态"，他的评论至今还会引起共鸣。在这篇论文和之后的大部分作品中，戴利都愿意探索经济分析在更为宽泛的社会和文化层面的影响，这就使得戴利与大部分同辈经济学家区别开来。戴利认为他为人口政策提供了令人信服的经济层面的解释，他很想知道为什么他的政策建议没有被接受，并且仍然被强烈抵制。戴利了解到，部分原因在于"只是因为缺少信息、缺少对经济论证的理解，当然还有天然的惯性"。但是，戴利认为"这远远不是故事的全部。为了理解其他的原因，我们必须转向意识形态的领域"。（同上，p. 554）

在对巴西人口多样来源的观点进行分析之后，戴利意识到，他所认为很有说服力的人口控制论证是基于人均收入最大化目标得来的。但对于其他人来讲，人口政策的目标是国家实力和声望最大化，这样的目标更容易聚焦于总收入，而非人均收入。人口更多会减少人均收入，除非总收入增加得更多。当只有总收入重要的时候，那么更多的人口并不需要纳入考虑。只要更多的人口意味着更多的总收入，那么人口增长被认为就是可取的。

为了理解不同人口观点的意识形态基础，戴利发现对比分析"放任的自由主义者"和马克思及马克思主义者的观点是大有用处的。自由主义者倾向于"让尽可能多的经济生活处于自动调节的状态，但是通常来讲人口除外……"（同上，p. 559）马克思和马克思主义者"通常认为，对于提升无产阶级（地位）来讲，社会主义改革和人口控制是不兼容的方案"。（同上）戴利提到"马克思对于马尔萨斯的轻视"，又提到了后来的"左派否认人口控制和社会改革对于拯救大众的互补性，这可能最清楚地暗示了他们的直接目标是集聚革命的压力……无论要付出什么样的人力成本"。（同上，p. 568）马克思拒绝任何马尔萨斯人口论的观点。戴利好奇的是，马克思主义者想要对经济生产进行集中计划和控制，但是却对生育非常地自由放任（只要生育足够维持失业的后备军就可以）。在本章的后续内容中，我们将会看到戴利在另一篇论文中，试图以高度创新的方式，在马克思的人口观点和更为广泛的马尔萨斯的人口观点之间调和，但是这些思想的种子已经播种在戴利关于巴西东北部人口研究的作品中。

戴利在巴西的工作所激发的另外一个人口议题方面的洞察是戴利对马克思的剥削理论和戴利所称的"罗马式剥削"的明确区分。马克思的剥削理论，即资本家对于工人阶级的剥削，是广为人知的。马克思的剥削理论的基础是少数人的资本所有权（即生产的工具）强迫"无依无靠的产业工人——无产阶级的成员"为了工资而出卖他们的劳动力。由于"大量失业人口的存在"，失业人口愿意为维持生计赚钱而工作，因此工人的工资常常处于较低的水平。戴利将马克思的工人无产阶级与最初的罗马意义上的无产阶级（"为共和国繁衍后代的生产者"）进行了比较。戴利认为，罗马的无产阶级"对于描述巴西东北部社会的最底层民众更加精确"（同上，p. 561），这是因为巴西东北部的最底层民众是农民而非产业工人。

观察到巴西的上等阶层通常进行计划生育并且家庭规模也比穷人小，戴利写道：

> 寡头政治对于生产工具和生育工具的所有权进行控制的同时带来了"马克思式剥削"和"罗马式剥削"，结果就是无产阶级人口数量（就像动物种群一样）受到总财富的限制，而上等阶层的人口数量有其特有的人类特点，就是受到生活水平的限制。
>
> （同上，pp. 561～562）

戴利的观点是："除了马克思的剥削理论，也应该强调罗马式剥削的思想（其可以解释穷人为什么拒绝避孕）也是落后和社会不公的一个原因。"（同上，p. 568）

为了结束他关于巴西东北部的意识形态和人口控制方面的讨论，戴利又提到了天主教过去和现在对生育控制都存在着重大分歧。尽管教皇保罗六世在1968年发布的最近的教皇通谕《人类生命》（Humane Vitae）中认为有意的避孕是"本质错误的"，但是相对于其他人，戴利还是更加乐观地相信天主教会改变其立场。这种可能性是因为1960年避孕药首先在美国投入使用，并且非常快速地普及开来，这使得避孕变得前所未有的简单，所以教皇觉得很有必要针对避孕公开发表观点。戴利接下来所说的内容反映了主导20世纪的60年代末和70年代初的冷战思维：

> 天主教、极左分子和寡头政治应当接受人口控制问题的大力挑战，因为对于第三世界国家来说，激进的经济-人口政策是集体性革命唯一可行的个人主义选择了，对此，共产主义者应该深有体会。
>
> （同上，p. 568）

我们不可能确定戴利的论文是否对巴西整体的人口政策，尤其是巴西东北部的人口政策产生了实际性影响。然而，1974年在布加勒斯特召开的世界人口会议上，巴西政府通过了一份报告让很多人相信其人口增长的态度发生了改变。这份报告认可，所有的夫妇有权利按照意愿决定生育几个孩子，政府的责任就是保证穷人也享受这个权利。在这份报告之后，总统盖泽尔（Geisel）在1978年表达了对人口持续增长后果的担忧，后来总统菲格雷多（Figueiredo）又意识到计划生育的进步是一个国家社会和经济持续发展的前提条件（Sanders 1984）。在这些总统声明宣布之后，巴西政府提供的计划生育服务出现了短缺。但是，这些计划生育服务跟戴利在几年前发表的观点十分接近，这表明戴利的声音和有其他相似观点的声音最终被当政者听到了。

在他1970年的论文发表15年之后，戴利又对巴西东北部的情况进行了再次研究。相对于15年前的第一次研究，戴利在这一次的研究中得到了更多根据收入分组的生育率和死亡率的数据。戴利将巴西东北部1977年和1970年的数据进行了对比，他发现：

> 相对于1970年的情况，在1977年可以发现极端生育率的阶层差异出现了明显收窄，这就使得生育率对人均收入分配的影响相应地减弱了。但是，较低阶层的总和生育率仍然要比较高阶层的高两倍多，因此生育率对于人均收入的影响还是非常显著。
>
> （Daly 1985, p. 333）

然而，即使在1985年，那个时候巴西已经结束了21年的军人统治，正在回归民主，"巴西的经济社会背景仍然对生育率研究保持一定的'厌恶'"。戴利认为这个"禁忌"是"一个不能公开捍卫的不公平，事关现有阶层的利益，因此不能公开挑战"。戴利说这让他想到了儿时所生活的进行种族隔离的美国南部，"在进行种族隔离的美国南部，甚至孩子都知道，总体来讲，黑色人种从事的是脏累的工作，也很贫穷，而白色人种则从事更加有意思的工作，收入也较高。种族隔离的法律就旨在维护这种现状。"（同上，p. 334）这些都是你永远不会忘记的一些人生经历。

戴利第二次审视巴西东北部的人口问题时，他得出的基本结论是：

①在生育率方面，巴西东北部在所有社会中也许有最大的阶层差异；②在1970至1977年，所有阶层的生育率都出现了显著的下降，尽管按照国际标准来看阶层差异还是非常大；③马克思主义和马尔萨斯主义的社会阶层的定义主要是从生产和生育是控制还是不控制的角度提出的，这个定义适合巴西东北部的情况，并且使整合两种传统的合理洞察力变得可能。

（同上，p. 338）

几年之后，戴利经过反思发现巴西东北部的生育权从20世纪60年代的末期以来改善了很多，然而具有讽刺意味的是，美国近些年来的生育权却出现了倒退，甚至美国计划生育联盟（Planned Parenthood）也遭到了攻击。戴利1968年的论文和1985年的续篇的引用率都不高，但是这两篇文章顺利地引起了斯坦福大学的人口学家金斯利·戴维斯（Kingsley Davis）和巴西南部的几位学者的注意。这两篇文章还开启了戴利和何塞·卢岑伯格的友谊（详见第二章）。

## 马克思、马尔萨斯和人口

戴利在1985年的论文中提到的马克思主义和马尔萨斯主义的社会阶层的定义来源于他1970年讨论巴西东北部人口问题的论文。在1970年论文的基础上，马克思主义和马尔萨斯主义的社会阶层定义在一年之后有了理论更加严谨的版本（Daly 1971a）。戴利旨在表明，"这两个历史上占主导地位的贫困理论，即马克思主义理论（资本家为了追逐利润，剥削赚取

工资的劳动者）和马尔萨斯主义理论（人口增速快于食物供给），是不一致的，但又是互补的。"（同上，p. 25）

戴利现在不是，也从来没有是一个马克思主义者。一方面，戴利认为马克思的劳动价值论对相对价格的解释远不如基于市场中生产者（供给）和消费者（需求）相互作用的新古典价格理论。另外，在哲学层面上，他也不能接受马克思的辩证唯物主义和历史决定论。

但是，戴利认为马克思在其他议题上可以做出很多贡献，其中就包括马克思对资本家剥削工人而开展的阶级冲突分析。

> "剥削"这个词语实际上已经被礼貌的经济学弃用了……资本家阶层通过占用所有的剩余（国家产出超出"维持生计"的部分）来剥削劳动力阶层。国家产出都是由劳动阶层所生产的。无论谁拥有资本和土地，资本和土地都提升了劳动生产率。
>
> （同上，p. 28）

戴利指出工人也为"失业的后备军"（马克思的术语）创造了新工人的剩余，并且将之与马克思通过雇佣劳动力对劳动力剥削的解释进行类比。按照马克思的术语来讲，就像工厂里劳动力的产出超过维持生计水平一样，劳动力在家庭中生育的孩子个数也能够超过替代水平。戴利注意到，马克思一定不会强调马尔萨斯的剥削维度（毕竟马克思不喜欢马尔萨斯），尽管在这一方面马尔萨斯的理论通过为"失业的后备军"提供了一个新增来源（这对于将工资维持在温饱水平是很有必要的）支持了马克思的观点。但是，对于马克思来讲，接受这个观点就是对马尔萨斯的妥协，因此马克思将"失业的后备军"只是归结于技术性和周期性失业。

戴利观察到，人均 GNP 是"没有意义的"，因为均值掩盖了人与人之间和社会阶层之间的巨大差异，并且由此将马尔萨斯主义的原则和马克思主义的原则结合了起来。戴利的解决办法是，基于人口数量和收入的差异，创造了一个四分法。在马克思的基础上，戴利区分了两类收入，即工人的收入（主要是工资 YW）和资本家的收入（主要是财产的收益 YP）。戴利继而又区分了两类人，即控制生育的人 PC 和不进行生育控制的人 PN。这些差异带来了四种可能的社会阶层类型以及相关的人均收入（收入 Y 除以人口 P）。四种类型具体如下：

（1）YP/PC——将财产所有权和生育控制进行结合，是上等阶层的特征……

（2）YP/PN——将财产所有权和不受控制的生育进行结合，是中等阶层的特征……这个群体也许可以被视为"天主教资本家"……

（3）YW/PC——将劳动收入和生育控制进行结合也是中等阶层的特征……这个群体可以被称为新马尔萨斯主义劳动者……

（4）YW/PN——将劳动收入和不受控制的生育进行结合是下层阶级的特征……他们是典型的马尔萨斯主义的无产阶级。

（同上，pp. 32～34.）

在创造了这四个分类之后，戴利将上述四个分类分别乘以人口总量中每个社会阶层对应的比例，它们的总和等于总收入除以总人口，即对于整体人口来讲的人均收入。戴利对于这个"几乎无意义"的均值分解传递了更多的信息[2]。

通过这个简单的计算，戴利说道："知道四类人均收入的值、收入增长率、权重值和变化率之后，我们能更加完整又简明地描述经济体……我们将不得不讨论一些关于组成的内容（即权重的相对大小及其随着时间的变化），而不是仅仅讨论'人均 GNP 最大化'这个模糊目标"（同上，p. 34）。与此同时，戴利也说明如何更好地界定发展和过量人口等概念。按照戴利的定义，发展有两个维度：

一个维度是 Y/P 的提升；另一个维度是 $a_1$（拥有财产并且进行生育控制的人群在总人口中的比例）的提升和 $a_4$（依赖劳动收入和不进行生育控制的人群在总人口中的比例）的降低，而其他两种类型是过渡功能。

（同上，p. 34）

戴利进一步指出，社会可以根据四个比例的不同组合来进行分类。"原始的无阶级社会"就是每一个人都处在第四类别的社会，即所有收入都流向没有进行生育控制的劳动力。这样的社会的社会特征和文化特征当然还会变化，包括广泛意义上的劳动力收入被均分的传统。戴利的另外一个例子是"发达的无阶级社会的未来愿景"（同上，p. 36），在这样的社会中每个人都拥有资产（个人拥有或者集体拥有），生育控制广泛践行。戴利解释说在收入和财富都存在巨大差异的"二元"社会（中产阶层人数很少或者实际上就不存在）中，人口总量被分为两类：一类人完全依赖劳动力收入，很少接触或者根本不能接触生育控制；另一类人从财产所有权中获取了更多收入，同时孩子数量也少。

最后，备受讨论和广为接受的"人口转型"（即由于经济发展，社会由高出生率和高死亡率转型为低出生率和低死亡率），可以用戴利对社会阶层的分类来进行非常方便的描述。从历史上分析，生活条件改善和更好的医疗保健所带来的死亡率的降低，往往在出生率降低之前发生，这在所有的高收入国家中都是很典型的。在死亡率降低而出生率尚未跟进降低的这段时间，人口总量就会扩张。出生率和死亡率的差值越大，人口数量扩张的速度就越快。

按照戴利对社会阶层的分类，"前人口转型的阶层社会也许对应着只包含第二种和第四种类型阶层的人口……我们可以很容易地想象其他的可能性。"（同上）至于依赖人口转型（"通常假定生活水平的提升会带来人口转型……"）是否有意义，戴利在很多年后指出，如果印度的生活水平上升到瑞典的水平才能让印度的生育率³降低到瑞典的水平，那么全球整体的环境负担会上升。"当然，通过与不断提升的生活水平自动关联，生育率的间接降低在政治上是容易的，而直接降低在政治上是困难的。但是，政治上容易的事情也许在环境上是无效的。"（Daly 2015c, pp. 107～108）

戴利认为他的人口的四分类法，可用于国家或者地区，相对于作为福利指标的 GNP（和 GDP）来讲，是一个提升。但是，戴利对于用收入作为目的这一做法持怀疑态度。在博尔丁的基础上，戴利写道：

> 收入（或者产品）流是财富存量的维护成本……正是资本存量的服务，而不是新增和替代的流量，来满足人类的需求……一个更有意义的比值似乎应该是资本存量和人口数量的比值，也就是用财富而不是收入来重新定义 Y 的含义……
>
> （同上，p. 35）

这是一个重要的思想，尽管在实践中，衡量财富要比衡量收入更加困难。例如，戴利建议"劳动阶层的财富应该是劳动力本身及其家庭用品的资本化价值"（同上），这一建议是有问题的，这取决于收入预测、折现率的选择和计算应该是基于总收入还是基于家庭的净消费。按照这个逻辑，那些不属于有偿劳动力的、没有财产的人，将会被视为无财富的（如果不是没有价值的话）。

通过将收入和人口放到同一个分析框架，戴利表明马克思主义的贫困定义和马尔萨斯主义的贫困定义是如何互补的。戴利将马克思主义的观点（即资本家和工人的区分，以及拥有财产的雇主社会关系和没有财产的雇员社会关系的区分）与新马尔萨斯主义的观点（即个人控制生育能够提升其收入）结合了起来。这个整合也许不会对那些传统的马克思主义者有吸引力，传统的马克思主义者仍然指望穷人的贫困来引起一场革命，但是，对于看到其他根本性变革路径的人（不管他们是不是马克思主义者）来讲，戴利的分析还是很有价值的。

# 两个争议

多年以来,戴利卷入两个跟人口相关的争议,都是与降低人口增长率的措施相关。第一个争议是通过建立可转让的出生证系统来降低出生率。第二个争议是通过减少移民数量,执行更加严格的移民法规,来降低到美国的移民数量的倡议。每一个争议都值得我们讨论。

## 可转让的出生证

在一部有吸引力并且非常有价值的专著中,即《20世纪的意义》(*The Meaning of the Twentieth Century*),博尔丁写道:在我们向"后文明时代"的伟大转型的道路上有三大"陷阱"[4],即战争陷阱、人口陷阱和熵陷阱。这本专著是在20世纪60年代完成的,那时美苏冷战主导了政治格局(尤其是在美国),核战争被视为一个时刻存在的威胁。军备竞赛是一个陷阱,不管是过去还是现在,我们都没有找到容易的方法摆脱这个陷阱。戴利最为关注的就是熵陷阱。熵陷阱主要是指低熵资源的耗竭及其给持续经济增长带来的威胁。人口陷阱(也就是地球上快速增加的人口数量)指的是除非人口增长马上停止,否则经济增长带来的生活水平提升就是昙花一现。

戴利频繁地提到,博尔丁对其学术问题的思考,尤其是关于稳态经济和人口的思考,产生了较大影响。关于人口问题,戴利从博尔丁那里借鉴的一个思想就是使用可转让的出生证。在《稳态经济学》的第一个和第二个版本中(Daly 1977a, 1991a),戴利将可转让的出生证计划描述为,"如果目标是实现总体稳定并且最小程度地牺牲个人自由和灵活性,那么可转让的出生证就是迄今为止最好的计划。"（同上，pp. 50~51）可转让的出生证的最基本形式是："生育孩子权利的规模和分配基本上是由社会决定的，但是这些权利可以在自由市场上进行交易。"（Daly and Cobb 1989, 1994, p. 244）戴利考虑了若干分配方案，如赋予每个人一个生育证，或赋予每位女性大概 2 个或 2.1 个生育证（考虑到婴儿和孩子的死亡率）。在这样的机制下，生育证可以通过销售或者赠送的形式进行转让。

对于转让出生证以降低出生率、稳定人口规模的手段，戴利预测到了几种反对意见。戴利反驳了下述论点。首先就是"因为富人有优势，所以这种机制是不公正"的这一论点。"当然，富人永远有优势。但是，可转让的出生证这个计划是强化了这个优势，还是弱化了这个优势呢？"戴利的回答是，这个计划的影响是让收入分配更加均等，因为生育证是均等分配的，资金很有可能从富人流向穷人。如果富人最终相对于穷人拥有了更多的孩子，那么富人家庭的人均收入会降低，而拥有较少孩子的穷人家庭的人均收入将上升。"这个计划中的任何不公正元素都来源于之前就存在的富人和穷人，而并非来源于博尔丁的思想，博尔丁的思想实际上是降低了不公正的程度。"（Daly 1977a, 1991a, p. 58）戴利认为，人们会误认为这个机制将会增加现在的不公正程度。

戴利认为对可转让的出生证的第二个反对意见更加合理，即执行的问题。"非法"的孩子应该送去收养，而领养的父母应该收到一个出生证的市场价格，这一个出生证应该不再使用，从而抵消没有出生证就出生的孩子。另外，没有出生证就生育孩子的父母应该接受相应的惩罚。尽管戴利建议这些违规者和其他违反法律的人都是一样的，应该被无差别地对待，但是绝大部分人不可能这样看待这个问题。我们几乎不可能将一条规定"没有出生证就生育孩子"为非法的法律等同于规定"没有捕鱼证就捕鱼"为非法的法律、规定"没有养狗证就养狗"为非法的法律规定"没有驾驶证就开车"为非法的法律等。

可转让的出生证的第三个反对意见是该出生证的市场规模，戴利和博尔丁都没有回应过这个反对意见。这个市场应该是本地市场、国内市场还是国际市场？即使在国家层面，都会有伦理道德的问题和执行的困难。如果这个市场扩展到国际层面，那么这些问题只会进一步放大。另外，尽管秘密交易不是最初意图，但恐怕很难避免。

戴利写过很多关于经济学的道德伦理方面的内容。然而反常的是，戴利从来没有深入探索过可转让的出生证的道德伦理问题。反而，戴利引用了约翰·斯图尔特·密尔的观点，密尔是"有史以来最伟大的自由捍卫者之一"。（同上，p.61）密尔写道：

> 大陆上很多国家的法律禁止结婚，除非双方能够证明他们有能力来养家糊口，这样的法律也不超越国家的法定权力……这些法律也没有因为侵犯个人自由而令人反感……然而，现在的自由思想……会排斥……对人们的意愿进行任何限制的尝试，即使他们放纵的后果是后代人过着悲惨堕落的生活。
>
> （同上，p.61，戴利引用）

密尔是否会支持出生证的市场，我们不得而知。密尔也许会和戴利一样支持更好和更为广泛获取的性教育和计划生育服务，这样可以减少意外怀孕，尤其是未成年少女的意外怀孕，他们还会支持我们接受和认同那些选择不生孩子的夫妇以及赋予老年人……"按照自己的方式死亡的权利"。（Daly and Cobb 1989, 1994, pp. 248～250）

戴利还在《为了共同的福祉》中提出一个可转让的出生证的系统（Daly and Cobb 1994），并且将之与中国的计划生育政策进行对比。"对于既需要采取激进行动同时又有能力实施这样行动的国家来讲，我们提出的系统是中国方案的一种替代选择。"（同上，p. 246）即使如此，因为出生率在下降，所以戴利说："我们还是要对可转让的出生配额计划持保留态度……等待人口趋势自身发生逆转。"（Daly and Cobb 1994, p. 251）

1994年之后，戴利就很少写有关可转让的出生证的内容了。当戴利研究可转让的出生证时，可转让的出生证是"很多明智政策的典范"，就像减少温室气体等排放污染，对于环境最为重要的是总排放量。当以最低成本减少二氧化碳排放成为目标时，可交易的排放配额在不同的排放源之间的配置就不是那么重要了。有些人反对可交易的排放配额，他们将可交易的排放配额视为"污染许可证"，但是跟充满感情的绝大多数人认为不应该出售的生育权利相比较，可交易的排放配额还是小巫见大巫。戴利意识到这个问题，并且将他的注意力转移到其它地方，但是这也是在意识到人们现在似乎愿意接受市场对于生殖生物学更大程度的渗入之后的事了。戴利举了年轻人的卵子和精子买卖或者捐赠的例子（如今已经不复存在的"诺贝尔奖精子银行"），还举了商业代孕的例子，也就是一位女性愿意有偿地为另外一个不能或者不愿意生孩子的女性生育一个孩子。

> 相对于这些提到的包含优生元素的措施（出生证计划中并不包含优生元素），买卖生育的法定权利似乎对于生物性生育的干涉程度较小。也许旨在增加出生人数的任何措施都要比旨在减少出生人数的措施都更加容易被接受。
>
> （与戴利的私下沟通）

不仅仅是因为可转让的出生证缺少吸引力才使得戴利不再关注它，还有一个原因是自博尔丁和之后戴利首次提出可转让的出生证以来，生育率显著下降。在可转让的出生证系统最有机会取得成功的绝大多数富裕国家，生育率如今已经处于或者低于人口替代率。以美国为例，世界银行的数据显示，平均每位女性生育孩子个数已经从 1958 年的 3.60 下降到 1978 年的 1.78。自 1978 年以来，这个数字有所浮动，但是从来没有超过人口替代率 2.1。2017 年，平均每位女性生育孩子个数是 1.80，处于下降状态[5]。

如果与美国情况相似的国家（即生育率低于人口替代率）仍然想要人口增长，那么它们就必须依赖外来移民。因此，在过去大约 20 年的时间里，戴利就将注意力转向移民，他的移民观点再次在某些方面引起了争议。

> 有时候，"人口"这个词语的使用太过于笼统，但是，在一个富裕的世界生下一个消费者……远比在半球的家庭生下一个孩子（尤其是孩子是他们年老时将能够获得的最好的保险支持）要糟糕得多。因此，我们需要更加细致入微的讨论。
>
> ——凯瑟琳·特雷贝克（Katherine Trebeck）

## 外来移民

即使在出生率等于死亡率的情况下，如果净移民（外来移民减去向外移民）是正的，那么人口总量还会增加。美国就是这样。在100多年的时间里，美国的外来移民数量远远大于向外移民数量。"稳定的人口是稳态经济定义的一部分。在美国、加拿大及西欧地区，人口增长几乎完全是因为净移民。"（Daly 2015d, p. 131）所有国家都试图控制它们所能接收的移民数量，但是非法移民的存在使得移民政策的目标变得扑朔迷离。从世纪之交到2018年，每年到美国的合法移民的平均数量超过100万。后来，特朗普总统颁布的歧视性移民政策使得合法移民数量减少。2020年当新冠疫情开始在美国肆虐时，移民就暂停了，合法移民实际上也就没有了。

相对于外来移民，向外移民更不容易控制，对此经常没有数量统计。以美国为例。美国并不统计向外移民的数量，但是对定居在国外的美国居民的数量估计显示，向外移民的数量远低于外来移民的数量。如果将非法外来移民考虑在内，这个差值更大。

戴利在《为了共同的福祉》的第一个版本中就开始写外来移民的问

题（Daly and Cobb 1989）。外来移民的章节在1994年发表的第二个版本中并没有进行改动。戴利和小约翰·柯布的立场是，"尽管还是需要慢慢减少外来移民，但要支持继续进行合法移民，其数量每年应接近现在的60万。我们同时也支持控制边境线，取缔非法移民。"自此以后，戴利从来没有动摇过的观点是，"大量外来移民或者纵容非法移民的背后都有利益因素的存在。便宜和听话的劳动力供应增加，工会的作用弱化，工资下降，利润上升，资本从自由移民中受益较多，就像其从自由贸易中受益较多一样。最终是我们的劳动阶层为资本家'慷慨地'想让贫穷的移民进入美国买单。"（同上，p.247）

戴利认为"维持合法移民的大量配额"的其中一个原因是"美国对于难民有一种责任感，尤其是如果美国的行动在一定程度上造成了人们的流离失所"。（同上）戴利举了美国的外交政策在萨尔瓦多和尼加拉瓜产生影响的例子。

> 在尼加拉瓜，美国的国家政策一直以来就是采取一切可能的行动来动摇桑地诺支持者的政府。为了实现这个目的，美国不择手段破坏尼加拉瓜的经济，使民生艰难，同时让尼加拉瓜的民众对政府不满。美国还招募政府的反叛者，并且给他们提供资金。
>
> （同上）

25年之后，美国用同样的政策来颠覆委内瑞拉政府。美国的军队还直接干涉了阿富汗、伊拉克、利比亚和叙利亚的国内事务。

全球气候变化为大规模的人员流动提供了新的驱动力。根据戴利的论述，作为引起气候变化的大气层累积的温室气体的最大贡献国，美国有特别的责任来接收大量因为气候变化而生活条件恶化的人员。然而，对于美国接收移民是不是履行这一义务的最好方式，戴利对此持怀疑态度。戴利想知道，通过对第二次世界大战后马歇尔计划的沿线国家进行集体援助并且对个别国家辅之于"一揽子关爱计划"的方式,是不是可以更好地履行这个义务?戴利还提到,日本和俄罗斯同样是全球温室气体排放的重要贡献者,但是它们在难民或者经济移民的避难方面起到的作用可以说是微不足道。因此,戴利认为,在国际负担分摊方面有政治问题。(与戴利的私下沟通)

> 戴利识别出"……致使移民政策变得困难的三个根本性哲学分歧……第一,对于国际社会有不同的观点。"戴利还将开放边境的观点(该观点的支持者认为开放边境是世界和平的关键)与他偏爱的独立国家的联邦制的观点进行了对比,戴利认为独立国家的联邦制是"通向真正全球社区的道路"。
>
> (Daly 2015d, p. 131)

第二个分歧是道义论学家和结果论者之间的道德伦理分歧。道义论学家认为移民政策的选择应该基于道德伦理原则,而结果论者则认为移民政策应该基于移民所带来的事态来做出判断。戴利将自己置于第二个阵营当中,即结果论者的阵营,尽管他已经意识到这两种观点都有缺陷。

> 道义论的困难在于其秉持绝对正确的原则,有时候对可预见的恶果熟视无睹。结果论的困难在于其对结果的预测很可能是错误的,尤其是在结果很复杂或者很遥远的情况下,毕竟人们都非常愿用不好的手段来实现好的目的。
>
> (同上)

戴利举了加勒特·哈丁"痛苦寓言"——救生船的例子。在一条救生船上,只能再上几位乘客,但是还有大量想上船的人在救生船旁边游泳。已经在救生船上的人是不是应该允许水中的人上船?允许他们上船就会致使这条救生船沉没,导致"完全的正义,完全的灾难"。如果不允许水中的人上船,船上的人就只能眼睁睁地看着他们沉没,这样船上的人才能存活,这种情况是"不公平的,因为一些人的存活是以牺牲其他人为代价的"。对于上述问题,没有明确的答案。首先,从上述问题中会衍生出其他问题:是不是每个人都有相同的机会来登上这条救生船?是不是每个人都有相同的权利来登上这条救生船?所有的生命是不是有相同的价值?这种详尽的信息重要吗?戴利回避了这样的问题,转而聚焦于我们从这个寓言本来的形式中所能学到的东西。

> 我们能从这个寓言中学到的是,我们必须用一切办法在一开始就避免陷入陷阱,如在大船上提供更多的救生船,在每次航行中搭载较少的乘客和以更慢的速度通过更加安全的通道。这正是稳态经济寻求的路径。
>
> (同上)

戴利识别出的"第三个哲学分歧是人究竟是独立的个体还是社会中的人的分歧。我们是不是被独立定义的原子式个人,人与人之间都只有外部联系?还是说我们的个人身份是由社会中的内部关系所组成的?"(出处同前)。我们在第八章详细地讨论了这个问题。正如戴利所做的那样,这里只需要注意,个人主义者(大部分经济学家)认为他们主要是通过市场和匿名的其他人互动。个人主义者很少注意"家庭、地点、国家、传统、宗教群体、语言、文化等提供的社会关系,这些社会关系基本上定义了我们作为人的身份"。(同上,p. 132)这些关于人的不同概念导致了对移民问题的不同立场。个人主义的概念强调移民给移民者个人带来的成本和收益。戴利所支持的社会人概念强调移民给社会带来的成本和收益:对于移出的社会来讲,失去了受过教育的、有技能的劳动力;对于移入的社会来讲,扶持要求会增多,提供可获取服务的压力也会增加。

戴利并没有为大规模移民带来的很多两难困境提供简单的答案,但是戴利确实指出了大概的前进方向。第一步就是区分"合法移民和非法移民,同时区分经济移民和难民。如果不加区分,将他们统称为'移民',

然后将任何边境控制的政策或者选择性政策称为'本土主义'或者'偏执',那么是没有任何帮助的,不公平也不现实"。(同上)戴利认为下一步就是需要我们"更好地区分大规模移民带来的赢家和输家,然后将移民的成本和收益在他们之间进行更加公平地分配"。(同上)想到在他的一生中,美国的人口总量增加了四倍,戴利建议我们应该:

> 意识到在军事护航下,美国和其他国家的经济增长正在助推竞争剩余资源和生态空间的战争,也将增加因为战争和生态破坏而流离失所的人员数量……增长不再能够替代大自然的承载能力,也不能替代生活在大自然中的权利以及公平分享自然资源的机会。消除国家边界这种方法尽管有一些吸引力,但是会不幸地导致共同资源开放获取的悲剧(公地悲剧),这是一个不好的分享方式。

(同上,pp. 132~133)

2004 年,在蒙特利尔召开的两年一度的国际生态经济学大会的会议期间,举行了题为"全球经济一体化和移民的全球治理挑战:环境问题承担什么样的角色?"的研讨会。戴利不能亲自参加这场研讨会,但是他提交了两篇短篇论文,引发了讨论。《生态经济学》的一个特刊发表了研讨会上的一些论文,有一篇戴利的论文,还有一些受邀学者的论文。此次特刊的编辑将戴利的论文描述为"引发我们讨论的重要源泉"。(Muradian, Neumeyer, Røpke 2006, p. 185)在这篇论文中,戴利沿着本章的主线,阐述了人口、移民和全球化的关系,之后的章节会更加详细地讨论全球化和收入。英格·罗普克是这次研讨会的组织者之一,也是本次《生态经济学》特刊的编辑之一,他认同戴利在可持续(发展)的语境中讨论的人口和移民的大部分内容。(Røpke 2004)然而,罗普克并不认为,贫穷国家的人口政策在很大程度上会受到向外移民和戴利所暗示的汇款预期可能性的影响。罗普克在一定程度上认同戴利的顾虑,即由于全球竞争,向富裕国家的移民会使富裕国家的工资降低、工作条件恶化和环境标准降低。但是，罗普克同时认为，只要不是"特别大的比例"，上述移民带来的影响就能够通过一些补充性措施来抵消，最终弱化其影响。至于戴利认为的"最好的选择就是抑制全球化，如限制资本流动和减少移民，并且回归到一个拥有严格国家限制的系统"（同上，p.193），罗普克认为阻碍历史前进将是非常困难的，只有新的国际治理形式才会给我们更多的希望。罗普克还认为，几乎没有人会支持逆转全球化，尽管新冠疫情也许会改变更多人的看法，毕竟最富裕的国家都发现了依赖长供应链的脆弱性。

对戴利的移民立场的一个更加坚定的批评来自乔格斯·卡里斯的专著《减增长》（*Degrowth*, 2018）。在该专著中，卡里斯首先就认为戴利所应用的救生船比喻是错误的。人类只有一条救生船，那就是地球。在每个国家的"船"上发生什么是不重要的……因为……移民就是地球这条大船上的"货物"在不同部分之间的再分配（同上，p.184）。卡里斯并没有指出对于谁来讲是不重要的。卡里斯不认同美国或者其他国家的"船"是超载的说法……这是因为生态系统并不遵循国家边界。（同上）国家之间有贸易往来，国家的生态足迹在全球分布。

卡里斯宣称，由于价值观和期望值的变化，人们从高生育率的国家移民到低生育率的国家，这样降低人口增长的速度比仅仅依赖本国的人口转型要快。但是，价值观和期望值的变化也许还会提升消费水平，因而整体的环境影响还会增大。

对"救生船类比"的批评忽视了戴利用这个寓言故事的主要目的（戴利的措辞）。应用这个寓言故事的主要目的是区分道义论和结果主义这两个道德伦理框架带来的关于移民政策的不同立场。戴利倾向于结果主义方向，而卡里斯倾向于道义论。他们之所以有倾向性，是因为戴利和卡里斯在讨论移民时都吸收学习了这两种哲学立场。例如，在卡里斯继续批评戴利时，说到从殖民剥削中获益的美国和欧洲应该接收容纳最受殖民剥削影响地区的人。这与戴利的下述观点不谋而合，即美国对于难民有一种责任，尤其是对于那些在某种程度上由美国造成的环境中逃离出来的难民来讲。（Daly and Cobb 1989, 1994）

另一方面，当卡里斯说："没有证据显示移民助推了一种稳定或者缩减的经济""新的数据显示，难民对于一般本地劳动者的工资没有影响或者只有很小的影响，对于受教育水平较低的劳动者也没有大的不利影响"时，他就是基于对结果的不认同来批评戴利的。与此同时，卡里斯认同戴利发现的另一个结果，即"来自移民的竞争也许会使得低收入群体的工资降低"。（同上，p.185）尽管卡里斯指责戴利"太过于简单化"，但是他和戴利似乎都会认同："移民所带来的社会和经济影响也许是好的，也许是坏的，这取决于具体的情况。"（同上）

我们可以不理会卡里斯在其书中表达的观点（同上，p. 186），即戴利在他的论文中混淆了移民和难民。（Daly 2015b）戴利在论文中评论了瑞典移民部长回应瑞典应该接收多少移民的问题，并且试图表明瑞典和其他的富裕国家一样，指望通过经济增长来解决与移民相关的任何问题。这位部长并没有区分移民和难民，因此戴利在评论中也没有区分。但是，就在卡里斯阐述其批评依据的那一页，戴利非常清楚地对移民和难民进行了区分，因为这与他正在表达的观点密切相关。（同上，p. 130）

卡里斯和戴利对这些批评中提到的移民政策的实际认知差异并没有预想的那么大。卡里斯并不支持开放边境，"就像任何社会系统一样，一个国家也需要对进入其领土的人或者物实施管控。"（同上，p. 186）卡里斯还引用戴利的看法来支持下述命题，即在资本主义的竞争下，开放的边境"也许会带来后民族封建主义"。（同上）在移民问题上，卡里斯和戴利真正的异议是"救生船伦理"问题。对此，卡里斯宣称："救生船伦理没有生态和经济基础……"（同上，p. 187）至于其他观点，按照他自己的描述，也许是在匆忙之中表达的，即它们是"我个人不成熟的想法，以及我还没有研究过的问题"。（同上）

戴利引用救生船的寓言来区分道义论和结果主义，是否是对哈丁的

"救生船伦理"的认可是一个争论未决的问题。"救生船伦理"并不是戴利讨论与移民相关的伦理道德问题时所用的术语,也不是戴利多年来讨论其他议题时所应用的术语。"救生船伦理"源自生物学家加勒特·哈丁,他的代表作是影响深远的论文《公地悲剧》(The Tragedy of the Commons, Hardin 1968)。哈丁探索了一个类型的问题,而这些问题没有技术性的解决方案。所谓的技术性解决方案只是要求"自然科学的技术发生变化,人类价值观或者道德思想不需要改变或者只需要很小的改变"。(同上,p. 1243)哈丁讨论了很多这样的问题,但是最相关的和对他来讲最感兴趣的问题是人口问题。哈丁认为,如果人们只是基于个人的成本和收益来决定拥有几个孩子,不考虑对各种各样的共有资源的破坏和耗竭,那么这样将不可避免地导致人口过多的悲剧。正是基于这种语境,哈丁在随后的一篇论文中提出了救生船道德伦理的思想,在这篇论文中哈丁之所以主张反对帮助穷人,是因为帮助穷人只会让情况变得更加糟糕(Hardin 1974)。

尽管戴利很欣赏哈丁,私下里哈丁和戴利也是朋友,但是在戴利的任何作品中都没有证据显示戴利认可哈丁的救生船道德伦理。戴利用救生船的寓言来提出过多人口会带来的道德伦理问题,而且对于过多人口问题并没有容易的答案,认为避免过多人口的办法就是迈向稳态经济和稳定人口。当戴利提到"公地悲剧"时(戴利经常提到),他明确地表示他讨论的是公共资源的开放获取问题(如 Daly 2013a)。如果公共资源的获取受到多种多样社会安排的限制,而不仅仅是私人产权和市场的限制,那么哈丁所担忧的悲剧就能够避免。

另外还有一些混淆的问题,那就是戴利作为"承载力网络"咨询委员会成员的重要性问题,承载力网络是哈丁最初成立的非政府组织,成立时的名字与现在不同。应哈丁的邀请,戴利加入了这个咨询委员会。但是,后来戴利又辞掉了这个工作,因为戴利反对"承载力网络"的网站上对咨询委员会委员的匿名处理以及戴利意识到他不认同这个组织的政治观点(减增长研究小组的一封信让他注意到这些政治观点)。

这些都不是很重要，除了卡里斯等人在减增长运动中批评戴利采用了救生船的道德伦理例子，和他参与了承载力网络的工作。卡里斯等人的减增长运动本来是很欣赏戴利对于经济增长的批评和他提出的稳态经济。这却让戴利和卡里斯等人之间有了一些本不该存在的隔阂。

## 《赞美诗》

2015年，教皇方济各发布了《赞美诗》，也就是教皇通谕信《呵护我们的共同家园》(*On the Care for Our Common Home*, Pope Francis, 2015)。无论在天主教徒的眼中，还是在关心地球和地球中各个地方的其他人的眼中，这都是一份了不起的文献。《赞美诗》中包含了很多戴利研究了几十年的主题：经济增长、过度消费、不均等和环境退化。教皇以一种反映戴利影响力的方式发布了这个通谕。"教皇……非常接近稳态经济学的思想，以及在经济的物理规模中追求没有数量增长的质的发展的思想……"（Daly 2019c, p. 77）在评论《赞美诗》时，戴利将他自己描述为一个"拥有新教信仰的基督徒"，因此戴利非常乐意讨论"上帝的创造"。戴利认为："最起码，相对于我们世俗的政治领导人，教皇给了我们一个更加真诚坦率、更加见多识广和更加有勇气的环境及道德危机分析。"（同上，p. 76）

戴利认为《赞美诗》的一个不足之处是缺乏"关注人口及其后果"。（同上）为了说明他的观点，戴利整合了他之前所写的关于人口数量和人工制品数量的所有作品，并指出：

> 人类足迹的增长替代了上帝其他部分的创造，并由总资源使用量衡量……总资源使用量当然是人均资源使用量和人口数

量的乘积。限制人类足迹的创造关怀，要求我们认真关注这两个因素（人均资源使用量和人口数量）。

（同上，p. 78）

这与《赞美诗》的观点相反。《赞美诗》写道：

> 谴责人口增长而不是谴责有些人的极端选择性消费主义……就是尝试对现在的分配模式进行合法化，在这种分配模式下，一小部分人仍相信他们有权利进行消费，以一种永远不可能普遍化的方式消费，因为我们的地球甚至都不能吸纳这样消费的废弃物。

（同上，p. 36）

毫无疑问，戴利会发现，这个反驳的错误之处在于其讨论的并不是人口增长的问题，而是收入和财富更加均等分配的问题，两个问题都很重要，都需要我们的关注。

戴利并没有赋予自己解决天主教会的有关生育控制的立场的任务，但是他确实提供了一个建议。

> 如果从一开始就宣称，更多的人（和其他的物种）总比更少的人好，但是前提是所有人不是同时生活在一个时代，那么这也许会有助于将人口问题融入《赞美诗》。可持续意味着天地万物的长寿，在其他物种的陪伴下，更多的人在更多时代能够享受美好生活所对应的足够的消费水平，而不是更多的同时生活在一个时代的高消费人群，大家拥挤在一起，总是想把其他人和上帝的其他物种挤出地球。

（同上，p. 83）

## 本章结论

人口和移民都是复杂的主题，它们涉及人权、伦理、道德、价值观、生物学、生态学、政治学、经济学等。难怪这些问题都是有争议的，且常常有截然不同的观点。很多人不愿意讨论这些问题，害怕被指责为种族偏见和特权阶层。其他人也许会承认人口和移民是重要问题，但还是坚持经济增长会提供足够好的解决方案。戴利是与众不同的。戴利明白，人口规模乘人均财富（用人均收入衡量）再乘每美元收入的环境影响，决定了人类对环境的总影响。这是一个简单的数学公式，且肯定是正确的[6]。在衡量人口、财富和科学技术的变化对于环境影响的相对贡献方面，这个公式是很有用的。这些贡献是随着时间和空间不断变化的。对于富裕国家来讲，财富的增长而不是人口数量的增加主导了环境影响的扩大。在较为贫穷的国家，较快增长的人口数量，而不是增加的财富，倾向于主导环境影响的扩大。戴利主张，这三个变量都值得我们注意，即人口、财富和科学技术，三者之间的互动也要引起我们的注意。正如戴利告诉我们的那样，忽略三者中的任何一个都是错误。

**注释**

1. 这个关系可以用一个非常简单的公式来表示：
   其中：$r$ 是指每年的人均实际产出增长率；
   　　　$s$ 是指每年的储蓄率（资本形成）占每年产出的比例；
   　　　$k$ 是指边际的资本–产出比；
   　　　$p$ 是指每年的人口增长率。
   在哈罗德–多马的框架中，总收入的增长率是 $s/k$，即储蓄率除以边际的资本–产出比．

2. $\dfrac{Y}{P} = a1\left(\dfrac{Yp}{Pc}\right) + a2\left(\dfrac{Yp}{Pn}\right) + a3\left(\dfrac{Yw}{Pc}\right) + a4\left(\dfrac{Yw}{Pn}\right)$

其中：

a1、a2、a3 和 a4 是由收入水平和生育控制界定的每一个社会阶层在总人口中所占的比例。

戴利同时考虑用每个社会阶层的收入占总收入的比例，来取代每个社会阶层的人口数占总人数的比例。

3. 出生率是每 1000 人在一年之中对应的出生人数；生育率是每一名育龄妇女在一年之中对应的出生活婴数量。

4. 如今对于伟大转型的兴趣更加强烈了。例如，从"伟大转型倡议"的网络论坛（greattransition.org）就可以看出这个更加强烈的兴趣。

5. www.macrotrends.net/countries/USA/united-states/fertility-rate

6. 这个简单的数学恒等式就是 IPAT 公式，即 $I=PAT$。

　　其中：$I$ 是指人类对于环境的影响；

　　　　　$P$ 是指人口数量；

　　　　　$A$ 是指富裕程度（人均收入）；

　　　　　$T$ 是指科学技术（每单位收入的环境影响）。

# 第十二章 货币和银行

> 尽管真正的财富不可能长期指数化增长,但是我们财富的文化符号和衡量方式,即货币,也许确实可以指数化无限增长。这种现实和衡量工具之间的不对称会产生严重的后果。
>
> ——赫尔曼·戴利

当2007年金融危机席卷全球时,大多数人认为这场金融危机与银行系统有关,尤其是美国的银行系统。他们是正确的。美国和其他国家的银行系统的去监管化扩大了银行的业务范围,减少了一些监管性要求,这使得银行可以冒更大的风险。金融部门的不稳定造成了其他经济部门的不稳定和深度的衰退,经济学家海曼·明斯基(Hyman Minsky)在《稳定不稳定的经济》(*Stabilizing an Unstable Economy*)一书中描述了发生作用的类似方式(Minsky 1986)。这是不是专家想搞清楚的一个"明斯基时刻"(Minsky Moment)呢?"明斯基时刻"是指金融市场在长期不计后果的投机之后的崩溃。在美国,房地产部门受到了重创(其中的一个风险因素就是随意的按揭贷款),这对于房地产行业是不好的,对于失去房子的很多家庭更是糟糕。

很少有经济学家能预测到金融危机及其后果,即失业、人们流离失所和对整个社会的破坏。少数预测到金融危机的经济学家的共同点是,他们都理解金融、会计和经济学之间的密切关系(Bezemer 2009)。这些预测到金融危机的经济学家与绝大多数没有预测到金融危机的经济学家不同，后者主要是依赖"主流政策和研究中无所不在的均衡模型"。(同上，p.1)大多未预测到金融危机的经济学家长期与经济模型相处，但是这些经济模型几乎不考虑金融部门，尽管金融部门的影响力在真实世界已经变得非常明显。戴利并不属于上述经济学家中的一员。运用计量经济学家偏爱的宏观经济模型或者过度依赖主流的宏观经济学理论来开展学术研究工作，并不是戴利的风格，因为两者都缺乏与环境的足够联系，并且都忽视了热力学第一定律和第二定律。

然而，在2007—2008年金融危机之前的很长一段时间内，宏观经济的一个方面吸引了戴利的注意力，即货币。具体来讲，什么是货币？货币是怎么被创造出来的？为什么银行系统需要接受更多的监管，从而避免一些可能引起危机的风险？戴利还认为，更为严格的借款要求会给本地社区带来新增的收益，这是因为在进行授信时将会更多地考虑本地社区的具体情况。

## 索迪教授的奇怪案例

戴利对于货币和银行体系的兴趣是由弗雷德里克·索迪的工作所激发的。弗雷德里克·索迪（Frederick Soday）是一位获得1921年诺贝尔化学奖的英国人，他后来开始将注意力转向了经济学。在20世纪70年代中期的某一天，戴利在路易斯安那州立大学图书馆中随意地浏览着书架上的书籍。当他看到书架上以字母S开始的作者的书时，戴利看到了一本薄薄的书，名字为《笛卡尔经济学：物理科学对于国家管理的影响》(*Cartesian Economics, The Bearing of Physical Science upon State Stewardship*, Soddy, 1922)。这本书包含了索迪在1921年给伦敦大学伯贝克学院和伦敦经济学院的学生所作的两场讲座的内容。经济学家被一位外行人士告知他们所理解的经济有问题，但他们并没有对此进行很好的回应，索迪试图提出经济中的问题，但在一开始就遇到了蔑视。亨利·希格斯（Henry Higgs）在《经济学期刊》（*The Economic Journal*）上评论了《笛卡尔经济学》，他将化学家索迪比作罗伯特·路易斯·史蒂文森（Robert Louis Stevenson）笔下的杰基尔博士（Dr. Jekyll），而将经济学家索迪比作罗伯特·路易斯·史蒂文森的笔下的海德先生（Mr. Hyde）："看到如此杰出的科学家转变成为一个可怜的经济谬论供应商，真是令人难过。"（Higgs 1923, p. 101）除了一个值得注意的例外——法兰克·奈特，其他评论者对于索迪后来的经济学作品都是不屑一顾，这就解释了为什么新一代的经济学家（包括戴利）从来没听说过索迪。

戴利对索迪涉足经济学的反应非常与众不同。当索迪有这个偶然发现的时候，戴利是极为少数的认为热力学定律对于经济学是非常重要的经济学家之一，这是戴利在20世纪60年代从乔治斯库-罗金和博尔丁那里学到的。当戴利打开《笛卡尔经济学》，里面写到"笛卡尔经济学的起点是广为人知的能量守恒和转换定律，也就是我们通常说的热力学第一定律和第二定律"（同上，pp. 4～5），你能想象戴利当时有多么吃惊。我们尚不清楚经济学家在20世纪20年代有多了解这两个定律。我们知道的是，一直以来，除了少数人之外，绝大多数经济学家并没有意识到热力学定律对于经济学的重要性。索迪的目的就是想把这一问题纠正过来。

从化学转到经济学，索迪将他的研究主题聚焦在"电子和灵魂之间……更准确地说是关注物理学和思想这两个边际世界之间的生命世界中的互动"。（同上，p. 6）这就跟勾勒出戴利大部分工作的"目的—手段"光谱十分相近，注定会引起独立想到这个问题的戴利的共鸣。正像戴利在其1968年的论文《作为生命科学的经济学》中讨论的一样（见第四章），薛定谔用热力学术语对生命进行了解读，而索迪在薛定谔之前就做了相似的工作。

> 生命中全部的物理能量或者力量不是从有机物质中任何独立的东西中获取的，也不是从外部的神那里获取的，而是全部从无生命的世界中获取的。维持生命的物理连续性的所有必需品都主要依赖蒸汽机的热力学原理。人类法律和传统的原则和道德伦理一定不能与热力学的原则相冲突。
>
> （Daly 1980c, p. 473，戴利引用索迪在1922年提出的观点）

戴利发现，上述引言中的最后一句尤为重要，"因为这句话奠定了索迪对于把经济视为一个永动机的诸多批评的基础"（同上），就像戴利本人在发现索迪之前所开始做的那样，戴利之后也始终是这样做的。索迪用热力学术语来描述经济学，早于乔治斯库-罗金和博尔丁的类似工作40多年。很明显的是，乔治斯库-罗金和博尔丁都没有意识到索迪的经济学贡献，尽管博尔丁还参加过索迪在牛津大学的很多化学讲座。博尔丁也曾坦白地告诉戴利，他常常在听索迪的讲座时睡着。

让索迪深深担忧并且促使他开始研究货币和银行系统的是他观察到，与受到热力学定律支配的物理世界不同，在经济世界中，尤其是货币和债务：

> 受到数学定律而不是物理定律的制约……与财富不同……债务并不会随着岁月而腐烂，也不会在存在的过程中被消耗。恰恰相反，债务每年都会按照广为人知的简单复利的数学法则增加很多的百分比。
>
> （Soddy 1926, p. 70）

索迪认为很多社会弊病可以追溯到经济系统产生的紧张和冲突。在经济系统中，以债务形式表现出来的当前和未来生产的金融债权呈现指数式的增长，超过了任何可以想象的物质生产的增加。用戴利的话说：

> 债务能够永久存在。但是，财富不能永久存在，这是因为

财富的物理维度要受到熵的破坏性力量的制约。因为真正的财富不可能像债务一样持续地快速增长，所以财富和债务的一一对应关系将来会在某一个时间点破裂，也就是说一定会出现一些债务的拒付或者作废。复利的正向反馈一定会被债务拒付的这股反向力量所抵消，如通货膨胀、破产和充公税赋，所有这些都会滋生暴力。

（Daly，同上，pp. 475～476）

真实经济产出的金融债权能够远远超过按照当前价格计算的经济产出的价值，这一点让索迪和戴利都极为困扰。索迪和戴利都没有用实证数据来证明金融债权和经济体所能生产的真实产出之间的脱节。尽管我们还不是完全清楚如何最好地证明上述的脱节，但其中的一个方式就是将一个国家的年总收入与该国的个人和机构所拥有的全部金融资产的总价值进行比较。这个比较将会表明，金融系统所创造的全部金融资产的价值远远大于经济体的年产出的价值[1]。根据索迪和戴利的观点，金融资产代表了对于真实产出的一种债权，如果所有拥有这些金融资产的人尝试同时变现和花费这些金融资产，那么这种债权就不能兑现。即使考虑到一些金融资产（如养老金和退休金），是对于未来产出而不是当前产出的债权，金融债权仍然是令人关切的原因。

索迪提出了经济产出的金融债权远远大于经济产出实际水平的议题，戴利通过引用诺贝尔经济学奖得主詹姆士·托宾的观点，将看待上述议题的另外一个视角进一步放大。托宾说道：

一个社会的财富包含两个组成部分：第一是通过以前的真实投资积累的真实商品；第二是政府无中生有生产出来的信用或者纸质"商品"。当然，这样一个国家的非人类财富实际上只包括其有形资本。

（同上，p. 479，戴利引用托宾在1965年提出的观点）

如果我们审视一个国家的资产负债表,那么一切就会非常清楚。国家资产负债表说明,总的金融资产等于总的金融负债,因此经济体中的净金融资产就是零。从国民账户的视角,一个国家的净财富完全取决于其非金融资产或者真实资本,它们都是由生产出来的东西和土地、自然资源等"自然馈赠"所组成的。例如,《加拿大统计年鉴2020》(Statistics Canada 2020)显示,加拿大的净金融资产是零。

经济学家所理解的经济忽视了物理原则,再加上真实可能的事情和尚未被意识到的指引人类生产、分配和使用的惯例之间的冲突,这一切使得索迪开始关注货币,"货币这个主题最吸引索迪的注意力"(同上),戴利也紧紧追随索迪的步伐。实际上,戴利对索迪的研究成果印象非常深刻,以至于戴利为了让索迪的思想更加广为人知,甚至专门写了一篇论文——《弗雷德里克·索迪的经济思想》(Economic Thought of Frederick Soddy, Daly 1980c)。刚开始,这篇论文被《政治经济学历史》(History of Political Economy)拒绝了。作为回应,戴利给编辑写了一封信,反对审稿人的拒稿理由,即索迪的思想与正统的货币理论不一致。戴利解释到,他只是想呈现弗雷德里克·索迪的经济思想,并不愿意基于当前经济学家的想法而看低或者否定弗雷德里克·索迪。让戴利高兴的是,这位编辑重新考虑了一下,这篇论文最终得以发表。

40年后,戴利与经济学家安塞尔·雷纳(Ansel Renner)和真弓浩三共同发表了论文《货币的双重属性》(The dual nature of money)(Renner, Daly and Mayumi 2021)。货币双重属性的想法参考了索迪的思想,即"货币从个人视角可以理解为财富的一种形式,从一个公共视角可以理解为生物物理债务的一个来源"。(同上,p. 6)戴利等人区分了物质对象的功能性组成部分和结构性组成部分。随着物质对象的结构性组成部分不可避免的衰退,物质对象发挥功能的能力也会衰退。戴利等人强调,货币是不同的。"**货币的一个显著特点来源于以下事实,即货币的功能性组成要素能够独立于货币的结构性组成要素而存在,其也许不过是计算机存储器中的**

字节。"（同上，p. 11，黑体为原文强调部分）因此，需要支付利息并且长久存在的金融债务，与金融债务所代表的不可避免要退化的物质商品，是脱节的。所造成的结果是，从持有债务人的视角就是个人财富的持续积累；从社会的角度就是生物物理债务的积累，这个债务需要用真实经济产出来进行偿还，这个偿还过程既是不公平的，又是充满破坏性的。为了避免上述问题，我们需要新的货币制度。

## 百分百准备金的银行制度

在发现索迪的思想之前，戴利就已对货币产生了兴趣。戴利第一批发表的学术成果之一就是研究巴西东北部的零钱（小面值的硬币和纸币）短缺问题。戴利首先认为这个零钱短缺问题源于通货膨胀，通货膨胀使得金属硬币的价值降低，因此人们就把金属硬币兑换为小面值的纸币，而纸币在频繁使用之后就会产生很大的磨损和破坏，但又没有被足够快速地替换为新的纸币（尤其在农村地区），这就造成了零钱的短缺（Daly 1970a）。

甚至在更早的时候，戴利就研究过乌拉圭在20世纪50年代末和60年代初的经济紧缩时期出现的银行数量激增的现象（Daly 1967b）。戴利认为这种现象可以通过以下两个因素的结合得到解释，即"限制银行间价格竞争的法律认可的串通……将贷款利率保持在通货膨胀率之上"和银行有机会在房地产投资中获利。（同上，pp. 92~93）戴利注意到乌拉圭银行系统在"经济力量从公共部门转移到私人部门"的再分配方面的效应并不明显，并且总结道："如果乌拉圭想要从经济病态中恢复过来，尤其是乌拉圭想通过政府计划的方式恢复（乌拉圭也是这么打算的），那么货币系统的医生就必须开出一些有效的药方来治愈金融肿瘤"。（同上，p. 94）

戴利喜欢的一个处方就是引进 100% 准备金的银行制度，这不仅仅适用于乌拉圭，而且适用于所有拥有私人银行系统的国家。这意味着一种法定要求，即商业银行保持 100% 的存款准备金，因此商业银行不能借出活期存款，只允许借出定期存款。这跟部分存款准备金的银行制度形成鲜明对比，部分存款准备金的银行制度使得商业银行只需要持有一小部分的存款准备金作为现金。索迪在 1926 年就提出 100% 准备金的银行制度（Soddy 1926），著名的美国经济学家欧文·费雪在 1936 年也提出过 100% 准备金的银行制度，尽管费雪并没有承认索迪的工作和贡献。并没有被广泛理解的是，中央银行（如美国的美联储和英国的英格兰银行）生产出来并且进入循环流通的硬币和纸币只是代表了一个现代经济体所有货币中的一小部分。正如英格兰银行所解释的那样：

> 经济中的绝大部分货币并不是由中央银行的印刷机创造出来的，而是由提供贷款的商业银行创造出来的……如果你从银行借出 100 英镑，那么银行就会把这笔钱注入你的账户，"新钱"就被创造出来了。在这笔钱注入你的账户之前，"新钱"并不存在。
>
> （Bank of England，日期不详）

问题的重点是，银行并没有持有足够的现金储备来支付它们通过贷款创造出来的钱。远不止如此！一些国家（如美国）要求大的银行只能持有它们存款总量的 10% 作为现金储备（对于小的银行来讲，准备金要求更低一些）。正如戴利和法利所解释的那样，如果一个人在一个垄断银行存储了 100 美元的现金，正好满足其 10% 的存款准备金要求，这样银行可以将贷款量增加到 900 美元。在作为准备金的 100 美元现金的支持下，这个银行将会拥有总计 1000 美元的存款。通过超额准备金的再借贷和再存储的连锁反应，正如这个垄断银行一样，如果有很多银行存在的话，也会导致同样的刺激经济扩张的结果（Daly and Farley 2011, p. 293）。

因为所有的银行基本上是按照同样的方式运营的，所以如果每个储户都去银行以现金的形式把账户中的资金都提取出来，那么银行就会非常失望[2]。基于此，我们可以得出以下结论：

> 如果银行针对它们创造的活期存款，必须要持有100%的存款准备金，那么银行就不会有货币的创造。因此，索迪、费雪、奈特等人所呼吁的改革其实就是针对活期存款的100%存款准备金要求。

（同上，pp. 292）

戴利和柯布不仅赞同100%准备金的银行制度，而且还赞同索迪的另外两个政策提议：维持恒定价格水平的政策（通过对政府的货币供应进行严格控制）和自由浮动的国际汇率。（同上，p. 428）索迪认为我们应该对货币供应进行严格的控制，这样才能确保货币的价值保持固定不变，就像物理学中的衡量单位一样保持不变。如今的中央银行通常"旨在确保经济中的货币创造量与较低和稳定的通货膨胀率保持一致"（McLeay, Radia and Thomas 2014, p. 14），这是迈向第二个政策建议（维持恒定价格水平）的一步。在后布雷顿森林体系的时代，自由浮动的汇率已经成为常见现象，这也是索迪的第三个政策建议（自由浮动的国际汇率）。

戴利和柯布决定写《为了共同的福祉》的第二个版本主要是出于两个原因。第一个原因是为可持续经济福利指数提供一个更加详细和具体的讨论结果（详见第六章）；第二个原因是要增加一个后记，即"货币、债务和财富"（*Money, Debt and Wealth*），第一个版本的《为了共同的福祉》忽视了这个主题。这个后记是由戴利完成的。这个后记写道："如果我们不对现在的金融思考方式和包含这种思考方式的机构进行根本性的变革，那么我们所提议的其他变革也许就会被证明是不充分的"（同上，p. 407）。后记中的大部分分析正是基于索迪的思想，尽管戴利也清楚地表示他并不认同索迪的观点，即"几乎所有的经济问题都会受到金融改革的支配"。(同上，p. 419)我们还需要很多其他的变革，《为了共同的福祉》和本书的各个章节都对需要的变革进行了详细地描述和讨论。

戴利认同索迪的另外一个方面就是社会和金融的关系。在充分借鉴索迪的基础上，戴利认为：

> 利息不应成为货币存在的一个条件。只有当货币的拥有者放弃对货币的使用并且真正地将货币借出，同时借款者占有货币的时候，货币才应该产生利息。当商业银行系统对外借出货币时，银行实际上什么都没有放弃，反而无中生有地创造了存款，存款准备金的要求为创造的存款量设置了上限。或者说，在没有法定的存款准备金要求的国家（地区），如加拿大，银行的借款政策就为创造的存款量设置了上限。与个人不同，当一个银行借出款项时，银行在贷款期限内并不是不能使用这笔钱再借款。花钱节制的负担转移给了公众。
>
> （同上，p. 426）

正是通过货币创造的机制，社会成为真正的放款人，而非贷出款项的银行，这是因为"社会不能再使用实际资产，银行的借款者使用这些实际资产来交换银行创造出来贷给借款者的货币"。(同上)

"铸币税"是货币的票面价值和创造货币成本之间的差值。关于部分存款准备金的银行制度，戴利的另外一个担心就是铸币税从政府（历史上是君主）转移到了商业银行，商业银行如今在经济中创造了绝大部分的货币。实际上，商业银行几乎不需要任何成本就创造了货币，仅仅需要在电脑上敲打几次键盘，然而商业银行却能够因为货币的使用而收取利息。

> 私人银行家能够借出一个社会中超过90%的虚拟财富，这些虚拟财富实际上并不属于私人银行家，这些私人银行家还能从这些虚拟财富中赚得利息，这些利息也本不属于他们……意

识到下述事实是很重要的，即货币和虚拟财富[3]都是社会现象，这些社会现象并不是起源于原子式个人的简单加总，而是起源于社会共识和随之产生的将货币作为约定俗成的实际代币的一般意愿……货币的本质就是货币通常在一个社会中被广为接受，接受同样的货币标准已经成为一个有决定性意义的重要社会纽带。

（同上，p.422）

终止或者严重削弱商业银行创造货币能力的提议近些年来被广为讨论。例如，"国际货币改革运动"（一个在30个国家都有非营利组织作为会员单位的组织）的宗旨就是"为了公众的利益，由一个公共机构进行无债务式的货币创造"。很明显，这就是戴利立场的清晰表述。更有说服力的是，国际货币基金组织的两位经济学家贝内斯（Benes）和库姆霍夫（Kumhof）共同发表了一篇论文，论文审视了费雪（Fisher 1936）为100%存款准备金的银行制度提出的论据："①对商业周期波动的一个主要来源实施更好的控制，即更好地控制银行信贷和银行货币供应的突然增加和减少现象；②完全消除银行挤兑；③大幅减少（净）公共债务；④大幅减少私人债务，因为货币的创造不再同时要求债务的创造。"（Benes and Kumhof 2012, p.1）贝内斯和库姆霍夫应用美国经济的一个仿真模型验证了费雪提出的所有论据，尽管其他经济学家对他们的发现持有异议。

> 我非常认可和支持赫尔曼·戴利写的所有内容，除了他关于货币的内容，尽管这是我过去完全认同赫尔曼的一个最近的观点。后来，我慢慢地相信，我们需要将消费水平，而不是货币供应的规模，保持在经济的可持续的生产能力以内。
>
> ——菲利普·劳恩（Philip Lawn）

通过货币和银行系统的改革，强化社会的最为直接的方法就是创造本地货币。本地货币旨在补充而不是替代国家货币。本地货币的根本思想是要把本地货币留在创造本地货币的社会，从而刺激本地的就业和商业。虽然《为了共同的福祉》一书中只在脚注中提到过本地货币，但是本地货币在戴利和法利合写的教科书中得到了更多的关注，尽管教科书提到本地货币更多的是出于解释说明的目的，而不是作为戴利货币改革提出的建议中的一个关键组成部分。让戴利更为感兴趣的是，"金融的国际化本质对于公共福祉的特别威胁。"（同上，p. 437）不争的事实是，"相对于劳动力、生产资料，甚至是产品本身，货币在全球的流动要自由得多……这样来讲，如果地区或者国家无法控制货币的流动，那么地区或者国家也不可能实现地区或者国家的稳定经济发展。"（同上）戴利将之视为对第三世界国家的特别威胁。第三世界国家在20世纪70年代已经让美国和其他北半球国家的银行处于负债状态。

> 在20世纪80年代，越来越清楚的是，这些"投资"的收益已经不足以偿还债务，债权人就开始对多边开发银行施压，使其加速对于南方国家的借贷，这样的话就可以为南半球国家提供必要的外国货币，来支付它们在北方国家商业银行的贷款。
>
> （同上，pp. 438～439）

戴利曾经在世界银行工作了六年，了解世界银行如何运行，认为上述事实是为什么基于项目的借贷转向基于政策的借贷的原因之一。基于项目的借贷要求在项目批准前进行认真的评估，这需要花费时间。基于政策的借贷取决于借款国是否在市场自由化、税收减少和私有化方面采纳"结构性调整"的政策，而这样的审查没那么认真细致，速度也更快。"世界银行应该更多地聚焦于自然资本恢复投资、资源效率投资和本地控制、本地使用的基本产品和服务生产投资。"（同上，p. 441）最适应这种方法的国家银行系统（不仅仅对于发展中国家来讲），应设有单独机构来"完成妥善保管、检查、清算等具体的银行功能,不仅有投资功能……而且要有小型投资信托作为银行补充部门"(同上),正如芝加哥经济学派的奠基人之一亨利·卡尔弗特·赛门斯(Henry Calvert Simons)建议的那样。赛门斯的思想表达了"我们自己对于服务社会的经济学金融要求的思想",但是"随着其后与芝加哥学派相关的极端个人主义崛起,赛门斯的思想又被遗忘了"。(同上,p. 442)戴利对这个事实感到悲哀。

戴利关于改革货币和银行体系的建议,尤其是100%准备金的建议,并没有吸引很多注意力,甚至也没有吸引生态经济学家的注意力。只有一个例外,就是丹麦奥尔堡大学的英格·罗普克。罗普克认为这一点自相矛盾:100%准备金的银行制度受到生态经济学家的青睐,然而生态经济学家却很少提到戴利的基本论证。戴利的基本论证可以追溯到弗雷德里克·索迪的思想,也就是热力学定律带来的经济增长率的限制与货币债务无休止增长的能力之间的明显不一致(Røpke 2017)。

在罗普克评估100%准备金的银行制度对可持续发展的贡献时,她意识到,100%准备金的银行制度"被用作好几个政策建议的标题"。因为英国的一个非政府组织"积极货币组织"(Positive Money)提出的"主权货币系统"在环境主义者之间广受欢迎,所以罗普克将她的注意力集中在"积极货币"身上,同时也集中在后凯恩斯主义经济学对"积极货币"的批评上。虽然"积极货币"的提议与100%准备金的银行制度的目标是一致的,即当商业银行基于准备金放贷时,防止商业银行创造货币,但是"积极货币"所提倡的方法却是不同的,因为100%准备金银行体系提倡中央银行货币和商业银行货币的连续性,而"积极货币"的主权货币建议使用单一的国家创造的支付方式(Van Lerven 2016)。因此,遗憾的是,罗普克选择评估支持还是反对100%准备金的银行制度时,所用的方案与该方案提出者的初衷不一致。尽管如此,罗普克的结论是有意思的,因为她的结论跟戴利关于100%准备金银行制度的思考相关,尽管罗普克是将这些结论建立在一个不同的方法的基础上。

罗普克认同戴利的下述观点，即信贷的可获取量应该有所限制，商业银行应该将更大比例的存款准备金放到中央银行。罗普克还认同，存款准备金的要求应该基于社会风险而非私人风险，这就意味着购买现有资产的贷款应该有较高的准备金要求，这样才能限制投机。罗普克也认为银行系统的结构性改革是非常重要的。例如，监管分离零售银行业务和投资银行业务，改革投资银行业务内部结构等。罗普克写道：

> 较小的、更加本地化的银行对于本地经济来说也许是有用的……从一个可持续性的视角来看，改善价值导向的金融机构的环境，设立绿色投资银行和基金强化养老基金和主权财富基金的可持续性，在指引下借贷并施行量化监管，以上措施都是有帮助的。
>
> （同上，p. 188）

这些都是供应端的措施，旨在减少信贷的可获取量或者将信贷引向对环境和社会更加有益的方向。为了减少对于贷款的需求，罗普克提到要消除借款的税收激励，减少债务融资的偏见。减少各种各样资产的投机吸引力也是非常重要的。

罗普克详细地描述的这些建议与戴利的建议更加接近，也许罗普克都没意识到有这么接近。罗普克的一个主要结论是："金融改革必须与资本主义的发展阶段和潜在的新模式相关。"（同上，p. 189）这与戴利的观点非常相似，即"我们管理货币和金融的国家机构都是信奉一种文化，即将指数化增长视为常态"。（同上，p. 408）戴利参照马克思的历史分析指出，人类由物物交换转变为以货币作为中介的商品交换，两种交换形式都增加了使用价值，紧接着上述转变的是，人类进一步由增加使用价值转变为增加交换价值的"资本主义循环"。

> 启动资金……被用来雇佣劳动力和购买原材料，原材料继而被转化为商品……，商品反过来被卖掉从而获取更多的货币。从使用价值到交换价值的焦点转移是至关重要的。商品积累和使用价值……都是有自我限制的……然而，没有任何事物能够限制一个人能够拥有多少抽象的交换价值……在我们的时代，进一步远离抽象的使用价值的历史进程也许已经在所谓的"纸面经济"（如今是数字经济）中被带到了极限……货币被直接转化为更多的货币，不再与商品挂钩。
>
> （同上，pp. 409~410）

在具体的政策建议层面，后凯恩斯主义者和罗普克支持增加对存款准备金的要求，这就指向了100%存款准备金的银行制度，即使他们并没有想得这么远。但是，就像看起来的那样，这与戴利的立场是相同的。"很明显，如果我们每年都将存款准备金的要求提升几个百分点，那么我们就能慢慢接近100%的水平"。（Daly and Cobb 1989, 1994, p. 434）随着存款准备金的要求不断提升，我们需要不断学习和探索。如果后凯恩斯主义者发出的警告（即存款准备金要求的不断提升会产生相反效果）成为事实，那么存款准备金要求不断提升的进程就将停止。

戴利旗帜鲜明地认同和支持罗普克的下述提议：银行系统的结构性改革、银行功能的分离、成立对其服务的社会有更好了解的较小的本地银行，以及将投资引向强化社会、保护环境和促进可持续发展的方向。戴利进一步讨论推动了上述所有的提议。戴利对于有关100%存款准备金的银行制度的争论究竟产生了什么样的影响，罗普克的下述论述也许最有说服力。

> 因为旨在减少投机性信贷创造的措施是否有效，取决于资本是否在国家之间能够自由流动，所以其他措施（如对跨境资本流动进行征税和限制避税天堂的使用）对于减少国家之间的

资本流动是必要的补充。

（同上，p. 189）

在呼吁减少国际资本流动方面，没有人比戴利的声音更大，也没有人比戴利更频繁。

## 本章结论

戴利和小约翰·柯布在"货币、债务和财富"后记的最后，将他们的工作描述为"一些基本的政策方向，而不是具体改革的技术蓝图"。他们邀请"专家对我们提出的建议进行评论……不仅仅是为了指出我们的错误，而且是为了提出更好的建议"。（同上，p. 442）戴利对一些民间团体（如"积极货币组织"）所引领和提出的很多货币改革的倡议感到满意和欣慰。很多人为经济不断金融化而感到困扰，戴利对此也感同身受，经济不断金融化的表现是"金融动机、金融市场、金融从业者和金融机构在国内经济和国际经济运行中，角色越来越重要"（Røpke 2017, p. 181 引用爱泼斯坦的观点），以及不受政府控制的加密数字货币（如比特币）的崛起。非常清楚的是，我们还需要做大量的工作来重新设计银行系统，从而使银行系统有助于我们实现稳态经济转型，而不是阻碍我们向稳态经济过渡。

**注释**

1. 加拿大的数据表明，加拿大的金融资产和GDP在2019年的比值大约是16∶1。
2. 中央银行的作用就是将资金借给现金储备出现短缺的商业银行。只要中央银行能提供足够的现金储备，商业银行就能够增加它们的对外贷款金额，因为这些商业银行知道储备金是足以满足它们的准备金要求的。
3. 索迪所提出的虚拟财富的概念是，"真实资产的总价值。为了转而持有货币，社会自愿放弃持有这些真实资产。因为个人可以很容易地将他们的货币转化为真实资产,所以他们将他们持有的货币视为财富。然而,作为整体的社会不能够将货币转化为财富,因为总要有某个人最终必须持有货币。因此,货币财富就是'虚拟的'。"(Daly and Farley,同上,p. 494)

# 第十三章　全球化、国际化和自由贸易

> 为了做一个鸡蛋饼，你必须先打碎几个鸡蛋。同理，为了整合"全球鸡蛋饼"，就很有必要分裂"国家蛋"。
>
> ——赫尔曼·戴利

全球化有着悠久的历史，比大部分人所认为的更加悠久。历史学家芮乐伟·韩森（Valerie Hansen）认为，全球化始于公元1000年之前，也就是北欧海盗到达加拿大东北部的时候（Hansen 2020）。还有人认为全球化开始得更早。对于欧洲人来讲，当他们为了满足欧洲不断增加的香料需求，在中世纪晚期跌跌撞撞地发现了通往摩鹿加香料群岛的长途贸易路径的时候，全球化就向前迈出了一大步。后来，在16世纪，荷兰、英国和法国的企业家通过走私香料种子并在热带地区种植香料的方式，打破了葡萄牙人对于香料贸易的垄断。再后来，其他商品的国际贸易扩大，欧洲在美洲、非洲和印度的殖民地也大规模扩张，给殖民地的人民和文化带来了毁灭性影响。

通过一系列的科学、技术、经济和政治上的创新，这个世界变得越来越小了。研究全球化的历史学者亚历克斯·麦吉利夫雷（Alex MacGillivray）特别选出了50年，在此期间"全球收缩一直是确定无疑接连发生了的"。第一收缩时期（1490—1500）：即伊比利亚半岛的瓜分时期，当时全球的形状和大小已经最终被人知晓，罗马教皇将全球分为西班牙的殖民地和葡萄牙的殖民地。第二收缩时期（1880—1890）：即大英帝国的鼎盛时期,当时大英帝国是全球最强大的帝国,其全球层面的力量和影响力都处于鼎盛时期。第三收缩时期(1955—1965):即人造卫星的世界,以资本主义的美国和共产主义的苏联之间的冲突和竞争为显著标志,同时伴随着太空竞赛和无数的技术衍生品。第四收缩时期(1995—2005),即全球供应链的时代,大型跨国公司主导和控制全球的供应链,贸易主要在东西半球开展,而不是在南北半球之间开展。第五收缩时期:即热量全球化的时代。2005年,麦吉利夫雷只能把第五个"地球收缩的年代"描述为"还将在未来持续20年或者更长时间"。(MacGillivray 2005, pp. 18~21)15年过去了,我们可以发现麦吉利夫雷是多么有先见之明:

> 经济蛋糕将会不断增大,但是并不会像人的欲望增长得那么快。在这十年,第一批面包屑将要很明显地从富裕国家的盘子里取出,这些富裕国家不会喜欢这样。社会网络将会达到最大可能的程度,虚拟消费也将会补充递减的商品消费。主要的断层线将不会由探险者、贸易者或者外交家画出,而是将由气候变化画出……前四个全球收缩基本上是预测不到的。但第五次全球收缩,与之前不同,我们这次已经知道了在一个不断变热的地球上的全球收缩,将会给经济、社会、文化和环境带来巨大的挑战。

(同上,p. 21)

正是在最后一次全球收缩(也就是戴利的"满的世界")的语境中,戴利关于全球化的思想才最有价值。但是,全球化是什么呢?麦吉利夫雷再一次起到了作用。麦吉利夫雷区分了全球化的狭隘经济学定义和较为宽泛的社会层面的定义。举例来讲,全球化的狭隘经济学定义来自保罗·克鲁格曼(Paul Krugman),他认为全球化"是一个包罗万象的词语,其反映了不断扩张的全球贸易、不同国家金融市场日益密切的联系,以及让世界变得越来越小的很多其他方式"。(同上,p. 5)约瑟夫·斯蒂格利茨则

更加具体：全球化需要"移除自由贸易的障碍，并让国家经济更为紧密地整合在一起"。（同上）

我们可以发现上述这些聚焦经济的全球化定义太过于狭窄。其他学者，如曼弗雷德·斯特格尔（Manfred Steger），提供了一个更为宽泛的定义：全球化是"一个多维度的社会进程集，其创造、复制、延伸并强化了世界范围内的社会互相依赖和交换"。（同上）

正如我们即将看到的那样，戴利对于全球化以及相关的自由贸易和资本流动的讨论和分析都是基于一个严格的经济学定义，他对于经济学有很多自己的想法，他所定义的经济学更为宽泛，还包含了社会维度和环境维度。

无论是狭隘的经济学定义还是更为宽泛的社会层面的定义，它们都没有提出全球化的一个重要方面，即全球化和国际化的差异。戴利解释了两者的差异：

> 被很多人视为未来不可避免的全球化浪潮，经常与国际化混淆。但是，事实上，全球化和国际化是完全不同的概念。国际化是指国家之间的贸易、联系、协定、联盟等变得越来越重要。顾名思义，国际化指的是国家（两国或者多国）之间的事情。对于国际化来讲，基本的单元还是国家，即使国家之间的联系变得越来越有必要和重要。全球化指的是全球经济一体化，也就是把之前的国家经济整合成一个全球经济，主要是通过自由贸易和自由资本流动，也可以通过简单或者不受控制的移民。全球化是基于经济目的有效清除国家之间的边界。国家之间的贸易（受比较优势的支配）逐渐演变为地区之间的贸易（受绝对优势的支配）。最终，很多地区之间的贸易就演变为一个全球贸易。
>
> （Daly 1999c）

有一些人呼吁，以一个单一全球社区的名义，并基于全球社区的利益，成立一个管理全球经济系统的全球政府。与上述观点不同，戴利坚称：

> 全球社区必须自下而上构建，成为由相互依赖的地区和国家组成的联邦社区。全球社区不能是某一个单一的、整合的、自上而下的、无历史背景的和抽象的全球俱乐部。自由贸易、自由资本流动和自由移民不能创造一个全球社区，它们只是摧毁了国家社区。显而易见的是，这样的全球化只是一个新古典的原子式的个人主义。这样的全球化毁灭了社区中地区的历史联系，人们正是在社区之中为彼此生产并互相关心照顾，基于此，我们的众多社区也许就能逐步联合成为一个全球社区……
>
> （Daly 2014a, p. 160）

正如戴利在其很多作品中表达的那样，第二次世界大战后建立的主要国际机构是基于国际化的思想，而非全球化的思想。这些国际机构包括联合国、国际货币基金组织、世界银行和关贸总协定后被世界贸易组织取代。只是到了后来，国际货币基金组织、世界银行和世界贸易组织才将它们的使命重新解读为全球化的工具。上述国际组织使命扩大的一个特点就是移除了资本流动的限制，这让戴利甚是忧虑，资本流动的限制是最初布雷顿森林体系的一部分。戴利的观点是，这些限制的移除削弱了国际贸易中互惠互利的基础。如果戴利是正确的，那么全球化所主要依据的国际贸易互惠假设就没有了理论根据。

## 比较优势和贸易带来的收益

"对于经济学家来讲，自由贸易所基于的比较优势理论是最广为接受的经济学理论。"在戴利和小约翰·柯布的两版《为了共同的福祉》（Daly and Cobb 1989, 1994, p. 209）中，第十一章都是这样开篇的。我们可以很容易地发现，其他经济学家也表达了同样的观点。史蒂文·苏拉诺维奇（Steven Suranovic）在进行比较优势理论综述时，也基本是用相同的方式开篇的。"在国际贸易理论中，比较优势理论也许是最为重要的概念"（2010）。苏拉诺维奇还讲述了著名新古典经济学家保罗·萨缪尔森的故事。曾经有人询问保罗·萨缪尔森是否可以举出一个经济学显著的成果，萨缪尔森毫不犹豫地回答道，"比较优势"。（同上）苏拉诺维奇继续说道："比较优势也是最容易的原理之一"。保罗·克鲁格曼也认同上述观点，他说道："不仅仅是学院派经济学家这个狭小的圈子，任何参与国际贸易讨论的人都会很快意识到，比较优势在某种意义上确实是一个非常难以理解的概念。"（Krugman 1998, p. 22）

> 赫尔曼·戴利在经济学历史方面的知识、吸收借鉴基本的贸易理论的能力（尤其是当经济学家都否定他们自己的理论时）和社会研究的能力，都给我留下了深刻的印象。我们总会情不自禁地欣赏戴利的聪明才智和坚韧毅力。
>
> ——理查德·诺加德（Rrichard Norgard）

大卫·李嘉图在1817年解释的比较优势，是第一个也是应用最为广泛的一个解释。他举了一个非常简单的例子，即对于葡萄牙和英国这两个国家来讲，每个国家都只能生产两种商品，即衣服和酒，并且只用劳动力生产。李嘉图假设，在英国，生产1单位的衣服需要100个小时的劳动力，生产1单位的酒需要120个小时的劳动力。他同时假设，在葡萄牙，生产1单位的衣服需要90个小时的劳动力，生产一单位的酒需要80个小时的劳动力。在葡萄牙和英国之间没有贸易的前提条件下，衣服和酒只能根据生产它们所需的劳动力相对量，在国家内部进行交易。（李嘉图认同劳动力价值理论，该理论假设商品的价格是基于生产该商品所需要的劳动力数量。）在葡萄牙和英国，因为生产衣服和酒的劳动力相对量是不同的，所以在没有国际贸易的前提条件下，它们的相对价格也是不同的。在英国，在没有交易的前提下，1 单位酒的价格相当于 1.2 个单位的衣服的价格，这是因为这些量都是 120 个小时的劳动力所完成的。在葡萄牙，1 单位酒的价格相当于 0.889 个单位的衣服的价格，原因同上。

当英国和葡萄牙之间允许贸易时，事情就发生了改变。英国不需要放弃 1.2 个单位的衣服来获取 1 单位的酒（即将 120 个小时的劳动力从衣服的生产转移到酒的生产），而是可以通过给葡萄牙提供大于 0.889 个单位同时小于 1.2 个单位的衣服的方式交换 1 单位的酒。很明显，这样的交易是符合英国的利益的。接受这样一种报价也将会符合葡萄牙的利益，因为如果在本国生产的话，葡萄牙生产 1 单位的酒只能交换获得 0.889 个单位的衣服，而英国的报价大于 0.889 个单位的衣服。

李嘉图应用这个例子旨在说明：尽管葡萄牙生产衣服和酒都比英国便宜（用劳动小时衡量），但是两个国家专门生产一种商品并且通过贸易获取另一种商品，相对于两个国家都生产两种商品来讲，对两个国家都更有利。一个国家应该专注于生产哪种商品，要么取决于其生产哪种商品最为高效（葡萄牙生产酒），或者取决于生产哪种商品的低效程度最弱（英国生产衣服）。葡萄牙在生产两种商品上都有绝对优势，在生产酒上面有比较优势。英国在生产两种商品上都有绝对劣势，在生产衣服上面有比较优势。李嘉图认为，国际贸易是由比较优势决定的，而不是由绝对优势决定的，最终的结果是两个国家都从贸易中获益。

"上述论点是构思精巧的，考虑到其假定的条件，这个论点毫无疑问是正确的。但是，在现实生活中，这些假设条件不是总能得到满足。"（Daly and Cobb, p. 213; Daly and Farley 2011, pp. 355~363）戴利很好地意识到，任何理论模型都可以进行类似的陈述。从本质上说，所有的理论模型都是它试图描述和解释的现象的简化。这不仅仅适用于经济学领域的理论模型，也适用于自然科学领域内的理论模型。当对于最终结果至关重要的简化跟现实世界有明显的差异时，问题就出现了。李嘉图所做的对于比较优势原则非常必要的一个简化就是国家之间的资本是不流动的。如果国家之间的资本是可以流动的，英国资本家可以利用他们的资本来雇佣葡萄牙的劳动力（而不是英国的劳动力），那么英国的资本家就会为了增加利润而雇佣葡萄牙的劳动力。"对于李嘉图来讲，区分国内贸易和国际贸易的所有标准都很明显地依赖国家之间资本的不流动性（国家之间的劳动力不流动更是理论当然）。"（同上，p. 214）李嘉图也理解这一点。

> 如果我们考虑一下资本从一个国家流向另一个国家或许多其他国家以寻求更多利润的困难，同时考虑资本在一个国家内部始终如一地从一个省流向另一个省，那么单个国家和很多国家在这方面的差异就很容易解释了。
> 
> （Ricardo 1817, p. 154）

如果是相反的情况：

> 资本可以自由地流动到最为有利可图的国家，那么就不会再有利润率的差异，也不会有真实商品价格或者商品的劳动力价格的差异，唯一有差异的是将商品运送到销售的各个市场所另外需要的劳动力数量。
>
> （同上，p. 155）

有意思的是，李嘉图并没有为国内环境和国际环境之间的这种差异感到抱歉。恰恰相反，李嘉图说他会"为弱化了一些想法而感到抱歉，这些想法引导绝大多数的有财产的人满足于本国的低利润率，而不是去国外为他们的财产寻求更好地利用机会"。（同上）

在李嘉图的时代，相对于国家内部的资本流动，国家之间的资本流动要少很多，因此资本不流动的假设并不是一个不合理的简化。在第二次世界大战结束后的布雷顿森林体系时代，国家政策使得资本控制成为一种常态。这些政策包括限制货币、限制金融资产的购买或销售，以及政府限制对外国投资的批准。在布雷顿森林体系瓦解之前，资本控制就开始松动了，即在1968年，时任美国总统尼克松暂时停止美元兑换成黄金，1973年又从暂时停止兑换变成永久停止兑换。固定汇率的系统（一个国家货币的价格相对于另一个国家货币的价格）和资本控制让位于浮动汇率和日益增加的资本流动。到了20世纪90年代，发达经济体和新兴经济体基本都废止了资本控制。与此同时，全球化已经被广为接受，支持全球化的关键论据之一就是自由贸易。

有一个问题困扰着戴利，且主流经济学家也还没能给出有力回应，即自由贸易主要是基于比较优势，但是比较优势是基于资本的不流动，而如今的资本是流动的。"资本和商品的自由流动（不仅仅是商品的自由流动）意味着，投资由绝对盈利能力所支配，而不是由比较优势所支配。"（同上，p. 214）戴利对李嘉图和亚当·斯密称赞不已，他们两人也研究过国际贸易，都是"对现实条件保持密切关注的现实主义者。然而，李嘉图和亚当·斯密在学术上的后代都是理想主义者、空想家和逻辑学家。学院派经济学家对于比较优势的逻辑论证是如此的迷恋……以至于他们不承认完整的经典自由贸易论证的实证基石，即资本的不流动，已经碎裂为松散的碎石"。（同上，216）戴利总结道："在经济秩序中，以比较优势原则的名义来提倡把国家边界搁置起来的每一个行动，是不可行的……这是因为这个原则本身就是依赖国家边界的正常运行。"（同上，p. 218）

如果自由贸易的结果永远是正向的，那么在一个资本流动的世界，戴利反对将自由贸易的论据建立在比较优势的基础上是没有多少意义的，但是自由贸易的结果并非如此。戴利认为支持自由贸易的理论是有问题的，问题源于资本不流动的错误假设。戴利还主张，将自由流动的资本纳入自由贸易的框架下会产生负面的经济、环境和社会影响，这些负面影响可以通过适当改变主导着国际贸易和金融的规则来得以避免。

# 全球化的经济影响

在李嘉图之后,尽管比较优势理论的基础性地位并没有发生变化,但国际贸易理论继续发展。戴利注意到,国际贸易理论的关键发展来自经济学家贝蒂尔·俄林(Bertil Ohlin)的贡献。如今很容易理解即使在考虑运输成本的情况下,国际贸易中的商品价格趋向于一致的原因。俄林告诉我们,价格趋同的规律同样适用于生产要素,即使生产要素不在国家之间流动。这反映了国家倾向于出口生产要素最充足的商品。例如,加拿大有大片的森林,因此出口很多木制品;中国有大量训练有素的劳动力,因此出口大量的制成品。俄林解释道,在国内需求的基础上,国外需求进一步增加了对生产这些商品的生产要素的总国内需求,这就给这些生产要素带来了价格上行的压力。与此同时,对于在国内生产这些商品成本更高的国家来讲,进口这些商品会减少对生产这些商品的较为稀缺的生产要素的总国内需求,这会降低这些生产要素的价格。然而,用比较优势理论来想,完全实现生产要素价格一致化还需要满足很多前提条件,即零交通运输成本、完全竞争和相同的规模收益不变的生产函数,而这三个前提条件在实践中都不成立。然而,这里的要点仍然是,"即使生产要素不能流动,自由贸易还是有利于我们实现生产要素价格(包括工资率)的国际均等化,尽管不可能完全实现。"(同上,p. 219)

戴利和合作者古德兰[1]意识到:

> 我们可以通过国际贸易实现主要福利收益。贸易带来的竞争可以通过提升效率的方式降低成本。不幸的是,贸易带来的竞争也可以通过降低标准的方式降低成本,因此任何基于环境

目的的贸易监管都应该小心谨慎批准。

（Daly and Goodland 1994, p. 74）

国际贸易的一个方面让戴利充满忧虑，即这些福利收益和产生福利收益的生产专业化，会给每个国家带来工作选择的减少和供应链的不安全。当我们过分强调收入和消费时，我们就会经常忽视这些导致福利减少的问题根源。

> 对于享受生活的绝大多数人来讲，如何赚钱和如何花钱至少是同等重要的。例如，对于乌拉圭这样的国家，其在牛羊牧场经营方面有明显的比较优势。如果严格遵守专业化和贸易的准则，那么乌拉圭会让其民众都成为牛仔或者羊倌。然而，为了维系国家社区的独立发展，乌拉圭人认为他们需要自己的法律、金融、医疗、保险和教育服务，当然还有基本的农业和工业。

（Daly 1996, p. 146）

专业化分工的一个结果就是增加了国家对长供应链的依赖，一个国家在长供应链中对食物、能源、医疗供给和其他投入都没有控制权，但这些东西在危机时期都是至关重要的。"专业化的一个必然结果就是国家之间的相互依赖和贸易中断会使国家更脆弱。"（Daly and Goodland 1994, pp. 87~88）

让戴利和古德兰最为忧虑的问题之一是："通过自由贸易实现的全球经济一体化会让一小部分特权阶层受益，而这种受益是以牺牲工业化国家和发展中国家的大部分人利益为前提的。"（同上）上述情况能够发生是基于两个理由。第一个理由是，"国际贸易从名字上看是国家与国家之间的贸易，但实际上是个体（个人和公司）越过国家边界的贸易……在不同的国家，个体之间的互惠互利并不能保证两个国家也能实现互惠互利。"（同上，p. 221）这意味着，在一宗国际交易中，有些群体的受益是以该交易群体所在国家的其他群体受损为代价的。当交易的公司有下述行为时，这种情况尤为严重：

> 有些公司为了在生产国避税，它们会刻意压低商品的价格。之后，当商品出口后，这些公司又会在进口国卖出高价和增加利润。这其实就是将商品利润转移到税收最低的国家……在实践中，这通常意味着原材料出口的较低定价。
>
> （同上，Daly and Goodland, p. 85；另参考 Goodland and Daly 1996）

---

赫尔曼·戴利总是很巧妙地运用隐喻来解释晦涩的概念，同时也有经济学家少有的清晰思维。他尽管非常和蔼善良，但有时候说话也带着锋芒——我记得读过一个书评，里面提到书的作者描述挨饿的非洲人去粪便中搜寻没有消化的玉米粒。戴利说，他在全书中搜寻智慧的颗粒时，也有同样的恶心感觉。

——伊丽莎白·特劳特（Elizabeth Trout）

---

## 全球化的环境和社会影响

戴利和古德兰考虑了好几个议题来支撑其论点，即"贸易的去监管化无论在环境层面还是社会层面，都是有害的"。他们特意使用了"贸易的去监管化"这个术语，而不是自由贸易。自由贸易"在修辞学上是'去监管化的国际贸易'的一个更有说服力的标签。谁又能反对自由呢？"（同上，p.75）关于贸易的去监管化带来的环境和社会影响，他们在三个基本的政策目标下进行了论证，即有效配置、公平分配和生态的可持续规模。这三个基本政策目标是从戴利的配置、分配和规模的原则中直接获取的（见第五章）。四个"主要配置议题"的共同之处在于都跟外部成本相关。外部成本就是没有被包含或者没有被完全包含在一个被交易商品的金融成本和价格中的成本。生产和消费的负面环境影响就是外部成本的例子。如果一个国家为了保护环境，通过监管或者排放收费等经济工具，给国内的生产商强加新的成本，那么这些生产商相对于其他国家的没有面临类似监管或者收费的生产商，就会在竞争中处于不利的地位。

> 因此，国家对内化环境成本的基本政策的保护，为对从没有内化环境成本的国家进口的商品收取关税，提供了一个清晰合理的理由……如果一个国家对内执行成本内在化的政策，在国际上却对没有成本内在化的国家执行去监管化的贸易政策，那么这将是明显的不一致。
>
> （同上，p.78）

戴利和古德兰所提出的一个相关议题是劳动力标准。关贸总协定（世界贸易组织的前身）有一个条款是允许政府限制与监狱劳动力生产产品相关的进口。这其实就是消除人为的低劳动力成本所获得的竞争优势。在关贸总协定的时代，戴利和古德兰认为，"如果关贸总协定将监狱劳动力视为一种例外，那么其是否能够继续将与之类似的童工、当劳役偿债、奴隶制度、高死亡率/高发病率的工作（尤其是本可以足够安全的工作）等相关的商品排除在进口之外呢？"（同上，p.79）监狱劳动力议题跟其他议题的其中一个差别在于，如果监狱劳动力在监狱之外工作的话，那么他们将领取市场化的工资，因此较低的劳动力成本可以视为一种补贴。上面提到的其他顾虑都是人道主义的，而不是直接的补贴，尽管这些人道主义顾虑有经济的原因，也会产生经济的后果，通常来讲它们也更加复杂。关于贸易中的劳动力议题，有一些发展中国家认为，将劳动力议题引入世界贸易组织的运动是工业化国家的贸易保护主义举动，因为这可以"削弱低工资的贸易伙伴的比较优势"（WTO 2020）。之后的结果是，在世界贸易组织的框架下，被视为例外的监狱劳动力议题被搁置了。世界贸易组织的协定不再处理劳动力标准这样的议题，会员国也都决定将劳动力标准的谈判交给较弱的国际劳工组织。（同上）

让戴利和古德兰尤为担心的一个贸易领域是有害废弃物的国际贸易。他们问道："有害废弃物也应该基于比较优势的原则进行交易吗？污染国或者污染公司应该将毒素出口到'没有污染'的或者便宜的土地吗？可能是出口到第三世界的低工资国家。[2]"关于为什么有害废弃物不能出口，戴利和古德兰给出了好几个理由，这些理由在今天看来仍然很重要。第一个理由是，相对于有毒废弃物的出口商，有毒废弃物的进口商对于其风险的认知信息较少，这让他们往往处于不利的地位。第二个理由是，有害废弃物贸易出口的收益在出口商之间的分配和对承担风险的进口国家内人员的不充分补偿，两者之间不匹配。第三个理由是，有害废弃物的流动、处理（如果需要的话）和处置的合理管理监管需要相应机构保持长期的稳定性，而这恰恰有可能在进口国家是缺失的。第四个理由是，随着有害废弃物数量的增加，运输这些有害废弃物过程中产生严重事故的可能性就会随之增加，我们应该尽可能地避免这样的事故。最后的理由是，"有害废弃物贸易的问题在于，它消除了生产商内化废弃物处置的有力和动态的激励。"（同上，p. 80）对于有害废弃物的生产商来讲，如果把有害废弃物运输到国外，比在第一现场减少有害废弃物的产生量和在国内处理处置它们来说更加容易和便宜，那么他们何乐而不为呢？基于有害废弃物的成本应该在产生废弃物的公司内部消化的原则，戴利和古德兰认为，应该将这一原则进一步扩展，即有害废弃物的成本应该在允许公司产生有害废弃物的国家内部消化，而不是通过出口将成本外在化。

在反对"自由"贸易去监管化的论证中，戴利和古德兰所提出的主要分配议题跟资本流动有直接关系。

> 当资本流向国外的时候,国内新增就业机会就会减少,这会降低国内劳动力的工资。即使自由贸易和资本流动提升了低工资国家的劳动力工资(由于人口规模过大和人口的快速增长,这种工资上升的趋势也会遇到麻烦),那么这种工资提升也是以高工资国家的劳动力工资降低为代价的。
>
> (Daly 1993, p. 54)

为了支持这个主张,戴利宣称:"在 1973—1990 年,美国 80% 的劳动力(也就是被划分为'非监管类雇员'的劳动力)的真实工资水平下降了 17%,这是贸易自由化带来的大幅度的工资降低。"(同上)[3] 如果美国工人的工资降低能够伴随着贫穷国家工人的工资提升,那么这种工资转移有一定的合理性。但是,戴利并不认为低工资的国家一定能从自由贸易中获益。戴利举了北美自由贸易协议所带来影响的例子,指出:

> 当墨西哥自由地进口美国"便宜"玉米的时候(美国的玉米其实是以耗竭表层土、含水层和油井为代价,并且接受了联邦财政部的补贴),该协议将"毁掉墨西哥的农民"。被取代的墨西哥农民将会竞相压低工资水平。农民的土地也会被农业公司便宜收购,用来种植美国市场需要的奢侈蔬菜和鲜切花。
>
> (同上)

戴利是在 1993 年预测北美自由贸易协议的影响时发表上述观点的。美国、加拿大和墨西哥在 1994 年签署了北美自由贸易协议。20 年之后,劳拉·卡尔森(Laura Carlsen)宣称:

> 随着接受大量补贴的美国玉米和其他原材料涌入墨西哥,生产者价格降低,小的农场主发现他们很难谋生。自从北美自

由贸易协议实施以来，大约 200 万农场主被迫离开了他们的农场。与此同时，消费者的食物价格却上升了，主要是无所不在的玉米饼的成本增加了。

（Carlsen 2013）

资本流动对于不同国家劳动力收入分配的影响，只是绝对优势主导的贸易对分配的影响之一。戴利在 1994 年提到，资本流动的另外一个更加麻烦的一方面是，资本流动的主要受益者是资本的拥有者，他们通过接触国外便宜的劳动力和给国内劳动力工资施加下行压力而获益。戴利担心，如果资本进行重新配置，那么现在发达国家的工薪阶层所享受的高工资、合理的工作时间、社会保险和其他收益，都会在与发展中国家低薪工作的竞争中消失殆尽。

> 通过没有监管的贸易，北方国家的资本家将北方劳动力的工资分享给南方国家的劳动力，尽管南方国家的精英阶层也会从中受益。在第三世界国家，由于大量和快速增加的无业人口，工资水平将会不可避免地降低。

（Daly and Goodland 1994, p. 83）

根据戴利和古德兰的观点，最终结果就是更大比例的国家收入归于资本。托马斯·皮凯蒂（Thomas Piketty）记录了这样的国家收入比例的转移，他将这种转移归因于发达国家经济增长的相对速率和资本回报率的差异。戴利和古德兰所描述的特别互动会导致更高的资本回报率，尽管这个特别互动与皮凯蒂对不断增加的不均等的解释相一致，但皮凯蒂并没有将其记录下来。

戴利和古德兰主张，一旦资本能够跨国家边界流动，那么较低的劳动力成本就不是唯一保证资本收益能够不断提升的成本节约因素，具体来讲：

国际资本流动以及与之相伴的商品的自由贸易，引起了国际标准降低的竞赛以吸引资本：工资更低、健康保险标准更低、工人安全标准更低、环境标准更低等，这些标准的降低都是在降低成本名义下的举措。但是，通过提升效率来降低成本和通过降低标准来降低成本，是完全不同的两种事。仅仅通过"自由贸易"是避免不了标准降低的竞争的。

（同上，p.83）

并不是每个人都认为自由贸易和资本流动会降低工资。恰恰相反：

全球经济一体化的教义……是基于工资只能向上调整而不能向下调整的假设。全球经济一体化假设，如今的整个世界和未来很多代的子孙都能在不引起生态崩溃的前提下，享受如今高工资国家的人均资源消费水平。

（同上，p.86）

戴利和古德兰不认同上述假设：

自由贸易是违反可持续规模的标准的……国家或者地区之间的贸易提供了一种放松本地限制的方式，即从其他地方进口环境服务，包括废弃物吸收的服务。如果在生态环境的极限之内，这样的贸易是非常合理和正当的。但是，以自由贸易的名义将生态环境推向极端，这样的贸易就很有破坏性了……这样的自由贸易将一些问题（有些问题在国家层面原本都是可控的）转化为一个全球层面的更大的、更为综合的和更为不可控制的问题。

（同上，pp.86~87）

## 为全球化和自由贸易辩护

那如何为全球化和自由贸易辩护呢？戴利认为，根据资本流动和绝对优势（而不是比较优势），自由贸易的论证可以基于专业化（生产方法）。首先要明确的是，世界的经济产出在有资本流动的情况下要比在没有资本流动的情况下要多。但是，没有资本自由流动下的比较优势的贸易会让双方都受益，而有资本自由流动下的绝对优势的贸易却不一定让双方都受益。很有可能的是，资本流入国的居民能够以资本流出国居民的损失为代价，获得所有收益。正如戴利和古德兰所观察到的那样，所有国家都在某方面拥有比较优势，但是我们没有理由期待所有国家在任何方面都拥有一个绝对优势。这就意味着，当资本自由流动时，一些国家的潜在损失将会很大。

戴利和古德兰总结道，绝大多数经济学家默认的假设是，基于比较优势的自由贸易是可取的，限制这样的贸易是不合理的。绝大多数经济学家还认为前提假设应该是：为国内市场进行生产是可取的，国际市场也是合理的，国内市场和国际市场是相伴相生的。在经济大萧条时期，约翰·梅纳德·凯恩斯写了一篇文章，在文中他承认他改变了关于自由贸易的想法：

> 与绝大多数英国人一样，我从小到大都认为，一个理性和受过教育的人应尊重自由贸易，不应质疑经济学教义，而且尊重自由贸易几乎是道德法则的一部分。我通常将一般的背离自由贸易的想法视为愚蠢和愤怒的综合体。
>
> （Keynes 1933, p. 755）

凯恩斯后来才认识到,"资本飞行"限制了国内政策的应对措施。凯恩斯对于所有权和管理权的分离感到特别担忧,所有权和管理权的分离在凯恩斯所处的时代是一个相当新的现象。所有权和管理权的分离在全球推广时:

> 正处于不可接受的压力期……不断积累的经验表明,所有权和管理权的分离对于人与人之间的关系是有危害的,在长期来讲甚至会增加人与人关系的紧张和敌意,这将使得金融计算变得一文不值(金融计算通常用来为国外资本投资提供证明)。

(同上,p. 759)

在凯恩斯的引言中,戴利认为下面的引言是他最喜欢的:

> 因此,我认同那些将会最小化国家之间经济纠葛的人,而不是那些将会最大化国家之间经济纠葛的人。思想、知识、科学、友好、旅行等,在本质上都是国际的。但是,在尽可能合理和便利的情况下,还是应该让商品本地化。最为重要的是,我们应该让金融实现基本国家化。

(同上,p. 759)

这样的一种形容贸易国之间合适关系的观点绝对是不同寻常的,尤其是对于那些从来没有给戴利的批评(即错误地应用比较优势作为自由贸易的合理理由)进行过充分回应的经济学家来讲。1993年,《科学美国》期刊认为戴利对"自由贸易的风险"(Perils of free trade)的评估非常重要,因此决定发表一篇戴利以此为标题的文章。在这篇文章中,戴利主张,资本流动侵蚀了比较优势贸易能带来收益这一论证基础。戴利同时基于上文描述的环境和社会影响的观点,提出很多反对自由贸易的论据。戴利又补充到,从自由贸易促进经济增长这个意义上讲,自由贸易还引起了吞吐量的增加，这就带来了所有相关的负面环境结果。

为了提供一个与戴利观点相反的看法，《科学美国》期刊在同一期发表了由国际贸易专家贾格迪什·巴格沃蒂（Jagdish Bhagwati）写的文章《捍卫自由贸易》（The Case for Free Trade）。虽然这个题目暗示巴格沃蒂要对戴利的批评进行全面的回应，但是巴格沃蒂将他的论证聚焦在下述观点，即"当环境主义者害怕贸易会通过增长必然地增加污染，环境主义者就错了"。（1993, p. 43）这当然是巴格沃蒂和戴利的一个明显的差异，也是一个很重要的差异。但是，巴格沃蒂还是没有回应戴利最为根本的论点，即在一个资本流动的世界，对自由贸易的捍卫不能基于比较优势。

约瑟夫·斯蒂格利茨对全球化和自由贸易进行过一个非常不同的评估。在上文中，我们已经在斯蒂格利茨和戴利争论经济增长时对斯蒂格利茨有过一定认识（详见第五章）。曾经在几个关键岗位上任职，这给了他看待全球化的内部视角，这在一定程度上提升了他作为伟大的学院派经济学家的专长。斯蒂格利茨在1995—1997年担任克林顿总统时期的美国白宫经济顾问委员会主席，在1997—2000年担任世界银行的首席经济学家。2000年回归学术界后，斯蒂格利茨写下了《全球化的许诺与失落》（*Globalization and its Discontents*），在这本书中他描述了全球化的很多负面影响，尤其对发展中国家的负面影响（Stiglitz 2002）。这本书的成功理所当然，销售了100多万册，这表明斯蒂格利茨对于全球化的描述在现实中很大程度上受到欢迎，尤其在发展中国家。在2018年，该书修订再版，进一步记录了全球化的很多负面影响，斯蒂格利茨将这种负面影响主要归因于主要国际机构（国际货币基金组织、世界银行和世界贸易组织）的管理不善。斯蒂格利茨（2018）通过指出公司（尤其是美国的公司）对上述三个国际机构的政策和优先事项的不当影响，来解释三个国际机构的管理不善。

在第二版《全球化的许诺与失落》中，有好几个特点跟戴利更早期的对全球化的批评相关。斯蒂格利茨提供了大量可靠的证据，证实了戴利对全球化影响的担心是正确的：失业率不断提升；国家过分依赖其他国家提供必要的能源和食物或者其他必需品的风险增加；考虑到大型企业巨大的市场力量，当存在不完全竞争时，自由贸易的需求变得模棱两可；公司利益对于政府的裹挟；便宜劳动力使得生产不断由美国转移到中国，并且没有生产回归的可能性；公司从较低的环境标准和工作地点标准中获取优势；超过 100% 的贸易收益都归于公司，而劳动力的境况却越来越糟糕。斯蒂格利茨总结到："我们应该不断寻求使得全球系统运转的最低的协调水平，而不是寻求最低的监管水平——旨在最大化公司利益的监管水平。"斯蒂格利茨反思最近的贸易协议，说道：

> 存在着一个更加宽泛和更加不公平的议程，即发展全球化系统，在这个系统的主导下，各个国家竭尽所能来吸引低工资的企业、更加弱化的监管和更少的税收……全球化已经演变为一场逐底竞争，公司成为其中唯一的赢家，而社会的其他部分（无论在发达国家还是发展中国家）都是失败者。
>
> （同上，p. 28）

## 本章结论

斯蒂格利茨对实践中全球化的描述与戴利 30 年前对全球化的批评有着惊人的相似。戴利和斯蒂格利茨对于改善全球化所提出的建议也有着惊人的相似。在戴利离开世界银行时所作的告别演讲中，他为世界银行如何更好地服务环境可持续发展的目标，提出了四条建议：

（1）停止将自然资本的消耗统计为收入……

（2）对劳动力和收入的征税要减少，对资源吞吐量的征税要增多……

（3）在短期来讲，要最大化自然资本的生产率；长期来讲，要投资自然资本，增加自然资本的供给……

（4）远离通过自由贸易、自由资本流动和出口导向型增长实现全球经济一体化的意识形态。形成一个更加以民族主义为核心的导向，为内部市场发展国内生产，并且将之视为第一选择。只有在国际贸易的效率明显较高的情况下，才求助于国际贸易……

（Daly 1994a, pp. 62～68）

斯蒂格利茨提出了一个旨在使全球化更加公平的计划，即"人性化的全球化"，该计划通过改变与全球化相关的机构和思维方式，在提升生活水平方面将更加有效。虽然斯蒂格利茨并没有像戴利那样对全球化和国际化进行明确区分，但是斯蒂格利茨呼吁要更加公平的对待国家，从而保证国家实现互惠，并在重大利益关系上有更多的主权控制等，其中的大部分内容都与戴利偏爱的国际化有异曲同工之妙。

当然，在戴利和斯蒂格利茨都认为重要的议题上，两位在具体的细节和调查的深度上还是有差异（斯蒂格利茨的专著有472页，是他关于全球化的几本专著之一）。他们两人的一个明显差异是关于资本流动以及资本流动影响的观点。他们两人都认同：套用斯蒂格利茨的话就是，如果没有妥善管理，被释放出来的资本会导致更大的不稳定和更严重的不平等。（同上，p. 30）斯蒂格利茨没有考虑到的是，资本流动削弱了比较优势所基于的主要假设，戴利已经就此强调了30多年。也许这是因为，斯蒂格利茨解读李嘉图所举例说明的葡萄牙和英国的比较优势是基于气候角度。（同上，p. 408）实际上，李嘉图清楚地表明，葡萄牙和英国的比较优势的关键是资本的不流动,他甚至都没有提到气候的问题。然而,斯蒂格利茨确实承认了在现代经济体中,"在资本和有技能的劳动力可以实现相对流动的前提条件下……比较优势就取决于生产中不能流动的部分,如法律机构。"(同上)

戴利没有提起比较优势的其他可能决定因素。举例来讲,也许戴利也已经注意到了,原材料储量的不均等分配也是决定比较优势的一个因素,原材料在交易之前是固有不流动的。因此,戴利也许过分强调了比较优势是取决于不流动的资本。但是,戴利当时在讨论李嘉图最初的表达方式时,李嘉图确实是将比较优势的相关讨论局限在不流动的资本这一特点上。一个更为广泛的观点是,生产中任何不流动的方面都能产生比较优势。生产中这样不流动的方面越多,从贸易中获得的潜在收益就越大。不可流动的资本这个真正重要的因素的消失,降低了互惠贸易的潜力,扩大了带有不平衡结果的绝对优势的范围,也在一定程度上决定了贸易的范围和模式。这就提出了一个问题,即斯蒂格利茨所描述的资本流动的不合理管理和负面影响究竟在多大程度上是资本流动不可避免的结果。关于这个问题,戴利已经发出过警告,目前,这个问题尚没有被充分地认可,也没有被证伪。

**注释**

1. 古德兰是世界银行的顾问,他负责为世界银行制定环境评估标准。当他在世界银行的拉丁美洲环境审查部门做领导时,古德兰阴错阳差地将戴利招聘到世界银行。古德兰是《环境可持续的经济发展:在布伦特兰基础上的思考》(1991)一书的发起者和联合编辑,另外两位编辑是戴利和埃尔塞拉菲。古德兰是一个很好的人,经常被认为是"世界银行的环境良知"。不幸的是,世界银行经常忽视其环境良知。在世界银行共事的岁月,古德兰和戴利成为很好的朋友。
2. 当经济学家拉里·萨默斯担任世界银行的首席经济学家和发展经济学的副行长时,他写了一个备忘录,"把大量有毒废弃物倾倒在工资最低的国家,背后的经济学逻辑是没有问题的,我们应该直面这个合理的逻辑……我经常认为,非洲人口稀少的国家基本上也是'污染较低'的国家。"

3. 最近的数据表明，美国的生产和非监管类的雇员每周平均真实工资（通货膨胀调整过的工资）一直持续下降到20世纪90年代的中期，之后再次上涨，在2019年时达到了1979年的工资水平，但是仍然低于1973年的工资水平。（Robertson 2019）

# 结　语

　　这本传记的大部分内容是在 2020 年里完成的。正值新冠肺炎疫情，大家都在热烈讨论这场疫情带来的哪些改变将会继续，哪些改变将会很快被遗忘。对于更多的人来讲，居家办公会不会成为常态？社区和邻里得到强化的关系会不会继续？骑行的受欢迎趋势会不会加强？公共交通会在乘客的锐减后完全恢复吗？社交距离会成为过去式吗？拥抱和握手会回归吗？

　　在经济领域，已经有人意识到我们的全球化走得太远了。新冠病毒能够传播得这么快和这么远，其中一个重要原因就是商品和人员大规模的国际流动。那些自认为"发达"的国家突然发现，它们居然不能生产急需的个人防护用品和设备，更不要说疫苗了。人们变得异常紧张，纷纷囤积面粉、厕纸等能囤的任何用品。人们普遍担心，太长的商品供给线很容易遭到扰乱。贫富差异进一步扩大。不仅蓝领和其他一线工人遭到了疫情的冲击，而且原本以为工作稳定的白领也发现他们的工作不再稳定。有些企业在疫情中存活了下来，有些企业倒闭了，不同企业面对疫情呈现出不同程度的脆弱性。收入和财富的不均等程度不断恶化。很多国家的政府曾经在新自由主义浪潮中备受质疑。疫情让民众意识到政府能够做一些私人部门所不能做的事情，如支持最脆弱的群体和规划大规模的疫苗接种。尽管有些勉强和不情愿，民众对政府也有了一些赞许和认可。

　　关于疫情之后我们的经济应怎样复苏也有大量的讨论。比如"K 型复苏"会帮我们描述经济部门是如何增长和衰落的。这对于货币政策和财政政策意味着什么呢？就业率会恢复到疫情之前的水平吗？平衡预算不是那么令我们担忧，或者说最起码是两害相比取其轻。

经历过这一切，我们都渴望"回归正轨"，说得好像疫情之前的道路就是正确的一样。尽管我们并不是永远清楚"把我们的家园重建得更加美好"是什么意思，也许是类似于绿色新政的意思，但这个口号也是我们共同的心声。明显缺失的是，我们都还没充分意识到，在"空的世界"中也许有价值的思想，即经济增长是人类繁荣的必要条件、经济增长几乎和人类进步是同义词，在如今"满的世界"已经不适用了。幸运的是，如果想要了解"满的世界"经济学是什么，我们可以向戴利寻求答案。

在戴利的"满的世界"经济学中有几个主题，这几个主题纵贯他60多年的职业生涯。他的"目的—手段"光谱将经济学置于物理学和伦理道德的框架中，该框架常常在他的经济学新方法中得到体现。戴利很早就意识到经济是生态圈的子系统，就像他很早就意识到热力学第一定律和第二定律对于经济过程的意义一样。关于这方面的认识，戴利追随的是乔治斯库 – 罗金和博尔丁。在20世纪60年代，已经有充分证据让戴利相信，经济学最初发展时盛行的"空的世界"已经演变为如今"满的世界"。为了支撑历史上前所未有的、惊人的人类经济和人口规模扩张带来的不均等的物质消耗增加，人类毫不尊重地对自然进行了破坏，导致了"满的世界"的到来。戴利认识到，人造资本和劳动力已经相对富足，而自然资源正在快速地变得越来越稀缺。然而，这些变化的环境对主流经济学和政府并没有产生实质性的影响，他们仍然将经济增长视为宏观经济的首要目标。

"满的世界"的视角促使戴利在约翰·斯图尔特·密尔的基础上，发展稳态经济学。稳态经济学已经被经济学家忽视了一百多年了。戴利为规模、分配和配置设置了等级关系，并且坚持质的发展和量的增加是有明显差异的。戴利认为，富裕国家能够并且应该践行没有增长的发展，尤其在已经有充分证据表明经济增长的成本大于其收益。经济增长已经成为"不经济"的时候。在收入和财富都处于高水平的国家，戴利认为经济增长不是战胜贫穷的答案，再分配才是。戴利主张，发达经济体过度使用地球的生命（人类和非人类）支撑能力，实际上正在剥夺贫穷国家和子孙后代在富足原则下享受美好生活的机会。戴利认为，所有的国家都应该追求质的发展，但是在所有国家都在为人类能最终生活在地球的资源和生态系统界限之内而努力时，只有贫穷国家还可以继续追求量化的经济增长。

在其漫长的职业生涯中，戴利从未允许自己被新古典经济学的前分析视角、假定条件和狭窄范围所限制，尽管他接受的就是新古典经济学的学术训练。戴利要求在新古典经济学的思维边界之外和增长范式之外进行自由思考，因为他相信增长范式已经过时，并且适得其反。这个世界已经变得"满"了，它需要一种不一样的经济学，戴利毕生都在为此而努力。戴利已经做了很多，为我们指明了方向，甚至有时候为我们领路。他的影响越来越深远，这毫无疑问会让其反对者苦恼。现在是时候让新一代的开明经济学家在戴利所奠定的坚实基础上开拓创新，继续完成发展"满的世界"经济学的艰巨任务。

> 赫尔曼·戴利的作品给我带来了巨大的影响——超越任何的学者。如果没有他的书和文章，我如今也许正在从事完全不一样的工作。
>
> ——丹·奥尼尔（Dan O'Neill）

> 作为生态经济学的元老，戴利博士矗立在生态经济学的领域，领导着大家前进。戴利博士的思想影响了很多学生、专业人员、研究者和政策制定者。
>
> ——安德鲁·斯佩佐卡（Andrew Spezoka）

当我还是一名本科生的时候，一位老师就给我讲过戴利的作品，并且向我推荐了他的专著《珍视地球》。我一口气读完了这本书，它跟之前其他任何相关的研究都不同。这本书改变了我的生活，从那一刻起，我知道我想了解更多的东西。从那以后，戴利的作品在我的职业生涯中一直影响着我。

——克里斯蒂安·克施纳（Christian Kerschner）

我最开始遇到赫尔曼·戴利的时候，还是一名经济学的本科生。戴利的作品十分清晰并富有逻辑地展示了人类和我们所处的生态圈的关系，以至于我开始琢磨，为什么这样的内容在我课上传统经济学教科书中是缺失的。阅读赫尔曼·戴利的作品，使我走向了研究生态经济学的道路。

——布雷特·多尔特（Brett Dolter）

戴利的很多作品都对我的思考产生了巨大的影响，这也是我在最近的15年里集中大部分精力成为经济系统变革的拥护者的原因之一。这不仅仅是因为他的作品非常重要和有价值，而且是因为他能以十分有效和简单的方式来传达和沟通他的作品。

——斯图尔特·沃利斯（Stewart Wallis）

在我的博士研究中，当我第一次读到戴利的学术作品时，我马上就意识到戴利的作品将会对环境和经济政策产生我所见过的最为有力的影响。后来当我亲自见到戴利时，我发现他是我所认识的最有原则和认真的学者之一。在这个领域中，他是一个真正的有风度的巨人。

——布莱恩·捷克（Brian Czech）

在学术上,戴利对我的影响超过了任何其他人。我认为自己是戴利的一位门徒。每一位学习经济学的人和每一位不学经济学的人,都应该阅读戴利的作品。戴利是一个巨人,无数的人站在了他的肩膀上,还有更多的、无数的人应该站在他的肩膀上。

——菲利普·劳恩(Philip Laun)

# 致　谢

首先，我要感谢陪伴了我 50 年的妻子玛丽亚·佩兹·维克托（Maria Paez Victor）。她督促我承担这份非常有价值的工作。在我写这本传记的两年时间里，她一直默默支持我，并且给我提出建议。

我也收到了哥特集团（Gothic Group）的成员的鼓励。这本传记就是献给他们的。在过去的几年里，这个由我过去和现在的学生组成的集团经常在我家里讨论各种和生态经济学相关的有趣的想法和议题。当我提到我正在考虑写一部关于赫尔曼·戴利的传记时，我的这些学生都认为这件事情很值得做，并就如何完成这份工作给了我一些好的建议。后来，当我埋头研究的时候，戴利通过 Zoom 和我们开展了一个值得纪念的讨论和辩论之夜。我们现在认为他是哥特集团的荣誉成员。

我想要感谢 90 多位参与我发布的网络问卷的回答者，他们中的大多数人都相当认真地回答了我的问题，还有人提供了一些我本来找不到的额外材料。我在书中引用了一些对问卷调查的回复，为了使行文更简洁，我还进行了简单的编辑。尽管我不能在书中呈现每一个人的回应，但是我还是要感谢他们给我提供这么多有价值的信息。

除了这些问卷，我还亲自采访了彼得·布朗（Peter Brown）和斯图尔特·斯科特（Stuart Scott）。这两位都认识戴利很长时间了，而且都对他评价很高。我和他们两人的谈话让我更加欣赏戴利这个人。遗憾的是，我不能再接受戴利的其他几位朋友和同事的提议，去跟他们详谈关于戴利的更多细节。但是，我还是要感谢他们愿意给我提供戴利的相关信息。

有几个人给了我特别的帮助，我想要在下面具名感谢。

罗伯特·科斯坦扎（Robert Costanza）为我提供了一张在国际生态经济学会第一次会议时拍摄的照片以及他和戴利合著的一些论文的复印本；布莱恩·捷克（Brian Czech）帮助我宣传问卷；我和乔什·法利（Josh Farley）第一次讨论了写作戴利传记的可能性，他完全同意这个想法；约翰·高迪（John Gowdy）督促我解决戴利争议较大的有关进化的观点；朱迪斯·格兰特（Judith Grant）在传记写作方面提供了有用的建议；我和蒂姆·杰克逊（Tim Jackson）有十几年的卓越合作和非凡友谊，是他鼓励我写这本戴利传记；戴利的女婿和女儿克里斯·容克（Chris Junker）和凯伦·容克（Karen Junker），用他们的摄影和扫描技术改进了本书的照片；弗里多林·克劳斯曼（Fridolin Krausmann）为我提供了戴利对维也纳社会生态学派早期影响的信息；迪帕克·马尔根（Deepak Malghan）给我提供了他在 2008 年对戴利采访的记录；丹妮斯·梅多斯（Dennis Meadows）证实了戴利对他们第一次会面的回忆；英格·罗普克（Inge Røpke）给我提供了她几篇论文的副本；维拉·罗森布卢斯（Vera Rosenbluth）就如何采访戴利提供了建议；詹多梅尼科·斯卡佩利（Giandomenico Scarpelli）给了我非常有用且详细的戴利著作的参考书目；此外，书里的一幅插图是我的女儿卡门·维克托（Carmen Victor）绘制的。

我还要感谢杜克大学的鲁本斯坦图书馆提供的优质服务。图书馆为我提供了戴利和乔治斯库 – 罗金（Georgescu-Roegen）两人早在 20 世纪 60 年代的通信信件复印本。

我要特别感谢彼得·蒂默曼（Peter Timmerman）和埃德·汉娜（Ed Hanna）。彼得阅读了本书一些章节的草稿。基于他在人文科学、社会科学和自然科学方面广博且深厚的知识储备，他向我提出了一些批评和建议。有关环境科学方面的问题，埃德是我的得力帮手，我找来了他，请他指正第四章"作为生命科学的经济学"，他欣然应诺。让我如释重负的是，他并没有找出严重的错误。

最后，我要对戴利和他的妻子玛西娅（Marcia）致以最高的敬意。在

2018年的10月,他们邀请我到他们在中洛锡安的家中做客。在他们家,戴利讲述了他的生活故事,我们也讨论了他在漫长而卓越的职业生涯中的想法和经历。在这之后,我们又进行了多次邮件沟通和视频通话。在我的请求下,戴利检查了本书每个章节的草稿,查看其中是否有事实性错误和错误性解读。我们都非常清楚,尽管本书的主题是戴利的生活和思想,但是对这些内容的解读和讨论方式,都应该由我来承担责任。

# 参考文献

Adriaanse, A. et al. (1997), *Resource Flows: The Material Basis of Industrial Economies*. Washington, DC: World Resources Institute.
Alvaredo F. et al. (2020), *World Inequality Report 2018*, WID.World.
Aron (2011), 'Difference between Religion and Theology', Difference Between.com.
Arrow, K.J. (1951), *Social Choice and Individual Values*, New Jersey: John Wiley.
Arrow, K.J. and Debreu, G. (1954), 'Existence of an equilibrium for a competitive economy', *Econometrica*, 22(3), 265–290.
Arrow, K.J. et al (2004), 'Are we Consuming too Much?', *The Journal of Economic Perspectives*, 18(3), 147–117.
Arrow, K.J. et al (2007), 'Consumption, Investment, and Future Well-Being: Reply to Daly et al', *Conservation Biology*, 21(5), 1363–1365.
Awe, Y.A. (2012), *Toward a green, clean, and resilient world for all: a World Bank Group environment strategy 2012–2022 (English)*. Washington, DC: World Bank Group.
Ayres, R.U. and Kneese A.V. (1969), 'Production, Consumption and Externalities', *The American Economic Review*, 59(3), 282–297.
Ayres, R.U. and Warr, B. (2010), *The Economic Growth Engine*, Cheltenham: Edward Elgar.
Bank of England (nd), 'How is Money Created?'
Bates, M. (1960), *The Forest and the Sea*. New York: Random House.
Bao Hong, T. (2008), 'Cobb-Douglas Production Function', https://studylib.net/doc/8182897/cobb-douglas-production-function.
Barnett, H. and Morse C. (1963), *Scarcity and Growth*, Resources for the Future, Baltimore: The Johns Hopkins Press.
Becker, G. and Tomes, N. (1979), 'An Equilibrium Theory of the Distribution of Income and Intergenerational Mobility', *Journal of Political Economy*, 87(6), pp. 1153–1189.
Beckerman, W. (1974), *In Defence of Economic Growth*, London: Jonathan Cape.
Benes, J. and Kumhof, M. (2012), 'The Chicago Plan Revisited', IMF Working Paper WP/12/202.
Bezemer, D.J. (2009), '"No One Saw This Coming": Understanding Financial Crisis Through Accounting Models', *MPRA Paper* 15892.
Bhagwati, J. (1993), 'The Case for Free Trade', *Scientific American*, 269(5), 42–49.

Birch, C. (1991), NSW, Australia: *On Purpose*, New South Wales University Press.
Birch, C. and Cobb, J. (1981), *The Liberation of Life: from the Cell to the Community*, New York: Cambridge University Press.
Bonaiuti, M. (2011), *From Bioeconomics to Degrowth*, London: Routledge.
Boulding K.E. (1966), 'Economics of the Coming Spaceship Earth'. *In* Environmental

Quality in a Growing Economy: Essays from the Sixth RFF Forum. Jarrett H., Ed.: 3–14, Baltimore: Johns Hopkins Press.

Boulding K.E. (1973), 'The Shadow of the Stationary State' in *The No-Growth Society*, Olson M. and Landsberg, H.H. eds., 89–101, New York: W.W. Norton.

Boulding, K.E. (1964), *The Meaning of the Twentieth Century*, New York: Harper and Row.

Burkett P. (2004), 'Marx's reproduction schemes and the environment', *Ecological Economics*, 49, 457–446.

Burness, S. et al (1980), 'Thermodynamic and Economic Concepts as Related to Resource-Use Policies', *Land Economics*, 56(1), 1–9.

Burness, H.S. and Cummings, R.G. (1986), 'Thermodynamic and Economic Concepts as Related to Resource-Use Policies: Reply', *Land Economics*, 62(3), pp. 323–324.

Campbell, R.B. (2108), *Gone to Texas. A History of the Lone Star State*, 3rd edition, New York: Oxford University Press.

Carlsen, L. (2013), 'Under NAFTA, Mexico suffered, and United States Felt its P', *New York Times*, 24 November.

Carson, R, (1962), *Silent Spring,* Houghton-Miffin.

Carter, S. (2011), 'On the Cobb—Douglas and all that…: the Solow—Simon correspondence over the aggregate neoclassical production function', *Journal of Post Keynesian Economics*, 34(2), 255–273.

Clark, J.B. (1899), *The Distribution of Wealth: A Theory of Wages, Interest and Profits*, New York: The Macmillan Company.

Cobb Jr., J. and Daly, H.E. (1990), 'Free Trade versus Community: Social and Environmental Consequences of Free Trade in a World with Capital Mobility and Overpopulated Regions', *Population and Environment*, 11(3), 175–191.

Cobb, C.W. and Douglas, P.H. (1928), 'A Theory of Production'. *American Economic Review*, 18 (Supplement), 139–165.

Cohen, A.J. and Harcourt, G.C. (2003), 'Whatever Happened to the Cambridge Capital Theory Controversies?', *The Journal of Economic Perspectives*, 17(1), 199–214.

Commission on Growth and Development (2008), *The Growth Report: Strategies for Sustained Growth and Inclusive Development*, Washington, DC: The World Bank,.

Commoner, B. (1971), *The Closing Circle*, London: John Cape.

Costanza, R. and Daly, H.E. (1987), 'Towards an Ecological Economics', *Economic Modelling*, 38, 1–7.

Costanza, R. and Daly, H.E. (1991), 'Goals, Agenda, and Policy Recommendations for Ecological Economics', Chapter 1 in Costanza, R. (ed.), *Ecological Economics. The Science and Management of Sustainability*, New York: Columbia University Press.

Couix, Q. (2019), 'Natural Resources in the theory of production: the Georgescu-Roegen/Daly versus Solo/Stiglitz controversy', *The European Journal of the History of Economic Thought*, 26(6), 1341–1378.

Cumberland, J.H. (1966), 'A Regional Inter-industry Model for Analysis of Development Objectives', *Regional science Association Papers*, 17, 65–95.

D'Alisa, G., Demaria, F. and Kallis, G. (2015), *Degrowth. A Vocabulary for a New Era*, New York/London: Routledge.

Dale, G. (2012), 'The growth paradigm: a critique', *International Socialism*, Issue: 134.

Daly, H.E. (1965), 'The Uruguayan Economy: Its Basic Nature and Current Problems', *Journal of Inter-American Studies*, 7(3), 316–330.

Daly, H.E. (1966), 'An Historical Question and Three Hypotheses Concerning the Uruguayan Economy', *Inter-American Economic Affairs*, xx(1).

Daly, H.E. (1967a), 'A Brief Analysis of Recent Uruguayan Trade Control Systems', *Economic Development and Cultural Change*, 15(3), 286–296.

Daly, H.E. (1967b), 'A Note on the Pathological Growth of the Uruguayan Banking Sector', *Economic Development and Cultural Change*, 16(1), 91–96.

Daly, H.E. (1968a), 'Economics as a Life Science', *Journal of Political Economy*, 76, 392–406.

Daly, H.E. (1968b), 'Desenvolvimento economico e o problema demografico no Nordeste Brasileiro', *Revista Brasileira de Economia*, 22(4).

Daly, H.E. (1969), 'The Population Question in Northeast Brazil: Its Economic and Ideological Dimensions', Centre Discussion Paper 75, Economic Growth Center, Yale University.

Daly, H.E. (1970a), 'The Population Question in Northeast Brazil: Its Economic and Ideological Dimensions', *Economic Development and Cultural Change*, 18(4), Part 1, 536–574.

Daly, H.E. (1970b), 'The Canary has Fallen', *The New York Times*, October 14, 47.

Daly, H.E. (1970c), 'Some Observations on the Causes and Consequences of the Shortage of Change in Northeast Brazil', *Journal of Political Economy*, 78(1), 181–184.

Daly, H.E. (1971a), 'A Marxian-Malthusian View of Poverty and Development', March, 25–37.

Daly, H.E. (1971b), 'The Stationary-State Economy', Distinguished Lecture Series 2, Department of Economics, University of Alabama.

Daly, H.E. (1972), 'In Defense of a Steady-State Economy', *American Journal of Agricultural Economics*, Dec, 945–954.

Daly, H.E. (1973a) ed., *Toward a Steady-State Economy*, San Francisco: W.H. Freeman.

Daly, H.E. (1973b), Introduction to *Toward a Steady State-Economy*, (1973a).

Daly, H.E. (1973c), Electric Power, Employment, and Economic Growth: A Case Study in Growthmania. Chapter 13 in Daly 1973a.

Daly, H.E. (1974), 'The Economics of the Steady State', *American Economic Review*, 64, Papers and Proceedings of the 86th Annual Meeting of the American Economic Association, 15–21.

Daly, H.E. (1976), Entropy, Growth, and the Political Economy of Scarcity', presented at the RFF Conference on Natural Resource Scarcity, October 19. Reprinted in *Scarcity and Growth Reconsidered* (1979) V.K. Smith ed., *Resources for the Future*, Baltimore and London: The Johns Hopkins Press.

Daly, H.E. (1977a), *Steady-State Economics: The Economics of Biophysical Equilibrium and Moral Growth*, San Francisco: W. H. Freeman.

Daly, H.E. (1977b), 'Steady-State and Thermodynamics', Letters, *BioScience*, 27(12), 770–771.

Daly, H.E. (1979), 'Entropy, Growth, and the Political Economy of Scarcity', in Smith, K. ed., *Scarcity and Growth Reconsidered*, chapter 3, pp. 67–94.

Daly, H.E. (1980a), *Economics, Ecology, Ethics. Essays Towards a Steady-State Economy*, San Francisco: W.H. Freeman.

Daly, H.E. (1980b), 'Growth Economics and the Fallacy of Misplaced Concreteness', *American Behavioral Scientist*, 24(1), 79–105.

Daly, H.E. (1980c), The Economic Thought of Frederick Soddy', *History of Political Economy*, 12(4), 469–488.

Daly, H.E. (1980d), 'The Ecological and Moral Necessity for Limiting Economic Growth', in Roger Shinn, ed., *Faith and Science in an Unjust World*, I, Plenary Presentations, World

Council of Churches, Geneva, 212–220.

Daly, H.E. (1982), 'Chicago School Individualism versus Sexual Reproduction: A Critique of Becker and Tomes', *Journal of Economic Issues*, 16(1), 307–312.

Daly, H.E. (1985), 'Marx and Malthus in North-east Brazil: A Note on the World's Largest Class Difference in Fertility and its Recent Trends', *Population Studies*, 39(2), 329–338.

Daly, H.E. (1986), 'Thermodynamic and Economic Concepts as Related to Resource-Use Policies: Comment', *Land Economics*, 62(3), 319–322.

Daly, H.E. (1987), The Economic Growth Debate: What Some Economists Have Learned But Many Have Not', *Journal of Environmental Economics and Management*, 14, 323–336.

Daly, H.E. (1989), 'Toward a Measure of Sustainable Social Net National Product', Chapter 2 in Ahmad, El Serafy, Lutz eds (1989), *Environmental Accounting for Sustainable Development*, Washington DC: The World Bank.

Daly, H.E. (1990), 'Towards Some Operational Principles of Sustainable Development', *Ecological Economics*, 2, 1–6.

Daly, H.E. (1991a), *Steady-State Economics, Second Edition*, Washington DC: Island Press.

Daly, H.E. (1991b), 'From empty-world to full-world economics: Recognizing an historical turning point in economic development', in Goodland et al. (eds) 1991, 17–27.

Daly, H.E. (1992a), 'Is the Entropy Law Relevant to the Economics of Natural Resource Scarcity – Yes, of Course it is!, *Journal of Environmental Economics and Management*, 23, 91–95.

Daly, H.E. (1992b), 'Allocation, distribution, and scale: towards an economics that is efficient, just, and sustainable', *Ecological Economics*, 6, 185–193.

Daly, H.E. (1993), 'The Perils of Free Trade', *Scientific American*, 269(5), 50–57.

Daly, H.E. (1994a), 'Farewell Lecture to the World Bank', Speech, in Daly (1999b), *Ecological Economics and the Ecology of Economics. Essays in Criticism*, 60–68.

Daly, H.E. (1994b), Reply, *Ecological Economics*, 10, 90–91.

Daly, H.E. (1995a), 'Against free trade: neoclassical and steady-state perspectives', *Journal of Evolutionary Economics*, 5, 131–326.

Daly, H.E. (1995b), 'Reply to Mark Sagoff's "Carrying Capacity and Ecological Economics", *BioScience*, 45(9), 621–624.

Daly H.E. (1995c), 'Consumption and Welfare: Two Views of Value Added', *The Social Economics of Environmental Issues*, 53(4), 451–473.

Daly, H.E. (1995d), 'On Nicholas Georgescu-Roegen's contributions to economics: an obituary essay', *Ecological Economics*, 13, 149–154.

Daly, H.E. (1996), *Beyond Growth*, Boston: Beacon Press.

Daly, H.E. (1997a), 'Georgescu-Roegen versus Solow/Stiglitz', *Ecological Economics*, 22, 261–266.

Daly, H.E. (1997b), 'Reply to Solow/Stigitz', Ecological Economics, 22, 271–273).

Daly, H.E. (1999a), 'Reply to Marcus Stewen', *Ecological Economics*, 30, 1–3.

Daly, H.E. (1999b), *Ecological Economics and the Ecology of Economics. Essays in Criticism*, 27–33, Cheltenham: Edwards Elgar.

Daly, H.E. (1999c), Globalization Versus internationalization', *Global Policy Forum*.

Daly, H.E. (1999d), Unpublished letter to M. Bonauiti, 22 October.

Daly, H.E. (2001), 'A Prayer of gratitude for the life of Donella Meadows' (unpublished).

Daly, H.E. (2002), Policy, Possibilities and Purpose', *Worldviews*, 6(2),183–197.

Daly, H.E. (2004a), *Statement before Senate Democratic Policy Committee, March 5,* 'Off-Shoring in the Context of Globalization'.

Daly, H.E. (2004b), 'Globalization and National Defense', as presented to the Office of Strategic Services, 16 April.
Daly, H.E. (2005), 'Economics in a Full World', *Scientific American*, 293, 100–107.
Daly, H.E. (2006), 'Population, migration, and globalization', *Ecological Economics*, 59(2), 187–190, previously published by Worldwatch Institute, *World Watch Magazine*, 17(5), 2004.
Daly, H.E. (2007), *Ecological Economics and Sustainable Development. Selected Essays of Herman Daly*. Cheltenham: Edward Elgar Publishing.
Daly, H.E. (2008a), 'Growth and Development. Critique of a Credo', *Population and Development Review*, 34(3), 511–518.
Daly, H.E. (2008b), 'Towards a Steady-State Economy'. Essay commissioned by the Sustainable Development Commission, UK (April 24).
Daly, H.E. (2010), 'The Operative Word is Somehow', *Real World Economics Review*, issue 54, 103.
Daly, H.E. (2012), 'Growth and Free Trade: Brain-Dead Dogmas Still Kicking Hard', *The Daly News, Casse,* 6 February.
Daly, H.E. (2013a), 'Open Borders and the Tragedy of Open Access Commons', *The Daly News*, Center for the Advancement of the Steady-State Economy, June 3.
Daly, H.E. (2013b), 'Top 10 Policies for a Steady-State Economy', *The Daly News*, CASSE.
Daly, H.E. (2014a), *From Uneconomic Growth to a Steady-State Economy*, Cheltenham: Edward Elgar.
Daly, H.E. (2014b) 'An Economics Fit for Purpose', *The Daly News*, 2014, 1.
Daly, H.E. (2015a), 'Economics for a Full World', *Great Transition Initiative*.
Daly, H.E. (2015b), 'Author's response to GTI Roundtable "Full-World Economics"', *Great Transition Initiative*.
Daly, H.E. (2015c), 'A population perspective on the steady state economy', *Real-World Economics Review*, 70, 106–109.
Daly, H.E. (2015d), 'Mass Migration and Border Policy', Real-World Economics Review, Issue, 73, 130–133.
Daly, H.E. (2015e), Foreword to *God? Very Probably*, R.H. Nelson, Eugene: Wipf and Stock Publishers.
Daly, H.E. (2016), email to Elke Pirgmaier (unpublished).
Daly, H.E. (2017), 'A new economics for our full world', Chapter 8 in *The Handbook on Growth and Sustainability* (eds P.A. Victor and B. Dolter), Cheltenham: Edward Elgar.
Daly, H.E. (2018), 'Do Red and Green Mix?: A Roundtable,' *Great Transition Initiative*, December.
Daly, H.E. (2019a), 'Draft of an Incomplete Memoire' (unpublished).
Daly, H.E. (2019b), 'Some overlaps in the first and second thirty years of ecological economics', *Ecological Economics*, 164, 1–3.
Daly, H.E. (2019c), '*Laudato Si* and Population' in *Laudato Si and the Environment: Pope Francis' Green Encyclical*, R. McKim (ed), Routledge.
Daly, H.E. (2020a), 'A Note in Defense of the Concept of Natural Capital', *Ecosystem Services*, 41, 1–3.
Daly, H.E. (2020b), 'Reply to Troy Vetesse's "Against steady state economics"', Steady State Herald, *Center for the Advancement of the Steady State Economy*, March 18.
Daly, H.E. and Cobb, J. (1989), *For the Common Good. Redirecting the economy toward community, and a sustainable future*, Boston: Beacon Press.

Daly, H.E. and Cobb, J. (1994), *For the Common Good. Redirecting the economy toward community, and a sustainable future*, 2nd edition, Beacon Press: Boston.

Daly, H.E. and Farley, J. (2004), *Ecological Economics: Principles and Applications*, Washington DC: Island Press.

Daly, H.E. and Farley, J. (2011), *Ecological Economics. Principles and Applications*, 2nd edition, Washington: Island Press.

Daly, H.E. and Goodland, R. (1994), 'An ecological-economic assessment of deregulation of international commerce under GATT', *Ecological Economics*, 9, 73–92.

Daly, H.E. and Townsend, K.N. (1993), *Valuing the Earth*, Cambridge, MA: MIT Press.

Daly, H.E., et al. (2007), 'Are We Consuming Too Much – for What?', *Conservation Biology*, 21(5), 1359–1362.

Darwin, C. (1868), *The Variation of Animals and Plants under Domestication*, London: John Murray.

Dawkins, R. (1995), *River out of Eden: A Darwinian View of Life*, New York: Basic Books.

Dietz, S. and E. Neumayer, (2006), 'Some constructive criticisms of the Index of Sustainable Economic Welfare', Chapter 9, 186–206 in *Sustainable Development Indicators in Ecological Economics*, edited by P. Lawn, Cheltenham: Elgar Publishing.

Easterlin, R.A. (1974), 'Does economic growth improve the human lot?' in *Nations and Households in Economic Growth*, edited by P. David and M. Reder, Academic Press, pp. 89–125.

Easterlin, R.A. (2016), 'Paradox Lost?', USC Dornsife Institute for New Economic Thinking, Working paper 16-02.

Eddington, A.S. (1928), *The Nature of the Physical World*, The Macmillan Company, [Everyman's Library Edition 1935].

Elhacham, E., et al. (2020), 'Global human-made mass exceeds all living biomass', *Nature* 588, 17 December, 442–444.

Ehrlich, P. (1968), *The Population Bomb*, New York: Ballantyne Books.

Ehrlich, P., Holdren, J.P. and Ehrlich A. (1970, 1972, 1977), San Francisco: W.H Freeman.

El Serafy, S. (1989), 'The Proper Calculation of Income from Depletable Natural Resources', *Environmental Accounting for Sustainable Development*, Y.J. Ahmad, S. El Serafy and E. Lytz (eds), Washington DC: The World Bank.

Ellen McArthur Foundation (2013), Towards the Circular Economy, Volume Ellen McArthur Foundation (2013), Towards the Circular Economy, Volume 1.

Eurostat (2018), *Economy-wide material flow accounts HANDBOOK* 2018 edition, European Union.

Farley, J. and Washington, H. (2018), 'Circular Firing Squads: A Response to 'The Neoclassical Trojan Horse of Steady-State Economics' by Pirgmaier', *Ecological Economics*, 147, 442–449.

Felipe, J. and McCombie, J. (2011–12), 'On Herbert Simon's criticisms of the Cobb—Douglas and the CES production functions', *Journal of Post Keynesian Economics*, 34(2), 275–293.

Feynman. R.P. (2005). *The Meaning of it All: Thoughts of a Citizen-Scientist*, New York: Basic Books.

Fisher, I. (1892), *Mathematical investigations in the theory of value and prices, and appreciation and interest*, New York: A.M. Kelly.

Fisher, I. (1906), *The Nature of Capital and Income*, London: Macmillan.

Fisher, I. (1936), '100% Money and the Public Debt', *Economic Forum*, Spring Number, 406–420.

Foster, J.B. (2018), 'Do Red and Green Mix?: A Roundtable', *Great Transition Initiative*,

December.

Foster, J.B. (2000), *Marx's Ecology: Materialism and Nature*, New York: Monthly Review Press.

Foster, J.B. (2020), *The Return of Nature, Socialism and Ecology*, New York: Monthly Review Press.

Foster, J.B. and Clark, B. (2009), 'The Paradox of Wealth: Capitalism and Ecological Destruction', *Monthly Review*, Nov 1.

Galbraith, J.K. (1958), *The Affluent Society*, Houghton. Mills, Harcourt.

George A. (2017), ed. *How Evolution Explains Everything about Life*, New Scientist, John Murray Learning.

Georgescu-Roegen, N. (1966), *Analytical Economics*, Harvard University Press.

Georgescu-Roegen, N. (1970), 'The Economics of Production', *American Economic Review*, 60(2), 1–9.

Georgescu-Roegen, N. (1971), *The Entropy Law and The Economic Process*, Harvard University Press.

Georgescu-Roegen, N. (1975), 'Energy and Economic Myths', *Southern Economic Journal*, 41(3), 347–381.

Georgescu-Roegen, N. (1977a), 'The Steady State and Ecological Salvation: A Thermodynamic Analysis ', *BioScience*, 27(4), 266–270.

Georgescu-Roegen, N. (1977b), 'Author's Reply', Letters, *BioScience*, 27(12), 771.

Georgescu-Roegen, N. (1979), Comments on the Papers by Daly and Stiglitz', in *Scarcity and Growth Reconsidered*, ed V. Kerry Smith, Resources for the Future (1979).

Germain, M. (2019), 'Georgescu-Roegen versus Solow/Stiglitz: Back to a controversy, *Ecological Economics*, 160–182.

Global Footprint Network (2020), *Ecological Footprint*. https://www.footprintnetwork.org/our-work/ecological-footprint.

Goodland, R. and Daly, H.E. (1996), 'If tropical log export bans are so perverse, why are there so many?', *Ecological Economics*, 18, 189–196.

Goodland, R., Daly, H.E., El Serafy, S. and von Droste, B. (1991), *Environmentally Sustainable Economic Development: Building On Brundtand*, Paris: UNESCO.

Gould, S.J. (1999), *Rocks of Ages: Science and Religion in the Fullness of Life*, New York: Ballantine Books.

Gowdy, J. (2016), Review of Mauro Bonaiuti (ed.): 'From bioeconomics to degrowth: Georgescu-Roegen's "New Economics" in eight essays', *Journal of Bioeconomics*, 18, 79–85.

Haas, W. et al, (2020), 'Spaceship earth's odyssey to a circular economy – a century long perspective', *Resources, Conservation & Recycling*, 163, 1–10.

Haberl H., Erb, K. and Krausmann, F. (2007), Human appropriation of net primary production (HANPP). *Internet Encyclopedia of Ecological Economics*. Neumeyer E., Ed. International Society for Ecological Economics.

Haldane, J.B.S. (1926), 'On Being the Right Size' *Harper's Magazine,* March.

Hansen, V. (2020), *The Year 1000: When Explorers Connected the World – and Globalization Began*, Scribener.

Hardin, G. (1968), 'The Tragedy of the Commons', *Science*, 162(3859), 1243–1248.

Hardin, G. (1974), 'Lifeboat Ethics: The Case Against Helping the Poor', *Psychology Today*, September.

Harris, S. (2012), *Free Will*, New York: Free Press.

Heilbroner, R. (1953), *The Worldy Philosphers*, New York, Simon & Schuster.
Helliwell, J., Layard, R., Sachs, J. and De Neve J-E., eds. (2020), *World Happiness Report 2020*. New York: Sustainable Development Solutions Network.
Harris, S. (2012), *Free Will*, New York: Free Press.
Higgs, H. (1923), 'Review: Cartesian Economics: The Bearing of Physical Science upon State Stewardship', *The Economic Journal*, 33(129), 100–101.
Hirsch, F. (1976), *Social Limits to Growth*, Cambridge MA: Harvard University Press.
Holland, A. (2002), 'Evolution and Purpose: A Response to Herman Daly', *Worldviews*, 6(2), 198–206.
Hubbert M.K. (1956), 'Nuclear Energy and the Fossil Fuels', Publication 95, Houston: Shell Development Corporation.
Hubbert M.K. (1974), 'M. King Hubbert on the Nature of Growth', Testimony to Hearing on the National Energy Conservation Policy Act of 1974, hearings before the Subcommittee on the Environment of the committee on Interior and Insular Affairs House of Representatives. June 6, Resilience.org.
Huesemann, M. and Huesemann, J. (2011), *TechNo-Fix*, Gabriola Island: New Society Publishers.
Isard, W. (1969), 'Some Notes on the Linkage of the Ecologic and Economic Systems', paper delivered to the Regional Science and Landscape Analysis Project, Department of Landscape Architecture, Harvard University and the Regional Science Research Institute.
Jackson, T. (2015), 'Contribution to GTI Roundtable "Full-World Economics,"' *Great Transition Initiative*, June, www.greattransition.org/commentary/tim-jackson-economics-for-a-full-world-herman- daly.
Jackson, T. (2017), *Prosperity without Growth*, 2nd edition, London: Earthscan.
Kåberger, T. and Månsson, B. (2001), Entropy and economic processes – physics perspectives', *Ecological Economics*, 36, 165–179.
Kahneman, D. (2011), *Thinking Fast and Slow*, London: Penguin Books.
Kallis, G. (2011), 'In defence of degrowth', *Ecological Economics*, 70, 873–880.
Kallis, G. (2018), *Degrowth*, Newcastle: Agenda Publishing.
Kallis, G., Kerschner, C. and Martinez-Alier, J. (2012), 'The economics of degrowth', *Ecological Economic*, 84, 172–180.
Keen, S. (2020), 'The macroeconomics of degrowth: can planned economic contraction be stable?', Bravenew Europe.com.
Kennedy, R. (1968), Remarks at the University of Kansas. https://www.jfklibrary.org/learn/about-jfk/the-kennedy-family/robert-f-kennedy/robert-f-kennedy-speeches/remarks-at-the-university-of-kansas-march-18-1968.
Kerschner, C. (2010), 'Economic de-growth vs. steady-state economy', *Journal of Cleaner Production*, 18, 544–551.
Keynes, J.M. (1930), 'Economic Possibilities for our Grandchildren', *Essays in Persuasion*. New York: W.W. Norton.
Keynes, J.M. (1933), 'National Self-Sufficiency', *The Yale Review*, 22(4), 755–769.
Kitzes, J. (2013), 'An Introduction to Environmentally– Extended Input-Output Analysis', *Resources*, 2, 489–503.
Klee, R.J. and T.E. Graedel (2004), 'Elemental cycles: A status report on human or natural dominance', *Annual Review of Environment and Resources*, 29, 69–107.

Krausmann, F., Gingrich, S., Eisenmenger, N., Erb, K.-H., Haberl, H. and Fischer-Kowalski, M. (2009), 'Growth in global materials use, GDP and population during the 20th century', *Ecological Economics*, 68(10), 696–2705.

Krausmann, F. et al. (2017), 'Global socioeconomic material stocks rise 23-fold over the 20th century and require half of annual resource use', *PNAS*, 114(8), 1880–1885.

Krausmann, F. et al. (2018), 'From resource extraction to outflows of wastes and emissions: The socioeconomic metabolism of the global economy, 1900–2015'. *Global Environmental Change*, 52, 131–140.

Krugman, P. (1998), 'Ricardo's Difficult Idea', chapter 3 in *The Economics and Politics of International Trade*, G. Cook (ed), London: Routledge.

KU Natural History Museum (2020), Investigating VIST Evolutionary Principles, KU Natural History.

Kubiszewski, I. et al. (2013), 'Beyond GDP: Measuring and achieving global genuine progress', *Ecological Economics*, 93, 57–68.

Kuhn, T. (1962), *The Structure of Scientific Revolutions*, Chicago: University of Chicago Press.

Kunkel, B. (2018), 'Ecologies of Scale', *New Left Review*, 109, 3–29.

Latouche, S. (2010), 'Degrowth', *The Journal of Cleaner Production*, 18, 519–522.

Leontief, W. (1936), 'Quantitative Input and Output Relations in the Economic Systems of the United States', *The Review of Economics and Statistics*, 18(3), pp. 105–125.

Leontief, W. (1970), 'Environmental Repercussions and the Economic Structure: An Input-Output Approach', *Review of Economics and Statistics*, II, 262–271.

Lewis, W. Arthur, (1955), *The Theory of Economic Growth*, Routledge.

Linder, S.B. (1970), *The Harried Leisure Class*, New York: Columbia University Press.

Löwy, M. (2018), 'Why Ecosocialism: For a Red-Green Future', *Great Transition Initiative*, December.

Lozado, G.L. (1991), 'A defense of Nicholas Georgescu-Roegen's Paradigm', *Ecological Economics*, 3, 157–160.

MacGillivray, A. (2005), *A Brief History of Globalization*, London: Robinson.

MacNeill, J. (2006), 'The forgotten imperative of sustainable development', *Environmental Policy and Law*, 16, 167–170.

Maddison, A. (2006), *The World Economy*, Paris: OECD.

Malthus, T. (1798), *An Essay on the Principle of Population* (1st edn). London: J. Johnson.

Marshall, A. (1920), *Principles of Economics*. 8th edition. London: Macmillan, Papermac 16 1966.

Mathews, E. et al. (2012), *The Weight of Nations*, Washington DC: World Resources Institute.

McKean, R.N. (1973), 'Growth vs. No Growth: An Evaluation', in *The No-Growth Society*, 207–227 in M. Olson and H.L Landsberg eds, New York: W.W. Norton.

McLeay, M., Radia, A. and Thomas, R. (2014), 'Money creation in the modern economy', *Quarterly Bulletin* Q1, 14–22.

Meadows, D.H. et al. (1972), *The Limits to Growth: A Report for the Club of Rome's Project on the Predicament of Mankind*, New York: Universe Books.

Midgely, M. (2009), 'Purpose, Meaning and Darwinism', *Philosophy Now*, 71.

Mill, J.S. (1848), *Principles of Political Economy: With some of their applications to social philosophy*. LondonL John W. Parker.

Miller, R.E. and Blair. P.D. (2009) second edition, *Input-Output Analysis*, Cambridge University Press.

Minsky, H. (1986), *Stabilizing and Unstable Economy*, Yale University Press.
Mirowski, P. (1988), 'Energy and energetics in economic theory: A review essay'. *Journal of Economic Issues*, XXII, 811–830.
Mirowski, P. (1989), *More Heat than Light*, Cambridge University Press.
Mirowski, P. (1991), 'The When, the How and the Why of Mathematical Expression in the History of Economic Analysis', *Journal of Economic Perspectives*, 5(1), 145–157.
Muradian, R., Neumeyer, E. and Røpke, I., (2006), 'Migration, globalization and the environment – introduction to the special issue', *Ecological Economics*, 59, 185–186.
Niemietz, K. (2012), 'A Critique of 'Steady-State Economics', *Economic Affairs Student and Teacher Supplement*, 32, issue s1, Spring, 4.
Nordhaus, W. and Tobin, J. (1972), 'Is Growth Obsolete?', *Economic Growth*, Fifteenth Anniversary Colloquium V, National Bureau of Economic research. New York: Columbia University Press.
O'Neill, D.W. (2012), 'Measuring progress in the degrowth transition to a steady state economy', *Ecological Economics*, 84, 221–231.
OECD (2001), Glossary of Statistical Terms: Gross Domestic Product (GDP).
OECD (2008), *Measuring Material Flows and Resource Productivity Volume I. The OECD Guide*. Paris: OECD.
Ohlin, B. (1933), *Interregional and International Trade*, Harvard University Press.
Okun, A.M. (1975), *Equality and Efficiency: The Big Tradeoff*, Washington, DC: Brookings Institution Oxford Reference (2017), Oxfordreference.com.
Parrique, T. (2019), *The political economy of degrowth*. Economics and Finance. Université Clermont.
Passell, P. et al. (1972), 'Review of *Limits to Growth*', New York Times Book Review, April 2.
Pen, J. (1971), *Income Distribution Facts, Theories, Policies*, Praeger Publishers.
Persky, J. (1995), 'The Theology of *Homo Economicus*', *Journal of Economic Perspectives*, 9(2), 221–231.
Pigou, A.C. (1920), *The Economics of Welfare*, London: Macmillan. All references to this book are to the fourth edition published in 1962.
Piketty, T. (2014), *Capital in the Twenty-First Century* (English edition), Harvard University Press.
Pirgmaier, E. (2017), 'The Neoclassical Trojan Horse of Steady-State Economics', *Ecological Economics*, 133, 52–61.
Plimsoll, S. (1873), *Our Seamen: An Appeal*, London: K.Mason.
Polanyi, K. (1944), *The Great Transformation*, Farrar & Rinehart.
Polanyi, M. (1958), *Personal Knowledge*, London: Routledge.
Pope Francis (2015), '"Encyclical Letter Laudato Si" Of The Holy Father Francis On Care For Our Common Home (official English-language text of encyclical)'.
Prakash, A. and Gupta, A.K. (1994), 'Are efficiency, equity, and scale independent?', *Ecological Economics*, 10, 89–91.
Rawls, J. (2005), *A Theory of Justice*, Cambridge: Harvard University Press.
Raworth, K.R. (2017), *Doughnut Economics*, Vermont: Chelsea Green Publishing.
Renner, A., Daly, H.E. and Mayumi, K. (2021), The Dual Nature of Money: A Note on Finance in an Equitable Bioeconomy, Environmental Economics and Policy Studies, (accepted for publication).
Ricardo, D. (1817), *Principles of Political Economy and Taxation*, Pelican Classics, Harmondsworth: Penguin Books 1971.

Robbins, L. (1932), *An Essay on the Nature and Significance of Economic Science*, London: Macmillan.
Robertson, L. (2019), 'Are Wages Rising or Flat?', FactCheck.org
Rockström, J. et al. (2009), 'A safe operating space for humanity', *Nature*, 461, 472–475.
Røpke, I. (2004), Migration and sustainability—compatible or contradictory?, *Ecological Economics*, 59, 191–194.
Røpke, I. (2017), 'Sustainability and the Governance of the Financial System: What role for full reserve banking?', *Environmental Policy and Governance*, 27, 177–192.
Røpke, I. (2020), 'Econ 101 – In need of a sustainability transition', *Ecological Economics*, 169.
Sagoff, M. (1995), 'Carrying Capacity and Ecological Economics', *BioScience*, 45(9), 610–620.
Sagoff, M. (2012), 'The Rise and Fall of Ecological Economics', *The Breakthrough Institute*, January 13. https://thebreakthrough.org/journal/issue-2/the-rise-and-fall-of-ecological-economics.
Sandelin, B. (1976), 'On the origin of the Cobb-Douglas production function', *Economy and History*, 19(2), 117–123, DOI: 10.1080/00708852.1976.10418933
Sanders, T.G. (1984), 'Family planning and population policy in Brazil', Abstract, *UFSI Rep.* (16), 1–7.
Schneider, E. and D. Sagan (2005), *Into the Cool. Energy Flow, Thermodynamics, and Life*, The University of Chicago Press.
Schrödinger, E. (1944), *What is Life?* Cambridge University Press.
Simon H. (1979), 'On Parsimonious Explanations of Production Relations', *The Scandinavian Journal of Economics*, 81(4), 459–474.
Smith, V.K. (1979), *Scarcity and Growth Reconsidered*, RFF, Johns Hopkins University Press.
Smith, R. (2010), 'Beyond growth or beyond capitalism?', *Real-World Economics Review*, Issue 53, 28–42.
Soddy, F. (1922), *Cartesian Economics, The Bearing of Physical Science upon State Stewardship*, London: Hendersons.
Soddy, F. (1926), *Wealth, virtual wealth and debt: The solution of the economic paradox*, London: Allen and Unwin.
Solow, R. (1966), Review of Capital and Growth. *American Economic Review*, 56(5), pp. 1257–1260.
Solow, R.M. (1973), 'Is the End of the World at Hand?', *Challenge*, 16(1), 39–50.
Solow, R. (1974), 'The Economics of Resources or the Resources of Economics', *The American Economic Review*, 64(2), Papers and Proceedings of the Eighty-sixth Annual Meeting of the American Economic Association, May, 1–14.
Solow, R. (1978), 'Resources and Economic Growth', *The American Economist*, 61(1), 52–60.
Solow, R. (1992), 'An almost practical step toward sustainability'. Washington, DC: Resources for the Future.
Solow, R.M. (1997), 'Georgescu-Roegen versus Solow/Stiglitz', *Ecological Economics*, 22, pp. 267–268.
Spash, C.L. (2013), 'The shallow or the deep ecological economics movement?', *Ecological Economics*, 93, 351–362.
Spash, C.L. (2015), 'The Future Post-Growth Society', Review Essay, *Development and Change*, 46(2), 366–380.
Spash, C.L. (2020), 'A tale of three paradigms: Realising the revolutionary potential of eco-

logical economics', *Ecological Economics*, 169, 2–14.

Statistics Canada (2020), 'Table 36-10-0580-01 National Balance Sheet Accounts'.

Steffen, W. et al. (2015), 'Planetary boundaries: Guiding human development on a changing planet', *Science*, 347, Issue 6223, 1259855.

Stewen, M. (1998), 'The interdependence of allocation, distribution, scale and stability – A comment on Herman E. Daly's vision of an economics that is efficient, just and sustainable', *Ecological Economics*, 27, 119–130.

Stiglitz, J. (1974), 'Growth with Exhaustible Natural Resources: Efficient and Optimal Growth Paths', *The Review of Economic Studies*, Symposium on the Economics of Exhaustible Resources, 41, 123–137.

Stiglitz, J. (1997), 'Georgescu-Roegen versus Solow/Stiglitz', *Ecological Economics*, 22, 269–270.

Stiglitz, J. (2002), *Globalization and its Discontents*, New York: W.W. Norton.

Stiglitz, J.E., Sen, A. and Fitoussi, J-P. (2009), *Report by the Commission on the Measurement of Economic Performance and Social Progress*.

Stiglitz, J. (2018), *Globalization and its Discontents*, 2nd ed, New York: W.W. Norton.

Stoll, S. (2008), 'Fear of Fallowing', *Harper's Magazine*, March, 88–94.

Summers, K. (1991), Internal Memo, 2 December, The Whirled Bank Group.

Suranovic, S. (2010), 'The Theory of Comparative Advantage – Overview', *International Trade Theory and Policy*.

Tang, A.M., Wesfield, F.M. and Worley, J.S. (1976), *Evolution, Welfare and Time in Economics. Essays in Honour of Nicolas Georgescu-Roegen,* Lexington, MA: D.C. Heath & Co.

The JBH Foundation, (1996), 'The Short History of Race-Based Affirmative Action at Rice University., *The Journal of Blacks in Higher Education*, 13, 36–38.

Tinbergen, J. (1952), *On the Theory of Economic Policy*, Amsterdam: North-Holland Publishing Co.

Tobin, J. (1965), 'Money and Economic Growth', *Econometrica* 33, Oct.

Townsend, K. (1992), 'Is the Entropy Law Relevant to the Economics of Natural Resource Scarcity?', *Journal of Environmental Economics and Management*, 23, 96–100.

Turner, G.M. (2012), 'On the Cusp of Global Collapse? Updated Comparison of The Limits to Growth with Historical Data', *GAIA*, 21(2), 116–124.

UN (2014), *System of Environmental-Economic Accounting 2012*. Central Framework, New York: United Nations.

UN (2020), *Material Flow Accounts*, System of Environmental Economic Accounting.

UNEP (2016), *Global Material Flows and Resource Productivity. An Assessment Study of the UNEP International Resource Panel*. H. Schandl et al., Paris, United Nations Environment Programme.

Valdes-Viera, O. (2017), 'The Borrowed Science of Neoclassical Economics', *Economic Questions*.

Van Den Bergh, J. (2011), 'Environment versus growth – A criticism of "degrowth" and a plea for "a-growth"', *Ecological Economics*, 70, 881–890.

Van Lerven, F. (2016), 'Setting the Record Straight: Sovereign Money is not Full-Reserve Banking', *Positive Money*.

Vettese, T. (2020), 'Against steady-state economics', *The Ecological Citizen*, 3, 35–46.

Victor, P.A. (1972), *Pollution: Economy and Environment*, London: George Allen & Unwin, republished in 2018 by London and New York: Routledge.

Victor, P.A. (1979), 'Economics and the challenge of environmental issues', in W. Leiss (ed.), *Politics and Ecology in Canada*. Toronto: University of Toronto Press. Reprinted in H.E. Daly, ed., *Economics, Ecology, Ethics*. W.H. Freeman, 1980.

Victor, P.A. (1991), 'Indicators of sustainable development: some lessons from capital theory', *Ecological Economics*, 4, 191–213.

Victor, P.A. (2016), 'The Steady-State Economy', chapter 16 in *Beyond Uneconomic Growth, Economics, Equity and the Ecological Predicament*, J. Farley and D. Malghan (eds), Advances in Ecological Economics series, Cheltenham: Edward Elgar.

Victor, P.A. (2019), *Managing without Growth. Slower by Design, not Disaster*, 2nd edition, Cheltenham: Edward Elgar Publishing.

Victor, P.A. (2020), 'Cents and nonsense: A critical appraisal of the monetary valuation of nature', *Ecosystem Services*, 42.

Vitousek, P.M., Ehrlich, P.R., Ehrlich, A.H. and Matson, P. (1986), 'Human appropriation of the products of photosynthesis', *BioScience*, 36, 368–373.

Wackernagel M. and Rees W.E. (1996), Our Ecological Footprint: Reducing Human Impact on the Earth. Gabriola Island, Canada and Philadelphia: New Society Publishers.

Wallich, H.C. (1972), 'Zero Growth', *Newsweek*, January 24.

Ward, B., and Dubos, R. (1972), *Only One Earth; the Care and Maintenance of a Small Planet*, New York: Norton.

Whitehead, A.N. (1925), *Science and the Modern World*, The Macmillan Company.

World Commission on Environment and Development (1987), *Our Common Future*, Oxford; New York, NY: Oxford University Press.

WTO (2020), 'Labour standards: consensus, coherence and controversy'.

Young, J.T. (1994), 'Entropy and Natural Resource Scarcity: A Reply to the Critics', *Journal of Environmental Economics and Management*, 26(2), pp. 210–213.

Zimmer, C. (2006), *Evolution. The Triumph of an Idea*, New York: Harper.

Zolotas, X. (1981), *Economic Growth and Declining Economic Welfare*, New York: New York University Press.

# 汉英人名对照表

赫尔曼·戴利 Herman Daly

（赫尔曼·爱德华·戴利 Herman Edward Daly）

彼得·维克托 Peter Victor

罗伯特·索洛 Robert Solow

约瑟夫·斯蒂格利茨 Joseph Stiglitz

肯尼斯·阿罗 Kenneth Arrow

尼古拉斯·乔治斯库–罗金 Nicolas Georgescu-Roegen

罗伯特·科斯坦扎 Robert Costanza

罗伯特·古德兰 Robert Goodland

玛丽亚·佩兹·维克托 Maria Paez Victor

彼得·布朗 Peter Brown

斯图尔特·斯科特 Stuart Scott

布莱恩·捷克 Brian Czech

乔什·法利 Josh Farley

约翰·高迪 John Gowdy

朱迪斯·格兰特 Judith Grant

蒂姆·杰克逊 Tim Jackson

克里斯·容克 Chris Junker

凯伦·容克 Karen Junker

弗里多林·克劳斯曼 Fridolin Krausmann

迪帕克·马尔根 Deepak Malghan

丹妮斯·梅多斯 Dennis Meadows

英格·罗普克 Inge Røpke

维拉·罗森布卢斯 Vera Rosenbluth

詹多梅尼科·斯卡佩利 Giandomenico Scarpelli

卡门·维克托 Carmen Victor

彼得·蒂默曼 Peter Timmerman

埃德·汉娜 Ed Hanna

肯妮修女 Sister Kenny

杰克·本尼 Jack Benny

弗雷德·艾伦 Fred Allen

山姆·布朗 Sam Brown

埃德·戴利 Ed Daly

米尔德丽德·茱莉亚·海尔曼 Mildred Julia Herrmann

丹妮·林恩·戴利 Deni Lynn Daly

吉恩·奥特里 Gene Autry

罗伊·罗杰斯 Roy Rogers

雷茵霍尔德·尼布尔 Reinhold Niebuhr

克拉拉·科尔豪夫·埃尔曼 Clara Kohlhauff Herrman

米拉波·波拿巴·拉马尔 Mirabeau Buonaparte Lamar

威廉·马歇尔·莱斯 William Marsh Rice

查尔斯·琼斯 Charles Jones

阿尔伯特·帕特里克 Albert Patrick

约瑟夫·康拉德 Joseph Conrad

埃德加·爱德华兹 Edgar Edwards

德怀特·布拉泽斯 Dwight Brothers

加斯顿·林格 Gaston Rimlinger

罗伯特·海尔布隆纳 Robert Heilbroner

约翰·肯尼思·加尔布雷思 John Kenneth Galbraith

卡尔·波兰尼 Karl Polanyi

保罗·萨缪尔森 Paul Samuelson

肯尼思·博尔丁 Kenneth Boulding

查尔斯·金德尔伯格 Charles Kindleberger
迈克尔·波兰尼 Michael Polanyi
鲍里斯·帕斯捷尔纳克 Boris Pasternak
朱利安·赫胥黎 Julian Huxley
本杰明·昆克尔 Benjamin Kunkel
阿伦·希弗斯 Alan Shivers
拉蒙·米雷莱斯 Ramon Mirreles
雷·卡尔森 Ray Carlson
埃里克·巴克兰诺夫 Eric Baklanoff
约瑟夫·熊彼特 Joseph Schumpeter
詹姆斯·麦基 James McKie
鲁道夫·布利茨 Rudolph Blitz
约翰·希克斯 John Hicks
玛西娅·德马斯卡诺 Marcia Demascano
特丽·玛丽亚 Terri Maria
伯尼·斯莱格 Bernie Sliger
托马斯·马尔萨斯 Thomas Malthus
威廉·阿瑟·刘易斯 William Arthur Lewis
约翰·斯图尔特·密尔 John Stuart Mill
蕾切尔·卡逊 Rachel Carson
约翰·高迪 John Gowdy
瓦西里·列昂季耶夫 Wassily Leontief
约翰·哈特 John Harte
哈里森·索尔兹伯里 Harrison Salisbury
德内拉·梅多斯 Donella Meadows
迪恩·亚伯拉罕森 Dean Abrahamson
小约翰·柯布 John Cobb Jr
阿尔弗雷德·诺尔司·怀特海 Alfred North Whitehead
克里福德·柯布 Clifford Cobb
保罗·埃利希 Paul Ehrlich
查尔斯·伯奇 Charles Birch
约翰·霍尔德伦 John Holdren
加勒特·哈丁 Garret Hardin
E. F. 舒马赫 E. F. Schumacher

汤姆·格林 Tom Green
拉格纳·奥弗比克 Ragnar Overbeek
格斯·斯佩思 Gus Speth
萨拉赫·埃尔塞拉菲 Salah El Serafy
琼·马丁内斯 – 阿利尔 Joan Martinez–Alier
加布里埃尔·洛扎达 Gabriel Lozada
莫汉·芒纳星河 Mohan Munasinghe
尤金尼奥·拉里 Eugenio Lari
毛罗·博纳伊蒂 Mauro Bonauiti
何塞·卢岑伯格 José Lutzenberger
乔纳森·波里特 Jonathan Porritt
拉里·萨默斯 Larry Summers
罗伯特·纳尔逊 Robert Nelson
瑟宾·奥哈拉 Sabine O'Hara
莱昂内尔·罗宾斯 Lionel Robbins
布雷特·多尔特 Brett Dolter
查尔斯·霍尔 Charles Hall
理查德·道金斯 Richard Dawkins
玛丽·米德格利 Mary Midgely
艾伦·霍兰 Alan Holland
萨姆·希尔 Sam Hill
斯蒂芬·杰·古尔德 Stephen Jay Gould
理查德·费曼 Richard Feynman
康拉德·斯坦利 Conrad Stanley
爱德华·奥斯本·威尔逊 Edward Osborne Wilson
丹妮尔·丹妮特 Daniel Dennett
克里斯托弗·希钦斯 Christopher Hitchens
亚历山大·罗森博格 Alexander Rosenberg
卡尔·萨根 Carl Sagan
阿尔弗雷德·马歇尔 Alfred Marshall
威廉·里斯 William Rees
法兰克·奈特 Frank Knight
菲利普·米洛夫斯基 Philip Mirowski
欧文·费雪 Irving Fisher

马斯顿·贝茨 Marston Bates
凯特·拉沃斯 Kate Raworth
埃尔温·薛定谔 Erwin Schrödinger
埃里克·施奈德 Eric Schneider
多里安·萨根 Dorian Sagan
弗雷德里克·索迪 Frederick Soddy
斯图尔特·伯尼斯 Stuart Burness
杰弗里·杨 Jeffrey Young
肯·汤森 Ken Townsend
大卫·皮尔斯 David Pearce
克里·特纳 Kerry Turner
大卫·铃木 David Suzuki
库尔特·威克塞尔 Kurt Wicksell
查尔斯·柯布 Charles Cobb
保罗·道格拉斯 Paul Douglas
约翰·贝茨·克拉克 John Bates Clark
埃里克·扎内西 Eric Zanecy
昆汀·库瓦 Quentin Couix
赫伯特·西蒙 Herbert Simon
马克·杰曼 Marc Germain
加里·贝克尔 Gary Becker
奈杰尔·托姆斯 Nigel Tomes
弗朗斯瓦·魁奈 Francois Quésnay
托马斯·科伯格 Tomas Kåberger
本特·蒙森 Bengt Månsson
马克·萨果夫 Mark Sagoff
马马特·拉赫马特 Mamat Rahmat
约翰·伯顿·桑德森·霍尔丹 John Burdon Sanderson Haldane
格尔达·凯斯 Gerda Kits
扬·廷贝亨 Jan Tinbergen
费伊·达钦 Fay Duchin
奥卡姆的威廉 William of Ockham
亨利·戴维·梭罗 Henry David Thoreau

约翰·穆尔 John Muir
彼得·维托塞克 Peter Vitousek
杰拉德·德布鲁 Gérard Debreu
约翰·贝拉米·福斯特 John Bellamy Foster
埃德温·雷·兰克斯特 Edwin Ray Lankester
乔纳森·斯威夫特 Jonathan Swift
威廉·诺德豪斯 William Nordhaus
威尔弗雷德·贝克曼 Wilfred Beckerman
托马斯·谢林 Thomas Schelling
塞缪尔·普利姆索尔 Samuel Plimsoll
玛丽娜·菲舍尔-科瓦尔斯基 Marina Fischer-Kowalski
赫尔穆特·哈伯尔 Helmut Haberl
马希斯·瓦克纳格尔 Mathis Wackernagel
罗伯特·艾瑞斯 Robert Ayres
阿兰·尼斯 Alan Kneese
里昂·瓦尔拉斯 Leon Walras
古斯塔夫·卡塞尔 Gustav Cassel
迈克尔·斯宾塞 Michael Spence
西蒙·库兹涅茨 Simon Kuznets
罗伯特·肯尼迪 Robert Kennedy
杰伦·范登博格 Jeroen van den Bergh
简·佩恩 Jan Pen
约翰·保罗·盖蒂 John Paul Getty
约翰·洛克 John Locke
托马斯·杰斐逊 Thomas Jefferson
罗兰·麦肯恩 Roland McKean
罗伯特·艾斯纳 Robert Eisner
E. J. 米珊 E. J. Mishan
巴里·康芒纳 Barry Commoner
理查德·泽克豪泽 Richard Zeckhauser
埃里克·米勒 Eric Miller
玛丽·安托瓦内特 Marie Antoinette
布莱士·帕斯卡 Blaise Pascal
阿瑟·奥肯 Arthur Okun

罗伯特·平狄克 Robert Pindyck
艾伦·曼恩 Allan Manne
塔尔博特·裴吉 Talbot Page
理查德·伊斯特林 Richard Easterlin
弗雷德·希尔斯 Fred Hirsch
斯蒂芬·林德 Stefan Linder
以斯拉·米珊 Ezra Mishan
约翰·梅纳德·凯恩斯 John Maynard Keynes
朱利安·西蒙 Julian Simon
马里恩·金·哈伯特 Marion King Hubbert
格雷厄姆·特纳 Graham Turner
伯纳德·昆克尔 Bernard Kunkel
维尔弗雷多·帕累托 Vilfredo Pareto
罗勃·史密斯 Rob Smith
罗伯特·科什 Robert Coish
尼尔·阿姆斯特朗 Neil Armstrong
劳里·阿德金 Laurie Adkin
托马斯·库恩 Thomas Kuhn
凯瑟琳·特雷贝克 Katherine Trebeck
乔格斯·卡里斯 Giorgos Kallis
钱德勒·莫尔斯 Chandler Morse
塔尔博特·裴吉 Talbott Page
布鲁斯·汉农 Bruce Hannon
吉姆·麦克尼尔 Jim MacNeill
汉普蒂·邓普蒂 Humpty Dumpty
伯纳德·冯·德罗斯特 Bernard von Droste
特里夫·哈维默 Trygve Haavelmo
埃米尔·萨利姆 Emil Salim
真弓浩三 Kozo Mayumi
詹姆斯·贝瑞 James Berry
格罗·哈莱姆·布伦特兰 Gro Harlem Brundtland
瑟奇·拉图什 Serge Latouche
克里斯蒂安·克施纳 Christian Kerschner
詹姆斯·梅特兰·劳德代尔 James Maitland Lauderdale

埃尔克·皮格迈尔 Elke Pirgmaier
海顿·华盛顿 Haydn Washington
克莱夫·斯帕什 Clive Spash
特洛伊·维特兹 Troy Vettese
保罗·伯克特 Paul Burkett
海曼·明斯基 Hyman Minsky
亨利·希斯 Henry Higgs
罗伯特·路易斯·史蒂文森 Robert Louis Stevenson
詹姆士·托宾 James Tobin
安塞尔·雷纳 Ansel Renner
菲利普·劳恩 Philip Lawn
亨利·卡尔弗特·赛门斯 Henry Calvert Simons
芮乐伟·韩森 Valerie Hansen
亚历克斯·麦吉利夫雷 Alex MacGillivray
保罗·克鲁格曼 Paul Krugman
曼弗雷德·斯特格尔 Manfred Steger
理查德·诺加德 Richard Norgaard
贝蒂尔·俄林 Bertil Ohlin
伊丽莎白·特劳特 Elizabeth Trout
劳拉·卡尔森 Laura Carlsen
托马斯·皮凯蒂 Thomas Piketty
贾格迪什·巴格沃蒂 Jagdish Bhagwati
丹·奥尼尔 Dan O'Neill
安德鲁·斯佩佐卡 Andrew Spezoka
斯图尔特·沃利斯 Stewart Wallis

# 作者简介

彼得·维克托（Peter A. Victor），加拿大约克大学环境研究学院名誉教授和高级学者，加拿大生态经济学会创始会长，曾任加拿大皇家科学院院长，罗马俱乐部成员。主要研究方向为生态经济、环境政策、可持续发展等。他因在生态经济学方面的贡献获2011年加拿大文化委员会颁发的"莫尔森奖"，2014年获国际生态经济学会颁发的"肯尼斯·博尔丁纪念奖"，2015年被选为加拿大皇家学会会员。著有《不依赖增长的治理》等。

# 译者简介

张帅，经济学博士和博士后，同济大学设计创意学院副教授和博士生导师，先后入选上海市"晨光计划"和"扬帆计划"。他长期从事可持续发展的基础理论、可持续发展的指标构建、可持续设计等领域的研究，综合运用经济学、管理学、设计学等多学科知识和方法深入研究可持续发展领域的科学问题。他在 Resources, Conservation, and Recycling、Habitat International、《中国人口·资源与环境》等中英文期刊发表 SSCI/SCI/CSSCI 论文若干篇，出版学术专著和译著若干部，主持国家自然科学基金青年项目等纵向科研项目若干项。

诸大建，管理学博士，同济大学特聘教授，经济与管理学院博士生导师。现任同济大学可持续发展与管理研究所所长，同济大学学术委员会副主任。1994–1995 年墨尔本大学高级访问学者，2005 年哈佛大学和芝加哥大学高级研究学者。他主要研究可持续性科学、循环经济与共享经济、城市与区域发展等。他兼任国家哲学社会科学管理学组专家、教育部哲学社会科学委员会管理学部委员、自然资源部国土空间规划专家、上海市政府特聘决策咨询专家、上海市可持续发展研究会会长、达沃斯世界经济论坛全球议程理事会专家、国际生态经济学会八人主席团成员等。他于 2010 年 12 月 2 日在中共中央政治局集体学习上讲解从上海世博会看世界发展新理念新趋势。他于 2016 年 1 月获世界经济论坛全球循环经济领导力奖。

## 本书受以下科研项目的支持

国家自然科学基金青年科学基金项目
"生态福利绩效的理论、指标和实证"(批准号:72104185)